dumont taschenbücher

Dr. Bernhard Streck, geboren 1945, studierte Ethnologie, Soziologie, Psychologie und Anthropologie in Frankfurt und Basel, lehrte an den Universitäten Gießen und Berlin und leitet zur Zeit das Sudan-Forschungsprojekt ›Welt und Außenwelt‹. Seine Feldforschungen führten ihn in den Sudan und nach Kenya. Neben zahlreichen Aufsätzen zur Wissenschaftsgeschichte, Ethnologie und Religionswissenschaft verfaßte er den DuMont Kultur- und Landschaftsführer Sudan.
Beiträge liefern folgende Autoren: *Burkhard Ganzer, Gennaro Ghirardelli, Andreas Grüb, Thomas Hauschild, Klaus Hesse, Fritz Kramer, Irene Leverenz, Gisela Maler, Gertraud Marx-Kramer, Mark Münzel, Annegret Nippa, Heide Nixdorff, Ingrid Pfluger, Peter W. Schienerl, Axel Schmidt, Artur Simon*

Phra Ram, Figur aus dem Nang Luong-Schattenspiel, Thailand

Bernhard Streck (Hrsg.)

Wörterbuch der Ethnologie

mit Beiträgen von
Burkhard Ganzer, Gennaro Ghirardelli, Andreas Grüb,
Thomas Hauschild, Klaus Hesse, Fritz Kramer,
Irene Leverenz, Gisela Maler, Gertraud Marx-Kramer,
Mark Münzel, Annegret Nippa, Heide Nixdorff,
Ingrid Pfluger, Peter W. Schienerl, Axel Schmidt, Artur Simon

DuMont Buchverlag Köln

Umschlagabbildung: *Tamati Waka Nene*, ein Häuptling der Maori (Neuseeland) im frühen 19. Jahrhundert; nach einem Ölgemälde von *Gottfried Lindauer* in der Auckland City Art Gallery

CIP-Kurztitelaufnahme der Deutschen Bibliothek

Wörterbuch der Ethnologie / Bernhard Streck (Hrsg.).
Mit Beitr. von Burkhard Ganzer ... – Erstveröff. –
Köln: DuMont, 1987.
(DuMont-Taschenbücher; 194)
ISBN 3-7701-1728-X
NE: Streck, Bernhard [Hrsg.]; Ganzer, Burkhard [Mitverf.]; GT

Erstveröffentlichung

Satz, Druck und buchbinderische Verarbeitung: Boss-Druck, Kleve

Printed in Germany ISBN 3-7701-1728-X

Inhalt

Vorwort

Die Ethnologie ist die Wissenschaft von den Unterschieden und Gemeinsamkeiten zwischen den Kulturen und Gesellschaften der Gegenwart und Vergangenheit. Wer diesen unermeßlichen Kosmos in ein Taschenbuch zwängen möchte, muß eine Auswahl treffen – entweder aus der Fülle des Anschauungsmaterials oder aus dem Arsenal von Sichtweisen, deren sich die Ethnologie bei ihrer gewaltigen Aufgabe bisher bedient hat. Die hier versammelten »Wörter« sind solche Werkzeuge, die für das Verständnis fremder Welten geschaffen, erprobt und möglicherweise wieder verworfen wurden, bis spätere Ethnologen ihren Nutzen neu entdeckten.

Wenn der Leser zunächst enttäuscht sein mag, daß er anstelle exotischer Genüsse graue Theorie vorgeführt bekommen soll, wird ihn der Blick in eine hundert Jahre alte wissenschaftliche Werkstatt bald reich entschädigen. Und da das Wort des Philosophen Jaspers: »Alles Sein ist Ausgelegtsein« selbstredend auch im Umgang mit anderen Kulturen gilt, wird das Studium der einzelnen »Wörter« sehr schnell deutlich machen, daß es auch zum »alternativen« Leben der nichtindustriellen Völker keinen direkten Zugang geben kann. Die fremden Sitten wollen ausgelegt sein und übersetzt werden in unsere Begrifflichkeit.

Im Wechsel von Einsichten und Irrtümern, von Sprüchen und Einsprüchen, von großartigen Modellen und peinlichen Widerlegungen hat sich die Ethnologie wie jede andere Wissenschaft gebärdet. Daß heute überraschend viele Menschen Fragen an sie richten, weil ihnen Zweifel an der westlichen Lebensweise gekommen sind, bringt die Ethnologie in Verlegenheit. Sie ist nicht darauf vorbereitet, Antworten für die Gegenwart oder gar für die Zukunft zu geben. Das einzige, was sie tun kann, ist, die Werkstatt zu öffnen und die Begriffe zu zeigen, mit denen sie arbeitet. Manche wurden aus dem »Feld« mitgebracht und haben schon Eingang in den allgemeinen Sprachgebrauch gefunden wie das polynesische *Tabu* oder der malaiische *Amok.*

Das Bewußtsein um die Problematik der Ethnologie ist heute weit über die Grenzen des Fachs hinaus verbreitet. Richard von Weizsäcker sagte kürzlich: »Diese anderen Kulturen aber haben andere Maßstäbe. Für sie ist nicht das Gesetz von Ursache und Wirkung maßgebend. Sie bringen keinen rechten Winkel hervor. Sie haben ein anderes Verhältnis zu Zeit und Raum, zu lebenden und verstorbenen Ahnen, zum Wesen des Todes.«[1]

Diese Gegenstandsbeschreibung verdeutlicht, daß die Ethnologie nicht als exakte Disziplin mit klaren Definitionen und einem am positivistischen Ideal der Naturwissenschaften orientierten Fortschritt vorgestellt werden kann. Was Ethnologen bisher zusammengetragen haben, ist eine Fülle von Merkwürdigkeiten, die eher die Wissenschaftler über-wältigen, als daß sie von diesen be-wältigt werden könnten. Die Hilflosigkeit gegenüber den eigenen Befunden – und es sind eben ungeheure Welten, die sich die Ethnographen unter großen Opfern erschlossen haben – zieht immer wieder den Spott seitens der Nachbarwissenschaften an, vor allem seitens der großen »Schwester« Soziologie: »Eine der Schwierigkeiten bei ethnologischen Beschreibungen liegt ja stets in der Unmöglichkeit ihrer Kontrolle. Es handelt sich bei ihnen um das Paradox nichtintersubjektiver Empirie; denn selbst wenn man sich der Mühe eines neuerlichen Besuches bei dem beschriebenen Stamm unterzöge, ließen sich alle Unterschiede mit der zeitlichen Differenz wegdiskutieren« (DAHRENDORF 1967).[2]

Um diesem Vorwurf zu begegnen, haben sich Ethnologen stets aufs neue bemüht, Theoriengerüste zu errichten. Waren sie einleuchtend, folgten ihnen sogenannte Schulen. Doch fiel es ihren Widersachern nie schwer, aus dem Riesenschatz ethnographischer Berichte solche hervorzuholen, die den Theorien widersprachen. So sind viele berühmte Szenarien, die Ethnologen nach großen Anstrengungen im Feld und am Schreibtisch zusammengestellt hatten, von späteren Kollegen wieder durcheinandergebracht worden. Wie unten ausgeführt, wurde MALINOWSKIS »unwirtschaftlicher Tausch« von UBEROI als Tarnung eines Wirtschaftsverkehrs entlarvt, BOAS' »Vergeudungsduelle« von HARRIS und SEILER als koloniale Zerfallsform neu gedeutet; MEADS antiautoritäre Erziehung auf Samoa erscheint in der Revision HOLMES' und FREEMANS als milieutheoretische Projektion; EVANS-PRITCHARDS segmentär funktionierende Nuer-Gesellschaft wird bei HOLY zum Machtkampf unter Lokalgewaltigen und REDFIELDS gewachsene Bauerngemeinschaften haben O. LEWIS und WOLF als Nebenprodukt abhängiger Volkswirtschaften wiederentdeckt.

Angesichts dieses Wechsels von Aufstieg und Fall ethnologischer Theorien zogen es viele Feldforscher und Faktensammler vor, bei den Einzelfällen zu bleiben – auch wenn dann der Fortschritt der Ethnologie nie über das hinausgehen wird, was THURNWALD schon 1928 auf dem damaligen Soziologentag sagte: »Jede Zeit und jede Kultur hat die ihr eigenen Lösungen, die in den Augen der anderen bald als bizarr, bald als ideal, bald aber als unerträglich empfunden werden.«[3]

Die ethnologischen »Wörter« sind also eher Fragen, die, an den kulturellen Reichtum in Raum und Zeit gerichtet, mehrere interessante Antworten fanden. Die frühesten Schablonen für die Beschreibung einer Kultur stammen von Wilhelm Dilthey, der versuchte, die Eigenart der Geisteswissenschaften zu begründen: Wirtschaft, Recht, Staat, Religion, Kunst – später kam Gesellschaft hinzu. Diesem Schema folgen in der Regel bis heute Handbücher und Einführungsveranstaltungen in der Ethnologie. Die Kategorien finden sich auch unter den »Wörtern«, allerdings gemeinsam mit vielen anderen, die wohl der einen oder anderen Schablone unterzuordnen wären. Nicht die taxonomische Logik oder das Abstraktionsniveau waren ausschlaggebend für die Zusammenstellung des alphabetischen Katalogs, sondern die Bedeutung der Begriffe für die ethnologische Arbeit. Erst auf dieser Ebene werden die »Wörter« vergleichbar; deswegen stehen Termini aus der *materiellen Kultur* neben Namen für theoretische Ausrichtungen, Formen menschlicher Gesellung neben Stationen im Lebenslauf, Weisen der Zerstreuung und Gestalten, die übernatürliche Bindungen zum Ausdruck bringen, neben *anthropologischen Universalien* wie Krankheit oder Prestige. Alle diese Themen haben Ethnologen in besonderem Maße beschäftigt – nicht zu jeder Zeit und in allen Weltgegenden freilich gleichermaßen. Fragen der *Völkerpsychologie* oder der *Rassenforschung* gelten als weniger modern, verglichen mit Themen wie *Ethnomedizin* oder *Kommunikation.* An dem Beispiel zeigt sich auch, wie unterschiedlich sich die Beziehungen zu den Nachbarwissenschaften gestalteten – seien diese ebenso interkulturell vergleichend wie Religionswissenschaft, Kunstgeschichte oder Linguistik, methodisch anders festgelegt wie Geographie, Prähistorie oder Archäologie, regional spezialisiert wie die philologisch-historischen Kulturwissenschaften (Iranistik, Sinologie etc., aber auch Volkskunde), theoretisch vielfältig zerstritten wie Soziologie und Psychologie oder eindeutig naturwissenschaftlich wie Humanbiologie oder Ethologie.

Diese der Ethnologie mehr oder weniger freundlich gesonnenen Nachbarn sind oft auch nicht älter als hundert Jahre; manchmal haben sie dieselben Wurzeln. Es ist ohnehin eine offene Frage, wann die Ethnologie – also reflektiertes Betrachten fremder Sitten, das über Lachen und Kopfschütteln hinausgeht – ihren Anfang nahm. Man kann hier antike Vorläufer nennen (Herodot, Plutarch), mittelalterliche Reisende (Ibn Khaldun, Ibn Battuta), Landsknechte aus dem 16. Jahrhundert (Schmidel, Staden), Jesuiten der Barockzeit (Lafiteau, Dobrizhoffer), Aufklärer im 18. Jahrhundert (Vater und Sohn Forster) oder romantische Fernreisende wie Maximilian Prinz zu Wied und Alexander von Humboldt. Spätestens in der Romantik war der Sinn für Differenzen, die Voraussetzung jeder ethnologischen Arbeit, entwickelt. Herder hielt der damals (wie heute) üblichen einlinigen Geschichtsbetrachtung seine Liedersammlung als alternative Quelle entgegen: »In dieser Galerie verschiedener Denkarten,

Anstrebungen und Wünsche lernen wir Zeiten und Nationen gewiß tiefer kennen als auf dem täuschenden, trostlosen Wege ihrer politischen und Kriegsgeschichte. In dieser sehen wir selten mehr von einem Volke, als wie es sich regieren und töten ließ; in jener lernen wir, wie es dachte, was es wünschte und wollte, wie es sich erfreute und von seinen Lehrern oder von seinen Neigungen geführt ward.«[4]

Mit August Ludwig SCHLÖZER (1772) waren auch die Begriffe *Völkerkunde* und *Ethnographie*, mit dem Schweizer CHAVANNES (1787) der Terminus *Ethnologie* gefunden. Der Weg zur akademischen Disziplin führte dann im 19. Jahrhundert über Museen (Petersburg 1837, Dresden 1843, Kopenhagen 1848, Berlin 1868, Hamburg 1879), ethnologische Gesellschaften (Paris 1839, New York 1842, London 1843, Moskau 1863, Berlin 1869) und Zeitschriften (*Zeitschrift für Ethnologie* 1869, *Journal of the Anthropological Institute* 1871, *American Anthropologist* 1888). Die ersten Lehrstühle besetzten BASTIAN in Berlin (1864), TYLOR in Oxford (1896), BOAS in New York (1899), FRAZER in Liverpool (1906). Doch wie schon vor der Akademisierung des Fachs arbeiteten auch im 20. Jahrhundert zahlreiche Ethnologen außerhalb der Universitäten, z.T. nebenberuflich, journalistisch oder freischaffend. Das im Anhang zusammengestellte Verzeichnis gibt einen Einblick auch in die Berufskombinationen. Leider konnten längst nicht alle verstorbenen Autoren aufgenommen werden; vor allem unter den Missionaren, aber auch unter den Volkskundlern, die ja im europäischen Raum denselben Fragen nachgingen wie die Ethnologen in Übersee, klaffen große Lücken.

Die Ethnologie im engeren, akademischen Sinne begann – erwartungsgemäß – mit einem Streit: Die *Parallelisten* postulierten überall gleiche Entwicklungsanlagen, die sich in den verschiedenen Kulturen auf unterschiedlichen Entwicklungsstufen darstellten; die *Diffusionisten* glaubten an historische Verbreitung und Übernahme der Kulturelemente. Nach dem Ersten Weltkrieg erklärten die *Funktionalisten* diesen Streit für unergiebig und konzentrierten sich auf das Zusammenwirken der *Institutionen;* zur gleichen Zeit suchten die *Kulturmorphologen* nach dem Sinn der Kulturhandlungen und ihrem stilmäßigen Ausdruck. Nach dem Zweiten Weltkrieg beschränkten sich die meisten kulturhistorisch arbeitenden Ethnologen auf Lokalgeschichte *(Ethnohistorie),* während soziologisch orientierte den *sozialen Wandel* studierten und andere sich ökologischen oder kognitiven Problemstellungen zuwandten. Die grundsätzliche Differenz aber zwischen der Suche nach Gesetzmäßigkeiten in der Vielfalt fremder Kulturerscheinungen *(nomothetische Richtung)* und der Anerkennung ihrer Einmaligkeit *(idiographische Richtung)* blieb durch alle Generationenwechsel hindurch erhalten. Ferner spielte die Anfälligkeit der

Ethnologen für zeitgeistliche Besessenheiten (Monarchismus, Anarchismus, Faschismus, Kommunismus, moralische Aufrüstung etc.) oder alte Traditionen (Katholizismus, Paganismus, Androzentrismus etc.) immer wieder in die Darstellung des Materials hinein. Schließlich hatte die unterschiedliche Bereitschaft, bei praktischen Fragen der Kolonialpolitik oder der anschließenden Entwicklungshilfe mitzutun, deutliche Rückwirkungen auf die Sichtweise. Dennoch eint das immer bunter gewordene Heer der Ethnologen bis heute der Wunsch, ihre Einsichten auch nach »draußen« zu vermitteln: also zu sagen, daß nicht überall auf der Welt Warenökonomie herrscht, der Individualismus gefeiert wird oder man das Schicksal dem Zufall bzw. dem Wirken eines »lieben Gottes« zuschreibt. Allerdings fragen sich heute wieder viele Ethnologen, ob der Glaube an einen technischen Fortschritt nicht doch universal ist.

Wie die Ethnologie sich im Laufe der Zeit verändert hat, so weist sie auch im räumlichen Vergleich markante Unterschiede auf – ganz wie ihr Gegenstand, die *Kultur*. In merkwürdigem Widerspruch zu ihrer universalen Aufgabe treten in der Ethnologie nationale Profile stärker hervor als bei anderen Wissenschaften. Die schwedischen Ethnologen Gerholm und Hannerz[5] haben die heutige »Landschaft« der Disziplin mit einem Riesenkontinent (USA), zwei kleinen Kontinenten (England und Frankreich) und einer Vielzahl winziger Inseln verglichen. Einige der Eilande stehen in direkter Verbindung mit einem der Festländer, andere sind völlig isoliert. Dieses Modell vom wissenschaftlichen Zentrum und seiner Peripherie muß deutschsprachige Ethnologen nachdenklich stimmen; wie oben angedeutet, präsentierte sich zu Bastians und Ratzels Zeiten die deutsche Ethnologie ebenfalls als großer Kontinent. Doch die zwei Weltkriege scheinen auch ihn zerschlagen zu haben. Die heimische Völkerkunde ist heute – international gesehen – nicht mehr als eine kleine Insel; nur Kenner sehen auf ihr noch Trümmer gewaltiger Denktraditionen.

Die ethnologische Szene im deutschsprachigen Gebiet war jedoch nie ein kompaktes Gebilde, das abweichende Richtungen inkorporierte oder marginalisierte, wie das die *Cultural Anthropology* in Nordamerika oder die *Social Anthropology* in Großbritannien taten. In Mitteleuropa – wo nach Ernst Jünger das »sowohl als auch« anstelle des »entweder oder« herrscht – bekämpften sich eher gleichstarke Richtungen, von denen drei besonders deutlich hervortraten: die »katholische Ethnologie« *(Kulturhistorische Schule)*, die Pater Wilhelm Schmidt in Wien begründete, die *Kulturmorphologie* von Leo Frobenius in Frankfurt und die von Richard Thurnwald in Berlin ins Leben gerufene und von W. E. Mühlmann in Heidelberg weitergeführte *Ethnosoziologie*. Um diese drei Riesen gruppierten sich viele Einzelgänger mit z. T. sehr originellen Ansätzen; vor allem aber blickten auch die Ethnologen der nicht deutschsprachigen Nachbarländer: Niederlande, Italien, die skandinavischen Länder, Polen, Ungarn etc. auf die geistigen Bewegungen im Herzen Europas und versuchten, in den deutschen Zeitschriften *(Anthropos, Paideuma, Sociologus, Zeitschrift für Ethnologie)* zu veröffentlichen.

Die politische Entwicklung vor, während und nach dem Zweiten Weltkrieg brach diese Weltgeltung der deutschen Ethnologie ab. Zwar überdauerten die drei genannten Schulen die Umbrüche von 1933 und 1945, doch vermutlich fielen sie gerade deswegen der internationalen Ächtung anheim. Auch für die Ethnologie brachte die kurze Zeit des nativistischen Aufbegehrens gegen ausländische und internationalistische Tendenzen das Gegenteil des Beabsichtigten: statt Weltgeltung Marginalisierung. In Italien unternahm man bekanntlich ebenfalls solche Autarkie-Versuche, und in der Tat arbeitete z. B. die deutsche Kulturmorphologie eng mit italienischen Kollegen zusammen. Die ethnologische »Achse« wehrte sich gegen Angriffe von draußen – wobei man auch mit nichtwissenschaftlichen Waffen kämpfte. Beide Ethnologien werden heute von der anglophonen »*World Anthropology*« übersehen«.

Die Kluft zwischen der zentraleuropäischen Sichtweise und den westlichen Richtungen reicht freilich weit vor 1933 zurück. Im Grunde wurzelte sie bereits im Gegensatz von Aufklärung und Romantik, und in der Folgezeit waren die positivistischen Behandlungen fremder Kulturen, ihre Beschreibung als vernünftige *Strukturen* viel eher in Frankreich und England beheimatet gewesen, während die Bemühungen um ein Verstehen durch *Mitleiden* oder *Ergriffenheit*, aber auch die Betonung der Multilinearität, der Differenz und der Eigenart die deutschsprachige Ethnologie kennzeichneten. Es sind fast jene, ebenfalls im 19. Jahrhundert aufgekommenen Gegensätze zwischen *Zivilisation* und *Kultur*, Nation und Volk, Vernunft und Gefühl, Fortschritt und »Ethnopathos«, die die beiden Ethnologien trennen. Entsprechend unterschiedlich fielen auch ihre Fragen und Ergebnisse aus: hier die Tat, dort der Tausch; hier Gliederung, dort Gleichgewicht; hier Ausdruck, dort Norm. Dazu kam die Dimension der *Geschichte*, die die Konzeptionen aller drei genannten deutschen Schulen unterschied von der englischen *structure*, den amerikanischen *cultural values*, den französischen *représentations collectives* oder den in Holland und Belgien erarbeiteten Durchschnittsgrößen.

Trotz mancher Identifikation mit den Siegern von 1945 hat sich das nationale Profil der deutschen Völkerkunde außerhalb der DDR wenig verwischt. Nur gilt es international nichts mehr. Das »Wörterbuch der Ethnologie« wollte dem nicht in vollem Maße Rechnung tragen, zumindest nicht in allen Beiträgen. Auch aus diesem Grund sind die ohnehin ungleichen »Wörter« nicht gleich behandelt. So gegensätzliche und eifersüchtige Ahnen wie DURKHEIM und WEBER, FROBENIUS und SCHÜTZ, MARX und FREUD werden nebeneinander bedient.

Im Arsenal der heutigen Ethnologie finden sich altertümliche neben modernsten Geräten; auch die Gebrauchsanleitungen differieren. Der Leser soll selbst entscheiden, welches ihm den meisten Gewinn bringt, mit welchem er am weitesten, am besten oder am tiefsten sieht. Kunz DITTMER hat als erster ausgesprochen, daß jeder Aspekt der Wunderwelt *Kultur* ein eigenes Werkzeug braucht. In diesem Sinne läßt das Wörterbuch nicht nur die Unvereinbarkeit der genannten Perspektiven bestehen, es bekennt auch einen »methodischen Methodenpluralismus«. Wenn der Ethnologe im Gewirr der geistigen Ströme nach den richtigen Begriffen sucht, gleicht er seinem Objekt, dem Fremden, der in den Fesseln seiner Kultur tanzt. Beides könnte von Phra Ram, der thailändischen Schattenspielfigur im Frontispiz, dargestellt sein.

1 Spiegel-Essay vom 17. 3. 1986
2 Pfade aus Utopia. München 1967/68: 319
3 Verhandlungen des sechsten Deutschen Soziologentages vom 17. bis 19. September 1928 in Zürich. Tübingen 1929: 318
4 Briefe zur Beförderung der Humanität (1796). In: Sämtliche Werke, Bd. 18, Berlin 1883: 137
5 The Shaping of National Anthropologies. Ethnos (Stockholm) 1–2 1982: 1–35

Das Fehlen eines Verzeichnisses der Referenzliteratur mußte dem Werk als Mangel mitgegeben werden; auch bei zurückhaltender Nennung der jeweiligen Pioniere ethnologischer Gedankenwege hätte es einen zweiten Band gefüllt. Der Interessierte sei auf die Standardwerke verwiesen, die im Abschluß an jeden Essay aufgeführt sind. Bei englischsprachigen Werken, die in deutscher Übersetzung vorliegen, ist stets der Originaltitel angegeben; bei Übersetzungen aus anderen, weniger geläufigen Sprachen ist der deutsche Titel verzeichnet.

Der Herausgeber dankt allen Mitarbeitern für ihr Engagement und dem Verlag für sein ungewöhnliches Interesse an der Ethnologie. Die Liste verstorbener Ethnologen hat in ihrer ersten Fassung Joachim Theis zusammengestellt; Ergänzungen kamen von Anton Quack, Thomas Hauschild, Antonio Palmisano und Gennaro Ghirardelli. Das vollständige Manuskript wurde von Mark Münzel und Harald Streck gelesen. Auch ihnen sei an dieser Stelle gedankt.

Bernhard Streck

Themen der Ethnologie

Ahnen Der Gedanke, daß Menschen und Götter miteinander verwandt seien, und zwar in direkter Linie, wird nicht nur in Stammesgesellschaften gepflegt; auch Aristokraten erheben ihre Vorfahren zu Unsterblichen. Voraussetzung dafür ist allerdings das fortwährende Angedenken, der *Ahnendienst*, ohne den die Toten verblassen oder ruhelos umherirren. Vor diesem wirklichen, weil sozialen Tod scheinen die Menschen mehr Angst zu haben als vor dem physischen: Schon zu Lebzeiten wird mit dem Sammeln möglichst vieler Nachkommen und Anhänger für die posthume Verehrergemeinde gesorgt; Mächtige lassen aufwendige Grabstätten errichten, die ihre Erinnerung unauslöschbar machen sollen, und noch in Gräberpflege und Gedächtnisfeiern monotheistischer und moderner Gesellschaften lebt jener Gedanke weiter, daß die Vorfahren auf ihre Nachkommen blicken.

Für den Evolutionisten SPENCER war der *Manismus* (Ahnenkult) die erste religiöse Idee überhaupt; ebenso glaubte FRAZER, daß die Angst vor den Toten die Religion geschaffen habe – Ausdruck »ununterbrochener Knechtschaft gegenüber den Totengeistern« (1933). W.R. SMITH (1889) betonte mehr die Gemeinschaft mit ihnen, die »liebevolle Ehrfurcht vor den göttlichen Verwandten«, in der die Religion ihre Wurzel habe. Die ethnographischen Beschreibungen konnten beides belegen, ein »Schwanken zwischen Totenfurcht und Totenverehrung« (FROBENIUS 1901), das sich aber auch als zeitliche Abfolge verstehen ließ. Abgesehen von jenen – meist nomadisierenden – Völkern, die ihre Toten in den Busch legen und den Ort künftig meiden, scheint der *Totenkult* hauptsächlich aus Vorsorgemaßnahmen gegen eine gefürchtete Rückkehr zu bestehen, während erst im *Ahnenkult* eigentlich gottesdienstliche Züge hervortreten. In vielen Weltbildern haben die Verstorbenen lange Wege zurückzulegen, bis sie den Status eines *Ahnen* bekleiden können, und um dieser Ehre teilhaftig zu werden, sind sie zunächst vom Beistand der Lebenden genauso abhängig, wie später diese von ihrem Segen (PAULSON 1963).

Bei den Teleuten im Altai-Gebiet dauert die Reise der mit Lärm und Peitschen vertriebenen Totenseele zum Ahnenland vierzig Jahre; der Reiche legt sie zu Pferd, der Arme zu Fuß zurück (H. LOMMEL 1941). Die nilotischen Mandari glauben, erst nach drei Generationen werde man zum Ahnen (BUXTON 1973). Auf diesem Weg kennen die westafrikanischen Ewe eine Reihe von Hürden und Mühen (SPIETH 1906) und bei den ostafrikanischen Tsamako kann die Totenseele in einen kochenden See fallen (JENSEN 1959). Manchmal verschnürt man die Leiche, bricht ihre Gelenke oder beschwert das Grab, um den Toten am »Umgehen« zu hindern. Zunächst also scheint das Motiv, sich vom Toten zu trennen, viel stärker zu sein als das Bedürfnis, mit ihm Gemeinschaft zu halten und seinen Beistand zu erfahren.

Erst mit einem gewissen Abstand zum Tod beginnt die Gottwerdung der Verstorbenen, und dies wird als fortwährender Prozeß angesehen: Die Ahnen der Azande im zentralen Afrika verlieren mit zunehmendem »Alter« immer mehr von ihrer Individualität und verschmelzen schließlich mit Mbori, dem Hochgott (EVANS-PRITCHARD 1936). Besonder der *Urahne* wird sehr häufg mit dem *Höchsten Wesen* zusammengesehen oder hatte Anteil an der Welterschaffung. Für die Kuba in Zaire schuf Mboom die Welt, der Urahne Woot aber die Kultur (HOCHEGGER 1960). Die direkte Verwandtschaft mit den mythischen *Urzeitwesen* spielt dann eine geringere Rolle; solche Ahnen gehören allen, dem ganzen Stamm und der bekannten Welt.

Im Ahnenkult pflegt man also die Verbindung zu jenen Toten, deren länger zurückliegender Tod keine Angst mehr vor einer Rückkehr auslöst, die aber andrerseits noch nicht in die unerreichbaren Höhen der Schöpfergottheiten entrückt sind. Mächtige, aber ansprechbare »Verwandte im Jenseits« werden als Ahnen verehrt und herbeigerufen, in Masken vergegenständlicht und durch Opfer verwöhnt. Wenn die Weichteile am Skelett verwest sind, scheint die Ahnenwerdung gelungen zu sein: Schädelkulte und Reliquiendienste zeigen auf der ganzen Welt, wie die dauerhafteren Hinterlassenschaften der Verblichenen Kraft zu spenden vermögen und für die Fruchtbarkeit von Menschen, Tieren und Feldern sorgen können. Doch auch Maßnahmen zur Erhaltung des Leichnams (Mumifizierung) kommen weltweit vor, ebenso Versuche, die Ahnen bildnerisch darzustellen und die Artefakte mit etwas Substanz von der Leiche (Haare, Nägel etc.) »zu beleben«.

Die Ahnen wachen über Sitte und Brauch, über den Kreislauf allen Lebens, sie gelten als Schiedsinstanz und bestimmen selbst das Schicksal der Nachkommen. Sie sind verantwortlich für Unglück und Krankheit, ihr Groll gilt als Ursache vielen Leidens. Aus »Leidensritualen« (TURNER 1968), die die Ahnen versöhnen und den Schmerz aufheben sollen, besteht daher der Hauptteil des Ahnenkultes vieler Völker, und daher ist es so bedeutsam, wer von den Lebenden die Ahnen vertritt, ihren Willen übersetzt und sie versorgt (VAN BINSBERGEN 1980; KRÖGER 1982).

Zwar wurde der Einfluß der Ahnen auf das Schicksal des Einzelnen gerade bei *Wildbeutern* gefunden – z. B. in der australischen *Geistkind-Vorstellung*, nach der der Vater die Seele des Neugeborenen an einem Wasserloch von einem Ahnen erhält und der Mutter nach Hause bringt (HOWITT 1904) –, doch gilt als klassisches Gebiet des Ahnenkultes die afrikanische Bauernkultur. An ihr entwickelte die deutsche *Kulturmorphologie* ihre Vorstellung von der *Tod-Leben-Gemeinschaft* als Gesamtorganismus, dessen beide Hälften sich in jeweils hierarchischer Heiligkeit gegenüberstehen. Das Schlüsselerlebnis für dieses Weltverständnis ist die existentielle Erfahrung des Todes; aus der Beobachtung der Wiedergeburt der Pflanze aus vergrabenen Stecklingen oder Samenkörnern folgt der Schluß auf den nicht endgültigen Tod des »reifen Menschen«. JENSEN (1951) bestritt dem Ahnenkult den Status einer eigenständigen Religion; die Ahnen seien nur Mittler zur Gottheit und ihre Verehrung nur ein Teil des sakralen Weltgefühls.

In der strukturfunktionalen Theorie wurde SMITHS Gedanke der Kindschaft als elementares Verhältnis in allen Religionen wieder aufgegriffen. Darüber hinaus schien der Ahnenkult sich als Paradigma jener DURKHEIMschen Vorstellung anzubieten, daß Religion und Ritual in Verwandtschaft und Sozialstruktur begründet seien. Die patrilinearen Familienverbände der westafrikanischen Tallensi verdanken nach FORTES (1945, 1949) ihren Zusammenhalt allein dem Ahnenkult. In ihm werde die Eltern-Kind-Beziehung »religiös überhöht«; die »Ritualisierung der kindlichen Pietät« sei ein Erfordernis der Sozialstruktur. FORTES bemühte sich aber auch um die Sozialpsychologie des Ahnenkultes: er offenbare eine »Überempfindlichkeit« und »Eifersucht« der Ahnen, deren »Wille meist erst nach ihrem Zuschlagen erkennbar« sei (1959). Hier scheint die Menschlichkeit der vergötterten Toten wiederzukehren, die auch viele Umgangsformen des Ahnenkultes prägt. Am Ende eines Opferfestes der permischen Wotjaken müssen die Ahnen wie schwierige Gäste nach Hause komplimentiert werden: »Ihr Alte, stehet nun auf! Esset und trinket, und wenn ihr euch berauscht habet, entfernet euch singend, bleibet nicht schlafen! Esset, trinket und gehet nun! Gehet nicht zürnend; singend gehet in jene eure Welt! Lebet nun wohl! Ihr Alten, Jungen, ich begleite euch nun. Gehet nun alle weg! Gehet, gehet, gehet!« (MUNKACSI 1952)

→ Alter, → Charisma, → Evolution, → Fest, → Geburt, → Geschlecht, → Identität, → Initiation, → Körperschaft, → Mythos, → Opfer, → Pflanzer, → Prestige, → Religion, → Ritual, → Segmentäre Gesellschaft, → Tod, → Verwandtschaft, → Weltbild, → Zeit

FORTES, M., Pietas in Ancestor Worship. Journal of the Royal Anthropological Institute. London 1961 (dtsch. Frankfurt 1978) - FROBENIUS, L., Unter den unsträflichen Äthiopen. Berlin 1913 - GOODY, J., Death, Property and the Ancestors. Stanford, Calif. 1962 - PREUSS, K. Th., Tod und Unsterblichkeit im Glauben der Naturvölker. Tübingen 1930 - RADIN, P., Road of Life and Death. New York 1946 - SCHOLZ, H. et al., Im Zeichen der Ahnen. Leipzig/Weimar 1979 - TURNER, V., The Drums of Affliction. Oxford 1968

Bernhard Streck

Alter Die neben dem Geschlecht elementarste Eigenschaft des Menschen hat in allen Gesellschaften zu Lösungen geführt, die diesbezügliche Ungleichheit zu ordnen und entsprechende Statusrollen festzulegen. Die weiblichen *Altersstufen* Mädchen - Frau - Alte Frau unterscheiden sich von den männlichen Knabe - Jüngling - Mann durch die lange Mittelstufe, in der die Frau ihren reproduktiven Beitrag des Gebärens leistet. Demgegenüber wird die Heiratsfähigkeit des Mannes aus verschiedenen Gründen oft bis gegen die Mitte des Lebensalters verzögert, was besondere Spannungen in das Verhältnis der Generationen und Geschlechter bringt. Entsprechend sind die Versuche, den biologischen Alterungsprozeß kulturell zu gestalten, auf der Männerseite reichhaltiger. Ob Gleichaltrige zu Altersklassen oder Söhne zu Generationsklassen zusammengeschlossen werden, immer steht die Idee des *kollektiven Alterns* und des gemeinschaftlichen Durchschreitens der Altersstufen dahinter, die stets durch markante Übergänge und betonte Eigenarten getrennt sind. Dadurch entstehen größere Solidaritätskreise, als Verwandtschaft und

Nachbarschaft stiften. Aufgrund gemeinsamer Schlüsselerlebnisse sehen sich die Altersgenossen zeitlebens als Kameraden, was auch in modernen Gesellschaften über Reservisten-, Veteranen- oder Jahrgängervereine formalisiert werden kann, aber auch in informellen Cliquen oder großen Jugendbewegungen zum Ausdruck kommt.

Die entwicklungsgeschichtliche Tiefe des kulturell gebundenen Alters hat Heinrich SCHURTZ schon 1902 in »Altersklassen und Männerbünde« herausgearbeitet. Später kristallisierten sich aus dem ethnographischen Material zwei Gebiete heraus, in denen die Idee der Altersklasse besonders prägnant formuliert wurde. Dies geschah zum einen in den Kriegergesellschaften der nordamerikanischen Prärie-Indianer, die seit dem reisenden Romantiker MAXIMILIAN PRINZ ZU WIED (1832–34) bekannt waren und in diesem Jahrhundert Gegenstand systematischer Forschungen durch WISSLER (1910), LOWIE (1935), WHYTE (1944), EISENSTADT (1954) und F. H. STEWART (1977) wurden. Das andere Gebiet ist Ostafrika, wo viele Hirtenvölker sehr komplexe Altersklassensysteme entwickelt haben, die ihre möglicherweise älteren patrilinearen exogamen Klane verblassen ließen. Aus der mittlerweile sehr gut dokumentierten Fülle von Beispielen ragen das von JENSEN (1936), HABERLAND (1963), HALLPIKE (1972) und LEGESSE (1973) beschriebene *Gada-System* und die Altersklassenordnung der Maassai (BERNARDI 1955; JACOBS 1965) hervor.

Der Gada-Typus wird bereits in einer abessinischen Chronik des 16. Jahrhunderts erwähnt; JENSEN glaubte, seinen Ursprung bei Pflanzervölkern wie etwa den Konso in Südwestäthiopien suchen zu müssen. Seine bekannteste Form hat das System aber bei dem Hirtenvolk der Borana und anderen Gruppen der Oromo (Galla) gewonnen. Dort besetzen fünf Altersklassen im Rhythmus von acht Jahren nacheinander fünf verschiedene Altersstufen. Die ausscheidende Klasse gibt ihren Namen der eintretenden, d. h. alle 40 Jahre beginnt ein Klassenname auf der untersten Stufe erneut den Aufstieg. Der Sohn kann erst in das System eintreten und damit den sozialen Status eines erwachsenen Mannes einnehmen, wenn der Vater ausgetreten ist; denn die Zeugungsfähigkeit soll immer nur bei einer Generation liegen. Diese »Rücksichtslosigkeit« (JENSEN) des abstrakten Zahlenspiels gegenüber den tatsächlichen Verhältnissen des biologischen Alters wirft für die Gesellschaft erhebliche Probleme auf, denen mit Verzögerung des Heiratsalters, Kindesaussetzung, Überspringen einer Generation und anderen Kunstgriffen begegnet wird.

Von dem streng formalisierten und zu extremen Verzerrungen zwischen kultureller Konzeption und demographischer Wirklichkeit führenden Generations-System des Gada unterscheiden sich die anderen zyklischen Altersklassenordnungen des Raumes, ganz besonders aber die linearen – wie die der Maassai – durch ihre Flexibilität. Dort werden die drei Altersstufen der Knaben, Krieger und Ältesten von einmaligen Klassen (anstelle der zyklisch wiederkehrenden) durchschritten, die nach und nach zusammengesetzt und dabei immer wieder neu benannt werden. Zunächst schließt man zwei Beschneidungsklassen, die vor vierzehn bzw. sieben Jahren eröffnet wurden und anschließend vier bzw. drei Jahre für die heranreifenden Knaben offenstanden, zu Halbgenerationsklassen zusammen.

Nach weiteren sieben Jahren Kriegerzeit werden die überregionalen Generationsklassen gebildet, deren Namen in die Stammeschronik eingehen und deren Mitglieder (die ältesten haben 21 Jahre »gedient«) bald heiraten und Hausstand wie Viehherde begründen.

Altersklassensysteme gelten als Weiterentwicklung der einfachen, nichtstaatlichen Gesellschaft, da sie ein höheres Maß an Organisation und territorialem Zusammenhalt erlauben. Unter den möglichen entwicklungsgeschichtlichen Ursachen führte Hans-Georg SCHINKEL (1970) das in halbtrockenen Gegenden schwierige »Herdenmanagement« an, das im Rahmen des »Viehpostensystems« der Fernweide eine relative Selbständigkeit und Mobilität der Jungmannschaft erfordere, die die Herden betreut. Andere marxistische Ethnologen wie z.B. BONTE (1974) interpretieren die Ungleichheit zwischen dem hohen Arbeitsaufwand der Jungen und ihrer unangemessenen Gratifikation als Widerspruch zwischen Produktivkräften und Produktionsverhältnissen, der bereits in der Gentilgesellschaft auftritt. Auch TORNEY (1981) hebt die Abhängigkeit der Hirten von den viehbesitzenden Klassen hervor, die sich periodisch im festlichen Verzehr spendierter Schlachttiere manifestiert. Noch früher aber wurde der Aspekt des Generationenkonflikts in den Altersklassensystemen entdeckt (WITTFOGEL 1936; SPENCER 1965; ALMAGOR 1977). Mit ihrer Hilfe könne die Hälfte der geschlechtsreifen Männer im Zölibat gehalten werden, während die andere Hälfte Frauen und Rinder monopolisiere. Mit dem strengen Kalender hielten sich die polygynen Alten die jugendliche Konkurrenz vom Leibe und mit dem Wechsel von Segen und Fluch würden Ausbruchsversuche aus der Ordnung gebannt. Nicht umsonst sei das Altersklassensystem oft mit einem Hohepriesteramt vergesellschaftet, das die Sprengkraft der organisierten Jugendbewegung eindämme oder nach außen ableite.

Der deutsche Kolonialoffizier Moritz MERKER, der 1904 eine Monographie über die Maassai schrieb, stellte die militärische Seite der Altersklassen heraus. Er verglich die Juniorkrieger mit Rekruten, die Seniorkrieger mit Aktiven und die Juniorältesten mit der Reserve. Er sprach von Regimentern, Schildwappen und stehendem Heer. Eine ähnliche Militarisierung hat der Altersklassengedanke bei den Zulu im südlichen Afrika erfahren und möglicherweise gab es eine solche Vorform der allgemeinen Wehrpflicht auch in archaischen Großreichen. Das bekannteste Beispiel der Antike ist Sparta (MEISTER 1963), wo Jünglinge von sechs bis dreißig Jahren kaserniert und trainiert und so zum Schrecken der Umgebung wurden, wie die Kriegerklassen der ostafrikanischen Hirtenvölker. SAHLINS (1961) spricht von »räuberischer Expansion«, die ein solches Altersklassensystem verursache, und in der Tat wurden Nachbarvölker oft zur »Nachrüstung« gezwungen. Sie kopierten nicht nur das System, sondern führten auch synchrone Initiationen durch, um dem Ungestüm der frisch initiierten Nachbarkrieger das der eigenen entgegenhalten zu können.

Durch das geregelte Nacheinander der Altersgruppen kommt aber auch der Gedanke der kollektiven Sozialisation zum Tragen sowie der des Lernens durch Nachahmung und der sukzessiven Traditionsvermittlung. GUTMANN (1926), der das System der Dschagga am

Kilimandjaro beschrieb, spricht vom »Zugverband«, in dem der jeweils Ältere den jeweils Jüngeren anleitet – wohl das Grundprinzip der *informellen Erziehung*, das auch in dem Begriff der *Seniorität* zum Ausdruck kommt. Wer befiehlt und wer gehorcht, ist einzig durch das relative Alter festgelegt.

Eisenstadt (1956) hob die Komplementarität der Altersrollen hervor: wie Eltern dem Kind, so ist der Ältere dem Jüngeren zugeordnet, und wie Autorität und Respekt, so paßten auch die überliefernden und die empfangenden Altersgruppen zueinander. Daß die direkt benachbarten in einem gespannten Verhältnis zueinander stehen, die etwas entfernteren sich aber einer gelösteren Beziehung erfreuen können, hat schon Radcliffe-Brown (1929) in seinem Gesetz der *alternierenden Generation* entdeckt. Deswegen müssen in vielen Systemen Vater und Sohn alternierenden Klassen angehören. Bei den Maassai werden die Krieger nicht so sehr von der Väterklasse diszipliniert – man scheut z. B. den Vaterfluch – sondern von den eben dem Kriegerstand entwachsenen sogenannten Feuerstock-Ältesten.

Die Herrschaft des Alters, das wohl alle Stammesvölker charakterisiert, kann durch Alterklassen verstärkt, aber auch relativiert werden, besonders wenn die Zugehörigkeit zu den Klassen der Älteren Rückzug aus dem öffentlichen Leben oder Beschränkung auf Ritualaufgaben vorschreibt. Eine ungebrochene *Gerontokratie* vermag sich nur in reinen Gentilgesellschaften zu entfalten, wo die Klanhäupter keine Konkurrenz von Kriegersprechern oder Hohepriestern zu fürchten haben. Hier können die (oft unter sich noch hierarchisch geordneten und ebenso sitzenden) Grauköpfe sich unwidersprochen auf die Ahnen berufen, die sie vertreten und denen sie kraft Alters nahe sind. Die schrittweise Annäherung hat sie allmählich von allen Meidungsgeboten und Beschränkungen befreit und alle Privilegien in ihren Händen vereint.

Im Alter erlaubt man auch Frauen in die sonst von Männern dominierten politischen und rituellen Rangordnungen aufzurücken; denn ab der Menopause kann die Frau als Mann gelten (Behrend 1985). Selbst weibliche Gegenstücke zu männlichen Geheimbünden, Altenräten und Vereinen, in denen Positionen erkauft werden können (Titelgesellschaften), sind bekannt geworden. Macht in der »Altenoligarchie« (Thurnwald) gründet sich bei beiden Geschlechtern auf Wissen, Erfahrung, Verdienst und Anhang. Doch neben höchster Verehrung bringt man dem Alter gelegentlich auch äußerste Mißachtung entgegen. Greise können zum Gespött der Jugend werden, ja sogar umgebracht werden, wie es bei manchen Indianern, Eskimos und Buschmanngruppen vorkam. Zum Teil sind diese barbarisch anmutenden Sitten Resultat extremer Lebensbedingungen oder katastrophaler Krisen; andererseits könnten sie zu einem Weltverständnis gehören, das einst auch im vorchristlichen Europa verbreitet war (Koty 1934). Wenn Alte Klippen hinuntergestürzt, lebendig begraben, ausgesetzt oder aufgegessen werden, sucht man die Vereinigung mit ihrer ungestorbenen Kraft, die nur durch Trennung von ihnen bei Lebzeiten zu erlangen ist. Im frühen »agrarischen Weltbild« Baumanns geht es um die Perpetuierung des erfüllten Lebens und die Aufhebung der Konsequenz des Alterns, wenn der Tod durch Töten bekämpft wird.

→ Ahnen, → Arbeit, → Bund, → Erziehung, → Geburt, → Geschlecht, → Heirat, → Hirten, → Initiation, → Körperschaft, → Krieg, → Opfer, → Priester und Prophet, → Recht, → Segmentäre Gesellschaft, → Tod, → Wir-Gruppe, → Zeit

BAXTER, P. T. W./ALMAGOR, U. (Hrsg.), Age, Generation and Time. London 1978 – EISENSTADT, S. N., From Generation to Generation. New York 1956 (dtsch. München 1966) – GUTMANN, B., Das Recht der Dschagga. München 1926 – JENSEN, A. E., Im Lande des Gada. Stuttgart 1936 – KOTY, J., Die Behandlung der Alten und Kranken bei den Naturvölkern. Stuttgart 1934 – LINDIG, W., Geheimbünde und Männerbünde der Prärie- und der Waldlandindianer Nordamerikas. Wiesbaden 1970 – MEISTER, R., Die spartanischen Altersklassen vom Standpunkt der Entwicklungspsychologie betrachtet. Wien 1963 – PRINS, A. H. J., East African Age-Class-Systems. Groningen/Djakarta 1953 – SCHURTZ, H., Altersklassen und Männerbünde. Berlin 1902 – STEWART, F. H., Fundamentals of Age-Group-Systems. London 1977 – WITTFOGEL, K. A., Wirtschaftsgeschichtliche Grundlagen der Entwicklung der Familienautorität. Paris 1936

Bernhard Streck

Angewandte Ethnologie Die Frage, wie Ethnologie anzuwenden wäre, stellte sich bereits in den Anfängen, als sich die junge Wissenschaft um die Jahrhundertwende von den anerkannten Disziplinen wie Geographie, physische Anthropologie oder Psychologie emanzipieren mußte. Deren praktische Bedeutsamkeit war unbestritten; wie Erkenntnisse über andere Völker zu verwerten seien, ist aber bis auf den heutigen Tag problematisch geblieben. Immer noch wird auf das »reine« Erkenntnisinteresse verwiesen, das allein zu unverfälschten Ergebnissen führe. Andere Ethnologen sehen sich von der weltpolitischen Entwicklung gedrängt, in erkannte Mißstände einzugreifen zum Zwecke ihrer Behebung.

Neben der Wertorientierung des Wissenschaftlers spielte in der Debatte um die Nützlichkeit der Ethnologie stets die Brotfrage eine entscheidende Rolle. Inhaber der knappen Lehrstühle neigten eher zur wertfreien und damit unpraktischen Forschung, während andere Ethnologen häufig gezwungen waren, die Verwertbarkeit ihrer Qualifikation herauszustellen. An Orten und in Ländern ohne akademische Tradition wurden wegen der umstrittenen Anwendbarkeit nur zögernd ethnologische Institute eingerichtet und wenn, dann mit genauer Aufgabenbeschreibung. Ethnologie in der Dritten Welt und z. T. auch in den Staaten des Ostblocks muß das leisten, was kritische Ethnologen im Westen »Sozialtechnologie« nennen, d. h. Vorbereitung und Begleitung politischer Maßnahmen durch ethnologische Forschung.

Die Zusammenarbeit von Ethnologen und Praktikern litt seit Beginn an der Unvereinbarkeit der Standpunkte und Anschauungsweisen. So mehrte es eher das Prestige der jungen Kolonialmacht Deutschland, wenn sie neben militärischen und kommerziellen auch wissenschaftliche Expeditionen nach Übersee schickte, als daß von den ethnologischen Teilnehmern irgendwelche brauchbare Studien für die Handelnden erstellt worden wären. Die Mißverständnisse etwa der Hamburger Südsee-Expedition 1908–10 hat FISCHER (1981) anschaulich rekonstruiert. Als Karl WEULE in Deutsch-Ostafrika oder Bernhard ANKERMANN in Kamerun reisten, entstanden wertvolle ethnographische Sammlungen und unschätzbare Forschungsberichte, zur »Befriedung« der ausgedehnten Besitzungen trugen diese Arbeiten jedoch nichts bei.

Die Problemstellung änderte sich etwas, als zwischen den Weltkriegen die Kolonien aus der Phase der Befriedung in die der Verwaltung überführt werden konnten. Auf englischer Seite waren mit Lord LUGARDS »Indirekter Herrschaft« (1922) und CAMERONS »Eingeborenenverwaltung« (1934) Programme aufgestellt worden, von denen sich vor allem die funktionalistische Ethnologie zur Mitarbeit herausgefordert fühlte. Schon 1928 prägte MALINOWSKI den Begriff der »Praktischen Ethnologie«, deren Aufgabe es sei, unbrauchbar gewordene Institutionen der Einheimischen durch neue zu ersetzen und den notwendigen *sozialen Wandel* beratend und lenkend zu begleiten. Es gebe keine »unverdorbenen« Kulturen mehr zu studieren, stellte das Memorandum des Londoner »Institute of African Languages and Cultures« 1938 fest; die Ethnologen seien aufgerufen, Kulturkontakt und Kulturwandel zu untersuchen und zwischen Kolonialverwaltung und Bevölkerung einen Interessenausgleich herbeizuführen.

Zwar hatte Deutschland damals schon keine Kolonien mehr, ein Teil seiner Ethnologen – z. B. WESTERMANN 1940 – entwickelte aber wie die englischen Kollegen ein reges Interesse an den praktischen Fragen in Übersee (GOTHSCH 1983). Im Hinblick auf die besonders in den 30er Jahren erwartete Rückgewinnung der »Schutzgebiete« formierte sich eine *Kolonialethnologie,* der nach Meinung des Wiener Völkerkundlers BERNATZIK eine zweifache Aufgabe zufiel: Zum einen müßten die »stammessittentreuen Eingeborenen« fachkundig kontrolliert werden; dazu gehöre der Schutz vor Alkohol und die Hebung der Hygiene, dann aber auch die »Ermunterung, an arteigener Kunst und Kultur festzuhalten«. Für die »Entwurzelten« aber gelte es, eine andere Politik ethnologisch zu untermauern: Hier müsse der Kulturkontakt gesteuert werden, Lebensstandard und Bildungsniveau gehoben, für Arbeitsplätze und Konsummöglichkeiten gesorgt, direkte Verwaltung und eine angemessene Religion eingeführt werden. Als sich im zweiten Kriegsjahr 1940 die deutschen Ethnologen in Göttingen versammelten, stellte der Berliner Afrikanist SCHACHTZABEL fest, »der gesicherte völkische Lebensraum auch für die schwachen Rassen sei ein wesentliches Ziel der neuen deutschen Kolonialpolitik«.

Die amerikanische Ethnologie hatte zunächst das praktische Engagement der MALINOWSKI-Schule kritisiert. HERSKOVITS betonte 1938 den unüberbrückbaren Gegensatz zwischen Wissenschaft und Politik. Als aber die USA nach dem Zweiten Weltkrieg begannen, selbst in Übersee tätig zu werden, entstand auch dort ein praktischer Zweig der Ethnologie, die sogenannte *Aktionsethnologie.* Sol TAX, ihr führender Kopf, sprach 1952 von einer Einheit aus Untersuchung und Therapie nach dem Vorbild der Medizin. Leitgedanke sei, den Kolonisierten zu Wohlstand, Freiheit und Selbstbestimmung zu verhelfen; letzte Instanz sei das demokratische Gewissen des Ethnologen. Als aus

Südostasien, der Südsee und Südamerika Projekte bekannt wurden, wo Ethnologen an Umsiedlungen mit katastrophalen Folgen beteiligt waren – ein Beispiel: Bikini (KRAMER 1983) –, erließ die »American Anthropological Association« einen *code of ethics*, der jede Geheimforschung verbot und erneut das Wohlergehen der Erforschten als alleinige Richtschnur ethnologischen Handelns propagierte.

Trotzdem gerät fast jedes praktische Engagement eines Ethnologen heute in den Verdacht, Hilfe bei der Befriedung oder Beherrschung der untersuchten Gruppe zu leisten *(counter insurgency research)*. Eine vor allem im deutschsprachigen Raum beliebte Konsequenz daraus lautet, Ethnologie solle sich vom politischen Geschäft fernhalten – auch auf die Gefahr hin, der »Blindheit gegenüber den eigenen Verwertungszusammenhängen« bezichtigt zu werden. Die praktische Abstinenz war hier schon in den 20er Jahren durch das Bündnis der Kulturhistoriker mit der Prähistorie vorgezeichnet: Die Ethnologie rekonstruiert und legt »Datenbanken« (STRIEDTER 1971) an. Auf ihre außerwissenschaftliche Verwertung hat sie keinen Einfluß, vielmehr würde ein solcher der Wissenschaftlichkeit Abbruch tun (SCHMIED-KOWARZIK 1966). Andrerseits klagen auch viele Ethnologen, daß sie nicht gefragt würden, so daß Entwicklungshilfeprojekte in der Regel zum Scheitern verurteilt seien (G. KRAUSE 1985).

Es gibt heute aber auch andere Antworten auf die Frage nach der Anwendung der Ethnologie. Der Amerikanist Karl SCHLESIER versuchte, dem Namen »Aktionsethnologie« einen neuen Inhalt zu geben, indem er sich zum praktisch tätigen Lobbyisten der Untersuchten erklärte. Doch statt der Innovatoren, die etwa Entwicklungssoziologen und Marktforscher aus einer »Zielgruppe« herausgreifen, sucht der neuere Aktionsethnologe die jeweilige Fraktion der Konservativen. Hilfe bei der Bewahrung lokaler Traditionen lautet für SCHLESIER die Aufgabe der modernen Ethnologie – die Hilfe soll aber nicht aufgezwungen, sondern nur angeboten werden. Die ehemaligen Forschungsobjekte gelten nun als autonome Subjekte, der Forscher als ihr Diener.

Eine andere Art von Dienst sehen die Vertreter der *historischen Ethnologie* für ihre Richtung: Es gelte, den jungen Nationen der Dritten Welt ihre nationale Geschichte zu schreiben. Mit dem in der Ethnologie zusammengetragenen Material könne die kolonialistische Lüge von den geschichtslosen Räumen etwa in Afrika widerlegt werden (HABERLAND 1974). Zu dieser Art wissenschaftlicher Entwicklungshilfe gehört dann auch die Unterstützung beim Aufbau historischer Lehrstühle an den neuen Universitäten.

Die Aufgabe, auf die sich aber wohl die meisten ethnologischen Richtungen einigen können, ist die der »Dechiffrierung«, der Entschlüsselung des Fremdartigen. Ethnologie anwenden, schreibt Hans FISCHER 1983, heißt übersetzen; und nichts anderes tun seit einem Jahrhundert die bedeutendsten ethnologischen Einrichtungen, die Völkerkundemuseen. Der Ethnologe ist Makler zwischen Kulturen; seine eigentliche Praxis besteht darin, den Fremden das Eigene und den eigenen Leuten das Fremde zu erklären. Diese »hermeneutische« Aufgabe der Ethnologie erscheint um so dringlicher, als heute wie nie zuvor eine Bereitschaft zu spüren ist, von anderen Kulturen zu lernen.

→ Diffusion, → Ethnohistorie, → Evolution, → Feldforschung, → Fremdwahrnehmung, → Identität, → Kommunikation, → Kulturanthropologie, → Kulturökologie, → Sozialanthropologie, → Völkerpsychologie, → Weltbild, → Wirtschaft

Bastide, R., Anthropologie appliqué. Paris 1971 – Bernatzik, H., Afrika. Handbuch der angewandten Völkerkunde. 2 Bde., München 1947/51 – Gothsch, M., Die deutsche Völkerkunde und ihr Verhältnis zum Kolonialismus. Baden-Baden 1983 – Mair, L., Studies in Applied Anthropology. London 1957 – Malinowski, B., The Dynamics of Culture Change: An Inquiry into Race Relations in Africa. New Haven 1945 (dtsch. Wien/Stuttgart 1951) – Plischke, H., Die Völkerkunde als Kolonialwissenschaft. In: Bericht über die Arbeitszusammenkunft deutscher Völkerkundler in Göttingen am 22. u. 23. Nov. 1940, Göttingen 1941 – Schlesier, K., Action Anthropology and the Southern Cheyenne. Current Anthropology 15, 1974 – Tax, S., Action Anthropology. América Indígena VII,2, Mexico 1952

Bernhard Streck

Arbeit Das Jahr 1776, in dem Adam Smiths Werk über den »Wohlstand der Nationen« erschien, bedeutete einen Wendepunkt in der wissenschaftlichen Beschäftigung mit der vom Menschen geleisteten Arbeit. Konnten die französischen Physiokraten noch behaupten, die menschliche Tätigkeit schaffe selbst keine neuen, zusätzlichen Werte, sondern sei lediglich Mittlerin, die dem fruchtbaren Boden die Werte entnehme, so bedurfte die industrielle Produktion, die sich damals durchsetzte, einer grundlegend neuen Auffassung von der Arbeit.

Die Fähigkeit des Menschen, mittels seiner Hände und der von ihm gemachten Werkzeuge – die letztlich nur eine Verlängerung der ersteren sind –, neue Werte zu schaffen, wurde jetzt zum Ausgangspunkt und Ziel der Forschung. Smith u. a. fragten sich, wie eine Vermehrung der den Menschen zur Verfügung stehenden Güter und Werte erreicht werden könne, so daß die Bedürfnisse besser als zuvor befriedigt würden. Dabei interessierten die Probleme der Entstehung von Bedürfnissen kaum; vielmehr sah man diese im egoistischen »Maximierungsverhalten« der Individuen gleichsam naturwüchsig angelegt. So hatte die Arbeit wie der Boden und das Kapital nur nach ihrem Beitrag zur Erhöhung der Produktion und Produktivität befragt zu werden.

Dieser Gleichstellung der Arbeit mit dem eingesetzten Kapital oder dem bebauten Boden lag die Vorstellung eines Marktes zugrunde, auf dem sich Angebot und Nachfrage auch für die Arbeitskraft in gleicher Stärke treffen und auf dem niemandem eine »Marktmacht« zukam. So blieb die Frage nach dem Zusammenhang zwischen Arbeitswert und erzieltem Überschuß hinter den auf dem Markt ausgehandelten Löhnen und Preisen versteckt. Die frühe Arbeitstheorie interessierte nur, wie dieser Überschuß im Sinne des Kapitals und damit zugunsten weiterer Investitionen vergrößert werden könne.

Smith hatte schon erkannt, was über hundert Jahre später der amerikanische Ingenieur F. W. Taylor präzisierte, daß

Pflügen und Säen. Äthiopische Volksmalerei; ca. 1930

die Aufteilung der technischen Arbeitsprozesse in immer kleinere Schritte, die vom Arbeitenden geringere Fähigkeiten verlangen und von ihm schneller auszuführen sind, zu einer generellen Produktions- und Produktivitätssteigerung führt. So entstand im 19. Jahrhundert die extremste Form der *Arbeitsteilung*, die industrielle Fließ- und Serienfertigung.

Mit Marx (1858, 1867) wurde die »utilitaristische« Arbeitstheorie in Frage gestellt: Im Laufe intensiver Auseinandersetzungen mit den Vertretern der bürgerlichen Ökonomie über den Wert der Arbeit, aber auch durch seine Beschäftigung mit Arbeitsprozessen und Produktionsweisen, die der kapitalistischen vorausgingen, kam Marx zu dem Schluß, daß die Arbeit und damit die »gesellschaftlich vermittelte Produktion« die Grundlage der historischen Entwicklung sei. Nur Arbeit könne mehr Güter produzieren, als sie zur »Aufrechterhaltung ihrer Produktionsfähigkeit«, d. h. zu ihrer *Reproduktion*, benötigt. Dadurch werde sie in die Lage versetzt, den für gesellschaftliche Veränderungen notwendigen Überschuß, den *Mehrwert*, zu erzielen. Die Höhe dieses Überschusses, seine Verteilung auf und die Verwendung durch die Mitglieder einer Gesellschaft richte sich jedoch nicht allein nach dem technisch Machbaren, dem Stand *der Produktivkräfte*, sondern zugleich auch nach den sozialen Beziehungen *(Produktionsverhältnissen, Überbau)*, die zwischen den Mitgliedern bestehen. Dieses Verständnis von Arbeit und Produktion schloß also die Bedingungen ein, die zu einer bestimmten Arbeitsteilung führten – sei es nach Alter, Geschlecht oder Zugehörigkeit zu einer Klasse, Gesellschaft oder Weltgegend (Engels 1884, 1896). Von einer Kategorie, die bei Smith eine unter mehreren war, rückte die Arbeit in der Marxschen Analyse in den Mittelpunkt der Betrachtung.

Die sich entwickelnde Arbeitsteilung bildete auch für Durkheim (1893) das treibende Moment in der Geschichte. Anders als die »bürgerlichen« Ökonomen sah er in ihr auch nicht bloß einen technischen Prozeß, der zu erhöhter Produktivität führe, sondern die Ursache der Veränderung vieler Zusammenhänge. Die gesellschaftliche Arbeitsteilung bewirke, daß sich die einzelnen Berufe immer mehr spezialisierten und damit immer stärker auf die Zusammenarbeit mit allen anderen angewiesen seien. Damit würden bestehende oder künftige Gesellschaftsordnungen nicht einfach nur »verschönert und verbessert«, sondern die der Arbeitsteilung innewohnenden Kräfte hätten eine differenzierte Gesellschaft überhaupt erst möglich gemacht. Durkheim verglich wie schon Comte die arbeitsteilige Gesellschaft mit dem biologischen Organismus, in dem jedes Teil eine für das Ganze wichtige Funktion ausübe.

Mit der Teilung der Arbeit geht nach Durkheim eine Veränderung des moralischen Kodex der Gesellschaft einher, die er an der Entwicklung des Rechts exemplifizierte: Aus gleichsam unwillkürlicher, »mechanischer« Solidarität der Mitglieder einfacher Gesellschaften entstehe eine sich selbst bewußte »organische« Solidarität zwischen den gegenseitig Abhängigen, wie sie in modernen Rechtsnormen zum Ausdruck kommt. Damit hatte Durkheim den technisch orientierten Arbeitsbegriff der Ökonomen soweit verändert, daß er zur Grundlage einer eigenständigen Soziologie werden konnte. Von der Marxschen Theorie unterschied sich diese aber u.a. darin, daß sie den Machtfaktor in der Arbeitsteilung nur als vorübergehende Deformation (»Anomie«) registrierte.

In der Ethnologie wurden Arbeit und Arbeitsteilung wieder zu einem Element unter vielen, wie die »Ethnologische Volkswirtschaftslehre« (M. Schmidt 1921, 1924) zeigte. Politische und soziale Größen, vor allem aber die Erfindungen und Neuerungen erachtete man für den technischen Fortschritt als wesentlicher (Thurnwald 1923). Arbeit wurde als Mittel zum Zweck angesehen. Die in »Grob- und Feinbedürfnisse« (Thurnwald, Malinowski) zu gliedernden Zwecke (z.B. Nahrungsbeschaffung, Bekleidung und Behausung) ordneten sich wiederum anderen Faktoren wie »Wirtschaftsgeist«, Sozialstruktur oder Weltbild unter.

Die Teilung der Arbeit nach Alter und Geschlecht, die als die ursprünglichste gilt (Männer gehen auf die Jagd oder hüten die Herden; Frauen sammeln Früchte oder bearbeiten die Felder), oder zwischen Gruppen unterschiedlicher Wirtschaftsweise, die Güter austauschen, wie etwa hirtennomadische und bäuerliche Gemeinschaften, war durchaus Ordnungsschema in den umfangreichen Sammlungen ethnographischen Materials. Die Arbeit diente – wie andere Kulturelemente – auch in den statistisch immer vollkommeneren Zusammenfassungen zur Bestimmung von *Kulturarealen* oder bildete die Grundlage historischer Vergleiche, die die Vorstellungen der Evolutionisten zu bestätigen schienen: je arbeitsteiliger eine Gesellschaft organisiert ist, desto höher ihr Entwicklungsstand.

Dieser der Wirtschaftsethnologie wie der neoklassischen Ökonomie eigentümliche Glaube an die universale Gültigkeit nutzenmaximierender Gesetze, die die Arbeit dem Wohle aller zuführen, hatte schon eine Erschütterung seitens der *substantivistischen Schule* (POLANYI 1944; DALTON 1967) erfahren, die die Produktion aus dem gleichsam naturwüchsigen Prozeß herausnahm und in den Rahmen kultureller und historischer Bedingungen stellte. Danach konnte etwa SAHLINS von einer »Überflußgesellschaft der Jäger und Sammler« (1973) oder von der »räuberischen Expansion« (1961) als spezifischer Umweltanpassung auf tribaler Stufe sprechen. Im amerikanischen *Kulturmaterialismus* (WHITE, FRIED, SERVICE u. a.) ist die Arbeit als Technik der Anpassung an die jeweilige Umwelt erneut ins Zentrum des ethnologischen Interesses gerückt; doch erst die *Neomarxisten* wie GODELIER (1973), MEILLASSOUX (1964) oder TERRAY (1969) haben sie wieder auf ihre »realen Bedingungen« zurückgeführt: Auch in »gebrauchswertorientierten« Subsistenzwirtschaften ist die Arbeit »vermittelnd« und »vermittelt« (KRADER 1979), bildet also den Angelpunkt zwischen Praxis und Theorie, oder zwischen individueller Kreativität und gesellschaftlicher Tradition.

→ Alter, → Angewandte Ethnologie, → Evolution, → Handwerk, → Hirten, → Kulturökologie, → Kunst, → Nahrung, → Nutzpflanzen, → Pflanzer, → Tausch, → Technologie, → Wildbeuter, → Wirtschaft

DURKHEIM, E., Über die Teilung der sozialen Arbeit. Frankfurt 1977 (orig. franz. Paris 1893) – ENGELS, F., Der Ursprung der Familie, des Privateigentums und des Staates. Zürich 1884 – GODELIER, M., Ökonomische Anthropologie. Untersuchungen zum Begriff der sozialen Struktur primitiver Gesellschaften. Reinbek 1973 (orig. franz. Paris 1973) – KRADER, L., A Treatise of Social Labour. Assen 1979 – MARX, K., Grundrisse der Kritik der politischen Ökonomie (1857/58). Moskau 1939/41 – MEILLASSOUX, C., Anthropologie économique des Gouro de Côte-d'Ivoire. Paris 1964 – SMITH, A., An Inquiry into the Nature and Causes of the Wealth of Nations. 1776 (dtsch. o.O. 1974) – TERRAY, E., Zur politischen Ökonomie der »primitiven« Gesellschaften. Frankfurt 1974 (orig. franz. Paris 1969)

Andreas Grüb

Bund Der im Alten Testament zwischen Gott und seinem Volk geschlossene Bund wird von Max WEBER (1921) als religiös begründeter, aber politisch wirksamer Zusammenschluß autonomer Stammesverbände im Spannungsfeld der damaligen »Supermächte« Ägypten und Babylon beschrieben. Weit über dieses Urbild hinausgehend, wird in der Ethnologie die Bezeichnung *Bund* auf alle Arten nichtverwandtschaftlicher Vereinigungen übertragen, die sich nach außen abgrenzen, im Inneren aber gesellig oder zweckgebunden erscheinen. Die Grenzen zum *Verband* mit Leiter und Verwaltungsstab oder zum *Verein* mit geregeltem Eintritt (WEBER 1921) sind fließend; wesentlich ist, daß anstelle von »Milchgenossen«, d. h. Blutsverwandten, »Eidgenossen«, also Bundesbrüder, zusammenhalten.

In der amerikanischen Ethnologie wird Bund mit *Assoziation* (LOWIE 1920)

wiedergegeben, seit 1971 (SERVICE) auch mit »Sodalität«, die aber auch verwandtschaftlich organisiert sein kann. In der deutschsprachigen Literatur haben sich verschiedene Unterbezeichnungen eingebürgert, die sich auf gruppenkonstituierende Merkmale beziehen: auf die Art der Mitglieder (Junggesellen-, Männer-, Frauenbünde), auf die den Zusammenschluß bewirkende Tätigkeit (Medizinbünde, Handwerkerbünde), auf Esoterik, Exklusivität, Riten und Paraphernalia (Kult-, Geheim-, Masken-, Tanzbünde) oder auf Funktionen, die diese Verbände innerhalb ihrer Gesellschaft erfüllen (Klan-, Stammes-, Kriegerbünde). Die Einsicht in die kategoriale Unzulänglichkeit dieser Bezeichnungen führt gelegentlich dazu, die Eigenbezeichnungen der beschriebenen Gruppen zu übernehmen (Gelede-Bund, Leoparden-Bund, Njobi-Kultbund). Die Begriffe Bund, Kult und Gesellschaft (z. B. Geheimgesellschaft) scheinen in diesen Kombinationen bis zu einem gewissen Grad austauschbar zu sein. Auch der Ort, an dem die Mitglieder eines Bundes zusammenkommen, kann der Institution seinen Namen geben: Junggesellen-, Männer-, Schwitzhäuser. Tatsächlich entspricht dieses Verfahren auch den ethnographisch belegten Eigenbezeichnungen.

Eine der ersten Untersuchungen eines politisch bedeutsamen Bundes lieferte MORGAN (1851) in seiner Arbeit über die Irokesen. Die leitende Körperschaft der Irokesen-Liga, zu der sich zunächst fünf und später sechs Stämme zusammengeschlossen hatten, bestand aus fünfzig einander gleichgestellten Klan- und Stammeshäuptlingen, die demokratisch miteinander verkehrten. Ziel ihres Bundes war die Festigung des Friedens nach Innen und die Regelung friedlicher oder kriegerischer Außenbeziehungen. Ihr Versammlungshaus entsprach in seiner Form dem Langhaus des matrilinearen Verwandtschaftsverbandes, erhielt aber eine auf die fünf Stämme bezogene neue Ordnung. Der Versammlungsort wurde zum Symbol des Bundes und die Vereinigten nannten sich »Volk des Langhauses« *(Hotinóhsyonni)*. In diesem Namen spiegelt sich sowohl die traditionelle Form ihrer Behausung, die die Irokesen von ihren Nachbarn unterschied, als auch die Aufwertung dieser Bauform als Zentrum ihres neuen politischen Verbandes.

»Große Häuser«, in denen sich die Mitglieder einer exklusiven Gesellschaft versammeln, tauchen in der ethnographischen Literatur immer wieder auf. 1902 versuchte SCHURTZ aus den damals vorliegenden Beobachtungen eine Entwicklungslinie zu rekonstruieren. Zunächst seien die mannbaren Jünglinge unter Ausschluß des anderen Geschlechts in ein *Junggesellenhaus* gezogen. Ihr dort gepflegtes Gemeinschaftsleben habe seine Fortsetzung im *Männerhaus* gefunden, in dem Alte und Krieger die öffentlichen Angelegenheiten regelten. Im Laufe der Geschichte hätten sich daraus nur quantitative Entwicklungen abgeleitet, so »daß das Rat-, Gemeinde- oder Gerichtshaus eben doch nichts anderes ist als das alte Männerhaus« (SCHURTZ). Die Ursache des bündischen und geheimen Abschlusses der Männer sieht SCHURTZ im Geschlechterantagonismus: Die Frauen konzentrierten sich ausschließlich auf Familie und Verwandtschaft, so daß »ihr Unvermögen, eine passende Gesellschaftsordnung zu begründen« (GUSINDE) zur Etablierung der Bünde als »Selbstbehauptungsprogramm« und Gestaltungsfeld der Männer geführt habe.

Gutmann verwendete den Begriff *Bund* in seiner Totemismustheorie (1924) im Sinne eines elementaren Bündnisses zwischen Mensch und Teilen der sonst feindlichen Umwelt. Entsprechend wird auch die Gesellschaft selbst von bündischen Beziehungen zusammengehalten: es sind dies die 1926 am Beispiel der ostafrikanischen Dschagga beschriebenen »urtümlichen Bindungen«, vor allem der »Blutbund der Vetternschaft«, der »Bodenbund der Nachbarschaft« und der »Altersbund der Kameradschaft«. Andere Ethnographen, wie Gutmanns Missionskollege Raum (»Blut- und Speichelbünde bei den Wadschagga« 1907), beschränkten die Verwendung der Kategorie auf Beziehungen zwischen Individuen. Thurnwald (1932) erweiterte schließlich den Begriff und wendete ihn auf alle sozialen Aktivitäten jenseits von Familie und Fortpflanzung an. Neben Reifefeiern, Altersklassen und Männerbünden besäßen die *geheimen Gesellschaften* allerdings einen Sonderstatus; erstere »umfassen die ganze Gemeinde, die durch Zeremonien die Erhaltung und Fortpflanzung der heranwachsenden Generation fördern und sichern will«, während letztere »prinzipiell nicht die Gesamtheit des Volkes umfassen.« Thurnwald interpretiert die geheimen Gesellschaften im Zusammenhang seiner Überlagerungstheorie: das Zusammentreffen verschiedener Ethnien fordere die Wahrung eigener Traditionen heraus.

Diesen »nativistischen« Aspekt legte Lindig (1970) für die Geschichte der *Medizinbünde* der Irokesen frei, die nach den amerikanischen Befreiungskriegen und der faktischen Auflösung der Irokesen-Liga an Bedeutung gewonnen hätten und besonders in den Reservaten zu Garanten irokesischer Identität werden sollten. In welchem Ausmaß gesellschaftliche Verunsicherung, durch Fremdherrschaft oder Wanderung hervorgerufen, zur Entstehung von Bünden führt, die sich auf ihre ethnische Identität und ein damit verbundenes Geheimwissen berufen, zeigten auch mehrere afrikanische Beispiele (Bascom 1944; Little 1965). Der Zusammenhang von sozialer Ungleichheit und Geheimgesellschaften war schon von Thurnwald behandelt worden, der letztere auch als »Vor- oder Zwischenstufe für die Entstehung einer ausgesprochenen sozialen Schichtung« ansah. Zu einem ähnlichen Schluß kommt Lindig in seiner Untersuchung der Omaha; deren Bünde ließen sich durchaus als *Stände* interpretieren. Schon Max Weber hatte die *Männerhausverbände* in die soziologische Kategorie der Kriegerstände eingeordnet. Die Geheimgesellschaften Westafrikas charak-

Tänzer des Dukduk-Geheimbundes auf Neubritannien (Melanesien)

terisierte er aber trotz ihrer polizeiähnlichen Funktionen als »private Vergesellschaftung«, da ihnen die Legitimität eines geordneten Dauerverbandes fehle.

Der Soziologe SCHMALENBACH fügte 1922 den von TÖNNIES (1887) entwickelten Kategorien *Gemeinschaft* und *Gesellschaft* den Bund als dritten Grundbegriff hinzu; seine Entstehung sei gesellschaftlich, sein Wesen gemeinschaftlich. Da er den Bund fast im Sinne der zeitgenössischen bündischen Bewegung als etwas beschreibt, das aus kollektiver Begeisterung hervorgehe und sich auf Freundschaft wie auf die persönliche Bindung an einen charismatischen Meister gründe, trifft seine Kategorie nur für eine kleine Auswahl der Bünde zu, die die Ethnologie weltweit – konzentriert allerdings in Westafrika, der Südsee und Nordamerika – dokumentiert hat.

Für einen Bund zwischen souveränen politischen Einheiten, die sich auf eine religiös-kultische Gemeinsamkeit berufen, wählte MÜHLMANN im Anschluß an GRAEBNER (1924) und die damalige Alttestamentforschung die aus der Antike überkommene Bezeichnung *Amphiktyonie*. Ihr Ziel ist die Sicherung des Friedens unter den Mitgliedern. Geheimgesellschaften ordnet MÜHLMANN den *Klubs* zu, d.h. relativ geschlossenen Gruppen, in die man aufgrund gewisser Voraussetzungen (Herkunft, Geschlecht) und vorgeschriebenen Leistungen aufgenommen wird. Die Höhe der Spenden, d. h. die Vermögensverhältnisse des Mitglieds, bestimmen letztlich den Grad der Aufnahme und des Aufstiegs.

Von derartigen geheimen Gesellschaften, die der sozialen *Siebung* dienen oder der – oft mit Terror verbundenen – Rechtssprechung, sind *bündische Bewegungen* zu trennen, die durch ihre Ziele, die der herrschenden Ordnung widerstreben, notwendigerweise geheimbündisch werden. Dennoch sind auch Beispiele von Bündnissen mit der Zentralgewalt bekannt geworden wie das zwischen den chinesischen »Boxern« (den »Fäusten der Gerechtigkeit«) und der Kaiserinwitwe Cixi im Kampf gegen fremde Mächte. Durch staatliche Förderung oder Lenkung kann aus einem Trutzbund eine Art »Bundesangelegenheit« werden.

→ Alter, → Charisma, → Erziehung, → Fest, → Geschlecht, → Haus, → Handwerk, → Hexerei, → Initiation, → Institution, → Körperschaft, → Krieg, → Magie, → Nachbarschaft, → Recht, → Religion, → Ritual, → Schichtung, → Symbol, → Tanz, → Wir-Gruppe

BASCOM, W.R., The Sociological Role of the Yoruba Cult Group. American Anthropological Association Memoirs 63, 1944 – FROBENIUS, L., Die Geheimbünde Afrikas. Hamburg 1894 – FÜRER-HEIMENDORF, C. v., Das Junggesellenhaus im westlichen Hinterindien. Wien 1930 – LINDIG, W., Geheimbünde und Männerbünde der Prärie- und Waldlandindianer Nordamerikas. Wiesbaden 1970 – LOWIE, R.H., The Tobacco Society of the Crow Indians. New York 1919 – MORGAN, L.H., League of the Ho-de-no-sau-nee or Iroquois. Rochester 1851 – MÜHLMANN, W. E., Staatsbildung und Amphiktyonien in Polynesien. Stuttgart 1938 – NEVERMANN, H., Masken und Geheimbünde in Melanesien. Berlin 1933 – SCHLESIER, E., Die melanesischen

Geheimkulte. Göttingen 1958 – SCHURTZ, H., Altersklassen und Männerbünde. Berlin 1902

Annegret Nippa

Charisma Max WEBER führte den Begriff der *Begnadung* mit folgender Definition in die Sozialwissenschaften ein: »›Charisma‹ soll eine als außeralltäglich (...) geltende Qualität einer Persönlichkeit heißen, um derentwillen sie als mit übernatürlichen oder übermenschlichen oder mindestens spezifisch außeralltäglichen, nicht jedem anderen zugänglichen Kräften oder Eigenschaften [begabt] oder als gottgesandt oder als vorbildlich und deshalb als ›Führer‹ gewertet wird« (1922). Bei dieser Definition, mit der bereits wesentliche Züge der zahlreichen Personenkulte des 20. Jahrhunderts erfaßt waren, griff WEBER auf ethnologische und historische Beschreibungen traditioneller Herrschaft und sozialer Bewegung zurück, deren Gemeinsamkeit in den »magischen Qualitäten« der Propheten, Wunderheiler, Jagdführer und Kriegshelden bestand. WEBER stellte einen idealtypischen Ablauf vor: Der charismatische Führer – in der Regel ein religiös begabter »Virtuose« – tritt in einer krisenhaften Situation mit neuen Ideen und Verhaltensweisen auf; um ihn sammelt sich eine Gemeinde aus Anhängern, die auf sein Geheiß den Kampf gegen die bestehende Ordnung aufnehmen. Charisma ist nach WEBER »wirtschaftsfremd«, es widerspricht der »alltäglichen«, »bürokratischen« und »rational« gewordenen Realität. Der Charismatiker versucht, eine revolutionäre Lebensform zu begründen. Im Erfolgsfall tritt aber der Prozeß der »Veralltäglichung« ein; die Gemeinde wird zum Verwaltungsstab, schließlich selbst zur Bürokratie. Es stellt sich die Frage nach den Nachfolgern; das Charisma des Führers wird auf Ämter (z. B. im Gottesgnadentum des Thrones) oder auf bestimmte soziale Gruppen *(Erbcharisma, Gentilcharisma)* übertragen. Die charismatische Bewegung mündet also in die einst von ihr bekämpfte »Alltagsherrschaft«.

Diese Typisierung konnte auf viele, sehr unterschiedliche soziale, politische und religiöse Bewegungen angewendet werden: vom Nationalsozialismus über die katholische Kirche bis zu melanesischen *Cargo-Kulten* und westafrikanischen Befreiungsbewegungen. Die gemeinsamen Faktoren sind stets *Personenkult* und *soziale Bewegung*. Daß es Menschengruppen zum Aufbruch drängt, hat FROBENIUS auf den Vorgang der »Ergriffenheit« durch eine heilige Macht zurückgeführt, die sich in kulturellen Kreationen und geschichtlichen Gestalten äußere (1933). Bezeichnenderweise steht das Werk von FROBENIUS wieder in engem Bezug zu einer der geistigen Bewegungen des neuen Afrika, der *négritude*, die eine Kulturerneuerung durch Rückgriff auf Tradition versuchte. Der Begriff *Charisma* kam vor allem in die ethnologische Diskussion, als nach dem Zweiten Weltkrieg überall in den Kolonien Heilserwartungs- und Befreiungsbewegungen bekannt wurden (MÜHLMANN 1961; WORSLEY 1968).

Die Kritik an dem Begriff betraf vor allem seine Anwendbarkeit auf die unterschiedlichsten Bewegungen; auch der gleichsam naturwüchsige Prozeß vom Charisma zur Veralltäglichung wurde oft bezweifelt. Charismatiker können ihre Bewegungen durchaus geschickt inszenieren und dem »Zerbrechen in mutlose Fragmente« (SHILS 1969) gegensteuern. Sie verfügen über eine Reihe von Techniken zur Erneuerung der revolutionären Spannung, z.B. durch Neuformulierung der Lehre, zusätzliche Prophezeiungen oder Appelle an die Frühphase der Bewegung (GOETZE 1976). Gegen die inflationäre Verwendung des Charisma-Begriffs für alle Arten von Bewegungen in der Dritten Welt wandte sich AKE (1966): Wenn die Beziehung zwischen Führern wie Nkrumah, Lumumba, Castro oder Gandhi und ihrer Gefolgschaft ohne Differenzierung als »charismatisch« bezeichnet werde, verliere der Begriff seine Erklärungskraft. Außerdem erwecke man den Anschein, politische Bewegungen des antikolonialen Kampfes seien hauptsächlich durch mysteriöse, unerklärliche Züge geprägt. Der komplizierte Vorgang des Wechsels von traditionellen Stammesgesellschaften zum modernen Staat werde durch Begriffe wie »charismatische Legitimation« eher mystifiziert als verständlich gemacht. Diese Darstellungsweise übersehe zudem, daß man auch in den jungen Staaten der Dritten Welt mit den allgemeinen Machtmitteln, politischen Manövern und Intrigen arbeite.

Eine ähnliche Kritik war bereits an der Anwendung des WEBERschen Konzepts auf die NS-Bewegung geübt worden. Allzuleicht verfällt der Forscher selbst dem »Zauber« des Charisma, stellt es als soziale Tatsache hin, hinter der Rahmenbedingungen und sozialpsychologische Aspekte der Beziehung zwischen Führer und Geführten zurücktreten. Damit würde dem Charisma in der wissenschaftlichen Diskussion derselbe »gottgewollte« Charakter eingeräumt, den es ursprünglich schon in der christlichen Lehre vom Charisma der Heiligen hatte. In diesem Sinne ist die Debatte um den Begriff noch in vollem Gange; ihre Dauer und Beständigkeit zeigt aber auch die sozialwissenschaftliche Bedeutung des Sachverhalts.

Bei den Befürwortern der Theorie vom Charisma führte die Diskussion zur Differenzierung im *charismatischen Milieu* und bei den *charismatischen Typen* (MÜHLMANN 1961; SCHWEITZER 1974). Dabei wurde besonders darauf geachtet, »übernatürliches«, religiös begründetes Charisma von der Bewunderung großer Redner, geschickter Organisatoren etc., also einem weltlichen Charisma der »Demagogen« (M. WEBER) zu trennen und verschiedene Übergangsformen zu bestimmen.

LIPP (1985) versuchte zu zeigen, wie in gesellschaftlichen Krisensituationen Außenseiter auf Grund ihres abweichenden Handelns und Denkens zu Vorreitern neuer politischer oder religiöser Stile, zu Sinngebern, zu Heiligen, Genies oder Weisen gemacht werden. LIPPS Entwurf einer Sozialpsychologie des Typs »Menschenführer« sieht die Besonderheit des Charismatikers weniger in seiner Begnadung mit Wundergaben, sondern erklärt sie aus einer oft leidvollen Vorgeschichte als stigmatisierte Randfigur der Gesellschaft. Parallel dazu will die psychoanalytisch orientierte Richtung der modernen Ethnologie und Soziologie die Verdrängungsmechanismen der Geführten und ihre Identifikation mit dem idealisierten Führer kulturvergleichend verstehen. Damit kann WEBERS noch vage Vorstellung von Begründung und Existenz des Charismas im »Glauben der Anhänger« präzisiert werden (ERDHEIM 1982).

Als zukunftsweisend und fruchtbar erwies sich WEBERS Verklammerung von Kenntnissen über traditionelle Politik und Religion der Stammesgesellschaften mit Beobachtungen europäischer charismatischer Bewegungen, wenn etwa ERDHEIM den politischen Stil Ludwigs XIV. mit dem eines südamerikanischen Nambikwara-Führers vergleicht und so zu Schlußfolgerungen über die Rolle des Unbewußten bei der Entwicklung von Herrschaft kommt. Nach WILSON (1975) wird der Begriff Charisma seine volle Wirkung überhaupt erst entfalten, wenn eine kulturvergleichende Sozialwissenschaft daran geht, charismatische Bewegungen als immer und überall möglichen Rückfall oder Rückgriff auf stammesgesellschaftliche und auch magische Formen des politischen und sozialen Handelns zu begreifen.

→ Ahnen, → Bund, → Ekstase, → Fest, → Hexerei, → Institution, → Kunst, → Krankheit, → Krieg, → Magie, → Netzwerk, → Prestige, → Priester und Prophet, → Religion, → Symbol, → Weltbild

AKE, C., Charismatic Legitimation and Political Integration. In: Comparative Studies in Society and History. Bd. IX, 1966/67 – ERDHEIM, M., Die gesellschaftliche Produktion von Unbewußtheit. Frankfurt 1982 – GOETZE, D., Castro-Nkrumah-Sukarno. Berlin 1977 – LIPP, W., Stigma und Charisma. Berlin 1985 – MÜHLMANN, W.E., Chiliasmus und Nativismus. Berlin 1961 – SCHWEITZER, A., Theory and Political Charisma. In: Comparative Studies in Society and History. Bd. XVI, 1974 – WEBER, M., Wirtschaft und Gesellschaft. Tübingen 1922 – WILSON, B., The Noble Savages. Berkeley 1975 – WORSLEY, P., The Trumpet Shall Sound. New York 1968 (dtsch. Frankfurt 1982)

Thomas Hauschild

Diffusion Die Entdeckung der Beweglichkeit von Kulturgütern erfolgte in der Ethnologie gegen Ende des 19. Jahrhunderts, als die Frage nach den formalen Übereinstimmungen im Erscheinungsbild verschiedener Kulturen nicht mehr im Sinne *paralleler Evolution,* d. h. von überall gleichen Entwicklungsgesetzen ausgehend, beantwortet wurde, sondern durch die Suche nach geschichtlichen Übertragungen und Verbindungen. Als *Kontaktformen* erkannte man Völkerwanderungen, Nachahmungen, Entlehnungen, Krieg und Handel, die auf unterschiedliche Weise für die Verpflanzung einer kulturellen Erscheinung vom Ursprungsland in eine neue Umgebung sorgen können. Damit war der Ethnologie eine neue Aufgabe gestellt: anstatt abstrakter Entwicklungsreihen vom Einfachen zum Komplizierten interessierte jetzt die konkrete Herkunft eines Kulturgutes; anstelle universaler Gesetzmäßigkeiten sollten die Erscheinungen in ihrer Einmaligkeit studiert werden.

Die Idee der Diffusion hatten die Geographen Georg GERLAND und Friedrich RATZEL von dem Zoologen Moritz WAGNER übernommen und damit jene Ethnologengeneration beeinflußt, die um die Jahrhundertwende gegen den vorherrschenden Entwicklungsgedanken (Parallelismus, psychologischer

Evolutionismus) zu argumentieren versuchte. Die Wende wurde vorbereitet durch die neukantianische Betonung einer eigenständigen Geisteswissenschaft, der es im Unterschied zur Gesetzmäßigkeiten aufstellenden (nomothetischen) Naturwissenschaft um die Beschreibung einmaliger Begebenheiten (Idiographie) gehen müsse. Es war dies die Zeit des *Historismus,* für den, wie RANKE sagte, jede Epoche »unmittelbar zu Gott« sei. Man konnte dies relativistische Geschichtsbild auf die Kulturen übertragen, weil der Fortschrittsglaube in eine Krise geraten war. Gedanken der romantischen Mythologie- und Sprachforschung wurden aufgegriffen und schließlich verlangte die durch den expansiven Kolonialismus bedrohte Welt der Stammesvölker weniger nach Spekulation, als nach wissenschaftlicher Dokumentation.

Für die bald *Diffusionismus* oder *Kulturhistorie* genannte Schule bot sich der Gegenstandsbereich der Ethnologie, also die schriftlosen Kulturen, als unübersichtliche, jede Regelhaftigkeit vermeidende Buntheit dar, die es theoretisch zu entmischen galt. Gemeint war die Suche nach den »reinen Formen«, nach den echten Ursprüngen, den Herkunftsorten und Entstehungszeiten der durchmischten Kulturgüter. Im Unterschied zur Geschichtsforschung standen in der Ethnologie keine geschriebenen Quellen zur Verfügung, nur »Sachquellen« – in der Regel Museumsobjekte, die damals massenweise aus den Kolonien eintrafen und nach Zeit, Ort, Art des Erwerbs und Aussagewert zu bestimmen und zu ordnen waren. Fielen Gegenstände aus verschiedenen Regionen durch ihre Ähnlichkeit auf, begann die eigentliche diffusionistische Analyse.

Zunächst wurde anhand des *Form-* oder *Qualitätskriteriums* geprüft, ob die Übereinstimmung nicht durch die Funktion (etwa im Falle der Haustür) oder durch das Material (etwa im Falle des Einbaums) vorgegeben war. Nur die möglichst im Detail vorfindliche, nicht funktionelle Ähnlichkeit war von Belang; infolgedessen entwickelten Diffusionisten ein besonderes Gespür für scheinbare Nebensächlichkeiten, für das Ornament oder seltsames Zubehör. Gab es solche Auffälligkeiten in gehäuftem Maße, sah man auch das *Quantitätskriterium* erfüllt und der Verdacht auf eine historische Verbindung erhärtete sich. Später wurden noch Hilfskriterien entwickelt wie etwa das *Kontinuitätskriterium,* das nach den geographischen oder historischen Bindegliedern (der *Quellensequenz*) einer weit auseinanderliegenden Übereinstimmung fragte.

Ziel der diffusionistischen Ethnologie ist es, nach dem Vorbild der Archäologie, der Sprachgeschichte und anderer, Formenkreise beschreibender Wissenschaften zu einer Schichtung der Kulturelemente in der Zeit zu gelangen. Dabei wurden Fälle von kultureller Verarmung durch Isolation entdeckt, allgemein aber die produktive Wirkung von Kontaktsituationen erkannt. Daneben rekonstruierte man verschiedene Diffusionsmuster: eine nur teilweise Durchdringung zweier Kulturen, die Überlagerung einer ärmeren durch eine stärkere Kultur, die paritätische Durchmischung fast aller Kulturaspekte oder nur sporadische Abgaben und Entlehnungen. Die spektakulärsten und bald auch fragwürdigsten Schöpfungen der Kulturhistoriker waren aber die sogenannten *Kulturkreise* (erstmals bei FROBENIUS 1897/98); so bezeichnete man

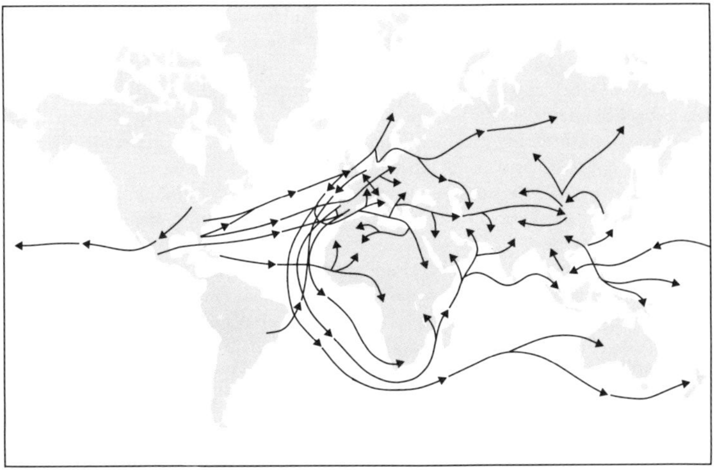

Die Verbreitung des Tabaks von Virginia (1586) nach England und über die ganze Welt

jene Schichten oder Diffusionswellen, die zu dem bunten Bild der Gegenwart geführt haben sollen und deren Merkmalskombinationen die diffusionistische Analyse glaubte rekonstruieren zu können. Zunächst entstanden Inventarlisten, die Zusammengehöriges aus aller Welt aufführten und eine (nur relativ datierbare, aber geographisch umgrenzbare) Geschichtsepoche repräsentieren sollten. Später wurde auch nach Sinnzusammenhängen gefragt, von denen die heutigen Stammesvölker nur noch Fragmente besäßen, während ihre Vorfahren jene »Weltanschauungen« (SCHILDE 1939) als Ganzes geschaffen und bewußt gefeiert hätten. Das gegenwärtige Durcheinander führten die einen Diffusionisten auf gewaltige Völkerwanderungen quer durch die Kontinente zurück, die anderen auf Entlehnungen, die meist von Randgruppen kulturell produktiver Zentren vorgenommen worden seien.

Die bekanntesten Rekonstruktionen des Diffusionismus waren FROBENIUS' »äthiopische« und »hamitische Kultur«, die sich in Afrika in schicksalhafter Feindschaft gegenüberstünden, ANKERMANNS durch Einwanderung aus Indonesien und Melanesien begründete afrikanische Schichten, GRAEBNERS ozeanische Konstruktionen, JENSENS altertümliche Schicht der Knollenpflanzer oder BAUMANNS weltweiter Horizont des »agrarischen Weltbildes«. Das berühmteste Lehrgebäude gelang dem Sprachforscher und Ethnologen Pater Wilhelm SCHMIDT, der zunächst nur zwei »Grundkulturen« gesehen hatte, die der Mutter und der Erde verpflichtete »matriarchalisch-chthonische« und die dem Vater und dem Himmel zugewandte »patriarchalisch-nomadische«. 1937 aber stellte er ein ausgefeiltes System aus sieben »naturvölkischen« Kulturkreisen (drei »Grundkulturen« und vier »Tiefkulturen«) vor, an die sich ab 2000 v. Chr. die »Mittel-«, »Hoch-« und »Vollkulturen«, letztere mit der Erfindung der Dampfmaschine, anschlössen. Die Schichtenfolge war mit der »Phaseologie« des Prähistorikers Oswald MENGHIN abgestimmt und, vor allem hinsichtlich der einfachsten »Urkulturen«, von SCHMIDTS Schülern SCHEBESTA, GUSINDE u. a. empirisch untermauert worden.

Eine noch größere Popularität errangen die *monozentrischen* Theorien, nach denen alle wesentlichen Kulturfortschritte von einem einzigen Ort ausgingen und sich von dort wellenförmig über die ganze Welt verbreiteten. Die Engländer G. E. SMITH, W. J. PERRY, W. H. RIVERS und C. G. SELIGMAN sahen diesen Schoß der Weltkultur in Ägypten, Hermann BAUMANN dagegen – wie vor ihm WINCKLER, JEREMIAS und STUCKEN – im Zweistromland. Dort sei auch der Ursprung des »agrarischen Weltbildes« der Körnerbauern zu suchen, jenes ersten geistigen Entwurfs nach der Seßhaftwerdung des Menschen. BAUMANNS Verdienst war es dann, die kulturhistorische Methode am afrikanischen Kontinent konkret werden zu lassen: Er rekonstruierte nicht nur Grundkulturen (Kulturkreise), sondern zeigte auf, welche Mischungen diese im Zusammenspiel mit geographischem Milieu und rassischer Eigentümlichkeit seiner Träger eingingen. Als Produkt kamen *Kulturprovinzen* heraus, die das gegenwärtige (vorkoloniale) Erscheinungsbild Afrikas ordneten.

In ähnlicher, regional eingeschränkter Weise arbeitete der Diffusionismus in Amerika, wo er von dem deutschen Emigranten BOAS begründet worden war, oder die skandinavische Schule (BIRKET-SMITH, HATT, LAGERCRANTZ, NORDENSKIÖLD u. a.). Das Konzept der *culture area* ist heute unverzichtbar in der Ethnographie der Kontinente, wenn auch Grenzen, Charakteristika wie die »Kulturzüge«, Zentren oder Schichtenfolge sich nie eindeutig werden festlegen lassen.

Nach dem Zusammenbruch der Konzeption weltumspannender Kulturkreise, den nach dem Tode von P. W. SCHMIDT seine Mitarbeiter KOPPERS (1955) und HAEKEL (1956) eingestanden, blieb der Grundgedanke der diffusionistischen Ethnologie weiterhin fruchtbar. Der amerikanische Diffusionist KROEBER hatte 1940 nachgewiesen, daß die Übernahme eines fremden Kulturgutes sehr oft nicht einfach *Imitation* war, sondern selbständige Ausgestaltung einer *Anregung* von außen *(stimulus diffusion).* Damit war in der kulturhistorischen Ethnologie selbst der Weg gewiesen, den ebenso faszinierenden, wie alltäglichen Vorgang der kulturellen Diffusion ohne die Schematisierung in gebende und empfangende Teile zu begreifen. Gegen die entwicklungssoziologische Rede von der Einheitskultur, auf die die Welt zusteuere, hat die diffusionistische Ethnologie eine Fülle von Beweismaterial aufgehäuft, demzufolge, wie Alfred VIERKANDT schon 1908 betonte, jeder Kulturkontakt *selektiv* erfolgt und jede universale Tendenz mit »lokalen Realisierungsformen« (LEROI-GOURHAN) zu rechnen hat. Der Grund liegt im »authentischen Umgang mit Nichtauthentischem« (KRAMER), wie die Formel der modernen Diffusionsforschung lautet. Sie hat den Kulturpessimismus der Alten hinter sich gelassen, jenen verbitterten Glauben an das »Erliegen des Innerlich-Spirituellen unter das Äußerlich-Materielle« (KOPPERS) als Weltgesetz. Die Wiener Diffusionistenschule versuchte ihm durch die katholische Mission zu begegnen (die den einst in der »Urkultur« mit Monogamie, Monotheismus und Privateigentum herrschenden Idealzustand wiederherstellen sollte), die Frankfurter mit der Hoffnung auf eine neue »Ergriffenheit«. Doch jenseits des Glaubens an Degeneration und »kulturelle Entropie« hat in der heutigen Phase rasanter Mischungsprozesse und universalen Kulturaustauschs die manchmal abfällig »atomistisch« genannte Kulturbetrachtung der Diffusionisten ihren sicheren Ort. Doch darf sie nicht vergessen, daß jede Übernahme *Übersetzung* in eigene Begriffe bedeutet, daß also das Ergebnis einer Diffusion prinzipiell offen ist.

→ Ethnohistorie, → Evolution, → Handwerk, → Haustier, → Hirten, → Kommunikation, → Komplexe Gesellschaft, → Kulturanthropologie, → Kulturökologie, → Kunst, → Krieg, → Nutzpflanzen, → Technologie, → Wanderung

Ankermann, B., Kulturkreise und Kulturschichten in Afrika. Zeitschrift für Ethnologie 37: 54–84, 1905 – Bornemann, F., Die Urkultur in der Kulturhistorischen Ethnologie. Mödling b. Wien 1938 – Frobenius, L., Der westafrikanische Kulturkreis. Petermanns Mitteilungen 43/44, 1897/98 – Graebner, F., Methode der Ethnologie. Heidelberg 1911 – Kroeber, A. L., Stimulus Diffusion. American Anthropologist 42, 1940 – Leroi-Gourhan, A., L'homme et la matière. Paris 1943 – Marett, R. R., The Diffusion of Culture. Cambridge 1927 – Ratzel, F., Anthropogeographie. 2 Bde., Stuttgart 1882/91 – Schmidt, P. W., Handbuch der Methode der kulturhistorischen Ethnologie. Münster 1937 – Vierkandt, A., Die Stetigkeit im Kulturwandel. Leipzig 1908 – Zwernemann, J., Culture History and African Anthropology: A Century of Research in Germany and Austria. Uppsala 1983

Bernhard Streck

Ekstase Das Aussteigen aus der Ordnung von Raum, Zeit und Kausalität – einem »bloßen Gehirnphänomen« (Schopenhauer) – ist ein allen Kulturen bekannter Trend, der allerdings sehr unterschiedlich bewertet wird. Wenn die *transzendentale Erfahrung* fester Bestandteil des Weltbildes ist, begrüßt man allgemein Phasen der Verzauberung und Verzückung als periodische Erneuerung des Universums; liegen aber Form und Inhalt des »Übernatürlichen« in schriftlicher Offenbarung fest, bleibt die Suche nach Grenzerfahrung dem Einzelnen überlassen, der dadurch oft in schroffen Widerspruch zur festgeschriebenen Religion gerät. Nach Duerr (1978) geht die ekstatische Abweichung vom Alltagsbewußtsein in eine der modernen Wissenschaft entgegengesetzte Richtung: anstelle der *Entzauberung* durch rücksichtslose Zerlegung werden *Verzauberung* und die in ihr erhoffte Einheit von Subjekt und Objekt gesucht. Die Orte der Erscheinungen zerfließen im *Traumort* zum »überall und nirgends«, ihre Zeit wird zum »immer und nie« der *Traumzeit.* Ein solches »Loch in der Zeit« kann Mittag oder Mitternacht sein; ein diffuser Ort ist z. B. der Kreuzweg; beide setzen im Volksglauben Geister frei.

Die besondere Vorliebe der »Naturvölker« für das Aussetzen der KANTschen Verstandeskategorien deuteten die frühen Ethnologen als pathologisch. Ein allgemeines »halbbewußtes Schwanken zwischen Träumen und Wachen als Normalzustand«, aber auch eine »Befähigung zur willkürlichen Regulierung nervöser Abnormitäten« bei Einzelnen hatte BASTIAN 1868 diagnostiziert. Doch auch noch in MÜHLMANNS Definition der echten Ekstase als »Verwechslung von Schein und Wirklichkeit« (1962) klingt eine Abwertung jener Erkenntnisquelle mit, die wohl mit Recht als Herausforderung des disziplinierten Denkens empfunden wird. Eher sympathisch aber begegnete ihr die kulturhistorische, besonders die kulturmorphologische Ethnologie – vielleicht auch, weil jene »Para-Realität« von den Stammesgenossen oft »Urzeit« genannt wurde: Wenn die Australier von der »Welt der Tatsachen« in die »Wirklichkeit des Traumes« hinübergingen, suchten sie Kontakt mit den Urzeitwesen und mit dem Mythos, der ihr Leben bestimme (A. LOMMEL 1969). Bei den Iatmul auf Neuguinea wird die Urzeit in einem Gesangszyklus vergegenwärtigt, der in Knotenschnüren aufbewahrt ist (WASSMANN 1982). Doch scheint der *Ursprung*, der ein un-mittelbares Erleben verspricht, eher die Zeitlosigkeit überhaupt zu sein, so daß jenes Etikett von den »geschichtslosen Völkern« eine größere Berechtigung hat, als die Ethnohistorie anerkennen möchte. Die »beiden Reiche«, die vor allem im Leben der Jäger deutlich unterschieden werden (FRIEDRICH 1941), laufen nebeneinander, und die Menschen glauben, hinüber- und herüberzuspringen. Den jägerischen »Vital-Konnex« zu einem tierischen Alter ego sieht E. RUDOLPH (1982) noch in der modernen Tierschutzbewegung am Werk.

Als Kontaktformen zum »Drüben« wurden verschiedene kultische Ekstasen beschrieben; entweder weisen sie in Richtung kontemplativer Meditation oder sie sehen wie Furor und Orgie aus. Letzteres ist nach Max WEBER die »urwüchsige Form religiöser Vergemeinschaftung« überhaupt (1921). Entweder tritt die Seele buchstäblich hinaus (»Ekstasis«, Seelenreise) oder ein Geist bzw. Gott tritt in sie hinein (»Enthusiasmus«). R. OTTO hat verschiedene Formen der Gottergriffenheit beschrieben (1917), so das Entsetzen und Grauen (Tremendum), Locken und Verführung (Fascinans), Außergewöhnliches und Wunderbares (Mirum), sowie das Überwältigtwerden (Majestas). Die Methoden und Techniken, mit denen der außeralltägliche Seelenzustand herbeigeführt wird, sind oft dieselben, mit denen die Be-geisterung wieder beendet werden muß: Tanz, Martern, Pilgerfahrt.

Ekstase ist jedoch nicht nur Erkenntnisquelle, sondern auch Krankheit und Therapie. Entweder begibt sich der Kranke selbst hinüber in jenseitige Sphären oder er läßt sich vom Heiler leiten; schließlich kann dieser allein anstelle des Patienten gehen und von dort das Rezept mitbringen.

Der Tanz als Mittel zur Überwindung der Erdanziehungskraft (Levitation) ist sicher die hervorragendste und am weitesten verbreitete Ekstasetechnik. Er dient dem *Schamanen* und Besessenheitspriester zur Einleitung des Ausnahmezustandes (Trance, Delirium) wie auch der Festversammlung zur allgemeinen Erregung und Versetzung in den Massenrausch. Hier wird das Gemeinschaftserlebnis als kollektives Hinübergehen (*communitas* bei TURNER 1964) gewollt, dort die psychische Ausgangslage für die berühmte *Himmelsreise* oder *Höllenfahrt* hergestellt, die man vom Ekstasespezialisten erwartet und von der sich die Allgemeinheit Lösungen erhofft. Der Übergang kann weiter gefördert werden durch Enthaltsamkeiten, Fasten, aber auch durch exzessives Essen, Trinken und Kopulieren, durch Musik und Gesang, durch die Einnahme von Narkotika, schließlich auch durch Martern. Physische Qualen können auch als Beweis für die Schmerzunempfindlichkeit während des Ausnahmezustandes gelten, und der Besessenheitsgeist selbst wird am Ende oft genug mit Prügeln »exorziert«.

Die gesamtgesellschaftliche Bedeutung ekstatischer Kulte wurde in ihrer Vielfalt sehr früh erkannt. WUNDT (1912) hob hervor, daß das in der Ekstase Geschaute, die *Vision*, häufig in den Mittelpunkt der Kulthandlungen trete. A. LOMMEL gibt das Beispiel eines modernen *Korrobori* (australischer Kulttanz), in dem der »Dichter« seine Konfrontation mit einem japanischen Kriegsfilm umsetzte (1969): Kultur als Ausdruck von Ergriffenheit – nach dieser Definition von JENSEN gehört die Ekstase zum Urgrund aller Kultur. Aber auch praktische Zwecke verfolgt man mittels Ekstasetechniken: z. B. *Mantik* (Wahrsagerei) und *Magie*. Beide setzen – worauf SCHOPENHAUER hingewiesen hat – eine Befreiung voraus: der Seher löst sich von den Bedingungen der Zeit, der Magier von denen der Kausalität. Mit der Zweckmäßigkeit der Ekstase wächst aber auch die Gefahr der Scharlatanerie oder des Glaubens an die Wirkung bloßer Wiederholung, wie der mechanischen Rotation von Zauberformeln in der tibetanischen Gebetsmühle (MÜHLMANN 1981). Echte Trance wird simuliert, die Geisterfahrt vorgetäuscht, das gesellschaftliche Spektakel der verkehrten Welt rückt in den Vordergrund und legt funktionalistische Deutungen nahe: periodische und regelhafte Inszenierungen des Chaos (wie z. B. in mitteleuropäischen Fasnachtsbräuchen) führen die Notwendigkeit der gesellschaftlichen Ordnung vor (MAKARIUS 1969).

Kulturgeschichtlich wurde die Ekstase in den großen Polytheismen zum Gott, bei den Griechen zu Dionysos, dem »tanzenden Gott« (NIETZSCHE), dem »zerrissenen« (CREUZER) und zwittrigen »Ur-unentschiedenen« (W. F. OTTO). Er war der Gott des Wahnsinns *(manía)*, der nach PLATON die Dichtung hervorbrachte. Später bewahrten Gnostiker und Mystiker die ekstatische Tradition. Im christlichen Abendland scheint die »inständige Ekstase«, die »akinetische« Versenkung ins Innere und die »Weltvergessenheit« (Akosmismus) offiziell eher geduldet worden zu sein als die Rauschekstase – etwa der Walpurgistanz, den man Hexen und Teufeln zuordnete. Vor allem aber bot die Kunst der »Sehnsucht nach ekstatischer Selbstverwandlung« (MÜHLMANN 1981) mannigfache Ausdrucksmöglichkeiten. Auch in der modernen Gesellschaft werden diese ganz anders aufgenommen als der »subkulturelle« Weg zum transzendentalen Seelenerlebnis über Drogen. Doch scheint der zeitgenössische »Trip« nicht allzuweit von der »Unio mystica« des Angelus SILESIUS oder der Theresa von AVILA entfernt zu sein; und beide Grenzüberschreitungen erinnern thematisch an jene Australier, die an ihrem Wasserloch die (vorübergehende) Aufhebung der Kluft zwischen Himmel und Erde erleben. Außerhalb der großen gesellschaftlichen Veranstaltungen, bei denen man versucht, vom Reich der Notwendigkeit Abstand zu gewinnen – Huizinga (1938) hatte das Spiel, Kerényi (1938) das Fest hervorgehoben –, schwinden Zeit und Ort nämlich auch in der »bescheidensten Hierophanie« (Eliade 1951) der individuellen Entrückung.

→ Charisma, → Fest, → Fremdwahrnehmung, → Hexerei, → Initiation, → Krankheit, → Magie, → Mythos, → Opfer, → Prestige, → Priester und Prophet, → Religion, → Ritual, → Tanz, → Weltbild, → Zeit

Bastian, A., Die Seele und ihre Erscheinungsweisen in der Ethnographie. Berlin 1868 – Duerr, H. P., Traumzeit. Frankfurt 1978 – Eliade, M., Schamanismus und archaische Ekstasetechnik. Frankfurt 1975 (orig. franz. Paris 1951) – Lewis, I. M., Ecstatic Religion. Harmondsworth 1971 – Mühlmann, W. E., Pfade in die Weltliteratur. Königstein 1984 – Otto, R., Das Heilige. Breslau 1917

Bernhard Streck

Erziehung Die kulturspezifische Vermittlung von Fertigkeiten, Wissen und Einstellungen von einer Generation zur nächsten war für die Ethnologie – sowohl in ihrer Fragestellung als auch in ihren Untersuchungsmethoden – stets den jeweiligen theoretischen Hauptanliegen untergeordnet. Frühe, meist kulturvergleichend vorgehende Untersuchungen (Hambly 1926; Miller 1928 u. a.) der sogenannten Primitiven-Pädagogik (Hedenus 1933) ließen sich von einem Evolutionsgedanken leiten, der das Fehlen fast jeglicher formalen, zielgerichteten Erziehung durch die Homogenität und einfache Kulturstufe der betreffenden Stämme erklärte. Eine systematische Unterweisung des Kindes erübrige sich unter solchen Bedingungen. Ohne eigentliche Führung, frei nach seinen Interessen, lerne das Kind durch Beobachtung und Nachahmung vor allem in der Form des *Spiels*, durch das es sich alle Lebensbereiche wie Arbeit, Familienleben, Kultpraktiken zu eigen mache. Dabei dringe die primitive Erziehungstendenz auf die Ausbildung des ganzen Menschen und nicht auf die isolierte Weitergabe technischer oder moralische Aspekte. Eine bewußte Anleitung gebe es erst bei der *Initiation*, dem Höhepunkt und gleichzeitigen Abschluß primitiver Erziehung. Diese beiden Hauptmethoden der Stammespädagogik, das imitative Spiel und die ritualisierte Initiation, wurden von der evolutionistischen Ethnologie neben dem »primitiven Denken« für einen frühzeitigen Abbruch der geistigen Entwicklung verantwortlich gemacht und letztlich mit der jahrtausendealten Stagnation der Stammesvölker in Verbindung gebracht.

Mit der Erkenntnis der geographisch-historischen Einmaligkeit jeder Kultur – aber auch unter dem Einfluß von Freuds Psychoanalyse – rückte in Teilen der kulturhistorischen Boas-Schule das Verhältnis von Individuum und Kultur in den Mittelpunkt des ethnologischen Interesses. Die zentrale Frage der amerikanischen Kulturanthropologie nach der Abhängigkeit menschlichen Verhaltens von der jeweiligen

Kultur mußte recht früh zu vergleichenden Untersuchungen über Erziehungspraktiken und Persönlichkeitsentwicklung führen.

Zu den bekanntesten Arbeiten zählen die Feldstudien Margaret MEADS auf Samoa (1928), bei den Manus auf Neuguinea (1930) sowie bei den Arapesh, Mundugumor und Tchambuli, ebenfalls auf Neuguinea (1935). Galt MEADS Hauptinteresse in der Samoa-Studie der Überprüfung der Theorie von der universalen Natur adoleszenter Konflikte, so beschrieb sie in ihrer Untersuchung der Erziehung des Manus-Kindes wie auch in ihrem späteren Kulturvergleich auf Neuguinea, in welchem Ausmaß angewendete Erziehungsmittel von dem kulturell jeweils unterschiedlichen *idealen Persönlichkeitstypus* geprägt sind. MEADS Betonung in diesen Untersuchungen lag auf der kulturellen Bestimmtheit der Persönlichkeit, der biologische Gegebenheiten untergeordnet seien.

Als weiterer Schritt in der Formation der *Kultur- und Persönlichkeitsforschung* gilt insbesondere das von KARDINER und LINTON 1939 und 1945 formulierte Konzept der *Basispersönlichkeit,* das sie als Weiterentwicklung von Ruth BENEDICTS »Patterns of Culture« (1934) vorstellten. Während hier menschliches Verhalten auf eine alles dominierende Leitidee, eben das *pattern* im Sinne einer prägenden »Musterung«, zurückgeführt wurde, verlagern KARDINER und LINTON den Schwerpunkt der Kulturintegration in jene Basispersönlichkeit. Sie setzt sich zusammen aus denjenigen Persönlichkeitselementen, die die Mitglieder einer Gesellschaft aufgrund der gemeinsamen Erfahrungen in der frühen Kindheit miteinander teilen. Die Basispersönlichkeit werde geformt von den *Primärinstitutionen;* das sind vor allem Sozialisationspraktiken, die zur Befriedigung primärer Bedürfnisse dienen wie Stillen, Entwöhnen, Reinlichkeitstraining, aber auch Familienorganisation und Subsistenztechniken. Dabei erzeugten die Primärinstitutionen bestimmte Bedürfnisstrukturen, die dann in den *Sekundärinstitutionen* (Tabu-Systeme, Religion) ihre Entsprechung fänden.

Der Einfluß der Psychoanalyse zeigt sich deutlich: entscheidend für die erwachsene Persönlichkeit seien die Sozialisationserfahrungen in der frühen Kindheit, d. h. im »oralen«, »analen« und »genitalen System«. Die dort gemachten Erfahrungen wirkten sich auf die »Projektiv- und Symbolsysteme« (Geister- und Götterwelt) einer Kultur aus. Zur Überprüfung dieser theoretischen Annahmen durch Cora DUBOIS (1944) auf der indonesischen Insel Alor wurden neben teilnehmender Beobachtung und Interviews Autobiographien gesammelt und projektive Verfahren wie z. B. der Rorschachtest herangezogen. Diskussion und Interpretation des ethnographischen Materials entsprachen dem theoretisch gesteckten Rahmen: So betrachtete man z.B. die bei der Untersuchung festgestellte Inkonsistenz im »oralen System« (Nahrungsentbehrung/Mutterentbehrung) als Hauptursache für die »Unsicherheit« der Aloresen-Persönlichkeit.

Weitere Beispiele aus einer Fülle psychoanalytisch ausgerichteter Sozialisationsstudien sind die Arbeiten von ERIKSON über die Sioux und die im Norden Kaliforniens lebenden Yurok (1950) oder die späteren Feldstudien von PARIN, MORGENTHALER und PARIN-MATTHEY bei den Dogon in Mali (1960) und den Agni an der Elfenbeinküste (1966).

Wenn die Arbeiten von WHITING und CHILD (1953) als dritte Stufe der Kultur- und Persönlichkeitsforschung erwähnt werden, so weniger wegen ihrer Ausdifferenzierung von Grundannahmen KARDINERS und LINTONS oder wegen ihrer Erklärung des Erziehungsprozesses im Rahmen der Lerntheorie (HILGARD 1948; MOWRER 1960 u. a.), als wegen ihrer neuen Methoden der kulturübergreifenden Forschung *(cross-cultural method)*. Aus dem ethnographischen Material der von MURDOCK ab 1937 erstellten »Human Relation Area Files« (HRAF) wurden einzelne, den »Systemen« der frühen Kindheit (*oral, anal, sexual, dependence, aggression*) zuordenbare Verhaltensweisen aus ihrem kulturellen Kontext gelöst, mit den Sozialisationsergebnissen (»Initialbefriedigung« oder »Sozialisationsangst«) in diesen Systemen korreliert und ethnostatistisch ausgewertet. Im Anschluß an WHITING und CHILD entstanden unzählige kulturübergreifende Untersuchungen, die entweder Hypothesen über die Auswirkung der ökonomischen, politischen und sozialen Organisation *(maintenance system)* auf die Sozialisation oder deren Auswirkung auf die »Projektivsysteme« (Weltbild etc.) testen wollten.

Um die Vergleichbarkeit von Sozialisationsdaten besser zu sichern, als dies mit dem Material der HRAF möglich war, entwarf WHITING im Rahmen eines »Six Cultures Project« (Kindererziehung in sechs Kulturen) den sogenannten »Field Guide« (1966), der u. a. die Parameter für die zu untersuchenden Sozialeinheiten angibt.

Die Anwendung von Lernkonzepten nach THORNDIKE (1932), HULL (1940) oder auch FREUD konnte nur wenig zur Erhellung des kulturspezifischen Lernprozesses beitragen. Lerntheorie und Psychoanalyse betonen die fundamentale Rolle der Triebe im Erziehungsprozeß. Die Arbeit von WHITING über die Kwoma auf Neu-Guinea (1941) zeigte besonders, daß bei der Interpretation des ethnographischen Materials im lerntheoretischen Rahmen viele Aspekte des Sozialisationsprozesses verloren gehen. Als Konsequenz aus diesen Defiziten betonte z. B. WILLIAMS (1972) die Bedeutung reflektiver und symbolischer Prozesse für das menschliche Lernen, die in die Theorie zu integrieren wären.

Die Konzentration der britischen Sozialanthropologie auf die Strukturanalyse von Verwandtschaft und politischen Systemen gilt neben ihrer extrem anti-psychologischen Haltung als einer der Gründe für das relativ geringe Interesse an Erziehung und Sozialisation. Zwar wurde über Initiationszeremonien als rituelle Komplexe gearbeitet, ihr Bezug zum Erziehungssystem und zum Drama der Sozialisation aber nicht in der Bedeutung erkannt, wie sie z. B. in der deutschen Kulturmorphologie herausgearbeitet wurde (JENSEN 1933). Die rituelle Wiederholung der zentralen »Urzeitthemen« war dort auch als ihre Weitergabe an die nächste Generation verstanden worden. So finde die »Enkulturation«, wie die Kulturübertragung in einigen Schulen genannt wird (MEAD 1963), ihren Höhepunkt in der Einweihung der Novizen in die Mysterien der überlieferten Ordnung. Aus diesem Grunde nannte FROBENIUS die Kultur »Paideuma«, d. h. Bildung im doppelten Wortsinne: eine Gestalt, die die Menschen erzieht und in der sie sich zugleich ausdrücken.

→ Ahnen, → Alter, → Arbeit, → Geschlecht, → Handwerk, → Identität, → Initiation, → Institution, → Körperveränderung, → Kommunikation, → Kulturanthropologie, → Ritual, → Sozialanthropologie, → Symbol, → Verhalten, → Völkerpsychologie, → Weltbild, → Zeit

Becker-Pfleiderer, B., Sozialisationsforschung in der Ethnologie. Saarbrücken 1975 – Dubois, C., The People of Alor. Minneapolis 1944 – Hambly, W. D., Origins of Education among Primitive Peoples. London 1926 – Hsu, F. L. K. (Hrsg.), Psychological Anthropology. Dorsey Press 1961 – Kardiner, A., The Individual and His Society. New York 1936 – Mayer, Ph. (Hrsg.), Socialization: The Approach from Social Anthropology. London 1970 – Mead, M., Coming of Age in Samoa. New York 1928; dies., Growing up in New Guinea. New York 1930; dies., Sex and Temperament in Three Primitive Societies. New York 1935 (dtsch. Hamburg 1959) – Weiss, F., Kinder schildern ihren Alltag (Palimbei, Mittelsepik, Neu-Guinea). Basel 1981 – Whiting, J. W. M./Child, I. L., Child Training and Personality. New Haven 1953 – Williams, T. R. (Hrsg.), Indroduction to Socialization: Human Culture Transmitted. St. Louis 1972

Ingrid Pfluger

Ethnohistorie Die Lokalgeschichte einer traditionell schriftlosen Gesellschaft zu erforschen, ist seit den 50er Jahren vorrangige Aufgabe der *historischen Ethnologie.* Ihre großartigen »Stufenschemata der nichthochkulturlichen Universalgeschichte« (K. E. Müller), also die »Kulturkreise«, hatten den immer genauer und lückenloser werdenden ethnographischen Untersuchungen nicht standhalten können; daraus ergab sich ein allgemeiner Trend weg von der Theorie, hin zur Empirie. Allein das Selbstverständnis blieb, daß Ethnologie die »auf die Naturvölker bezogene Geschichtswissenschaft« (Westermann) sei und ihr Auftrag darin bestehe, den »Eurozentrismus« der Historikerzunft, die außerhalb der Hochkulturen nur »Völker eines ewigen Stillstandes« (Ranke) kenne, mit dem Nachweis der Geschichtlichkeit auch einfacher Gesellschaften aufzubrechen.

Als erster hatte wohl Heinrich Schurtz (1902) auf die Tatsache aufmerksam gemacht, »daß auch das ärmlichste Naturvolk in seiner Art eine lange Geschichte hinter sich hat.« Der Ausdruck »Ethnohistorie« kam aber erst viel später auf (Röck 1932; Kothe 1948; Fenton 1951; Closs 1956), als die ersten Versuche, »die Geschichte der ›geschichtslosen‹ Naturvölker in die Weltgeschichte einzuordnen« (Baumann), gescheitert waren. Dadurch hatte das Ansehen der historischen Ethnologie gegenüber den anderen Richtungen sehr gelitten. Das galt es aufzuholen durch reine »Tatsachenforschung«, durch Beschränkung auf »Historie im engeren Sinne« (Hirschberg), gründliche Quellenkunde und quellenkritischen Skeptizismus. Seither ist die von theoretisch orientierten Ethnologen abfällig »Faktenhuberei« genannte Ethnohistorie zum gefürchteten Korrektiv jeder Verallgemeinerung geworden. Nachdem es für fast alle Gebiete der Erde ethnohistorische Spezialisten gibt, lassen sich ethnographische Daten nicht mehr so leicht als Beleg für universale Theorien gebrauchen.

Die besondere und infolge des Fehlens schriftlicher Dokumente häufg unsichere Quellenlage verpflichtet die Ethnohistorie zu permanenter Vorsicht und Warnung vor unzuverlässigen Daten. VAJDA (1964) spricht von »paraethnographischen« Berichten, die die Frühzeit der Ethnologie ausgefüllt hätten, von »Gedankenversteinerungen«, die als subjektive Ansichten verfestigt und als wissenschaftliche Dogmen durch die Zeiten getragen worden seien. Es war das Verdienst der Ethnohistoriker, solche hartnäckigen Irrtümer und zu »Wandermotiven« gewordene Mißverständnisse aufgedeckt zu haben. Dieser ebenso wichtige wie unbequeme Beitrag zur ethnologischen Theoriebildung wurde erkauft durch die Bescheidenheit und Selbstbeschränkung des Fachmannes und Lokalspezialisten. In der Ethnohistorie entwickelte sich die Ethnologie zur Regionalwissenschaft, die eng mit Nachbardisziplinen wie Archäologie, Biologie, Geographie und Sprachwissenschaft zur Erhellung lokaler Einzelfragen zusammenarbeitet.

Unter den verschiedenen Methoden, die der Ethnohistoriker anwendet, hat die alte *diffusionistische* immer noch einen festen Platz, d. h. der Schluß von der räumlichen Verteilung der Kulturgüter auf ihre zeitliche Schichtung ist in Gegenden ohne Schrifttradition unverzichtbar. Man strebt eine *relative Chronologie* (BORNEMANN 1938) an, die die fehlenden absoluten Geschichtszahlen fürs erste ersetzt. Mehr für die Datierung erwartet der Lokalhistoriker dann von der *mündlichen Überlieferung*, die zwar auch zur Quelle von Irrtümern werden kann, über gewisse Fixpunkte der »Ereignisgeschichte« wie Regierungszeiten, Kriege und Katastrophen aber auch zu einem chronologischen Gerüst verhelfen kann. VANSINA, der das reiche Feld mündlicher Überlieferung in Formeln, Poesie, Listen, Erzählungen und Kommentare unterteilt, prägte den Begriff vom »Historiker im Felde«; als solchen interessiere den Ethnologen weniger das Beobachtbare, wenngleich die Quellenkritik auch auf Kenntnisse der sozialen Verhältnisse angewiesen sei. Dazu gehört nicht nur die Berücksichtigung verschiedener Versionen ein und derselben Information; auch die Nachbargruppen müssen bekannt sein, um Übernahmen zu identifizieren, schließlich auch das Weltverständnis, das das Gedächtnis des Informanten leitet. HABERLAND (1983) hat auf den Unterschied hingewiesen zwischen segmentären Gesellschaften, die oft schon den Urgroßvater zum Kulturheroen erhöben und an der Erschaffung der Welt beteiligten, und Hofannalisten afrikanischer Königreiche, die Zeiträume bis zu 400 Jahren memorieren könnten. Solche Informanten werden von Ethnohistorikern gerne mit Bibliotheken verglichen, die es zu retten gelte. Jene »ethnologische Eschatologie«, die schon den Disziplingründer BASTIAN zu rastlosem Reisen und Sammeln angetrieben hatte, konzentriert sich in der Ethnohistorie auf die betagten Hüter der oralen Tradition: Was heute nicht aufgezeichnet wird, geht unwiederbringlich verloren. Manchmal geben die Greise ihre Geheimnisse nur unter Tränen preis (WASSMANN 1982).

Kritische Beurteilung der »Quellenschöpfungen« im Felde (BRAUKÄMPER 1985) verlangt eine gleichmäßige Berücksichtigung von nach Geschlecht, Alter und Status verschiedenen Informanten, wie THIEL (1981) betonte. Das bisher gesammelte Material leide an einer Überrepräsentation von männlichem Geschlecht, hohem Alter und einflußreicher Position. MÜHLMANN dagegen hatte 1938 dafür plädiert, nur Informationen der Elite zu berücksichtigen, da allein dort »systematisierte und rationalisierte Vorstellungen« zu finden seien. Er unterschied zwischen »funktionalen« und »intentionalen Daten«; erstere vermittelten »nur« Faktenwissen, letztere aber eröffneten den Zugang zum eigentlichen Verständnis fremder Welten und die bestünden immer aus »psychischer Wirklichkeit«. Die Auswahl der Informanten verlangt also vom Ethnohistoriker eine Vorentscheidung: ob er *Idealtypen* im Sinne Max WEBERS ermitteln will, d. h. Entwürfe, die über die Realität hinausgehen, oder gesicherte Daten, die Geschichte als »zeitliches Kontinuum innerhalb der Raumbezogenheit« (WERNHART) zu füllen vermögen.

Die meisten Ethnohistoriker würden diese Frage der Quelleninterpretation zuordnen, dem zweiten Schritt nach der Quellenkritik. Diese aber zwingt zunächst zur Aufnahme aller verfügbaren Informationen und ihrer Überprüfung mittels der *Hilfswissenschaften.* Dazu gehört erstens die Geschichte benachbarter Hochkulturen, die – wie das berühmte Beispiel der Erwähnung von Pygmäen im Ägypten des Jahres 2360 v. Chr. zeigt – sehr oft ethnohistorisch brauchbare Nachrichten überlieferten. Dieser Quellenbereich ist mit der Entdeckerzeit und der späteren Kolonialisierung der außereuropäischen Welt so angewachsen, daß heute nur noch bedingt von »schriftlosen Kulturen« gesprochen werden kann. Reisende, Eroberer, Missionare, Kolonialbeamte und seit vielen Jahrzehnten auch Ethnographen, ja selbst Vertreter der untersuchten Völker haben zur Feder gegriffen. SZALAY (1980) zieht daraus den Schluß, daß der Arbeitsplatz des Ethnohistorikers heute vornehmlich das Archiv sei, wo er eine unübersehbare Menge niedergeschriebener Daten über »seine« Gruppe finde könne, die sowohl zu »Querschnittsstudien« (ethnographischer Zustände in der Vergangenheit) wie auch zur Verlaufsgeschichte des kolonialen Kontakts ausreichten.

An zweiter Stelle ist die schon von den alten Kulturhistorikern aufgenommene Zusammenarbeit mit der Archäologie (Prähistorie) zu nennen (v. HEINE-GELDERN, HAEKEL, JETTMAR u. a.). Sie kennt exaktere Datierungsmethoden als die vergleichende Kulturforschung: z. B. zeitliche Schlüsse aus hölzernen Artefakten (Dendrochronologie), aus botanischen Substanzen (Pollenanalyse), aus der Zerfallszeit radioaktiven Kohlenstoffs (Radiokarbonmethode) oder dem Neubrennen keramischer Funde (Thermolumineszenz). Weniger überzeugend fielen die Datierungsversuche der für die Geschichtsforschung sonst so wichtigen Sprachwissenschaft (Lehnwortforschung, Dialektologie) aus, bei denen man vom Verwandtschaftsgrad zweier Sprachen (Vokabelvergleich) auf den Zeitpunkt ihrer Trennung schließt (Glottochronologie, Lexikostatistik). Die Erkenntnisse über Wortabnutzung und -wandel in Schriftsprachen lassen sich kaum auf schriftlose übertragen. Exaktere Hilfestellung geben schließlich biologische Untersuchungen, besonders hinsichtlich der Haustier- und Nutzpflanzenforschung oder der Rassen- und Siedlungsgeschichte. Im Zuge der Verfeinerung und Spezialisierung der Ethnohistorie werden immer neue Methoden erprobt, die dann unter Etiketten wie Ortsnamenforschung, Luftbildarchäologie oder Archäometrie weitere Einsichten versprechen.

Die an die Quellenkritik anschließende Quelleninterpretation soll zu Hypothesen führen, die überprüfbar sind und sich gegen andere sowie gegen neu gefundene Fakten behaupten können. WERNHART (1981) zufolge ist das Ziel der Ethnohistorie nicht »ereignisorientierte Faktengeschichte«, sondern »Strukturgeschichte«, entweder in Form eines »dynamischen Kulturbildes« oder eines »Phasenkonzepts«. Damit begegnet die historische Ethnologie den Bemühungen von Geschichtsforschung (IGGERS, WEHLER) und Soziologie um eine »Sozialgeschichte«, zu der seit einiger Zeit auch verstärkt Biographien und mündliche Überlieferung trotz üppiger Schriftquellen herangezogen werden. Das Problem, die Ebene des Zeitablaufs (Diachronie) mit der der Gleichzeitigkeit (Synchronie) zu vereinen, besteht in der »großen Geschichte« ähnlich wie in der Lokalgeschichte. Was aber die Ethnohistorie (neben ihrer dürftigen Quellenlage) auszeichnet, ist das Moment der räumlichen Distanz, die auch bei schwerpunktmäßigem Dokumentestudium einen Besuch der betreffenden Gegend angeraten sein läßt. Die Kombination aus Feldforschung und Archivarbeit ist daher zur Regel geworden und verbindet den Ethnohistoriker mit Ethnologen, die anderen Fragen als denen der *micro-history* (FENTON) nachgehen.

→ Angewandte Ethnologie, → Diffusion, → Feldforschung, → Fremdwahrnehmung, → Haustier, → Mythos, → Nutzpflanzen, → Siedlung, → Technologie, → Wanderung, → Zeit

HIRSCHBERG, W., Kulturhistorie und Ethnohistorie. Eine Gegenüberstellung. Mitteilungen zur Kulturkunde I, 1966 – MÜHLMANN, W. E., Methodik der Völkerkunde. Stuttgart 1938 – SZALAY, M., Ethnologie und Geschichte: Zur Grundlegung der Ethnohistorie. München 1980 – VANSINA, J., Oral Tradition. A Study of Historical Methodology. London 1965 – WERNHART, K. R. (Hrsg.) Historische Ethnologie heute. Wiener Beiträge zur Ethnologie und Anthropologie. Wien 1985

Bernhard Streck

Evolution Die Verwandlung von einfachen in komplexe Formen wurde im 19. Jahrhundert als Basisprozeß der Naturgeschichte entdeckt und danach auch als Erklärungsmuster in den Gesellschafts-, Kultur- und Geschichtswissenschaften verwendet. So spielte auch in der formativen Phase der Ethnologie als eigenständiger Wissenschaft – zwischen 1860 und 1900 – der soziologische Evolutionismus als Theorie der gesetzmäßigen Entwicklung der Gesellschaft eine überragende Rolle. Gesellschaften wurden wie natürliche Systeme von Organismen unter den Bedingungen der Naturgesetze aufgefaßt (COMTE, SPENCER, SCHÄFFLE u. a.). Gleichzeitig begriff man den Menschen als Produkt seiner eigenen Tätigkeiten und Fähigkeiten, die einer organischen Entwicklung, einem Wachstum und Fortschritt unterliegen. Die Entwicklungsgeschichte des Fortschritts der Fähigkeiten des Menschen, seiner Institutionen, Glaubensvorstellungen, Techniken, Wirtschaftsformen etc. vom Einfachen zum Höheren, als Prozeß der Entfaltung immanenter Anlagen im Sinne einer naturgesetzlichen *Teleologie,* und die Beschreibung und Periodisierung der naturgesetzlich aufgefaßten Geschichte in auseinander ableitbaren Stufen sind wesentliche Themen des soziologischen Evolutionismus.

Die Entstehung des Kosmos und der Natur, die Sonderstellung des Menschen in der Natur sowie die Gesetzmäßigkeit der Natur- und der Menschenordnung sind klassische Themen seit der Antike. Bereits ARISTOTELES hatte in seiner Unterscheidung von Form und Substanz und seiner Konzeption des Werdens als eines Überganges von der »Potentialität« in die »Aktualität« eine ontologische Auffassung des Prozesses der materiellen und menschlichen Entwicklung antizipiert. Nach ARISTOTELES trägt die gesamte Natur einen vitalen Impuls zu höheren Manifestationen in sich, und das menschliche Leben stellt sich bei ihm dar als fortschreitende Skala der Komplexität, die bestimmt ist durch ihr letztendliches Ziel – den Menschen als Stadtbürger, als *zoon politikon.*

Die Ideen der Entwicklung vom Einfachen zum Komplexen unter gesetzmäßigen Bedingungen wurden dann seit dem 17. Jahrhundert in der post-NEWTONschen Philosophie aufgenommen und prägten die Denksysteme des 18. und 19. Jahrhunderts. 1766 stellte FERGUSON einen Fortschritt der Menschen fest, der sich über verschiedene Stufen von der Wildheit über die Barbarei zur Zivilisation verfolgen lasse. Anhand von Beispielen verschiedener Völker, die als Repräsentanten einer Entwicklungsstufe galten, verfolgte FERGUSON die Entwicklung der Wirtschaftsformen, der Religion, der gesellschaftlichen Organisation, des Eigentums und der sozialen Stände und verknüpfte dies mit Theorien über die Verschiedenheit menschlicher Rassen und die Disposition des Menschen zur Gesellschaft. Die Entwicklung selbst ist für FERGUSON durch den immanenten Wunsch des Menschen nach Vervollkommnung bestimmt. Vergleichbare Skalen des Fortschreitens der menschlichen Gesellschaft hatten damals auch ROUSSEAU, MONTESQUIEU, KANT, HERDER, A. SMITH, HEGEL u. a. aufgestellt.

Nach der Entwicklung der Biologie zu einer »Leitwissenschaft« im Gefolge der naturgeschichtlichen Entdeckungen DARWINS trat der soziologische Evolutionismus besonders in den Schriften SPENCERS hervor, die die Ethnologie des späten 19. Jahrhunderts nachhaltig beeinflußten. Drei Grundideen kennzeichnen SPENCERS System der Evolution: 1. Gesellschaften und gesellschaftliche Entwicklungen sind biologischen Organismen und ihrer Evolution analog; 2. Evolution ist (anders als bei DARWIN) primär der Kampf ums Überleben (*survival of the fittest*); 3. letztes Ziel ist die persönliche Freiheit des Einzelnen. Neben SPENCER repräsentierten MORGAN, TYLOR, MAINE, LUBBOCK MCLENNAN, BACHOFEN, FRAZER, LANG, M. MÜLLER, STEINMETZ u. a. die evolutionistische Ethnologie.

MORGANS Theorie (1877) war primär eine Theorie des materiellen Fortschritts: er identifizierte die großen Epochen mit aufeinanderfolgenden Erweiterungen der Subsistenzmittel, obwohl der Fortschritt selbst als Entwicklung der Ideen durch Entfaltung der

Intelligenz über Erfindungen und Entdeckungen – so auf dem Gebiet der Regierung, der Familie oder des Eigentums – begriffen wurde. MORGAN periodisierte analog zu FERGUSON die menschliche Gesellschaft in aufeinanderfolgende »ethnische Perioden«: Wildheit, Barbarei, Zivilisation; die beiden ersten fallen mit MORGANS Begriff der *Urgesellschaft* zusammen. Die Zivilisation sah er in der Alten Welt begründet, die Neue Welt hatte nur auf der Stufe der Barbarei Differenzierungen hervorgebracht. Der Fortschritt verlief in den verschiedenen Epochen mit unterschiedlicher Geschwindigkeit: Die Familie und die Familienformen veränderten sich z. B. schneller als die Verwandtschaftssysteme, die deshalb als »fossile« Zeugen der Menschheitsgeschichte zu untersuchen seien. Die Familie entwickelte sich mit den Heiratsregeln als Indikator von der ungeschiedenen Blutsverwandtengruppe in insgesamt fünf Etappen fortschreitend zur monogamen Kleinfamilie. Parallel dazu entfaltete sich nach MORGAN die soziopolitische Organisation von der promiskuösen Horde über die matrilinearen und patrilinearen »Gentes« zu »Phratrien«, Stämmen, Stammesföderationen bis zum Staat und zur Zivilisation. Von einer gesellschaftlichen Gliederung, in der die verwandtschaftlichen Bande vorherrschend waren *(societas)*, schreitet die Menschheit in Richtung *civitas*, einer territorialen und auf politische Macht gegründeten Organisation. In Bezug auf das Eigentum verläuft der Fortschritt von undifferenziertem Eigentum über vererbbares individuelles und gemeinschaftliches Eigentum zum Privateigentum.

Obwohl MORGANS bleibende Leistungen für die Ethnologie auf anderen Gebieten liegen (Ethnographie der Irokesen, Theorie der Verwandtschaft), hatte sein Periodisierungsversuch einen großen Einfuß: Er wurde von ENGELS (1884) popularisiert und bildet – von einigen offensichtlichen faktischen Fehlern befreit – die theoretische Grundlage der Ethnologie in der Sowjetunion.

MAINE (1861) entwarf auf der Grundlage des römischen Rechts und vergleichender Forschungen über soziale Institutionen der Arier eine Theorie der Entwicklung. Ausgehend von der patriarchalischen Familie (der *patria potestas*) und der Vererbung des Eigentums führe der evolutionäre Prozeß zur Formation des Staates sowie zur fortschreitenden Rechtsgestaltung. Er unterschied zwischen frühen, »niederen« Gesellschaften, in denen persönliche Verwandtschaftsbande die wesentliche Grundlage der sozialen Kohäsion darstellten (Körperschaft in *Status-Gesellschaften*), und »höheren« Gesellschaftsformen, in denen der Zusammenhalt auf dem Vertrag und der Territorialität beruht *(Kontrakt-Gesellschaften)*. Diese Ansichten decken sich weitgehend mit MORGANS Unerscheidung von *societas* und *civitas* und wurden in die britische Sozialanthropologie übernommen. In der Unterscheidung von *Gemeinschaft* und *Gesellschaft* bei TÖNNIES (1887) und von *mechanischer* und *organischer Solidarität* bei DURKHEIM (1895) finden sich analoge Anschauungen. MAINES Patriarchal-Theorie, die die Grundlage seines Systems darstellt, hat sich dagegen als ebenso problematisch erwiesen wie die unilineare und universale Periodisierung in *Mutterrecht* und *Vaterrecht* bei BACHOFEN (1861) u. a.

MCLENNAN (1865) entwickelte eine Theorie der Evolution der Heirat von der »primitiven Promiskuität« über

Mutterrecht zum Vaterrecht, über Raubehe, Levirat und Polyandrie zur Monogamie. LUBBOCK (1870) stellte neben allgemeinen Spekulationen über die Entwicklung von Heirat, Moral und Gebräuchen der Völker ebenfalls die Evolution der Familie ins Zentrum der Geschichte. Größeren Einfluß auf die Ethnologie gewannen TYLORS Forschungen zur Religion und seine Formulierung einer Kulturtheorie. Geisterglaube als religöse Frühform *(Animismus)* kommt auch in den Konzepten FRAZERS (1890) und A. LANGS (1898) vor, während SPENCER die Ahnenverehrung *(Manismus)* für die erste Stufe hielt.

Die fruchtbarsten Einwände gegen die spekulativen Entwürfe der Evolutionisten kamen im 20. Jahrhundert von den Vertretern einer sich formierenden empirischen Ethnologie: BOAS, KROEBER, LOWIE, MALINOWSKI, RADCLIFFE-BROWN, um nur die wichtigsten im anglophonen Bereich zu nennen. Ihre Angriffe galten sowohl der unilinearen Stufenfolge, der Reduzierung der einzelnen Völker und ihrer Eigenheiten zugunsten der Stufe, der Abwertung anderer Kulturen, als auch den mannigfachen und zum Teil schwerwiegenden Fehlinterpretationen. Erst nach dem Zweiten Weltkrieg lebte die Frage der Entwicklung, des menschlichen Fortschritts und des sozialen und kulturellen Wandels wieder auf. In Amerika versuchte WHITE den Beweis des Fortschreitens der Kultur anhand einer Energie-Theorie zu erbringen, wonach technologische Veränderungen einen unmittelbaren Einfluß auf die pro Kopf der Bevölkerung verbrauchte Energie haben und diese Veränderungen Konsequenzen in allen Bereichen der Kultur nach sich ziehen (1959). Ebenfalls in den 50er Jahren formulierte J. H. STEWARD eine Theorie der *multilinearen Entwicklung*, in der Ebenen der sozio-kulturellen Integration anhand der Wechselwirkung von Sozialorganisation, ökologischer Adaption und kultureller Entwicklung unterschieden werden. Die heutzutage einflußreichsten Evolutionstheorien haben FRIED, SERVICE, SAHLINS, COHEN u. a. formuliert. Sie schufen Theorien der multilinearen menschlichen Entwicklung (*cultural evolution*), konzipiert als sozioökonomische, politische und kulturelle Integration und Differenzierung, und entwarfen multilineare Sequenzen von *band societies* zur Klassengesellschaft mit dem Staat. Damit griffen sie in modifizierter Form die Ergebnisse MORGANS wieder auf.

→ Arbeit, → Diffusion, → Ethnohistorie, → Heirat, → Institution, → Körperschaft, → Komplexe Gesellschaft, → Kulturanthropologie, → Kulturökologie, → Recht, → Religion, → Schichtung, → Segmentäre Gesellschaft, → Sozialanthropologie, → Staat, → Technologie, → Wirtschaft

BACHOFEN, J. J., Das Mutterrecht. Stuttgart 1861 – ENGELS, F., Der Ursprung der Familie, des Privateigentums und des Staates. Zürich 1884 – FERGUSON, A., Essay on the History of Civil Society. London 1766 – FRIED, M., The Evolution of Political Society. New York 1967 – KRADER, L., Dialectic of Civil Society. Assen 1976 – LUBBOCK, J., The Origin of Civilization and the Primitive Condition of Man. London 1870 – MCLENNAN, J. F., Primitive Marriage. Edinburgh 1865 – MAINE, H. S., Ancient Law. London 1861 – MORGAN, L. H., Ancient Society. New York 1877 (dtsch. Stuttgart 1908, Lollar 1976) – SAHLINS, M./SERVICE, E. R., Evolution of Culture. Ann Arbor 1960 – SERVICE, E. R., Origins of the State and Civilization. New York 1975 (dtsch. Frankfurt 1977) – SPENCER, H., The Principles of Sociology. 3 Bde., New York 1880–96 (dtsch. Stuttgart 1897) – STEWARD, J. H., Theory of Culture Change. Urbana 1955 – TYLOR, E. B., Primitive Culture. London 1871 – WHITE, L., The Evolution of Culture. New York 1959

Klaus Hesse

Feldforschung Als Feldforschung bezeichnen Ethnologen jeden professionellen Kontakt mit Vertretern der von ihnen untersuchten Kulturen oder Gesellschaften. Bei *extensiver Feldforschung* reist der Forscher in bestimmten Kulturräumen umher und zeichnet die Aussagen ausgewählter oder zufällig angetroffener Gewährsleute *(Informanten)* zu bestimmten Fragestellungen auf, sammelt Objekte, macht vielleicht Fotos oder Filme und verschafft sich Zugang zu bereits vorhandenen Datensammlungen wie Missionsunterlagen, Archiven etc. Bei *stationärer Feldforschung* ist die Beziehung zu den Informanten enger, weil der Forscher sich um ein länger anhaltendes Zusammenleben mit der untersuchten Gruppe bemüht. Er versucht, den Alltag *teilnehmend zu beobachten*, d. h. als Akteur in der sozialen Szene mitzuspielen und dabei Etikette und Weltanschauung seiner Gastgeber von Innen her kennenzulernen.

Während der Feldforschung gesammelte Informationen können *quantitativ* oder *qualitativ* verarbeitet werden, je nachdem, ob sie vornehmlich aus beobachteten Regelmäßigkeiten, Verhaltensstatistiken, Zensusdaten oder ähnlichem zählbaren Material bestehen oder aus Selbstaussagen der Informanten, Fallgeschichten und Aufzeichnungen frei geführter Interviews. Demgemäß lassen sich aus den unterschiedlichen Felddaten *etische* und *emische* Darstellungsweisen ableiten (HARRIS 1968). Erstere entsprechen der auf Beobachtung beruhenden »Außenansicht«, letztere der auf Verstehensprozessen zwischen Forscher und Informanten beruhenden »Innenansicht« einer Gesellschaft. Die meisten auf Feldforschungen aufbauenden Beschreibungen sozialer Gruppen – sogenannte Feldmonographien – vereinen mehr oder weniger gekonnt beide »Ansichten« zu einer »synthetischen Ethnographie« (MALINOWSKI 1922; KRAMER 1977).

Historisch entwickelte sich die Praxis der Feldforschung aus der Absage an die »Lehnstuhlethnologie« der Frühzeit, welche scharf zwischen dem datensammelnden Missionar, Soldaten, Kaufmann oder Expeditionsteilnehmer als *Ethnograph* und dem das Material ordnenden und vergleichenden *Ethnologen* trennte (z. B. FRAZER, LÉVY-BRUHL, P. W. SCHMIDT). Es gehört zur Selbstdarstellung der vornehmlich von MALINOWSKI durch seinen teilweise erzwungenen Aufenthalt in Melanesien 1913–17 begründeten empirischen Tradition der britischen Sozialanthropologie, stationäre Forschungen früherer Ethnologen zu übergehen. Der Russe Miklukho MAKLAY (1846–88) war vielleicht der erste, der die Selbstintegration des Ethnographen in die fremde Gesellschaft gefordert hatte, und die Methode der teilnehmenden Beobachtung war in den

Forschungen Henry Schoolcrafts (»The Indian Tribes of North America« 1853) schon weit entwickelt. Zu den bekanntesten vorfunktionalistischen Feldforschungen zählen die von Boas im Rahmen der »Jesup North Pacific Expedition« (1897–1900), die Westermarcks in Marokko (1900), Rivers' bei den Toda in Südindien (1901/02) und in Melanesien (1908, 1914), des Ehepaars Seligman im Nil-Sudan (1909), Thurnwalds in Melanesien (1912/14) oder Lindbloms bei den Kamba in Kenya (1910). Auch lagen bereits vor der Jahrhundertwende bedeutende Monographien vor, etwa die Henry Callaways »The Religious System of the Amazulu« (1870) oder Robert Henry Codringtons »The Melanesians« (1891). Ausgesprochene *Feldmonographien* in deutscher Sprache verfassten Merker (1904), Spieth (1906), Irle (1906), Tessmann (1913) und Meyer (1916).

Malinowski war also nicht der erste Feldforscher, aber er begründete den »Mythos der Feldforschung« (Powdermaker 1970; Stagl 1985) in seiner bis heute gültigen Form. In Malinowskis *Funktionalismus* wurde die Feldforschung mit der bestehenden empirischen Tradition des amerikanischen Kulturrelativismus (Boas 1897) verbunden und zur dominierenden Methode der Ethnologie gemacht. Den stationären Feldaufenthalt begriff man – analog dem naturwissenschaftlichen Experiment – als reine Empirie, als »Induktion« (Nadel 1951), die zu einem objektiven Bild der Sozialstruktur der besuchten Gesellschaft führe. Von diesem Gerüst aus waren die anderen Teile der als sinnhaftes Ganzes verstandenen Kultur, die Wirtschaft, Politik und Religion, zu erklären.

Der Ethnologe Karl von den Steinen auf Feldforschung; gezeichnet von einem Bororo-Indianer (Brasilien)

Die Feldforschung kam einer doppelten »Initiation« gleich; sie führte den Forscher in das Weltbild einer fremden Kultur und gleichzeitig in den Kreis der Ethnologen ein (Kuper 1973; Stagl 1985).

Hatten die unsicheren Verhältnisse früherer Jahrhunderte den Ethnographen oft gezwungen, seine Absichten wie ein Spion zu verbergen (Junker 1960; Goudsblom 1974), so bereitete der koloniale Friede zwischen den Weltkriegen geradezu ideale Forschungsbedingungen, die freilich oft unerkannt in die Darstellung der »stabilen« Sozialverhältnisse miteinflossen und die Vorstellung einer »verdinglichten Sozialstruktur« (Blok 1978) begünstigten. Mit der Entkolonisierung und dem Aufkommen der Befreiungsbewegungen in der Dritten Welt änderte sich der Zustand des pazifizierten ethnographischen Feldes wieder und es setzte jene »Krise der Feldforschung« ein, die zunächst an der Frage nach der Parteilichkeit des Forschers im Felde entbrannte. Der postkoloniale Ethnograph mußte sich kritische Fragen der »Betroffenen« bzw. der in ihrem Namen auftretenden »Antikolonialisten« gefallen lassen. Feldforschung geriet wieder in die Nähe der Spionage (Stagl 1985). Nach heftigen Debatten über das vom amerikanischen CIA finanzierte Projekt »Camelot«, das auf geeignete Maßnahmen zur Kontrolle unruhiger Gebiete abzielte, verabschiedeten amerikanische Ethnologen einen ethischen Kodex, der die Verantwortung des Forschers gegenüber seinen Informanten betont (Weaver 1973).

Seit den 60er Jahren versucht die *Action Anthropology*, den engagierten Einsatz für die Beforschten mit wissenschaftlicher Arbeit zu verbinden. Forschung soll nach K. Schlesier (1980) schon vom Thema her den Interessen der Betroffenen folgen und so z. B. wissenschaftliche Grundlagen für die Gebietsansprüche von Indianern liefern. Damit konnte das Ansehen der Ethnologie in der Dritten Welt wieder etwas gehoben werden, die Praxis aber führte zu neuen Komplikationen: Wer sind die wahren Vertreter der Betroffenen, die Unter- oder die Oberschicht, Traditionalisten oder Fortschrittler, Würdenträger oder moderne Verbandspolitiker? (Münzel 1980)

Eine andere Richtung, die den Rahmen der Feldforschung zu erweitern suchte, ist die *Stadt-Ethnologie* oder die *Ethnologie komplexer Gesellschaften.* Damit hatte bereits in den 20er Jahren die Chicago-Schule der amerikanischen Soziologie begonnen. Die funktionalistische Vorstellung von geschlossenen Gesellschaften und Inselkulturen mußte bei der Untersuchung von Tanzschuppen, Obdachlosenasylen und Wasch-Centers revidiert werden; die ausgewählten Gesellschaftssektoren waren so deutlich mit ihrer Umgebung verwachsen, daß die Daten nur in der Zusammenschau mit makrosoziologischen Darstellungen Sinn bekamen (Park 1925 u. a.). Etwa zur gleichen Zeit, als herkömmliche Ethnographen noch kriegerische »Naturvölker« rekonstruierend beschrieben (z. B. Krige 1936), studierte Gluckman den Wandel dieser Kulturen im Rahmen des Kolonialismus. Für die Beschreibung neuer sozialer Typen wie Wanderarbeiter, Klientelpolitiker und Opfer burischer Apartheidsvorstellungen entwickelte die Manchester-Schule der britischen Sozialanthrophologie neue Techniken wie *Fall-Studien* und *Netzwerkanalysen.* Die Abgrenzung der Ethnologie zur empirischen Sozialforschung der Soziologie, zur volkskundlichen Kulturanalyse und zu Gruppenpsychologie war damit verwischt. Gleichzeitig fand die ethnologische Technik der teilnehmenden Beobachtung in vielen Nachbarwissenschaften, von der Soziologie bis zur Verhaltensforschung (Ethologie), Eingang.

In der Ethnologie aber wurde nun gerade diese klassische Forschungsmethode zunehmend angezweifelt, denn auch die vermittels der Feldforschung gewonnenen Interpretationen waren mitbestimmt durch den kulturellen Hintergrund und die Persönlichkeit des Forschers. CASTANEDA (1970) gestaltete diese Problematik zu einem aufsehenerregenden ethnologischen Entwicklungsroman, der aber nur im Umfeld von neuartigen hermeneutischen Studien (WEINGARTEN et al. 1976), Analysen der subjektiven Bedingungen von Feldarbeit (SPINDLER 1970; BALANDIER 1977; KOHL 1979) und Versuchen der literarischen Bewältigung von Felderfahrung (BOWEN 1964; RABINOW 1985) verstanden werden konnte. Eine Schlüsselfunktion hatte dabei die Herausgabe von MALINOWSKIS lange unveröffentlichten Feldtagebüchern, die die subjektiven Grenzen und Bedingungen auch seiner Feldarbeit offenbarten (1967). DEVEREUX (1967) wies mit der neuen Auffassung der Feldforschung als Selbstreflexion die Relativität wissenschaftlicher Informationen überhaupt auf. Auch in der deutschen Ethnologie fiel die zunehmende Berücksichtigung philosophischer Aspekte der ethnologischen Praxis auf fruchtbaren Boden (KRAMER 1977; DUERR 1978; FISCHER 1985). Zwischen der Reflexion über Verantwortlichkeit und Parteilichkeit, der Forschung auf neuen Feldern und der Berücksichtigung subjektiver Grenzen der Felderfahrung könnten sich – im Rahmen einer »dialogischen Anthropologie« (TEDLOCK 1979) – neue Wege des Kulturaustausches und der Sozialforschung öffnen.

→ Angewandte Ethnologie, → Ethnohistorie, → Fremdwahrnehmung, → Identität, → Initiation, → Institution, → Kommunikation, → Komplexe Gesellschaft, → Kulturanthropologie, → Logik, → Netzwerk, → Sozialanthropologie, → Weltbild

CASTANEDA, C., The Teachings of Don Juan. Harmondsworth 1970 (dtsch. Frankfurt 1972) – DEVEREUX, G., From Anxiety to Method in the Behavioral Sciences. Den Haag/Paris 1967 (dtsch. München 1967) – FISCHER, H. (Hrsg.), Feldforschungen. Berlin 1985 – HUBER, H. (Hrsg.), Feldforschung. Fribourg 1982 – KRAMER, F., Verkehrte Welten. Frankfurt 1977 – KUPER, A., Anthropology and Anthropologists. Harmondsworth 1973/78 – MALINOWSKI, B., A Diary in the Strict Sense of the Term. London 1967 (dtsch. Frankfurt 1986) – NADEL, S. F., The Foundations of Social Anthropology. London 1951 – SPINDLER, G. u. L. (Hrsg.), Being an Anthropologist. New York 1970

Thomas Hauschild

Fest Feste unterbrechen die Alltagsroutine; sie liegen zwischen den Phasen des Jahreszyklus, des ökonomischen Zyklus, des Lebenslaufs oder anderer Zeitfolgen. An Festtagen wird die übliche Tätigkeit eingestellt, in ihr Gegenteil verkehrt oder durch gesteigerte, manchmal rauschhafte Formen der Geselligkeit ersetzt. In vielen Kulturen bereichern Musik und Tanz die Feste; auch orgiastische Vergnügen, Umverteilung von Nahrung und anderen Gütern, ritualisierte Verschwendung, Wettbewerbe, Spiele und sportähnliche Veranstaltungen finden anläßlich von Feierlichkeiten statt.

Einzelstudien über Feste sind in der Ethnologie eher selten; meist konzentrierte man sich auf Formen festlichen Handelns, die dem religiösen, politischen oder wirtschaftlichen Leben zugeordnet werden können. Der Begriff *Fest* vereint in der Tat die unterschiedlichsten Erscheinungen: von Geburtstagsfeiern in der Industriegesellschaft, über Inthronisationszeremonien indischer Fürsten bis zu den religiösen Riten der australischen Ureinwohner. Man könnte durchaus der Meinung sein, hier würden Ereignisse verglichen, die kaum etwas miteinander zu tun haben. Vielleicht lohnt es sich gerade deshalb, zur Analyse der vielen Feste des Menschen sehr unterschiedliche Erklärungsansätze in neuen Kombinationen zu verbinden. Inwieweit dem Gegenstand auf der breiten Skala zwischen religiösem Ritual und profaner Menschenversammlung eine gewisse Selbständigkeit zukommt, ist in der ethnologischen Diskussion noch offen.

Durkheim (1915) behandelte Feste als »repräsentative Riten«, welche die beteiligte Gruppe zu kollektiven Handlungen verbinden und die Macht der Gesellschaft über den Einzelnen symbolisch demonstrieren und stärken. Dazu müssen sich die Angehörigen der Gruppe versammeln, gemeinsame Gefühle empfinden und dieselben zum Ausdruck bringen. Der jeweilige Anlaß dieser »elementaren Form des religiösen Lebens« war für Durkheim weniger wichtig als die soziale Funktion; das Fest oder die Kulthandlung lebt von ihrer Eigendynamik als Mechanismus des sozialen Zusammenhalts.

Näher an der Eigeninterpretation traditioneller Gesellschaften argumentierte die deutsche Kulturhistorie, z. B. Jensen in seiner Ableitung des Kultes aus dem Mythos (1951). Danach sind kultisch-festliche Anlässe – vor allem in Pflanzergesellschaften – die rituelle Wiederholung mythischer Urzeitereignisse. Sogenannte *Dema-Gottheiten,* deren Tod einmal die Entstehung der Nutzpflanzen begründet und den Zyklus des Pflanzens und Erntens in Gang gesetzt hat, leben in den Menschen, Tieren, Pflanzen und Kultgeräten weiter; das Fest bringt ihre Gegenwart und jenen dramatischen Moment ihrer Opferung zu Bewußtsein.

Neigten Durkheim und Jensen in ganz unterschiedlicher Weise zur Betonung religiöser Aspekte des Festes, so versuchten andere Ethnologen, das Außeralltägliche des Festes als notwendiges Gegenstück zum Alltag zu verstehen. Van Gennep (1909) zeigte in seiner Zusammenstellung von *Übergangsriten,* daß viele Feste der Überwindung kritischer Perioden im menschlichen Leben (Geburt, Reife, Heirat, Tod) dienen. In einer Zwischenphase des »Abstandes« vom alten wie vom neuen Status sollen die Initianden die mit dem Übergang verbundenen Ängste ausleben und im Interesse der gesamten Gruppe überwinden. Huizinga dagegen deutete Feste als Ausdruck menschlichen Freiheitsdranges, der nach Aufhebung der Routine, nach Neuerung und Zweckfreiheit strebe (1938). Mythische Hintergründe der Feste betrachtete er – in Auseinandersetzung mit Jensen – als Allegorie, als nicht unbedingt »gläubige« Personifizierung und poetische Formgebung des Spiels.

Die funktionalistische Ethnologie nahm vor allem Durkheims und van Genneps Anregungen auf. Man untersuchte Feste als kollektive Krisenbewältigung und symbolischen Mechanismus des Gruppenzusammenhaltes. Dabei rückte der materielle Gesichtspunkt des Festes – im Sinne einer oft überdimensionierten Umverteilung oder Präsentation von Gütern (Nahrungsmittel, Prestigeobjekte, Handelsgüter) – schon früh ins Zentrum der Aufmerksamkeit. Malinowski (1916) hatte das *Milamala-Erntefest* der melanesischen Trobriand-Insulaner als Komplex von religiösen und sozialen Aktivitäten beschrieben, deren Höhepunkt Tänze und die Abgabe von Nahrungsvorräten an die Haushalte naher Verwandter darstellt. Diese allgemeine Umverteilung der Ernteerträge sei keineswegs nur ein kleines Geschenk, sondern eine der Grundlagen des wirtschaftlichen Systems der Trobriander. In vielen traditionellen Kulturen hebt die festliche Verteilung von Nahrungsmitteln und anderen Gaben das soziale Prestige des Gebers. Dieser sehr alte *Verdienstfestkomplex* (Meritökonomie) scheint mit Terrassenbau oder intensivem Feldbau verbunden zu sein, der eine Überschußproduktion an Nahrungsmitteln gewährleistet. Es bestehen Bezüge zu den weit verbreiteten Steindenkmälern (Megalithwesen), die der Erinnerung an große Tote und dem Prestige der Spender dienen (v. Heine-Geldern 1959). Neuere Untersuchungen aus wirtschaftsethnologischer Sicht interpretieren diese Festökonomie als Ausdruck einer vom Wachstumsdenken der Industriegesellschaft grundverschiedenen, auf Stagnation angelegten Wirtschaftskonzeption (Polanyi 1957; Godelier 1972).

Die Analyse der Feste im Lebenszyklus wurde von Turner (1969) weiterentwickelt. Er konnte in seinen Studien afrikanischer Gesellschaften van Genneps These vom »Grenzcharakter« (Liminalität) der Festsituation bestätigen; außerdem griff er Huizingas Konzept vom Fest als Spiel wieder auf. Der »Struktur« des Alltags stellt sich für Turner die »Antistruktur« des Festes entgegen, als Ausdruck und Vorwegnahme persönlicher oder sozialer Krisen. Besonders gut läßt sich dieses Modell mit den teilweise sehr drastischen, meist an den Jahreszyklus gebundenen *Umkehr-Ritualen* und *Narrenfesten* traditioneller wie moderner Gesellschaften belegen (Bourke 1913; Duerr 1978).

Betont die moderne Ethnologie vor allem materielle, soziale und spielerische Aspekte der festlichen Gestaltungen jener Brüche im Lebens- oder Jahreslauf, so finden sich andrerseits aber auch Feste, die in großen, regelmäßigen Zeitabständen begangen werden und deren stete Wiederholung an Jensens These vom Fest als gelebtem und wiederholtem Mythos erinnert. So feiern die westafrikanischen Dogon alle sechzig Jahre ein Welterneuerungsfest namens *Sigui*, zu dessen Berechnung sie sich komplizierter Zählmethoden und astronomischer Kenntnisse bedienen, die dem Stand ihrer sonstigen Naturerkenntnis überhaupt nicht entsprechen, sondern der modernen Physik gleichkommen. Diese Feste geben der Dogon-Gesellschaft ihre Identität in der Zeit (Griaule 1950) und verleihen ihr auch in der Optik der westlichen Welt eine überzeitliche Erhabenheit.

Die deutsche Volkskunde, die wesentlich stärker an diesem Thema interessiert ist als die Völkerkunde, beobachtet seit dem ausgehenden 19. Jahrhundert eine Zunahme und Steigerung der Feste in Mitteleuropa, zugleich aber auch ein Zurücktreten der traditionellen, meist religiösen Inhalte: Heiligenfeste werden zum folkloristischen Ereignis des Massenkonsums, der Selbst-Präsentation lokaler Politik oder der Kulturindustrie. Konsumistische Schenk-Orgien überwuchern den religiösen Sinn der Weihnachts- und Osterfeiern. Es finden Verschiebungen statt, etwa in katholischen Gebieten von der Feier des Namenstages auf die Feier des Geburtstages, was auf langfristige Prozesse der Individualisierung und Säkularisierung schließen läßt. Zugleich zerfällt das Festwesen zunehmend in streng teilnehmerbegrenzte private Feiern und öffentliche, jedermann zugängliche Veranstaltungen. Eine von den Motivationen der Teilnehmer ausgehende »europäische Ethnologie des Festes« konnte aber bis jetzt noch nicht die Nachfolge der historisch-volkskundlichen Brauchtumsstudien antreten (GERNDT 1976/77). In diesem Zusammenhang besteht für die Völkerkunde Gelegenheit, von der Volkskunde zu lernen, wie Feste als eigenständiges Forschungsobjekt in allen mythischen, materiellen, spielerischen und sozialen Aspekten betrachtet werden können.

→ Ahnen, → Alter, → Charisma, → Ekstase, → Geburt, → Heirat, → Initiation, → Institution, → Kleidung, → Kunst, → Krieg, → Musik, → Opfer, → Prestige, → Religion, → Ritual, → Schmuck, → Spiel, → Symbol, → Tanz, → Tod, → Zeit

BOURKE, J. G., Der Unrat in Sitte, Brauch, Glauben und Gewohnheitsrecht der Völker. Leipzig 1913 – DURKHEIM, E., Die elementaren Formen des religiösen Lebens. Frankfurt 1981 (orig. franz. Paris 1912) – GENNEP, A. van, Übergangsriten – Les rites de passage. Frankfurt/New York 1986 (orig. franz. Paris 1909) – HUIZINGA, J., Homo Ludens. Reinbek 1956 (orig. holl. Haarlem 1938) – JENSEN, A. E., Mythos und Kult bei Naturvölkern. Wiesbaden 1951 – STELLRECHT, I., Feste in Dardistan. Frankfurt 1972 – TURNER V., The Ritual Process, Structure and Antistructure. Chicago 1969

Thomas Hauschild

Fremdwahrnehmung Im Unterschied zur alltäglichen Wahrnehmung fremder Handlungen und Meinungen hat sich die Ethnologie die Aufgabe gestellt, die Wirklichkeit fremder *Lebenswelten* zu verstehen und sie der Wissenschaft gegenüber auszulegen. Deswegen übt sich der Ethnologe nicht nur in langdauerndem Kontakt mit fremden Gesellschaften, sondern auch in der gedanklichen Verarbeitung dieser Erfahrungen und ihrer Darstellung für ein Publikum, das diese Erfahrungen nicht teilt. Beide Schritte, das Hinüberwechseln in die fremde Wirklichkeit und das Zurückkehren in die vertraute, stellen die Ethnologie vor besondere erkenntnistheoretische Probleme. Diese sind von allgemeinerer Natur als die erkenntnismäßigen Schwierigkeiten, welche die im Zentrum ethnologischer Empirie stehende Beschäftigung mit fremden Phänomenen für sich aufwirft.

Anders als der Historiker hat es der Ethnologe nur manchmal mit zeitlicher Fremdheit, in der Regel aber mit örtlicher (Heterotopie) zu tun, die darüberhinaus auch eine kulturelle und oft auch eine physische Fremdheit miteinschließt. Die Menschen, für die er sich interessiert, wohnen woanders, sprechen anders, geben sich anders und sehen anders aus. Umgekehrt tritt der Ethnograph selbst als Fremder auf und wird entsprechend den vorliegenden Erfahrungen mit Fremden aufgenommen. In vielen Stammesgesellschaften ist man an Fremde gewöhnt, sei es in der Gestalt von Handwerkern, Händlern, Heiligen, Flüchtlingen, Soldaten oder seit der Kolonialzeit auch von Verwaltern, Missionaren und Entwicklungsexperten. Wie diese trifft auch der Ethnograph im Felde zu allererst auf jene Zwiespältigkeit (Ambivalenz) aus Angst und Anziehung, die überall mit dem Phänomen Fremdheit verbunden ist und die er womöglich selbst seinen neuen Gastgebern gegenüber empfindet.

Die abendländische Geistesgeschichte kennt eine lange Tradition der Auseinandersetzung mit unbekannten Inhalten. Am Ende des Mittelalters nannte man die kunstmäßige Auslegung der Bibel und der klassischen Texte nach dem altgriechischen Wort für »übersetzen« *Hermeneutik.* Von Francis Bacon, dem Aufklärer und Begründer des Empirismus, wurde auf die Befangenheiten hingewiesen, die den Gelehrten am rechten Verständnis fremder Inhalte hindern. Seine Trugbilder (*idola*) entstammen alle dem eigenen Raum und der eigenen Zeit; heute nennt man sie, ohne daß sie etwas von ihrer Tücke verloren hätten, *Ethnozentrismus* und *Chronozentrismus.* Im letzten Jahrhundert versuchte Wilhelm Dilthey, über ein »In-sich-geltenlassen von Zeitaltern und Weltanschauungen« zu einem Verständnis jenseits von Aburteilungen zu kommen. Dazu bedürfe es – wie die Lebensphilosophie die romantische Vernunftkritik wieder aufgriff – eines »Einfühlens« anstelle des Kausaldenkens. Dieses sei wohl bei Naturerscheinungen am Platze, nicht aber auf dem Felde der Geschichte und der Völker.

Aufgrund unterschiedlicher Erkenntnisweisen trennten sich damals eine naturwissenschaftliche (hominide) und eine geisteswissenschaftliche (humanide) Anthropologie. Zwar hat auch die Ethnologie in ihren Anfängen fremde Gesellschaften wie raum-zeitliche Ereignisse zu zählen und zu messen versucht (noch der frühe Frobenius wollte eine »Naturwissenschaft der Kultur« betreiben) und in der westeuropäischen, von Durkheim begründeten und von Radcliffe-Brown weitergeführten Sozialanthropologie werden bis heute gesellschaftliche Erscheinungen wie Sachen behandelt (Radcliffe-Brown las noch 1937 in Chicago über »A Natural Science of Society«). In der deutschsprachigen Ethnologie setzte sich aber überwiegend die Trennung der Hermeneutiker zwischen »scientistischer Tatsachenforschung« und »phänomenologischer Wesenserforschung« durch. Wie der Historismus in fernen Zeiten, so wollte die Ethnologie in fernen Räumen möglichst voraussetzungslos sich um Fremdverstehen bemühen.

Die entscheidenden Überlegungen dazu wurden freilich nicht in der allzusehr mit der Masse fremdartigen Materials beschäftigten Ethnologie angestellt, sondern in der sogenannten Deutschen Soziologie eines Max Weber und Werner Sombart. Letzterer unterschied in den Sozialwissenschaften ordnende, richtende und verstehende Schulen, und zur »verstehenden Soziologie« hatte Weber schon kurz nach der Jahrhundertwende die Grundlagen formuliert. Ihr Gegenstand war der »subjektiv gemeinte Sinn« einer Handlung, ihre

»Ausdrucksqualität« oder die »intentionale Verbindung« von Subjekt und Objekt. Diese Gedanken wurden in der phänomenologischen Soziologie von Alfred SCHÜTZ weiterentwickelt, von HUIZINGA (1919) u. a. in der Geschichtsschreibung angewandt und vor allem von THURNWALD und MÜHLMANN im Sinne einer *interkulturellen Hermeneutik* in die Ethnologie eingebracht.

Alfred SCHÜTZ sah die Fremdwahrnehmung nicht erst an der Kulturgrenze beginnen, sondern bereits außerhalb des beobachtenden Subjekts. Wo immer dieses seinen »Bewußtseinsstrahl« hinrichte, werde aus dem »fraglos Gegebenen« etwas »sinnhaft Ausgelegtes«. Voraussetzung dieses Fremdverstehens sei aber der gleiche »Erlebnisstrom« oder die gleiche »Dauer« von Beobachter und Beobachtetem sowie die auf beiden Seiten bestehende Möglichkeit der deutenden Aufmerksamkeit (attentionale Modifikation). Begännen nun die beiden, ihre jeweiligen Zeichen (Symbole) und Anzeichen (Symptome) aufeinander zu beziehen, gingen sie eine »Wir-Beziehung« ein. Sie gehöre zur »sozialen Umwelt«, in der jeder auf den anderen über eine »Du-Einstellung« bezogen sei. Habe der Betrachter aber nicht nur einen Fremden, sondern viele Fremde vor sich, seien für ihn nur Urteile der »Ihr-Einstellung« möglich; »der Fremde in der Mitwelt« werde in »typisierender Weise« wahrgenommen und als feststehende Größe (»Idealität des immer wieder«) gedeutet. Diese Typisierungen würden anonymer und die Anteile des Unverstandenen wie Unverständlichen größer, je ferner der Fremde sei.

Vom Standpunkt der phänomenologischen Soziologie betrachtet, überspringt der Ethnograph keine Mauer, wenn er auf Feldforschung geht, sondern er nimmt eine mit, und zwar die zwischen sozialer Umwelt und Mitwelt. Baut er eine Wir-Beziehung mit einem Vertreter der besuchten Gesellschaft auf, beginnt eigentliches Fremdverstehen, das aber ethnologisch, d. h. für die Wissenschaft, wertlos ist. Für die Beschreibung einer fremden Gesellschaft muß der Ethnograph in die Ihr-Beziehung gleichsam zurücktreten, muß er die Menschen, denen er begegnet, als anonyme, abstrakte und stilisierte Typen sehen. SCHÜTZ hat auch aufgezeigt, wie ein solcher Idealtypus einer fremden Kategorie zustande kommt: allein durch die Interessenlage des Beobachters.

Fremdwahrnehmung in der Ethnologie war in der Frühzeit durch Neugier, Lust an der Übertreibung und am Gegensatz zur eigenen Kultur gekennzeichnet. Diese »imaginäre Ethnographie« (KRAMER 1977) wollte man Anfang des Jahrhunderts überwinden und die fremden Gesellschaften so objektiv wie möglich beschreiben. Hielten sich die frühen Ethnographen besonders gerne bei absonderlichen Bräuchen auf, lenkte die moderne Ethnographie ihren Blick vor allem auf die in einsichtiger Weise auslegbaren Erscheinungen und Beziehungen. Die »Primitiven« der evolutionistischen Ethnologie sollten rehabilitiert werden, entweder durch den Nachweis großartiger Kulturleistungen wie im *Diffusionismus* oder durch Beschreibungen von überraschend vernünftigen Sozialstrukturen im *Funktionalismus.* Das waren die Interessenlagen, die die Typisierungen leiteten.

MALINOWSKI, der mit seiner Trobriand-Forschung die moderne, stationäre und langdauernde Ethnographie einleitete, sah die Fremderfahrung dialektisch: Er glaubte, die Insulaner dann richtig verstanden zu haben, wenn er sehen konnte, wie sie ihn, den Feldforscher sahen. Er verlangte von den Trobriandern einen Spiegel, in dem er sich in der *interpretatio insulana* sehen konnte. »Ethnographie als Selbstauslegung im anderen« (KRAMER) heißt seither das Programm bewußter Empirie. Ein Vertreter der phänomenologischen Soziologie aber muß an der Realisierbarkeit solcher Vorstellungen zweifeln: Der Ethnograph kann mit seinem Gegenüber der »fremden Kultur« keine Wir-Beziehung aufbauen; er sucht das Urteil über sich bei einem »Gesamt-Eingeborenen« und der ist ein Idealtyp. Echte Fremderfahrung ist nur möglich, wenn zwei Individuen miteinander reden. Zwei Kulturen können aber nur übereinander reden, d. h. selbstentworfene Typen für das Fremde halten.

Damit ist in der heutigen phänomenologischen Sozialwissenschaft der Unterschied zwischen Ethnologie und Soziologie irrelevant. Jedes gesellschaftliche Milieu besteht aus *kategorialen Beziehungen* (gegenseitige Typisierungen von Kollektiven) und aus Wir-Beziehungen zwischen Individuen. Die Probleme des Fremdverständnisses sind überall gleich groß. Deswegen fragen »Ethnomethodologen«, wie eine phänomenologische Schule heißt, nur noch nach dem *wie* von Handlungen, nicht mehr nach dem *was*, dem *woher* oder *warum*, wie es früher in der Ethnologie Brauch war. Regeln gelten im »Symbolischen Interaktionismus«, (BLUMER 1969; STEINERT 1973), einer verwandten Richtung, nicht mehr als Vorbedingung, sondern als Ergebnis von Interaktionen. Entsprechend können auch Eigenbild und Fremdbild benachbarter Gesellschaften als Verhandlungsergebnis gesehen werden; »Kultur« hat endgültig ihren Charakter des Echten und Ursprünglichen verloren.

In Pierre BOURDIEUS »Theorie der Praxis« sind die Probleme der ethnologischen Fremdwahrnehmung in mehrere Blickwinkel aufgelöst. Es wird die Gefahr der Phänomenologie gesehen, sich in bloßer Beschreibung zu verlieren, wie auch die der struktural-funktionalen Betrachtungsweise, die Handelnden zu Normenvollziehern zu reduzieren, oder auch die der strukturalistischen Fremdwahrnehmung, die in den beobachteten Vorgängen Niederschläge unbewußter Programme vermutet. BOURDIEUS »Praxeologie« läßt sich auch auf fremde Handlungsabläufe ein, vergißt aber nicht die Sachzwänge, unter denen die Motive entstanden sind. Anforderungen der Situation und verinnerlichte Handlungsmuster zusammen führen zur Praxis, deren Kern dennoch der aktuelle Entwurf bleibt. Seine Auslegung unter Berücksichtigung aller Bedingungen kann aber nur von einem Fremden geleistet werden, wie ein Interpret, der Traditionszusammenhang und Entstehungsgeschichte eines Werkes überblickt, dieses oft besser versteht als sein Urheber.

→ Angewandte Ethnologie, → Feldforschung, → Funktion, → Identität, → Kommunikation, → Logik, → Netzwerk, → Sozialanthropologie, → Struktur, → Symbol, → Verhalten, → Völkerpsychologie

BOURDIEU, P., Entwurf einer Theorie der Praxis auf der ethnologischen Grundlage der Kabylischen Gesellschaft, Frankfurt 1976 (orig. franz. Genf 1972) – KRAMER, F., Verkehrte Welten. Zur imaginären Ethnographie des 19. Jahrhunderts. Frankfurt 1977 – MÜHLMANN, W. E., Geschichte der Anthropologie. Frankfurt 1948/1984 – SCHÜTZ, A., Der sinnhafte Aufbau der sozialen Welt. 1932, Frankurt 1974 – STEINERT, M., Symbolische Interaktion. Stuttgart 1973 – WEBER, M., Gesammelte Aufsätze zur Wissenschaftslehre. Tübingen 1922/1951 – WEINGARTEN, E./SACK, F./ SCHENKEIN, J., Ethnomethodologie. Frankfurt 1976

Bernhard Streck

Geburt Der physiologische Vorgang von Zeugung, Schwangerschaft und Geburt ist in keiner Gesellschaft ein bloß »natürliches« Ereignis; immer wird er von Emotionen begleitet und verläuft eingebettet in kulturelle Vorstellungen und Handlungen. Insofern kann die Forderung nach einer »natürlichen Geburt«, die in den letzten Jahren bei uns aufkam, sich nicht auf andere Kulturen berufen.

Die Eheschließung von Mann und Frau findet in fast allen Gesellschaften erst in der *Elternschaft* ihre Sinnerfüllung. Wie diese als Glück, so werden Sterilität und Fehlgeburten als Unglück empfunden. Für westafrikanische Stammesgesellschaften beschreibt FORTES die Elternschaft als Verpflichtung, auferlegt von der familialen Gemeinschaft und konzeptionell ausgedrückt in den Geboten der Ahnen. Um den Fortbestand der Familie im weiteren Sinne (d. h. der Abstammungslinien) zu gewährleisten, bedarf es der Nachkommenschaft, deren Bedeutung sich nicht darin erschöpft, den zukünftigen Arbeitskräftebedarf zu decken und die Altersversorgung der Elterngeneration zu sichern; auch Sklavenhalter und Bezieher großer Renten wünschen eine legitime Nachkommenschaft, die einmal das Erbe antritt und den Vorfahren Ehre erweist. Die jeweilige Organisation der Gesellschaft legt fest, wer die Schwangere bis zu ihrer Niederkunft versorgt und sich um das Neugeborene kümmert. Auf Trobriand stehen bis zur Geburt die Frauen der mutterseitigen Verwandtschaft der Gebärenden bei, das Abdrehen der Nabelschnur und Vergraben der Nachgeburt obliegt aber einer Frau aus der Verwandtschaft des Vaters (MALINOWSKI 1929).

Die ersten Zusammenstellungen der verschiedenen die Geburt begleitenden Bräuche (ENGELMANN 1882; PLOSS-BARTELS 1891 u.a.) richteten ihr Augenmerk vor allem auf die magischen Formeln und Praktiken, deren sich die »Primitiven« bedienten, wann immer sie sich den Kräften der Natur ausgeliefert sahen. Unter den eigenartigen Bräuchen, denen sich die damalige Ethnologie besonders widmete, löste die *Couvade*, das sogenannte Männerkindbett, am meisten Verwunderung aus. TYLOR hatte Berichte gesammelt, nach denen in bestimmten Gesellschaften Männer Geburtswehen simulieren und das Wochenbett hüten, während die Mutter gleich nach der Niederkunft ihre zumeist recht anstrengende Arbeit wieder aufnimmt. REIK (1919) interpretierte die Couvade im Rahmen der Psychoanalyse von FREUD und RANK (»Geburtstrauma«) einerseits als kulturellen Schutz der Gebärenden vor der latenten

Feindseligkeit des Mannes, andrerseits als Ausdruck seiner Phantasie, durch einen eigenen Beitrag zum Geburtsvorgang Rechte auf das Kind reklamieren zu können.

Aus der Fülle der ethnographischen Berichte sonderte P. W. SCHMIDT (1954) zwölf gesicherte Fälle der »eigentlichen« oder »schweren« Couvade aus, in der jener auch in anderen Riten praktizierte Rollentausch der Geschlechter tatsächlich stattfindet. Von ihr sei die »leichte« oder – wie VAN GENNEP (1909) sagte – »Pseudo-Couvade« zu trennen, die nichts weiter beinhalte, als daß auch der Mann der Schwangeren, der häufig der biologische, zumindest aber der soziale Vater des zu erwartenden Kindes ist, bestimmten Regeln folgen muß. Diese aber waren schon bei VAN GENNEP in den Rahmen seines Systems von Übergangsriten (*rites de passage*) gestellt worden, die alle Abschnitte des individuellen Lebenszyklus markieren und die kritischen Momente des Rollenwechsels auffangen.

Die Erdgöttin Katyeleo mit Kind (Senufo, Elfenbeinküste)

THURNWALD (1924/29) gliederte die als Geburtsriten bezeichneten Vorgänge in fünf aufeinanderfolgende Komplexe: 1. Verhaltensweisen der Mutter, des Vaters oder der Eltern vor der Geburt; 2. Riten bei der Entbindung selbst; 3. Vorschriften für Mutter, Eltern und Kind nach der Geburt; 4. die Aufnahme des Kindes in den Gemeinschaftsverband; 5. die Formalitäten der Verleihung eines Namens. VAN GENNEP, der den Aspekt der Statusänderung in den Mittelpunkt seiner Betrachtung gestellt hatte, arbeitete auch hier mit einem Drei-Phasen-Modell: Loslösung, Übergang und Wiedereinführung machten für Mutter und Kind gesonderte Riten erforderlich.

Die ersten Zeremonien, denen die Schwangere und später das Neugeborene unterworfen werden, lösen sie rituell aus ihrem gewohnten Kontext. So müssen Frauen, sobald sie sich ihrer Schwangerschaft sicher sind, häufig für eine gewisse Zeit von ihrem Mann oder ihrer Familie getrennt leben, auf gewohnte Nahrungsmittel verzichten, das Sonnenlicht meiden und dürfen den Erdboden nicht betreten. Die Lösung des Neugeborenen aus seiner »alten Umwelt« wird ebenfalls über das Durchtrennen der Nabelschnur hinaus rituell gestaltet. Gelegentlich entfernt man es für kurze Zeit von der Mutter und vertraut es einer anderen Person an.

In den Übergangszeiten, den eigentlich kritischen Grenzsituationen, die von der Ankündigung bis zum Erreichen eines neuen gesellschaftlichen Status dauern, helfen individuelle wie kollektive Verrichtungen (Opfer, Gebet, Magie), den labilen Zustand zu stabilisieren. Schwangere reinigen sich mit zeremoniellen Bädern und dem Einhalten von Meidungsgeboten, wie auch das Neugeborene nicht einfach nur gesäubert, sondern auch abgeleckt, geölt, abgerieben oder gewaschen wird, wie immer es der Brauch vorschreibt. In dieser Grenzsituation, in der das Neugeborene an der Schwelle zur Aufnahme in die Gemeinschaft steht, entscheiden sowohl sein körperlicher Zustand wie auch die Bereitschaft der Mitglieder der Gemeinschaft, ob es leben wird oder nicht.

Haben Mutter und Kind die Zwischenphase gut überstanden, folgen die Zeremonien der Aufnahme: sie gehen von Haus zu Haus und erhalten Geschenke; Verwandte, Nachbarn und Freunde kommen in vorgeschriebenen Zeitabständen zu Besuch. In anderen Gesellschaften wird das Kind der Gemeinde, den Ältesten oder einem Gestirn vorgeführt und so gesellschaftlich oder »kosmisch« (van Gennep) inkorporiert. Häufig gilt der Geburtsvorgang erst mit dem Entwöhnen als abgeschlossen oder erst, wenn das Kind läuft, wenn es ißt wie ein Erwachsener, wenn es spricht oder in seiner Körperlichkeit ganz von der Mutter getrennt werden kann. Erst dann entfallen auch alle die Mutter einschränkenden Vorschriften.

Bei dem Versuch, die Geburtsriten im Zusammenhang mit anderen zentralen Vorstellungen in außereuropäischen Kulturen zu sehen, stieß die Ethnologie vor allem auf einen engen Bezug zur Todeskonzeption. In der Durkheim-Schule hatte Hertz (1907) die Ähnlichkeit der Rituale bei Begräbnis, Heirat und Geburt hervorgehoben: stets seien bedrückende Angst und befreiende Freude miteinander verbunden. Granet (1922) ging den zeremoniellen Entsprechungen zwischen Geburts- und Todesritualen für das antike China nach und fand sie gegeben in Dauer, Ausführenden und Ort des Geschehens. Wie auch die Rekonstruktionen früher Weltbilder in der deutschen Kulturmorphologie (Jensen 1933; Baumann 1955) zeigen, beinhalten die überlieferten Vorstellungen vom Leben zugleich eine Erklärung des Todes, so daß die Ähnlichkeiten der Riten logisch erscheinen und diese nur in der Zusammenschau verstanden werden können.

Im Gegensatz zu jenen frühen Deutungen, die aus den Geburtsriten oft ein fehlendes Wissen um »Naturvorgänge« herauslasen, vermutet man in neuerer Zeit in solchen Bräuchen bisweilen eine »versteckte« Kenntnis der »natürlichen« Zusammenhänge menschlicher Physiologie (Kuntner 1985): in den Speisetabus etwa wird eine dem körperlichen Zustand der Schwangeren angepaßte Diät gesehen, oder in Vorschriften, die das Bewegungsverhalten betreffen, glaubt man ein »richtiges Programm mit Körperübungen, Massage, Spaziergängen und Schwimmen« zu erkennen. Diese Vorstellung mag

»den Ansichten der heutigen Geburtsvorbereitung entsprechen« (KUNTNER), folgt aber nicht der inneren Logik dieser Bräuche.

→ Ahnen, → Alter, → Erziehung, → Fest, → Geschlecht, → Heirat, → Initiation, → Institution, → Körperveränderung, → Krankheit, → Magie, → Nachbarschaft, → Nahrung, → Ritual, → Tod, → Verwandtschaft, → Weltbild, → Zeit

GENNEP, A. van, Übergangsriten - Les rites de passage. Frankfurt/New York 1986 (orig. franz. Paris 1909) - HERTZ, R., Contribution à une étude sur la représentation collective de la mort. Année Sociologique X, 1907 - KUNTNER, L., Die Gebärhaltung der Frau. Schwangerschaft und Geburt aus geschichtlicher, völkerkundlicher und medizinischer Sicht. München 1985 - MALINOWSKI, B., The Sexual Life of Savages in North-Western Melanesia. New York 1929 (dtsch. Frankfurt 1979) - SCHIEFENHÖVEL, W./SICH, D. (Hrsg.), Die Geburt aus ethnomedizinischer Sicht. Curare, Sonderband 1, Braunschweig 1983 - SCHMIDT, P. W., Gebräuche des Ehemannes bei Schwangerschaft und Geburt. Wien/München 1954

Annegret Nippa

Geschlecht Die Zugehörigkeit zum männlichen oder weiblichen Geschlecht, die schon bei Tieren die Basis elementarer Verhaltensunterschiede darstellt, bildet in menschlichen Gesellschaften die Grundlage zahlreicher Verhaltensnormen und kultureller Stilisierungen. Die äußerlich sichtbaren Unterschiede im Aussehen von Mann und Frau werden in der Regel durch geschlechtsspezifische Kleidung, Schmuck oder die Benutzung besonderer Werkzeuge betont. Hinzu kommen Verhaltensunterschiede, die von der Art zu grüßen, zu sitzen oder zu essen über besondere Sprechweisen und Tätigkeiten bis zu geschlechtsspezifischen *Subkulturen* reichen.

In einfachen Gesellschaften gehört es zu den Aufgaben der Frauen, sich um die (kleinen) Kinder zu kümmern, Haus und Garten zu bestellen und zu kochen, während die Männer sich der Jagd oder der Viehzucht widmen, Land roden und in den Krieg ziehen. Die geschlechtsspezifische Aufteilung der mehr stationären und der mehr peripheren Pflichten scheint einem biologischen Programm (COUNT 1970) zu folgen und bei sozial lebenden Säugetieren allgemein üblich zu sein. Ob aber Männer oder Frauen auf dem Feld arbeiten, Kühe melken, töpfern, weben, Handel treiben, Kranke heilen, musizieren, weissagen oder tanzen, ist keinem biologischen Gesetz unterworfen, sondern wird von den jeweiligen Traditionen bestimmt.

Auch die geschlechtsspezifische »Wesensart« von Männern und Frauen unterliegt einer kulturellen Prägung. Die Forschungen von Margaret MEAD auf Neuguinea (1935) haben gezeigt, wie unterschiedlich die Rollen von Mann und Frau selbst in regional eng benachbarten Kulturen gesehen werden können. Während die Berg-Arapesh von beiden Geschlechtern ein Verhalten erwarteten, das für den westlichen Geschmack eher als feminin gilt, verlangten die Mundugumor ein in MEADS Augen maskulines Verhalten auch von den Frauen. Die Tchambuli wiederum stellten die abendländische Rollenverteilung auf den Kopf: bei ihnen waren die Männer das schwache, kokette und passive Geschlecht, während sie von den Frauen Dominanz in sexueller, wirtschaftlicher und gesellschaftlicher Hinsicht erwarteten.

Diese Beispiele, mit denen MEAD die weitgehende Prägbarkeit der menschlichen Natur aufzeigen wollte, dürfen aber nicht darüber hinwegtäuschen, daß in der Mehrzahl aller Gesellschaften Männer und Frauen als gegensätzliche, einander fremde, fremdartige und manchmal sogar feindliche Gruppen gesehen werden. Dieser *Geschlechtsantagonismus* ist besonders bei den tropischen Pflanzervölkern Melanesiens, Afrikas und Südamerikas ausgeprägt. Im Extremfall wohnen, arbeiten und essen hier beide Geschlechter streng getrennt. Kinder wachsen bei den Frauen auf und ziehen erst nach der Initiation in die Junggesellen-, Männer- oder Frauenhäuser des Dorfes um. Verheiratete treffen sich nur nachts, und zwar im Haus der Frau. Einen Sonderfall dieser gesellschaftlichen Trennung stellt der *Geschlechtstotemismus* südost- und ostaustralischer Völker dar. Hier leiten Männer und Frauen ihre Abstammung von jeweils nur dem eigenen Geschlecht heiligen Totemtieren ab, die sie weder töten noch essen dürfen. Häufig verspotten oder bekämpfen sich die so organisierten Männer- und Frauengruppen unter Bezug auf das jeweilige Totem (VATTER 1925).

Auch der *Dualismus,* der die Gesellschafts-, Siedlungs- und Ritualstruktur vieler Ethnien kennzeichnet, dürfte letztlich auf geschlechtlichen Antagonismus zurückgehen. Doch auch dualistisch organisierte Dörfer kennen eine übergeordnete Einheit der beiden Hälften *(moieties);* beide Untergruppen wissen, daß sie trotz aller Gegensätze zusammengehören und aufeinander angewiesen sind. So stellen sie sich gegenseitig die Heiratspartner (»Wir heiraten unsere Feinde«) und übernehmen wichtige rituelle Funktionen bei Krankheit oder Tod von Mitgliedern der »Gegenseite«.

Auffällig ist, daß die beiden Hälften einer dualen Organisation selten als symmetrisch oder gleichwertig empfunden werden, sondern einander als »die von oben« und »die von unten« gegenüberstehen, als die »Rechten« und die »Linken«, wobei man »oben« und »rechts« mit Himmel, Sonne, Kraft, Gesundheit, Wärme und Männlichkeit assoziiert, »unten« und »links« dagegen mit Erde, Mond, Schwäche, Krankheit, Kälte und Weiblichkeit (BAUMANN 1955). Warum dieser »diametrale Dualismus« (LÉVI-STRAUSS 1958) als Komplementarität von Ungleichem so weit verbreitet ist, läßt sich schwer beantworten. Es liegt aber nahe, daß von biologischen Faktoren abhängige Erfahrungen wie z. B. die Rechtshändigkeit der meisten Menschen und die körperliche Überlegenheit des Mannes eine wichtige Rolle dabei spielen.

Auch wo im täglichen Leben Frauen das Gleiche oder mehr als die Männer leisten – wie es für Wildbeuter und Pflanzer oft zutrifft – fällt die religiöse Unterprivilegierung der Frauen ins Auge. Religionssoziologisch gesehen wird ihnen die Rolle der Außenseiter zugeteilt, die das Selbstverständnis der Männer als eingeweihte, privilegierte und religiös legitimierte Ordnungshüter umso deutlicher hervortreten läßt. Dabei erscheint die Frau in den Mythen der betreffenden Völker oft als Erfinderin und eigentliche Besitzerin der Kultgeräte (SPEISER 1944; WEIDKUHN 1973).

Mythen von der ursprünglichen Überlegenheit der Frau gibt es so viele, daß daraus die These abgeleitet wurde, es habe einst eine historische Epoche matriarchalischer Herrschaft existiert (BACHOFEN 1861; MORGAN 1877; neuerdings REED 1975; DAVIS 1977). Tatsächlich ist ein reines Matriarchat oder Mutterrecht mit zeitgenössischer Ethnographie nirgends zu belegen. Eine relativ starke Stellung behaupten die Frauen in *matrilinearen* und *matrifokalen* Gesellschaften, wo sie in ihren angestammten Wohnorten bleiben, während der Mann bei der Heirat seinen Wohnsitz aufgibt und ins Dorf seiner Frau zieht. Doch auch in solchen Gesellschaften liegt die politische Macht meist in Händen der Männer – man denke beispielsweise an die herausragende Rolle des Mutterbruders – und es gibt kaum ein Beispiel dafür, daß Frauen aus ihrer strukturalen Bevorzugung jemals das Recht abgeleitet hätten, die Männer als »schwächeres Geschlecht« zu betrachten oder gar zu unterdrücken.

Die menschliche Sexualität unterliegt sowohl biologischen wie auch kulturellen Steuerungsmechanismen. Dominanz, Revierbesitz oder sozialer Stress sind einige der Faktoren, die bereits das sexuelle Leben der Tiere beeinflussen und beim Menschen zur Grundlage kultureller Normen werden können (Inzest-Tabu; Zulassung oder Unterdrükkung kindlicher Sexualität und homosexueller Praktiken; sexuelle Privilegien meist älterer Männer oder Angehöriger bestimmter Gesellschaftsschichten, Berufsgruppen etc.). Ethnographische Berichte über »Prostitution«, worunter das »Entleihen« einer Frau an einen Gast, wie es früher bei den Eskimo üblich war, ebenso verstanden werden kann wie die Tempelprostitution in frühen Hochkulturen, treffen häufig nur einen (und nicht unbedingt den wichtigsten) Aspekt von Sitten, die den europäischen Beobachtern teilweise unverständlich geblieben sind. Wo in älteren Quellen von »Promiskuität« oder »Gruppenvergewaltigungen« die Rede ist, dürfte es sich weniger um Alltagsgewohnheiten als um rituelle Gestaltungen von Ausnahmesituationen gehandelt haben (Initiation, Hochzeits- und Begräbnisriten, Neujahrsfeiern, Erntefeste etc.).

Biologisches und soziales Geschlecht können bei vielen Ethnien voneinander abweichen. Letzterem wird dann die größere Bedeutung beigemessen. Neben einzelnen Fällen sexueller »Fehlprägung« oder hormonell bedingter Abweichung vom normalen Geschlechtsverhalten gibt es den Geschlechtswandel als Institution, so z.B. das *Berdachentum* bei nordamerikanischen Indianervölkern. Es bot jungen Männern die Möglichkeit, als Transvestiten eine gesellschaftlich geachtete Position einzunehmen, wenn sie die traditionelle Kriegerrolle ablehnten.

In Nordasien und Nordamerika war der *kultische Geschlechtswandel* oft die Vorbedingung der Berufung zum Schamanen. BAUMANN (1955) führt Beispiele für kultischen Geschlechtswandel auch aus Südasien, der Südsee, Afrika und Europa an und sieht darin vor allem ein Mittel, »eine spezifische Abweichung von der Norm, hier der heterosexuellen Geschlechtseigenarten, als Ausdruck einer gesteigerten magisch-religiösen Wirkungsmächtigkeit zu sehen. Ähnlich den Zwillingen, unregelmäßig Zahnenden, albinotischen Wesen usw. gelten die geschlechtliche Abweichungen zeigenden Menschen als von Geistmächten Auserwählte oder besonders Begabte.«

Initianden tragen oft die Kleidung des anderen Geschlechts, um die sexuelle Indifferenz der Übergangssituation auszudrücken, in der sie sich befinden. Auch bei anderen Übergangsriten wie Geburt, Hochzeit oder Tod kommt es zum rituellen Kleidertausch der Geschlechter. Die Zugehörigkeit zum einen oder anderen Geschlecht wird aus der Sicht vieler Ethnien als kulturelle Norm empfunden, die einem jenseitigen bisexuellen Zustand gegenübersteht und in Krisensituationen immer wieder bekräftigt werden muß.

→ Ahnen, → Alter, → Arbeit, → Erziehung, → Fest, → Geburt, → Heirat, → Identität, → Initiation, → Kleidung, → Körperveränderung, → Kulturanthropologie, → Krankheit, → Krieg, → Nahrung, → Priester und Prophet, → Religion, → Ritual, → Schmuck, → Siedlung, → Symbol, → Tanz, → Verhalten, → Verwandtschaft, → Weltbild

Baumann, H., Das doppelte Geschlecht. Berlin 1955 – Count, E. W., Das Biogramm. Frankfurt 1970 – Mead, M., Sex and Temperament in Three Primitive Societies. 1935 (dtsch. Hamburg 1959) – Mühlmann, W.E., Die Metamorphose der Frau. Berlin 1982 – Müller, K.E., Die bessere und die schlechtere Hälfte. Frankfurt 1984 – Reed, E., Woman's Evolution. New York 1975 – Wesel, U., Der Mythos vom Matriarchat. Frankfurt 1980

Gisela Maler

Handwerk Die gewerbsmäßige Rohstoffumwandlung, d. h. Handwerk, das über den Haushaltsbedarf hinaus produziert, ist eine kulturhistorisch späte Erscheinung. Jahrtausendelang hat der Mensch Fallen und Waffen für Krieg und Jagd, Werkzeuge und Techniken für Schlachtung, Anbau, Fischfang, Tierzähmung, für Haus- und Bootsbau, für die Zubereitung der Nahrung, die Herstellung von Kleidung und für den Transport entwickelt und beherrscht, ohne dafür einen spezialisierten Berufsstand zu benötigen oder unterhalten zu können. Dieser setzte sowohl einen Nahrungsüberschuß als auch feste Siedlungen voraus; erst nach der »neolithischen Revolution« (Childe 1925) konnten sich z. B. die *Feuerhandwerke* (Keramik- und Glasherstellung, Farbstoffgewinnung, Verarbeitung von Kalk und Gips sowie Metallurgie, ersteres um 6000 v. Chr., letzteres um 3500 v. Chr. – nach Leroi-Gourhan 1964) als berufsgebundene Technik entfalten. Seither liegt die Entwicklung der Zivilisation in der Hand der Handwerker, und die Metallurgie blieb für sie Leitgewerbe bis auf den heutigen Tag. Ebenfalls bis heute hat sich das geringere Ansehen des Technikers gegenüber dem Intellektuellen gehalten, das in der Fronstellung des Handwerkers am Hof, beim Tempel oder in der frühen Stadt seinen Anfang nahm (Leroi-Gourhan 1964).

Die Ethnologie hat neben der Rekonstruktion der Technologiegeschichte als Evolution (Leroi-Gourhan 1943, 1945; Forbes 1950, 1955; Liebscher/Willert 1955; Feldhaus 1965; Hirschberg/Janata 1966) und als Ausbreitung bestimmter Verfahren (v. Luschan 1909; Stuhlmann 1910; Lips 1927; Bühler 1943; Baumann 1944; Aitchinson 1960) auch die soziale Stellung des »Homo faber« untersucht. Wie Max Weber (1924) u. a. hervorgehoben haben, gelang es dem Handwerkerstand nur im christlichen Abendland, sich über die städtischen Zünfte »ehrbar« zu machen; in allen anderen Hochkulturen verharrte er auf einem mehr oder weniger deutlichen Paria-Stand, der in der Verachtung körperlicher Arbeit, ihrer Verbindung mit Schmutz, Gestank und Lärm, dem Ausschluß von Land- und Viehbesitz, in Fremdstämmigkeit oder in Unreinheitsvorstellungen begründet sein konnte. Nach Dostal (1964) fehlen in den frühen Quellen zur Stadtgeschichte des Zweistromlandes allerdings Hinweise auf eine verachtete Stellung des Handwerks; sie habe sich erst im zweiten vorchristlichen Jahrtausend entwickelt – möglicherweise in Zusammenhang mit der Herausbildung eines »sterilen Rentenkapitalismus« und der Verschuldung und Verelendung der arbeitenden Bevölkerung (vgl. Christensen 1936; Spuler 1952).

Die ethnographischen Berichte belegen, wie Andree schon 1878 feststellte, sowohl einen inferioren als auch einen geachteten Status des Handwerks. Wo es außerhalb der Hauswirtschaft betrieben wird, finden wir es entweder in die Hofökonomie des Herrschers integriert oder in abhängigen Stämmen und Berufskasten konzentriert. In letzterem Falle können die, die ein Familien- oder Stammesgewerbe ausüben, noch unter den Sklaven eingestuft sein: bei den Teda in der mittleren Sahara ist für die Ermordung eines Handwerkers kein Blutgeld zu zahlen (Kronenberg 1958); manchmal stehen Handwerkerstämme außerhalb der Kastenordnung (Williams 1912/13). In der afrikanischen Hofhierarchie dagegen können einzelne Gewerbe hohes Ansehen genießen; vor allem der Schmied darf bei vielen Hofzeremonien nicht fehlen: zuweilen amtiert er als Schatten des Königs oder tauscht mit ihm rituell die Rollen. Nachtigal (1879) berichtet, der oberste Schmied von Wadai habe jeweils nach der Krönung die abgeschlagenen Thronrivalen zu blenden gehabt. Casati (1891) erzählt von Schmiedehäuptlingen bei den Mangbettu und Makraka am oberen Nil. Es bestanden traditionelle Blutsfreundschaften zwischen Schmiedeklan und Regenpriesterklan (Bischofsberger 1969), ebenso Beziehungen zwischen Schmieden und Schamanen (Mühlmann 1981). Nach Baumann war der Schmied im alten Afrika häufig ein Notabler, oft auch Medizinmann, Magier, Priester oder Beschneider. Letztere Tätigkeit konnte auch ein verachteter Schmied – z. B. bei den Hirten Ostafrikas – verrichten, und Schurtz (1900) verwies am Beispiel der im Südsudan lebenden Lotuho auf die Werkstatt als geselligen Mittelpunkt – trotz ihrer Lage außerhalb des Dorfes. Auch im alten Männerhaus seien handwerkliche Arbeiten ausgeführt worden.

Die ambivalente Stellung der Berufskasten hat Haberland (1962) anhand des lateinischen Begriffs *sacer*, der sowohl heilig als auch verrucht heißen kann, zu verdeutlichen versucht. Entsprechend seien die Handwerker im alten Afrika als »außergewöhnlich« empfunden und daher auch mit besonderen Aufgaben, z. B. der Tötung des Herrschers, beauftragt worden. Übernatürliche Fähigkeien sprach man vor allem den mit der Metallurgie Beschäftigten zu, insbesondere den Spezialisten der Eisenverhüttung (WENTE-LUKAS 1972). Aber auch andere Gewerbe pflegen über Tabu-Vorschriften und Geheimrezepte eine Exklusivität, die vor allem schädliche Einflüsse vom Herstellungsprozeß abzuhalten hat. Bei den geschlechtsgebundenen Handwerken (Töpferei, Schmiedekunst, Weberei etc.) schließt dies die magisch unterstützte Fernhaltung des anderen Geschlechts ein, die Beachtung von Abstinenzvorschriften oder die Abstimmung mit Mondphasen u. ä. Auch Erdgeistvorstellungen können die Technologie beeinflussen, etwa wenn Töpferinnen im Kongo-Gebiet bei enghalsigen Flaschen besondere Öffnungen anbringen, so daß der Geist der Tonerde während des Brennvorgangs das Gefäß verlassen kann, ohne dasselbe zu sprengen (DROST 1964). Eine Verbindung zwischen dieser *Produktionsmagie*, den schon für Babylon belegten Handwerkerkulten (MENDELSOHN 1940; SJOBERG 1960) und der den Handwerkern in Hochkulturen zugesprochenen Neigung zum *Chiliasmus* (WEBER 1916; MÜHLMANN 1961; DOSTAL 1964) müßte noch belegt werden – unter den Religionsstiftern finden sich jedenfalls viele Handwerker (Jesus, Paulus, Mohamed Ahmed al-Mahdi u. a.), schließlich kennt auch die christliche Mission den »Handwerker-Theologen« (RENNSTICH 1985).

Die Randständigkeit des Handwerkers gründet oft in einer Ortsfremdheit und diese ist Resultat seiner berufsgebundenen Mobilität. Auf den Sahelmärkten schlagen die Kalebassenmacher, Schuster und Schneider mobile Werkstätten auf (DIOP 1971); große Hirtenstämme verfügen über abhängige Handwerker, die ihnen auf den Saisonwanderungen folgen (v. OPPENHEIM 1943; HENNINGER 1950; BARTH 1961); Wanderhandwerker trugen wesentlich zur Verbreitung neuer Techniken bei, wie etwa der Eisenverarbeitung in Afrika von Karthago und Meroe aus (WAINWRIGHT 1945; SMOLLA 1967; AMBORN 1976). Eben deswegen genossen Handwerker oft besonderen Schutz seitens der Eroberer: Tschingis Khan und Tamerlan sollen die berühmten persischen Schmiede verschont, aber auch deportiert haben als »Entwicklungshelfer«. Der gesamte altweltliche »Kastengürtel« (MÜHLMANN 1964) wird bis heute durchzogen von mehr oder weniger mobilen Handwerkerstämmen, von denen viele zigeunerischer Abstammung sind (RAO 1982; STRECK 1984). Andrerseits bietet sich das Wanderhandwerk als Einkommensquelle für Pilger oder für freigelassene Sklaven an. Schließlich wurde innerhalb der handwerklichen Sklavenarbeit mehrmals in der Geschichte die Stufe der industriellen Manufaktur erreicht – in Afrika z. B. auf dem Gebiet der Goldwäscherei, Flechterei, Minenarbeit und des Fischfangs (SCHURTZ 1900).

SCHURTZ hatte wie Max WEBER die Ansicht vertreten, die traditionellen Berufszusammenschlüsse außereuropäischer Handwerker seien keine Zünfte, sondern aus rein fiskalischen Gründen »von oben her bewirkt worden«. Eine Ausnahme mögen die Goldschmiede gewesen sein (HIRSCHBERG 1974), obwohl ihre Nähe zum Hof auffällig ist. Diese Verbindung bildet auch für NADEL die Grundlage der Institution »Gilde« im nigerianischen Nupe (1942): Das Gildenhaupt sei ernannter Agent des Königs, trage einen offiziellen Titel, sitze im Thronrat, nehme Aufträge des Hofes an, verteile sie an Gildenmitglie-

Berufsembleme der Shang-Zeit (China 16.–11. Jh. v. Chr.): a) Viehhirt; b) Händler; c) Träger; d) Gastwirtschaft; e) Maler; f) Archivar; g) Hirt; h) Schlachter; i) Wächter; j) Gesandter; k) Messerschmied; l) Bogenmacher; m) Pfeilmacher; n) Köchermacher; o) Hellebardenmacher; p) Schildmacher; q) Bogenschütze; r) Hellebardier; s) Scharfrichter; t) Flaggenmacher; u) Wagenmacher; v) Bootsbauer; w) Hausbauer; x) *ting*-Dreifuß-Hersteller; y) *yen*-Dampftopf-Hersteller; z) *li*-Dreifuß-Hersteller; aa) *chüeh*-Topf-Hersteller; bb) Winzer; cc) Seidenweber; dd) Holzfäller; ee) Obstbauer; ff) Netzjäger der, organisiere Gemeinschaftsarbeiten und fungiere als Sammelstelle für Steuern und Geschenke. In dieser Weise waren in Nupe Grob- und Feinschmiede, Glashersteller, Weber, Perlenverarbeiter, Maurer, Zimmerleute und Metzger organisiert, während die Schneider, Lederverarbeiter, Färber, Hausbauer und Flechter keine Gilden besaßen.

Die Handwerker von Nupe arbeiteten alle als »Nebenerwerbslandwirte« *(farming for the mouth);* auch andere Untersuchungen berichten von einer starken Streuung und Flexibilität handwerklichen Wirtschaftens. Weitverbreitet sind traditionelle Frauenhandwerke wie Flechten, Töpfern, Brauen und Brennen oder die »altnigritische« Verbindung der Schmiederei des Mannes mit der Töpferei der Frau (die nebenbei auch Hebamme ist). Doch kann die Frau des Schmiedes auch den Blasebalg betätigen (Nadel 1942), die Produkte vertreiben, mit anderen Waren hausieren, der Wahrsagerei oder der Prostitution nachgehen (Nabil 1983). Im Innern ist das außereuropäische Handwerk in der Regel als Familienbetrieb organisiert – mit informeller Ausbildung der eigenen (oder verwandter) Kinder und der gelegentlichen Mitarbeit männlicher Verwandter. Man arbeitet selten auf Vorrat, meist auf Bestellung (Kundenproduktion); der Kunde kann aufgesucht werden (»Stör«) und kommt dann u. U. für Verpflegung und Unterkunft des Wanderhandwerkers auf. Oft bringt der Kunde das Rohmaterial (Kundenlohnwerk) und zahlt einen Vorschuß. Verfestigt sich dieses Verhältnis, gerät der Handwerker schnell in die Abhängigkeit des Auftraggebers (Verlagssystem) und nimmt einen Platz in dessen Klientel ein. So vollzog sich im Abendland der von den Zünften heftig bekämpfte Übergang zur kapitalistischen Produktionsweise. Die afrikanischen und orientalischen Händler, Grund- oder Herdenbesitzer unterliegen als Patrone der Handwerker aber sehr alten Beistandsverpflichtungen; u. U. müssen sie für die Hochzeit der Handwerkertochter aufkommen.

Das Handwerk hat seinen Platz in den Ökonomien der heutigen Dritten Welt behauptet (für Afrika vgl. Powell-Cotton 1934; Trowell 1953; Lloyd 1953; Elkan 1958; Huber 1959; Bray 1969; Vorläufer 1969 u. a.). Da die »Opportunitätskosten« der Arbeit minimal sind, hält es der Konkurrenz mit importierter Industrie stand und koexistiert mit diesen, häufig unrentabel arbeitenden Fabrikationsanlagen (Oesterdiekhoff 1984). Im modernen, »informell« genannten Sektor eröffneten sich überall neue Chancen für handwerkliche Kleinproduktion, wie z. B. die schon zu Beginn des Jahrhunderts in Indien (Edwardes 1909) und wenig später in Afrika (Gedat 1938) beschriebene Altblechverarbeitung. Gelangten schon im 17. Jahrhundert Eisenbarren aus Europa nach Afrika, so hat das industrielle Abfalleisen während der Kolonialzeit die altafrikanische Verhüttung gänzlich überflüssig gemacht. Heute aber ist die informelle Altmaterialverwertung (Recycling) zur Einnahmequelle für Millionen von Handwerkerfamilien geworden (Grothues 1983; Streck 1983). Mit dem *survival engineer* (Alvares 1980), der sich flexibel den Nischen und Marktschwankungen der offiziellen Volks- und Hilfswirtschaften anpaßt und der entweder in einer Kartonhütte (*makotoni*, Hake 1977) wohnt oder über einen chinesischen Elektromotor in seiner festen Werkstatt verfügt, ist ein neuer und moderner Menschentypus in das Gesichtsfeld der ethnologischen Forschung getreten.

→ Angewandte Ethnologie, → Arbeit, → Diffusion, → Erziehung, → Evolution, → Geschlecht, → Haus, → Institution, → Kleidung, → Komplexe Gesellschaft, → Kulturökologie, → Kunst, → Krieg, → Magie, → Musik, → Nahrung, → Netzwerk, → Priester und Prophet, → Schichtung, → Schmuck, → Siedlung, → Stadt, → Technologie, → Wirtschaft

GARDI, R., Unter afrikanischen Handwerkern. Graz 1969 – HAKE, A., African Metropolis. Nairobi's Self-Help City. Brighton 1977 – KING, K., The African Artisan. London 1977 – LEROI-GOURHAN, A., L'homme et la matiere. Paris 1943; ders., Milieu et technique. Paris 1945; ders., Hand und Wort. Frankfurt 1980 (orig. franz. Paris 1964) – SCHURTZ, H., Das afrikanische Gewerbe. Leipzig 1900.

Bernhard Streck

Haus Die Gestalt eines Hauses hängt weitgehend von seiner Bedeutung im Leben der jeweiligen Gesellschaft ab; sie ist geprägt von Weltbildvorstellungen, von der psychischen Konstitution der Bewohner, vom Grad ihrer technischen Einübung in Baukonstruktionen, von der Umwelt und der gesellschaftlichen Arbeitsteilung. Ein moderner Mitteleuropäer empfindet z. B. einen Wohnraum von 12–14 m² als unterste Grenze der Zumutbarkeit, während sich Angehörige sogenannter Naturvölker selbstverständlich und mit Behagen viel dichter in einer winzigen Hütte zusammendrängen. Die Einstellung zum Wohnraum gründet sich auf die Vorstellung, wie sich der einzelne oder die Gruppe in der Welt »zuhause« fühlt.

Den australischen Aranda gilt das von den Ahnen zugewiesene Territorium als ihr Lebensraum, geschaffen »in der Zeit des Mythos« (GUIDONI 1976). Diese Region wird periodisch durchwandert und besiedelt; das Lager besteht aus kleinen, um das Feuer angeordneten Familienunterkünften, die je nach Jahreszeit zwischen Windschirm und Hütte variieren. Man setzt das Lager immer wieder zum gesamten Territorium in Beziehung, indem ein heiliger Pfahl in Marschrichtung in der Mitte jedes neuen Platzes eingerammt wird. Durch die Neigung des Pfahles soll die Verbindung zum Raum, durch die Vertikale die Verbindung zur Zeit, d. h. zu den mythischen Vorfahren ausgedrückt werden. Der Angehörige einer Industriegesellschaft dagegen bezieht seine Vorstellungen vom Zuhause vor allem auf seine »vier Wände«.

Den unterschiedlichen Auffassungen gemäß wandelt sich das Haus im Zuge der gesellschaftlichen, wirtschaftlichen und politischen Veränderungen immer mehr von einem flüchtigen Zeichen in der Landschaft zu einer wertbeständigen Immobilie. Das Phänomen Haus kann also nicht als bauliche Realität allein gelten, vielmehr muß die »Interpretation und die Absicht des Baumeister-Nutznießers« miterforscht werden im Sinne einer Einheit von Haus, Siedlung und Lebensraum (GUIDONI 1976).

Dem Bauvorhaben gehen häufig Erkundungen des Geländes voraus, die nicht nur der Bodenbeschaffenheit, sondern auch Wasserströmungen und -adern sowie Windrichtungen gelten. Wie OLIVER (1975) aufzuzeigen versuchte, wurden bereits neolithische Dorfanlagen in Westeuropa so ausgerichtet, daß sie in einem zuträglichen Verhältnis zu geodätischen Linien, d. h. Wasseradern, magnetischen Feldlinien etc., standen, die man sich vermutlich vom Erdinnern ausgehend und als Netzwerk die Erde überspannend vorstellte. Diese Rücksichtnahme sollte das Wachstum der Pflanzen sowie das Wohlbefinden von Mensch und Tier fördern. Durch Steinsetzungen, Menhire, spiralförmige Ornamente und das Schlangensymbol blieben die genannten Bezüge in Erinnerung (OLIVER). Sie werden aber auch durch verschiedene Riten lebendig erhalten. Die Tonga in Südost-Afrika lassen mögliche Bauplätze, die der Häuptling ausgewählt hat, durch ihren Priester auf die geodätische Eignung prüfen. Mittels Orakel ermittelt man dann den günstigsten Platz als neuen Ort der Fruchtbarkeit und gesellschaftlichen Ordnung. Doch erst nach Ablauf eines Monats, der für die Gruppe mit sexuellen Tabus belegt ist, kann mit dem Bau der runden Lehmhäuser begonnen werden. Die Siedlung wird schließlich mit einem Zaun umgrenzt, der, mit magischen Sustanzen bestrichen, böse Geister und Hexen fernhalten soll. Die Geister der Verstorbenen aber lädt die Hauptfrau des Häuptlings ausdrücklich ein, ehe sie das Tor zur Wildnis verschließt. Erst jetzt sind die Häuser bezugsfertig (JUNOD 1927).

Auch in China gehen dem Hausbau verschiedene Zeremonien voraus, mit denen man einen geeigneten Platz, die Zeit des Baubeginns und die Ausrichtung des Gebäudes bestimmt. Der Geomant sucht durch Kontemplation die Ideallage zwischen bestimmten Erd- und Sternpunkten zu finden. Der sorgfältigen Einpassung des Hauses in die Kraftlinien der Elemente liegt die Vorstellung zugrunde, daß diese auch Ausdrucksformen seelischer Wirkungen seien. Der günstigste Tag für den Baubeginn wird durch astrologische Methoden im Zusammenhang mit dem Horoskop des Bauherrn ermittelt. Aber auch die Lokalgeister sind zu berücksichtigen: Die Wände dürfen nicht zu dicht und zu dunkel sein, da sich die Geister sonst dort aufhalten könnten. Sie sollten aber die Möglichkeit haben, durch Fenster und Türen zu passieren (KELLING 1935).

Die Grundrißgestaltung von Wohnplatz und Haus richtet sich in zahlreichen Kulturen ebenfalls nach kosmologischen Vorstellungen und dem jeweiligen Menschenbild. Regellos erscheinenden Grundrissen liegen bisweilen anthropomorphe oder zoomorphe Bilder zugrunde, die einer symbolischen Konstruktion des Stammes, der Gruppe oder des Klans, einem Ahnenkörper oder einem tiergestaltigen Gruppengeist (Totem) entsprechen (GUIDONI 1976). Der Kreis als abstraktes Zeichen symbolisiert z. B. bei verschiedenen Indianergruppen die kosmische Gebärde des »Großen Geistes«; denn Mondbahn sowie (vom Standpunkt des irdischen Beobachters) »Sonnenbahn« und »Sternenbewegung«, aber auch das natürliche Wachstum erzeugen runde Formen. Deshalb werden den Lagern, dem *Tipi* und Sitzordnungen der Kreis zugrunde gelegt. Wie KELLING ausführt, ist der Mensch nach chinesischen Vorstellungen Mittelpunkt des kosmischen Kreises, des »Chaos und der Wahrheit der Natur«. Er umschließt diesen Kreis

Pfahlhaus im westlichen Neuguinea

mit einem Rechteck, dem Symbol des vom Menschen gestalteten Universums und Zeichen der »Ordnung und des Wissens«. Diese *Mandala* genannte Figur wurde zum Grundriß für Städte und Paläste, aber auch für einfache Bauernhäuser (Kelling 1935).

Die seit der Neuzeit in Europa vereinten Hausbestandteile Keller, Wohnräume und Dach sind bei vielen traditionellen Gesellschaften getrennt nachweisbar. Die Höhle oder der Felsunterstand, die Hütte aus Zweigen und Rinde oder eine Dachfläche auf zwei Stützen werden z. B. bei den Wedda, Wildbeutern auf Ceylon, alternativ als Wohnstätte benutzt. Am Aufriß des Hauses kommt die konstruktive Phantasie, aber auch der Grad der Naturbeherrschung zum Ausdruck. Die Architektur vieler nichtindustrieller Völker zeigt schließlich reiche Schmuckformen, die wiederum auf symbolische Vorstellungen zurückgehen. Bei den Fischfang treibenden Haida der amerikanischen Nordwestküste wird z. B. in die verzierte Fassade des aus Stämmen und Brettern erbauten Satteldachhauses ein Wappenpfahl (»Totempfahl«) eingelassen. Er präsentiert u. a. die stilisierte Gestalt des Schutzgeistes der beiden exogamen Hälften, den Adler oder den Raben. In Melanesien und Polynesien zieren ebenfalls kunstvolle Skulpturen die Hauspfeiler.

Auch die Funktion der Häuser drückt sich in ihrer Gestalt aus: Arbeitsstätten, Orte der Reinigung, des Kultes, der Zusammenkunft und Geselligkeit sowie die Häuser der Toten werden vom Familienwohnhaus gesondert errichtet und unterschiedlich gestaltet. Schließlich prägt das Baumaterial die Erscheinungsform der Windschirme, Baumnester, Hütten und Häuser. Dies kann leicht vergängliches organisches Material sein – je nach Vegetationszone verschieden –, aber auch Schneeblöcke, Torf oder Erde finden Verwendung; für Zelte gebraucht man meist Tierhäute oder Textilien. Viele dieser Behausungen sind transportabel. Doch selbst Verbindungen aus Holz und Lehm lassen sich fortbewegen, wie z. B. kleinere Bauernhäuser in Ständerbohlen-Bauweise, wie sie noch bis zum Ausgang des Hochmittelalters in Europa vorkamen.

Mit zunehmender Seßhaftigkeit wird unvergänglicher, wertbeständiger Stein und schließlich Zement oder Stahlbeton für den Hausbau bevorzugt. An die Stelle horizontal ausgebreiteter Wohnanlagen tritt in der Industriegesellschaft das Hochhaus. Der persönliche Lebensraum schrumpft zur wärme-, schall- und lichtisolierten Betonzelle, paradigmatischer Entfaltungsort des »Singles« und »Stadtneurotikers«. Neben diesem Extrem häuslicher Abgeschlossenheit von der Natur tritt mit der Bauhaus-Idee auch die entgegengesetzte Tendenz auf: in der Stahlglaskonstruktion, aber auch bei den »organischen« Bauimpulsen macht sich die für die moderne Gesellschaft typische Sehnsucht »zurück zur Natur« geltend.

→ Ahnen, → Arbeit, → Evolution, → Handwerk, → Kunst, → Nachbarschaft, → Siedlung, → Stadt, → Symbol, → Technologie, → Weltbild, → Zeit

Baer, G., Haus und Wohnung. Basel 1967 – Camesasca, E., Geschichte des Hauses. Berlin 1986 – Eder, M., Die Kulturgeschichte des japanischen Bauernhauses. Tokyo 1963 – Guidoni, E., Architektur der Primitiven Kulturen. Stuttgart 1976 – Kelling, R., Das Chinesische Wohnhaus. Tokyo 1935/Leipzig o. J. – Oliver, P., Shelter, Sign and Symbol. London 1975 – Rapoport, A. (Hrsg.), The Mutual Interaction of People and Their Built Environment. Den Haag/Paris 1976 (World Anthropology 52)

Heide Nixdorff

Haustier Die heute genutzten Haustiere stellen das Ergebnis langfristiger züchterischer Einflußnahme durch den Menschen dar, deren Ende nicht absehbar ist (P. A. Jewell 1969; Zorn/Sommer 1970). Im Gegensatz zur Zähmung einzelner Tiere, die sich in Gefangenschaft zudem nur selten fortpflanzen, wird die selektive Zuchtwahl als *Domestikation* bezeichnet (Bökönyi 1969; Zeuner 1963).

Wann dieser Prozeß, der Teil der von Childe (1925) als »neolithische Revolution« bezeichneten Entwicklung ist, einsetzte, läßt sich bislang nicht genau angeben. Die in den letzten vier Jahrzehnten stetig angestiegene Zahl archäologischer Funde weist jedoch darauf hin, daß er gegen Ende der letzten Eiszeit begonnen haben muß. Diese Annahme wird gestützt durch Funde im Iran. Die dort zutage geförderten Knochenreste eines Schafes weisen Domestikationsmerkmale auf und werden auf etwa 7500 v. Chr. datiert.

Übereinstimmend geht man heute (z. B. Hahn 1896; Werth 1954; Zeuner 1963; Ucko/Dimbleby et al. 1969;

EPSTEIN 1971) davon aus, daß mindestens zwei Vorbedingungen erfüllt gewesen sein müssen, um die Domestikation in Gang zu setzen. Menschen mußten vor Beginn irgendwelcher Domestikationsversuche zu einer seßhaften Lebensweise mit zumindest stabiler Ernteökonomie bzw. beginnendem Feldbau gefunden haben. Damit steht dieser Ansatz in deutlichem Widerspruch zu älteren, evolutionistischen Theorien, die Hirtenwirtschaft und damit Tierzucht als zweite Stufe menschlicher Entwicklung, nach Jagen und Sammeln, aber vor dem seßhaften Bodenbau, ansetzen (HAHN 1913). Die zweite Vorbedingung betrifft die noch wildlebenden Vorläufer der domestizierten Tiere. Gleich dem im sozialen Verband lebenden Menschen müssen jene bereits als Wildpopulationen in größeren sozialen Einheiten bzw. Herden aufgetreten sein.

HAHNS 1896 geäußerte Überlegungen, daß Rinder – für ihn die ersten domestizierten Tiere überhaupt – ursprünglich als stets verfügbare Opfertiere für einen Fruchtbarkeitskult, bei dem man den Mond sowie weibliche Gottheiten verehrte, gezüchtet wurden, haben sich nicht bestätigt. Auch WERTHS Annahme (1954) eines entwickelten Hackbau- bzw. Pflugbaukulturkreises als Entstehungszentrum der Domestikation erwies sich als nicht haltbar, da diese Kulturkreise eher Ergebnisse denn Voraussetzungen der Viehzucht sind. Die Haustier- und damit Domestikationsforschung wandte sich nach solchen Erklärungsversuchen archäologisch und zoologisch ausgerichteten Untersuchungen zu. Diese zeigen, daß es sich um einen graduellen Anpassungsprozeß – seitens der Tiere wie des Menschen – gehandelt hat, der an mehreren Stellen unabhängig voneinander, aber in gleichartigen Schritten abgelaufen sein kann (ZEUNER 1963; UCKO/DIMBLEBY et al. 1969; EPSTEIN 1971).

Man vermutet, daß die erste Phase der Domestikation von Säugetieren (mit Ausnahme von Hund und Katze) aus dem Fangen und Zähmen von Jungtieren besteht. Dies wird durch relativ hohe Anteile von Jungtierknochen in archäologischen Funden bestätigt. Im zweiten Schritt versucht der Mensch, die gefangenen Tiere durch Einzäunung und bevorzugtes Bejagen älterer Wildtiere von diesen abzutrennen, so daß erstere sich ausschließlich untereinander paaren. In den Fundkomplexen treten nun besonders Knochen älterer Tiere auf, die u. a. belegen, daß bei den in Gefangenschaft nachgezogenen Tieren morphologische Veränderungen in Richtung Kleinwüchsigkeit auftreten, wie dies auch zu erwarten steht. Die dritte Phase ist dadurch gekennzeichnet, daß man die domestizierten, kleinen Muttertiere gezielt mit größeren, vermutlich wilden Vatertieren paart. In der vierten Stufe werden einzelne Tiere aufgrund von Färbung, Hornform, Fleisch- und/oder Milchleistung bewußt zur Nachzucht ausgewählt. Schließlich und endlich bejagt man die noch verbliebenen Wildpopulationen solange, bis sie entweder ausgerottet oder in entfernte Rückzugsgebiete vertrieben sind (ZEUNER 1963; UCKO/DIMBLEY et al. 1969).

Archäologisch schwer nachweisbare Übergangsformen zum Haustier stellen die heutige Domestikationsforschung vor eine Reihe von Problemen. Sie bleibt, anders als die Nutzpflanzenforschung, wesentlich auf morphologische (im Gegensatz zu genetischen) Untersuchungen und ergänzende archäologische Funde, wie Tierdarstellungen und Inschriften auf Stelen etc., angewiesen. Insofern ist es nicht erstaunlich, daß, zumindest für frühe Funde, Uneinigkeit darüber herrscht, ob morphologische Merkmale wie Kleinwüchsigkeit oder Veränderungen im Knochenbau (besonders des Kopfes) bereits als Folgen der Domestikation anzusehen sind oder noch in der Bandbreite normaler Abweichungen bei Wildpopulationen liegen (BERRY in UCKO/DIMBLEBY et al. 1969). Ausgehend von den zur Zeit vorliegenden Forschungsergebnissen sind Schafe *(Ovis)* und Ziegen *(Capra)* nach dem Hund die ältesten Haustiere. Dies untermauern Funde aus Persien und Palästina (vorkeramisches Jericho) aus der Zeit zwischen 7500 und 6200 v. Chr. Von dort aus breiteten sich Schaf und Ziege in westlicher Richtung, mit Unterägypten (um 5000 v. Chr.) als sekundärem Zentrum, sowohl nach Afrika wie in den Mittelmeerraum hinein aus. Von Mesopotamien aus – um 2000 v. Chr. sind dort fünf verschiedene Züchtungen nachweisbar – gelangten Schaf und Ziege über den Balkan (Donau-Migration) bis nach Mitteleuropa. ZEUNER (1963) und BÖKÖNYI (1974) sind der Überzeugung, daß die Nutzung von Fleisch und Häuten am Anfang stand und die Milchgewinnung (Ziege) folgte.

Archäologische Funde in Mitteleuropa, datiert auf ca. 11 000 v. Chr., belegen, daß der Hund (*Canis lupus* f. familiaris) bereits domestiziert war (BÖKÖNYI 1974; VOGEL/ANGERMANN 1984). Das dem Wolf eigene Sozialverhalten prädestinierte den Hund zum engen Gefährten des Menschen. Möglicherweise fand er zunächst als Spielpartner der Kinder und als Abfallverwerter Verwendung. In welchem Maße er darüber hinaus als Nahrungsquelle gedient hat, muß zunächst noch offen bleiben.

Etwa um 6200 v. Chr. wurde im westasiatischen Raum das Wildschwein *(Sus scrofa)* domestiziert. Belege für eine eigenständige Domestikation des Schweines, ausgehend von lokalen Formen *(Sus scrofa vittatus)*, liegen für das Neolithikum auch aus Ost- und Südostasien vor, wo es sich zum wichtigsten Haustier entwickelte. Als gesichert kann gelten, daß das Schwein bevorzugt als Lieferant von Fleisch und Fett gezüchtet wurde, wobei hohe Fertilität und leichte Haltung im Umfeld des Hauses von besonderer Bedeutung waren. Speisetabus bzw. die Belegung des Schweines mit negativen Eigenschaften entstanden erst später, möglicherweise während des Neuen Reiches in Ägypten (1650–1070 v. Chr.) (ZEUNER 1963).

Erst danach begann die Domestikation des Auerochsen *(Bos primigenius)*. Ein gesichertes frühestes Datum steht zwar noch aus, doch weisen Funde aus der Zeit um 4000 v. Chr., die im Niltal gemacht wurden (ZEUNER 1963; EPSTEIN 1971), darauf hin, daß wohl im 6. Jahrtausend v. Chr. damit begonnen wurde. Archäologische Funde und die heutige Verbreitung von Rindern in Afrika (EPSTEIN 1971) lassen den Schluß zu, daß die zuerst im südwestasiatischen Raum gezüchteten Tiere zum Typus der buckellosen Rinder gehörten. In einer zweiten Welle, möglicherweise von Indien kommend, folgten Buckelrinder nach. Nach heutigem Forschungsstand gilt auch Europa als selbständiges Domestikationszentrum (VOGEL/ANGERMANN 1984). Wo der Auerochse als Vorläufer fehlte, in Süd- und Südostasien, übernahmen andere Rinder seine Stelle, so z. B. der Yak *(Bos mutus)* in Tibet und der Mongolei oder der Wasserbüffel *(Bubalus arnee)* in Indien.

Für die Domestikation der Rinder werden die gleichen Gründe geltend gemacht wie für Schafe, Ziegen und Schweine. Dabei nahm vermutlich, von Ausnahmen abgesehen, die Bedeutung der aus der Ziegenzucht bekannten Milchwirtschaft stetig zu. Hinzu kam, daß mit der Großviehzucht und der Entwicklung des Pfluges (WERTH 1954), der Zugtiere voraussetzt, die Subsistenzwirtschaft eine grundlegende Erweiterung erfuhr.

Die Domestikation der den Equiden zugerechneten Wildesel *(Equus africanus)* Nordafrikas – nach ca. 3000 v. Chr. – und Wildpferde *(Equus ferus)* Europas – vermutlich um 3000 v. Chr. – (ZEUNER 1963; BÖKÖNYI 1974) bahnte weitere Veränderungen an. Ihre Fähigkeiten als Last-, Zug- und Reittiere mit militärischen Einsatzmöglichkeiten schufen die Grundlagen für relativ schnelle, weiträumige Gütertransporte und Wanderungen größerer Menschengruppen (Hirtennomadismus), die sich von den seßhaften Bodenbauern zumindest sozial absetzten (HANČAR 1955, 1956). In diesen Zusammenhang gehört, wenn auch zeitlich versetzt, um 2000 v. Chr. die Domestikation des Dromedars in Südarabien (WILSON 1984). Im Verlauf der folgenden zweieinhalb Jahrtausende entwickelte es sich zum wichtigsten Transporttier heißer und trockener Gebiete: Arabien, Naher und Mittlerer Osten, Nordafrika und Zentralasien. Dort verdrängte es das möglicherweise bereits im vierten bzw. dritten Jahrtausend v. Chr. domestizierte Trampeltier, das seinen Wert in trockenkalten Regionen – Südrußland, Mongolei, Ostzentralasien und China – behielt. Die Bedeutung als Transporttiere deutet denn auch schon die wichtigste ökonomische Veränderung an, die sich aus der Domestikation dieser Tiere ergab: sie ermöglichten Handelsbeziehungen zwischen weit voneinander entfernt liegenden Gebieten und damit einen kulturellen Austausch. Geographische Barrieren konnten zunehmend überwunden werden.

Reit-Ren eines Sojoten (Südsibirien)

Nur lose mit dem Menschen verbunden, zudem im Gegensatz zu den bereits genannten Tieren zahlreich in Wildform vorkommend, folgt hier das Rentier *(Rangifer tarandus)*. Es kommt in Skandinavien, Nordrußland, Sibirien, auf Grönland, in Alaska und Kanada vor. Die Vermutungen darüber, seit wann das Ren zu den domestizierten Tieren zu rechnen sei, gehen weit auseinander. ZEUNER schätzte es noch 1963 als möglicherweise frühestes domestiziertes Tier ein, doch gilt seine Argumentation heute als widerlegt. Die überwiegende Mehrheit der Forscher (vgl. VAJDA 1968) geht heute davon aus, daß die Domestikation des Rens erst in der zweiten Hälfte des letzten vorchristlichen Jahrtausends unter dem Einfluß der schon zuvor bekannten Pferdezucht in Angriff genommen wurde. Als primäres Domestikationsgebiet gilt heute Südsibirien, insbesondere das Sajan-Gebiet.

Zu erwähnen sind noch die in der Neuen Welt domestizierten Tiere. Zu diesen gehören der nordamerikanische Puter *(Meleagris gallopavo)* und das Meerschweinchen *(Cavia)* Südamerikas als Fleischlieferanten sowie die zur Familie der Cameliden gehörenden Lama und Alpaka. Die drei letztgenannten Tiere wurden in den Anden Perus domestiziert. Archäologische Funde weisen auf einen Zeitraum hin, der zwischen 2500 und 1200 v. Chr. liegt. Im Gegensatz zur in der Alten Welt erfolgenden langsamen Ausbreitung domestizierter Tiere bleiben sie in Amerika auf das Gebiet der Erstdomestikation beschränkt.

Liste wichtiger Haustiere und des jeweiligen Domestikationsgebietes:

Klasse	Aves (Vögel)
Ordnung	Anseriformes (Entenvögel)
D-Gebiet	Enten, Gänse: Europa, China, Südamerika
Ordnung	Galliformes (Hühnervögel)
D-Gebiet	Huhn: Südostasien; Truthuhn: Nordamerika
Klasse	Mammalia (Säuger)
Ordnung	Carnivora (Raubtiere)
D-Gebiet	Haushund: verschiedene D-Gebiete; Hauskatze: Ägypten
Ordnung	Perissodactyla (Unpaarhufer)
D-Gebiet	Familie *Equidae:* Pferd: Europa, Nordasien; Esel: Nordafrika
Ordnung	Artiodactyla (Paarhufer)
D-Gebiet	Familie *Suidae:* Hausschwein: Europa, China
	Familie *Camelidae:* Trampeltier: Mittelasien; Dromedar: Südarabien; Lama, Alpaka: Südamerika (Zentralanden)
	Famile *Cervidae:* Ren: Südsibirien
	Familie *Bovidae:* Unterfamile *Bovinae:* Hausrind: Westasien, Europa; Wasserbüffel: Indien; Yak: Tibet; Balirind, Gayal: Südostasien; Unterfamilie *Caprinae:* Ziegen: Westasien; Schafe: Westasien

→ Arbeit, → Diffusion, → Ethnohistorie, → Evolution, → Hirten, → Kulturanthropologie, → Kulturökologie, → Krieg, → Nutzpflanzen, → Opfer, → Technologie, → Wanderung, → Wirtschaft

Bökönyi, S., History of Domestic Mammals in Central and Eastern Europe. Budapest 1974 – Epstein, H., The Origin of the Domestic Animals of Africa. 2 Bde., New

York 1971 – Hahn, E., Die Haustiere und ihre Beziehungen zur Wirtschaft des Menschen. Eine geographische Studie. Leipzig 1896 – Hančar, F., Kulturelement Pferd: Wertung und Einbau. In: Saeculum VII: 4, 1956 – Müller, R., Die geographische Verbreitung der Wirtschaftstiere mit besonderer Berücksichtigung der Tropenländer. Leipzig 1903 – Ucko, P.J./Dimbleby, G.W. (Hrsg.), The Domestication and Exploitation of Plants and Animals. London 1969 – Vajda, L., Untersuchungen zur Geschichte der Hirtenkulturen. Wiesbaden 1968 – Werth, E., Grabstock, Hacke und Pflug. Versuch einer Entstehungsgeschichte des Landbaues. Ludwigsburg 1954 – Wilson, R. T., The Camel. London 1984 – Zeuner, F. E., A History of Domesticated Animals. London 1963

Andreas Grüb

Heirat Die Verehelichung wird in fast allen Gesellschaften als Normalzustand des Erwachsenen angesehen, auch wenn der Übergang vom Junggesellen zum Verheirateten die unterschiedlichsten Gestaltungen erfahren hat. Heiratsordnungen variieren zunächst in der Zahl möglicher Partner, doch sind monogame Verbindungen im ganzen gesehen auch in Stammesgesellschaften und Gesellschaften mit einfacher Sozialordnung die häufigere Praxis. Die *Polygamie* (Vielehe) tritt ganz überwiegend in der Form der *Polygynie,* also der Verbindung eines Mannes mit mehreren Frauen, auf. Die umgekehrte Form, die *Polyandrie* (Vielmännerei), darf nicht einfach als institutionelles Spiegelbild verstanden werden: die Ehe, bei der mehrere Männer sich eine Frau teilen, stellt, anders als die Polygynie, ein problematisches, nicht leicht zu erklärendes Sozialgebilde dar, dessen Verbreitung auch auf wenige Regionen, vor allem Südasien und Tibet, beschränkt ist (Peter Prince of Greece and Denmark 1965).

Die Inzestschranke setzt der Wahl eines Heiratspartners in der eigenen Gruppe eine letzte Grenze, deren Überschreitung nur in Ausnahmefällen – z.B. in Königshäusern (Makarius 1970; Girard 1972) – geduldet wird. Dagegen existieren komplexe und notwendigerweise uneindeutige Vorstellungen darüber, wer als Heiratspartner außerhalb der eigenen Gemeinschaft äußerstenfalls noch in Betracht komme. Diese Grenze braucht keineswegs identisch zu sein mit einer Friedensgrenze oder dem Rand des normalen sozialen Umfeldes. Häufig sind Heiraten gerade das Mittel, solche Grenzen zu überschreiten. Der Grundsatz: »Wir heiraten die, mit denen wir Krieg führen«, gilt in vielen Kulturen, und der englische Ethnologe Tylor (1889) sprach pointiert von einer »einfachen praktischen Alternative zwischen geheiratet oder ausgerottet werden«.

Die Regeln der *Exogamie* (McLennan 1865) beziehen sich jedoch in den meisten Fällen nicht auf den Stamm als Ganzes, sondern auf dessen Untereinheiten. Die Exogamie dieses Typs hat den Effekt, daß Heiratsbeziehungen zwischen Angehörigen solcher Untergruppen zustande kommen und dadurch der soziale Zusammenhalt zwischen diesen vernetzt und verstärkt wird (Lévi-Strauss 1949). Die exogame Heirat macht Fremde zu Verwandten; es handelt sich um eine Art Adoption (K.E. Müller 1983).

Es gibt jedoch auch Gesellschaften, in denen *Endogamie* als Regel gilt, d. h. Heiratsverbindungen sollen nur innerhalb der Untergruppen (Abstammungsgruppe, Lokalgruppe, Kaste) eingegangen werden (Verdon 1981; Kaplan 1973; Berreman 1968). Die Ursachen dieser Regelung sind sehr unterschiedlich. Wo sie besteht, muß sich die gesamtgesellschaftliche Integration auf andere Weise vollziehen, durch ökonomische Verbindungen, durch das *segmentäre Prinzip,* das bei äußerer Bedrohung die Untergruppen vereint, oder durch religiöse Bande.

In Gesellschaften, in denen die Untergruppen ungleiche Ränge einnehmen, kann die Partnerwahl durch Rangerwägungen eingeschränkt werden: man spricht von *Hypergamie,* wo Frauen nur in ranghöhere Gruppen heiraten dürfen, und von *Hypogamie,* wo ein Mann seine Frau in einer höheren Gruppe suchen muß, die Frau also gewissermaßen »nach unten« heiratet.

Heiratsregeln können auch bestimmte Verwandte als Heiratspartner festsetzen, wobei der Bestimmtheitsgrad solcher Regeln und das Maß, in dem sie befolgt werden, zwischen Vorliebe *(Präferenz)* und Vorschrift *(Präskription)* schwanken kann. Am häufigsten ist die Heirat zwischen Geschwisterkindern, also Vettern und Kusinen; doch können auch Nichten und sogar die Töchter von Nichten betroffen sein (Shapiro 1968). Die Grundlage derartiger Regeln sind Ansprüche eines Mannes oder einer Frau, den betreffenden Verwandten als Ehepartner zu erhalten, bzw. entsprechende Verpflichtungen ihm gegenüber. Sie beruhen fast alle auf dem Prinzip der Gegenseitigkeit, das am deutlichsten in der *Tauschheirat* von Schwestern zum Ausdruck kommt. Dagegen scheint der Aspekt der Versorgung Einrichtungen wie das *Levirat* (die Witwe wird vom Bruder des Toten übernommen) oder das *Sororat* (der Witwer heiratet eine Schwester der Toten) zu begünstigen.

Ehen zwischen Geschwisterkindern haben je nach strukturellem Typ der von der Regel bezeichneten Base unterschiedliche Konsequenzen. Die Heirat der väterlichen *Parallelkusine* (Tochter des Vaterbruders) führt zur Endogamie, wenn diese Verwandte schon vor der Eheschließung der (unilinearen) Gruppe ihres Mannes angehörte. Dagegen ist die Verehelichung mit der *Kreuzkusine* (Tochter der Vaterschwester bzw. des Mutterbruders, des Oheims) in bezug auf die unilineare Gruppe des Ehemannes exogam und schließt darüber hinaus, wenn sie in jeder Generation erneuert wird, die beteiligten Gruppen zu dauerhaften *Allianzsystemen* zusammen (Lévi-Strauss 1949).

In den genannten Fällen tritt ein Zug besonders deutlich hervor, der für die Heirat in der überwiegenden Mehrzahl einfacher Gesellschaften charakteristisch ist, nämlich die überpersönliche Bedeutung und Interessengebundenheit der Institution. Die Verheiratung zweier Personen geht nicht nur diese selbst an, sondern ist Angelegenheit ihrer Verwandten, unter Umständen ganzer umfangreicher Verwandtschaftsgruppen. Darum liegt die Entscheidung über die Partnerwahl so gut wie nie bei den Heiratskandidaten; bisweilen wird sie in deren Kindesalter getroffen; häufig haben neben den Eltern auch weiter entfernte Verwandte ein Mitsprache- oder Einspruchsrecht.

Vor allem aber ist Heirat meist mit bedeutenden materiellen Belangen verknüpft. Mit der Eheschließung geht eine Übergabe von Gütern – gelegentlich auch von Dienstleistungen *(Dienstheirat)* – von der Familie des Bräutigams an die der Braut *(Brautpreis)* oder umgekehrt von der Familie der Braut an die des Bräutigams *(Mitgift)* einher. Häufig sind beide Fomen, wenn auch in ungleicher Relation, präsent. Die Aufbringung dieser Güter übersteigt im allgemeinen die Möglickeiten der direkt betroffenen Familie und obliegt daher der größeren Verwandtschaftsgruppe. Da der Transfer der Güter sich oft über lange Zeiträume erstreckt, sind Brautpreis und Mitgift bedeutende Faktoren des ökonomischen und gesellschaftlichen Zusammenhalts zwischen den Verwandtschaftsgruppen.

Die Motive der Brautpreiszahlungen und die Ideen, die man sich von ihrem Sinn und Zweck bildet, differieren stark. Der Brautpreis kann eine Entschädigung für den Verlust an Arbeitskraft darstellen, den die Herkunftsgruppe einer Frau durch deren Verheiratung erleidet; er kann als Hinterlegung einer Sicherheit für die Frau gedacht sein oder als Pfand für die Stabilität der Verbindung, aber auch als Gegenleistung für die Fähigkeit der Frau, Kinder zu gebären, denen die Verwandtschaftsgruppe des Mannes zu ihrem Fortbestand bedarf. Im letzteren Fall ist das Wort »Brautpreis« – im Gegensatz zu Synonymen wie »Brautgeld«, »Brautpfand« etc. – durchaus angemessen.

In dieser Vielfalt kommen unterschiedliche Auffassungen vom Wesen und Rechtscharakter der Institution Heirat zum Ausdruck. Für die Heiratspartner sind diese Auffassungen auch deshalb bedeutungsvoll, weil Status und Rollenmuster in der Ehe zum Teil durch sie definiert werden. So macht es für eine Frau einen großen Unterschied aus, ob sie durch die Heirat ganz in die Gruppe des Mannes inkorporiert und quasi zu deren Besitz wird oder ob sie weiterhin als Angehörige ihrer Herkunftsgruppe gilt und der Gruppe des Mannes lediglich ihre Gebärkraft zur Verfügung stellt (LEACH 1961). (In matrilinearen Gesellschaften mit sogenannten »Besuchsehen« kann auch die Rolle des Mannes in dieser oder ähnlicher Weise reduziert sein.) Diese Unterschiede haben auch Auswirkungen auf die Rechtsposition der Kinder und die Vorstellungen davon, in welchem Verhältnis die Eltern an der physischen und geistigen Entstehung der Kinder beteiligt sind.

Die Formulierung einer allgemeingültigen Definition von Heirat war in der frühen Ethnologie durch Spekulationen über »Gruppenehe«, »Raubehe« etc. (MCLENNAN 1865; MORGAN 1877; WESTERMARCK 1889) erschwert, später durch die Entdeckung bizarrer Varianten des Heiratskomplexes. In manchen Gesellschaften Afrikas kann eine kinderlos gebliebene Frau eine andere Frau heiraten (»Gynägamie«), wobei sie dieser gegenüber in allen Belangen, mit Ausnahme des sexuellen, die Rolle des Ehemannes einnimmt. Als Sexualpartner der Ehefrau und Erzeuger der Kinder fungiert ein beliebiger anderer Mann, der ganz auf diese Funktion beschränkt, in rechtlicher Hinsicht also bedeutungslos ist. Verbindungen dieser Art fehlen mithin die Charakteristika der Geschlechtsunterschiedlichkeit und der sexuellen Gemeinschaft der Partner, Merkmale, die im allgemeinen als wesentlich verstanden werden. Der Begriff der Heirat kann für diese und andere Erscheinungen nur dann Verwendung finden, wenn man darauf verzichtet, einige seiner Bestimmungen als unabdingbar anzusehen. Wird diese Konzession gemacht, so brauchen die als Heirat bezeichneten Institutionen nur noch eine Art »Familienähnlichkeit« miteinander aufzuweisen (NEEDHAM 1975).

→ Ahnen, → Alter, → Arbeit, → Fest, → Geburt, → Geschlecht, → Institution, → Kleidung, → Recht, → Ritual, → Schmuck, → Segmentäre Gesellschaft, → Sozialanthropolgie, → Tausch, → Verwandtschaft

FOX, R., Kinship and Marriage. Harmondsworth 1967 – GOODY, J./TAMBIAH, S., Bridewealth and Dowry. Cambridge 1973 – LÉVI-STRAUSS C., Les structures élémentaires de la parenté. Paris 1949 – MCLENNAN, J. F., Primitive Marriage. Edinburgh 1865 – MURDOCK, G. P., Social Structure. New York 1949 – WESTERMARCK, E., The History of Human Marriage. 3 Bde., New York 1889

Burkhard Ganzer

Hexerei Unter Hexerei sollen hier schädliche Wirkungen zwischen Personen verstanden werden, hervorgebracht ohne Verwendung natürlicher Hilfsmittel (MARWICK 1970). EVANS-PRITCHARDS (1937) Untergliederung der übernatürlichen Schadenswirkungen in mit Hilfe von magischen Objekten oder Sprüchen begangene absichtsvolle *Zauberei (sorcery)* und unwillkürlich aus dem Körper des Schädigers emanierende *Hexerei (witchcraft)* konnte nicht immer am ethnographischen Material bestätigt werden (JENSEN 1950; KLUCKHOHN 1944). Weltweit lassen sich in den unterschiedlichsten Kulturen folgende acht Aspekte des Hexenglaubens belegen (weitgehend nach MAYER 1954):

1) Es besteht ein festgeformtes Bild vom Aussehen und Handeln der Hexen. Meist sind es Erwachsene, oft Frauen; manchmal kommen sie aus generell der Hexerei verdächtigen sozialen Gruppen und/oder tragen bestimmte Erkennungsmerkmale am Körper. Häufig stellt man sich vor, Hexen hätten eine böse Substanz, Tiere oder Gegenstände im Leib.

2) Von den Hexen wird angenommen, sie könnten jegliche Form von Unglück verursachen, von Krankheit, Streit und Tod bis zu Naturkatastrophen. Typisch ist die Häufung solcher Unglücksfälle (Serie). Vereinfacht gesagt, sprechen traditionelle Kulturen mitunter von Hexerei, wo aufgeklärte Europäer und Amerikaner von »Pech« oder »Zufall« sprechen.

3) Die Hexen schädigen vor allem ihre nächsten Nachbarn oder auch Verwandte. Sie richten ihre bösartigen Aktivitäten selten gegen Fremde.

4) Hexerei geschieht meist aus Neid, Konkurrenzdenken oder auch blanker Böswilligkeit gegenüber den Nächsten. Konkurrenz- und Konfliktmotive werden dabei besonders betont.

5) Hexen wirken im geheimen, besonders nachts.

6) Hexen sind nicht rein menschlicher Natur: Entweder haben sie anorganische, animalische oder teuflische Substanzen in sich, sind von dämonischen Wesen oder »Agentien« besessen oder operieren in direktem Kontakt mit ihnen.

Ausschnitt aus Michael Herrs »Hexensabbat«; um 1650

7) Hexen agieren oft im Sinne einer »verkehrten Welt«: Sie praktizieren Inzest, Kindstötung, verbotene Sexualitätsformen, Leichenverzehr etc.; sie treten unbekleidet auf, tanzen, fliegen oder gehen rückwärts.

8) Hexerei steht immer im Gegensatz zur Ethik und Moral der Gesellschaft und kann nie öffentlich gebilligt oder gerechtfertigt werden.

Dieses Bild der Hexerei erfährt unterschiedlichste kulturelle Ausprägungen und Formulierungen. Ob die Opfer der Hexen sich in aller Stille mit rein magischen Gegenmitteln zur Wehr setzen, ob sie den sozialen Kontakt zu den vermuteten Hexen abbrechen oder diese nach einer öffentlichen Verhandlung erschlagen, ist natürlich von größter Bedeutung für das Zusammenleben einer Gruppe. Bei den westafrikanischen Tallensi etwa kommen Hexereianschuldigungen nur selten vor, da hier die Ahnengeister als Verursacher des Übels gelten (Fortes 1949). Bei den ostafrikanischen Gusii bemüht man sich, Hexereikonflikte so lange wie möglich auf der Ebene privater *Gegenmagie* zu halten (Mayer 1954). Bei den südsudanesischen Azande (Evans-Pritchard 1937) vermitteln Boten zwischen Hexern und Geschädigten. Um den Konflikt beizulegen, spuckt der Hexer die Substanz des Bösen auf den ihm vom Boten überbrachten Flügel jenes Huhns, das vorher in einem *Giftorakel* zur Identifikation des Schädigers gedient hatte. Bei den Hei-xom im südlichen Afrika konnte es sogar zu einer Diskussion zwischen Täter und Opfer kommen, in deren Verlauf man eine Sühneleistung für den angerichteten Schaden festsetzte (Westermann 1938). Ähnliche Formen der Abbitte erwähnt Sebald (1978) für den fränkischen Hexenglauben der 20er und 30er Jahre dieses Jahrhunderts. In vielen traditionellen Kulturen Afrikas versuchte man schließlich, das Problem der schädlichen Magie öffentlich und endgültig durch Hexenjagden (»Hexenriechen«, »Hexensehen«) zu lösen, die von umherwandernden, prophetenähnlichen »Hexenfindern« zu sozialen Bewegungen gesteigert werden konnten. Diese Bewegungen traten gehäuft in Situationen rapiden Kulturwandels oder bei kolonialer Unterdrückung auf; sie erscheinen als Ventil für unterdrückte Aggressionen oder als »vorinstitutionelle« Widerstandsbewegungen (Mühlmann 1961; Willis 1970). Die Parallele zu den europäischen Hexenverfolgungen der frühen Neuzeit ist unübersehbar, wenn auch die afrikanischen Bewegungen eher die soziale Integration der geständigen Hexen anstreben und sie seltener physisch eliminieren.

Ethnologische Erklärungsansätze zur Hexereivorstellung greifen vor allem auf psychologische und soziologische Betrachtungsweisen zurück. Aus der psychologischen Perspektive ist es erstaunlich, wie sich weltweit in verschiedensten Kulturen das Bild der nackten, übermächtigen, fliegenden Hexe durchsetzt, das Freuds (1919) für universal gehaltenen Kastrations- und Ohnmachtsphantasien und seinem Konzept von der »Allmacht der Gedanken« als psychischer Grundlage der Magie nahekommt. Das erklärt aber noch nicht die kulturelle Variation des Hexenbildes. Aus strukturfunktionalistischer Sicht bilden unterdrückte soziale Konflikte den Hintergrund von Hexereianklagen (Douglas 1970). Hexen und ihre Ankläger stehen oft in einer sozialen Nähe zueinander, die offenen Streit verbietet, und dürfen daher Konflikte nur im Verborgenen austragen. »Hexen und ihre Ankläger sind Menschen, die sich mögen sollen, dies aber in Wahrheit nicht tun« (Mayer 1954).

Vor Vereinfachungen im Sinne eines soziologischen Funktionalismus muß dabei jedoch gewarnt werden. Es gibt keine Theorie, welche das Auftreten von Hexereibeschuldigungen in bestimmten Gesellschaften völlig erklären oder gar vorhersagen könnte (Beidelman 1970; Peuckert 1967). In manchen Kulturen wird überhaupt nicht auf diese Weise nach einem Sündenbock für jedes Leid gesucht, andere sehen die Quelle des Bösen in einer unzugänglichen Geisterwelt, wieder andere in den sicht- und greifbaren Hexen. Letztlich liefert nur das Weltbild einer Kultur, ihr Konzept des Bösen und der Schuld den Rahmen für Hexereivorstellungen. Wo diese Allgemeingut sind, lassen sie oft noch einen gewissen Interpretationsspielraum frei, ob nämlich der Einzelne die Konkurrenzsituation mit dem Nachbarn aus der Sicht des Geschädigten oder der des Schädigers erlebt (Mayer 1954).

Die ethnologische Forschung der letzten Jahre thematisierte besonders die Unwägbarkeit und Anpaßbarkeit der Hexereibeschuldigungen. Bereits Evans-Pritchard hatte in seiner klassischen Studie über die Azande in einer Fußnote berichtet, er habe wirklich die »Hexenlichter« gesehen - angeblich in Lichterscheinungen verwandelte fliegende Hexen -, die man über den Hütten erkennen konnte, in denen am folgenden Tag ein Schadenszauber festgestellt wurde. DUERR (1978) zeigte am Beispiel schamanistischer Flugreisen und europäischer Schilderungen des Hexensabbats, daß die »Realität« des Übernatürlichen immer nur die Realität des jeweiligen Beobachters ist: Hexen erleben den Flug als Wirklichkeit, die Opfer der Hexe erkennen am nächsten Morgen die Schäden. Schriftsteller, Ethnologen und skeptische Eingeborene sehen vielleicht nur eine am Boden liegende, berauschte oder ohnmächtige Person, die am nächsten Morgen behauptet, geflogen zu sein. Andere Beobachter erleben fliegende Hexenlichter oder aber - wie MAYER (1954) - Schadenzauberer, die nachts mit Feuertöpfen umherziehen und ihre Umgebung terrorisieren.

Zwar widerlegte man in Europa den Hexenglauben durch die Aufklärung, doch hat damit das Hexenwesen anderer Kulturen seine Wirkung auf damit konfrontierte Europäer nicht unbedingt verloren. Bei lang andauernder teilnehmender Beobachtung wird auch der Forscher leicht vom Hexenglauben »gepackt« (FAVRET-SAADA 1979). Die Evidenz dieser Form der Welterklärung und Schuldzuweisung überrollt die aufgeklärte Wahrnehmung und es wird deutlich, daß man seinen Alltag genauso gut mit dem Hexereiorakel der Azande planen kann wie mit einem Terminkalender (EVANS-PRITCHARD 1973). Aus ethnologischer Perspektive wirkt es darum kaum überraschend, daß auch in Europa Hexenvorstellungen als Diffamierungsmittel (KRUSE 1951), in Verbindung mit Heilmethoden und als Welterklärung (FAVRET-SAADA 1979) oder zumindest als den Gebildeteren immer wieder faszinierende Herausforderung des rationalen Weltbildes weiterleben.

→ Ekstase, → Fremdwahrnehmung, → Geschlecht, → Krankheit, → Magie, → Nachbarschaft, → Priester und Prophet, → Recht, → Religion, → Symbol, → Tabu, → Tod, → Weltbild

BAROJA, J. C., Die Hexen und ihre Welt. Stuttgart 1967 - DOUGLAS, M. (Hrsg.), Confessions and Accusations. London 1970 - DUERR, H. P., Traumzeit. Frankfurt 1978 - EVANS-PRITCHARD, E. E., Witchcraft, Oracles and Magic among the Azande. Oxford 1937 (dtsch. Frankfurt 1979) - FAVRET-SAADA, J., Die Wörter, der Zauber, der Tod. Hexenglaube im Hainland von Westfrankreich. Frankfurt 1979 - FREUD, S., Das Unheimliche. Wien 1919 - KLUCKHOHN, C., Navaho Witchcraft. Harvard 1944 - KRUSE, J., Hexen unter uns? Hamburg 1951 - MARWICK, M. (Hrsg.), Witchcraft and Sorcery. Harmondsworth 1970 - MAYER, Ph., Witches. Inaugural Lecture. Grahamstown 1954 - SEBALD, H., Witchcraft, the Heritage of a Heresy. New York 1978

Thomas Hauschild

Hirten In der heutigen Ethnologie werden die verschiedenen Aspekte der Hirtenkulturen unter dem Begriff *nomadischer Pastoralismus* zusammengefaßt. Im Zentrum der Betrachtung steht die Wanderung, die die Hirten mit ihren Herden im Jahreszyklus entsprechend den ökologischen Gegebenheiten der Region unternehmen – im Prozeß der Aneignung der Weiden und Wasserstellen. Das Verbreitungsgebiet der nomadischen Viehzucht umfaßt die Tundren, Waldsteppen, Savannen, Steppen, Wüstensteppen und Wüsten der Alten Welt: Nordeurasien, Nordafrika, Sahelzone, Ost- und Südafrika, die Trockengebiete des Nahen und Mittleren Ostens, die Regionen vom Schwarzen Meer bis zur Mandschurei. Vor allem in Europa spielte eine besondere Form der nomadischen Viehzucht, die *Transhumanz* (s. u.), eine Rolle. In der Neuen Welt wurden traditionell nur Cameliden (Lama und Alpaka) gezüchtet.

Zu den von nomadischen Viehzüchtern gehaltenen Tieren zählen verschiedene Rassen von Schafen, Ziegen, Rindern und Kamelen sowie das Ren, das Pferd und der Esel. Im nomadischen Pastoralismus Asiens und Nordafrikas überwiegen proportional Schafe und Ziegen; das Großvieh steht quantitativ zurück, außer bei hochspezialisierten Untergruppen bestimmter Ethnien. Im Wertsystem der Nomaden nimmt das Großvieh, besonders Pferde und Kamele, die als Reit- und Transporttiere, Nutztiere und Tauschmittel auch ökonomisch wichtig sind, einen besonderen Platz ein. Im *cattle-complex* (Herskovits 1926) Ost- und Südafrikas dominiert das Rind das traditionelle Wertsystem, ist aber auch Subsistenzmittel (Schneider 1957). Der Rentiernomadismus Nordeurasiens stellt aufgrund des besonderen Domestikationsprozesses der Rentiere und der Tatsache, daß allein das Rentier gehalten wird, einen vom komplexen Nomadismus der südlicheren Breiten unterschiedlichen Typus dar. Gleichzeitig ist der nomadische Pastoralismus von direkt marktorientierter Farm-Viehhaltung und von der Stall- und Haustierhaltung der Feldbauern abzugrenzen.

Der nomadische Pastoralismus stellt entweder die hauptsächliche Subsistenzweise dar oder wird in Kombination mit Anbau betrieben. Er ist unter ökologischen und sozio-kulturellen Gesichtspunkten zu betrachten und in seiner Beziehung zur Wirtschafts- und Lebensweise der seßhaften Bevölkerung.

Zum nomadischen Pastoralismus gehört eine charakteristische Ökologie; Pflanzenwuchs, Wasservorkommen und klimatische Verhältnisse bedingen die Art der Tierhaltung, die Kombination der verschiedenen Tierarten, Zusammensetzung und Größe der Herden, die Formen des Herdenmanagements, die jährlichen Wanderzyklen und die spezielle Aufgliederung der nomadischen Gruppen nach der Art der Weidegänge, die mit speziellen Vieharten, z. B. Kamelen, zu vollziehen sind. Abgesehen vom Brunnenbau investieren die Nomaden keine direkte Arbeit in den Boden. Das Verhältnis von Mensch und Tier zu den Weidegebieten wurde als »parasitär« beschrieben, was nur bedingt zutrifft, da die Hirten, wenn möglich, versuchen, das ökologische Gleichgewicht zu erhalten, indem sie die Wasserreservoirs und Weiden durch wechselnde Nutzung vor nachhaltiger Zerstörung schützen.

Die Herden sind Produktionsmittel und Subsistenzgrundlage der Hirten;

Tiere dienen als hauptsächliche Tauschobjekte in den Beziehungen zu anderen Gruppen. Die Viehzucht wird traditionell durch marginalen Anbau, Jagd und Sammeln oder durch Arbeit im Transportsystem seßhafter Gesellschaften ergänzt. Die Herdentiere liefern Nahrung (Milch, Milchprodukte, Blut und Fleisch) und Materialien für die Herstellung von Kleidung, Gebrauchsgegenständen und Arbeitsgeräten (Wolle, Leder, Tierhaare, Sehnen, Därme und Knochen). Die Behausung der Nomaden in Zentralasien, im Mittleren und Nahen Osten sowie in Nordafrika – die Filzjurte bzw. das gewebte Schwarzzelt – wird aus Wolle hergestellt. Der Dung der Tiere dient als Brennmaterial. Die Herden liefern Reittiere und Transporttiere zum Tragen oder Ziehen von Lasten. Die Hirten kontrollieren, leiten und überwachen die Weidegänge und Tränke der Tiere; sie selektieren kranke und gesunde Tiere, kontrollieren die Paarung und Aufzucht, schützen die Herden vor Raubtieren und menschlichen Feinden und, soweit möglich, vor extremen klimatischen Einflüssen.

Die Nomaden bedürfen der Produkte seßhafter Bauern, denn die nomadische Viehzucht ist, wie zuerst HAHN (1896) betonte, eine spezialisierte, aber einseitige und nicht unabhängige Wirtschaftsweise. Sofern die Nomaden nicht selbst genug Anbau betreiben, befriedigen sie ihre Bedürfnisse nach pflanzlicher Kost durch den Austausch, gegebenenfalls auch durch Raub. Darüberhinaus tauschen die Hirten Vieh und Viehprodukte bei den Seßhaften gegen Handwerkserzeugnisse ein, die sie nicht selbst herstellen. Schmiedehandwerk und Holzarbeit werden gelegentlich auch von den Nomaden – z. T. von spezialisierten *Paria-Stämmen* – ausgeübt.

Die wichtigste soziale Einheit der Hirten bildet das aus mehreren meist patrilinear verwandten Familien zusammengesetzte *Camp,* dessen Größe sich pragmatisch am Herdenmanagement orientiert. Die nomadischen »Dörfer« sind Teil größerer Sozialverbände, die segmentär organisiert oder sozial differenziert sein können.

Als Kriterien der Typologisierung des nomadischen Pastoralismus wurden geographische Verteilung, Herdenzusammensetzung, Länge, Richtung und Periodizität der Wanderung, soziale Organisationsformen, Wohnungsform, Grad der Seßhaftigkeit und der Autarkie u. a. m. vorgeschlagen und angewendet. Daneben versuchte man, eine allgemeine Typologie des Pastoralismus auf der Grundlage der Arbeitsteilung bzw. Kombination mit dem Bodenbau zu erstellen. Hierbei wurde unterschieden zwischen nomadischen Gruppen ohne zusätzlichen Anbau, dafür mit dauerhaften Austauschbeziehungen zu entfernt liegenden Anbaugebieten, und *Semi-Nomaden,* die ihre Viehzucht wesentlich durch Anbau ergänzen, den man entweder innerhalb der gesamten Gruppe betreibt oder spezialisierten Untereinheiten zuweist. Die jeweiligen Produkte werden zwischen den Einheiten ausgetauscht oder verteilt.

Daß verarmte Hirten temporär oder dauerhaft zum Anbau übergehen, kommt im *Voll-Nomadismus* wie im *Semi-Nomadismus* vor. Auch Bauern und Handwerker gehen u. U. zu nomadischen Gruppen über; sie werden entweder Viehhalter oder führen ihre alte Profession in der neuen Umgebung fort. Die *Transhumanz* dagegen ist eine hochentwickelte Form des Pastoralismus seßhafter Bauernkulturen. Die Gemeinden schicken ihre Herden entweder mit spezialisierten Hirten auf entfernte Weiden, oder diese hüten die Tiere der Seßhaften zusammen mit den eigenen.

Über die Frage der Entstehung des nomadischen Pastoralismus als spezifische Wirtschaftsform und über die Erstdomestikationen der Herdentiere besteht noch keine abschließende Klarheit. Die Periodisierungsversuche des Evolutionismus und der Kulturhistorie (z. B. P. W. Schmidts drei Stufen: Wildbeuter – Hirten – Bauern) vermochten sich im Lichte neuerer Forschungen nicht zu halten. Die ältesten archäologischen Funde von Knochen domestizierter Schafe und Ziegen in Südwestasien und Iran reichen bis ins frühe Neolithikum zurück; die Viehhaltung begann in seßhaften Gemeinschaften, die bereits den Bodenbau kannten. Als spezifische Wirtschaftsform hat sich der nomadische Pastoralismus gegen Ende des 2. Jahrtausends und im frühen 1. Jahrtausend v. Chr. in den Berg- und Trockenregionen Eurasiens entwickelt, indem aus gemischtwirtschaftlichen Verbänden einige Gruppen zu einer spezialisierten Form der Viehzucht übergingen.

In der Geschichte Eurasiens und Nordafrikas spielte der Hirtennomadismus ökonomisch und vor allem soziopolitisch eine große Rolle. Doch spätestens seit dem 20. Jahrhundert verlor die nomadische Viehzucht – besonders in Asien – an Bedeutung. Die Versuche der Seßhaftmachung von Nomaden sind keine rezente Erscheinung. Politischer Zwang oder ökonomische Umstände nötigten auch in früheren Jahrhunderten zur Aufgabe der traditionellen Lebensweise. Im 20. Jahrhundert beschleunigte sich dieser Prozeß im Zuge der gesamtgesellschaftlichen Transformationen; die Nomaden bilden in den Gesellschaften der Alten Welt zunehmend ein marginalisiertes ökonomisches Subsystem. Viele Gruppen vollzogen den Übergang zu anderen Wirtschaftsweisen oder wurden – wie in der Sowjetunion und teilweise in der Mongolei – seßhafte Viehzüchter. Wesentlichste Ursachen für diese Veränderungen sind die Umwandlung der besten Weidegründe in Ackerland und das Vordringen der numerisch weit überlegenen Bauernbevölkerung unter dem Schutz der modernen Zentralregierungen auch in die trockeneren Gebiete. Das führte besonders im afrikanischen Sahel zu fortschreitender Bodenerosion, Versteppung und Verwüstung. Gleichzeitig veränderten Überweidung und Verbiß der verbliebenen Weidegebiete – zusammen mit Klimaschwankungen – die ökologischen und sozialen Bedingungen des nomadischen Pastoralismus zum Schlechteren.

→ Arbeit, → Evolutionismus, → Handwerk, → Haustier, → Kulturökologie, → Krieg, → Pflanzer, → Schichtung, → Segmentäre Gesellschaft, → Siedlung, → Staat, → Tausch, → Wanderung, → Wildbeuter, → Wirtschaft

Földes, I. (Hrsg.), Viehwirtschaft und Hirtenkultur. Budapest 1969 – Irons, W./ Dyson-Hudson, N. (Hrsg.), Perspektives of Nomadism. Leiden 1972 – Krader, L., Peoples of Central Asia. Bloomington [3]1971 – Krause, W. (Hrsg.), Nomadismus als Entwicklungsproblem. Bielefeld 1969 – Monod, Th. (Hrsg.), Pastoralism in Tropical Africa. Oxford 1975 – Nelson, L. (Hrsg.), The Desert and the Town. Berkeley

1973 – WEISLEDER, W. (Hrsg), The Nomadic Alternative in the African and Asian Deserts and Steppes. Den Haag 1978

Klaus Hesse

Identität Der Begriff der *Identität* hat sich in der Ethnologie als Sammlung mehrerer Konzeptionen durchgesetzt, die alle in einem komplementären Verhältnis zu *Kultur* und *Gesellschaft* stehen: *Ich, Selbst, Individuum, Person.* Es sind dies in allen Sozialwissenschaften wichtige Grundbegriffe; in der Ethnologie treten sie auf zwei Ebenen auf: als Mittel der analytischen Beschreibung und als kulturell spezifische Vorstellungen, die man als solche erforscht und interpretiert. Die ethnologische Beschäftigung mit Identität zeichnet sich zudem durch die nur ihr eigentümliche Grundsatzfrage aus, ob der Glaube an (individuelle) Identität nur eine spezielle Entwicklung der modernen Gesellschaft wiederspiegelt. Die geläufige Entgegensetzung von »primitivem Kollektivismus« und »modernem Individualismus« ist als evolutionistische Projektion von extremen philosophischen und soziologischen Positionen entstanden, auf denen allgemein entweder die vollständige Bestimmung des Individuums durch das Kollektiv behauptet wurde (GUMPLOWICZ 1877) oder die mögliche Unabhängigkeit des einzelnen Menschen (DILTHEY 1883).

Der Begriff der *Person* ist in die ethnologische Theorie von DURKHEIM eingeführt worden, der bei seiner Untersuchung der australischen Religion die unpersönliche Substanz der *Kollektivseele* hervorhob, wobei die Person aus der Verbindung dieses gesellschaftlichen Moments mit der Individualisierung in den verschiedenen Körpern hervorgehen sollte. Eine entscheidende Voraussetzung dieses Schritts war die Unterscheidung von *Person* und *Individuum:* Gefühle und Leidenschaften wurden dem Individuum zugeordnet, Moral und Vernunft der Person. Auf dieser Grundlage entwickelte MAUSS (1938) seine einflußreichen Thesen zur Entwicklung der *moralischen Person* und des *Ichs,* die er als nicht angeborene, sondern historisch gewordene »Kategorien des menschlichen Geistes« auffaßte.

Für MAUSS beginnt die allmähliche Herausbildung des Ich-Bewußtseins mit der einfachen *Figur (personnage)* in einem Spiel, d. h. mit dem Recht des Einzelnen, in kultischen Kontexten die Maske oder den Namen eines bestimmten Ahnen zu tragen. Da das Inventar solcher Figuren begrenzt ist, können die lebenden Mitglieder einer Gesellschaft nicht umhin, immer nur die Figuren der Toten zu wiederholen: Eine Entfaltung des Ichs ist ausgeschlossen.

Tanzmaske der Eskimo (Alaska)

Die moralische Person (besser: die soziale Person) trat erst im römischen Recht auf, das die *persona*, die Maske des kultischen Schauspielers, zur Rechtsrolle freisetzte; und diese wurde dann in der stoischen Philosophie und in der christlichen Lehre von der Einheit der »drei Personen« zur metaphysischen Entität erhoben, aus der schließlich im Pietismus des 17. Jahrhunderts die Kategorie des Ichs hervorging. Mit dieser historischen Relativierung der Begriffe Person und Ich wandte MAUSS sich unausgesprochen gegen seinen Lehrer DURKHEIM, dessen Betonung der kollektiven Züge der Person angesichts der modernen Massenphänomene fragwürdig geworden war.

Die britische Sozialanthropologie konnte diesen Versuch zur Vermittlung des analytischen Begriffs der (sozialen) Person mit kulturell und historisch spezifischen Konzeptionen von Identität nicht durchhalten. Wenn man »das handelnde Subjekt als Person« in den Mittelpunkt der strukturalen Theorie stellte (FORTES), so konnte dabei zunächst die Frage nach dem innerhalb der untersuchten Kultur geläufigen Begriff der Person offenbleiben. Die Unterscheidung von subjektiven und objektiven Aspekten des Personseins betrifft die analytische Ebene. Hier erscheinen die Figuren und sozialen Personen, die bei MAUSS als Einheiten galten, unter dem objektiven Aspekt, nämlich als »die distinktiven Eigenschaften, Fähigkeiten und Rollen, mit denen die Gesellschaft eine Person ausstattet« (FORTES 1983), während unter dem subjektiven Aspekt das Individuum nicht länger als »passiver Träger« seines Personseins – seiner »sozialen Maske« – gilt. Zwar prägt die Gesellschaft die Person (Status, Rolle, Amt) dem Individuum durch Enkulturation, Initiationsriten, Totems und Tabus ein, aber das Individuum besitzt unter allen sozialen Bedingungen eine mehr oder minder große Distanz zu dieser Prägung; die Anpassung an diese Prägung ist eine Aufgabe, die das Individuum womöglich nur zum Schein auf sich nimmt. Das äußert sich in sozial geächteten Institutionen wie Hexerei und Zauberei und in sozial geduldeten komplementären Kulten und Gemeinschaften, die ihren Anhängern ein zusätzliches Inventar von Figuren und damit Mittel zu einer Individualisierung »neben« dem Personsein zur Verfügung stellen. Was MAUSS als Einheit einer Figur oder als identisches Ich dachte, erweist sich also als komplexes, widersprüchliches Gebilde. Und diese Komplexität konnte die Ethnologie nicht nur in der sozialen Konstitution von Individuum und Person aufweisen, sondern auch in den kosmologischen Vorstellungen vieler Kulturen, die der problematischen Identität des einzelnen Menschen überraschend genau Rechnung tragen.

Kosmologische Konzepte zur Bezeichnung der Beziehungen zwischen der menschlichen und der spirituellen Welt sind schon früh in den Monographien der Missionare und Kolonialbeamten beschrieben, aber kaum in ihrer Relevanz für eine *Anthropologie der Identität* erkannt worden. Funktionalistische und strukturfunktionalistische Studien begnügten sich im allgemeinen mit der analytischen Bestimmung des Personseins; ebenso die Arbeiten der *Culture and Personality-Schule*, die systematisch der individuellen Enkulturation nachging, oft im Anschluß an DILTHEY oder FREUD (BENDICT, M. MEAD u. a). Vor diesem Hintergrund versuchte HALLOWELL (1967), die kosmologisch begründete Selbsterkenntnis und das Selbstbewußtsein als eigenständiges Moment herauszustellen und – am Paradigma der Ojibwa-Indianer – mit der »objektiven« Psychologie des Individuums in Beziehung zu setzen. Wesentliche Entsprechungen zwischen (psychologischem) Mikrokosmos und (spirituellem) Makrokosmos sind in afrikanischen Kulturen von britischen Sozialanthropologen entdeckt worden (FORTES, LIENHARDT), doch konnten diese Entdeckungen nur in dem Maße wirksam werden, in dem der Einfluß des orthodoxen Strukturfunktionalismus zurückging.

Afrikanische und andere Kosmologien enthalten Konzepte, die an die psychoanalytische Unterscheidung von *Ich, Es* und *Über-Ich* erinnern. Nach dem Glauben der westafrikanischen Tallensi wählt die menschliche Seele in ihrer pränatalen Existenz ihr zukünftiges irdisches Schicksal; das Schicksalswort, das sie im Himmel ausspricht, personifiziert sich und wacht über seine Erfüllung; es wählt eine Konstellation von Ahnen, die die Eigenschaften und die Geschicke ihres Mündels bestimmen. Während MAUSS also eine einzelne Figur angenommen hatte, gehen die Tallensi von einer Konstellation solcher Figuren aus, die als einmalige auch die Einzigartigkeit des Individuums bezeichnet. Das Individuum ist damit auch für die Tallensi selbst von den Personen unterschieden, die es im Laufe seines Lebens auf sich nimmt, angeleitet von der Konstellation seiner Ahnen. Hat die Seele eine schlechte Bestimmung gewählt, so kann sie – wie das psychoanalytische Es – sich den Absichten des Ichs widersetzen und sie vereiteln. Dagegen wachen die generalisierten Ahnen der Abstammungsgruppe über die auf die eigene Körperschaft begrenzte Moral ihrer lebenden Nachkommen; als »verinnerlichten Vaterfiguren« fällt ihnen eine ähnliche Aufgabe zu wie dem Über-Ich der Psychoanalyse (FORTES/HORTON 1983).

Kosmologien dieses Typs sind charakteristisch für Westafrika; aber in allen Kulturen, die nicht unter dem Einfluß monotheistischer Hochreligionen stehen, sind mikro- und makrokosmische Entsprechungen nachzuweisen. Sie lassen sich in analoger Weise als Anerkennung von Mächten interpretieren, die das Subjekt in sich selbst, aber als seinem bewußten Ich fremd erfährt, ob es sich dabei um Totengeister, Ahnen, Wildnismächte oder »Freie Gottheiten« (LIENHARDT) handelt. Identität erweist sich damit auch in der Perspektive des kulturell anderen Selbstbewußtseins als komplexes, aus vielfachen Refraktionen der kulturellen und natürlichen Welt zusammengesetztes Gebilde, das die Autonomie des Ichs einschränkt, verwandlungsfähig macht, aber auch bedroht.

Die kosmologisch-psychoanalytischen Parallelen, die sich bis in therapeutische Praktiken verfolgen lassen, können im Sinne einer psychoanalytischen Interpretierbarkeit »anderer«, uns fremder Kosmologien des Selbst ausgelegt werden. Es kennzeichnet die strukturalistischen und post-strukturalistischen Tendenzen in der Ethnologie, wenn man heute eher umgekehrt auch die Psychoanalyse zu einer »indigenen Psychologie« unter anderen relativiert, die sich mit den Auffassungen von Identität in anderen Kulturen vergleichen läßt, diese aber nicht mehr »erklärt« (BENOIST, LÉVI-STRAUSS, HEELAS, LOCK). Die frühere Entgegensetzung von »primitivem Kollektivismus« und »modernem Individualismus« wäre dann ebenso obsolet wie die Illusion von »identischen« Kulturen außerhalb der Moderne. Die Frage nach einer möglichen Unabhängigkeit des einzelnen Menschen in bestimmten Kulturen oder Epochen bleibt dennoch offen (BURRIDGE).

→ Ahnen, → Charisma, → Ekstase, → Erziehung, → Fremdwahrnehmung, → Hexerei, → Initiation, → Körperschaft, → Kommunikation, → Logik, → Mythos, → Religion, → Tod, → Völkerpsychologie, → Weltbild, → Wir-Gruppe

BENOIST, J. M. (Hrsg.), Identität: Ein interdisziplinäres Seminar unter Leitung von C. Lévi-Strauss. Stuttgart 1980 – BURRIDGE, K., Someone, No One. An Essay on Individuality. Princeton 1979 – DIETERLEN, G. (Hrsg.), La notion de personne en Afrique noire. Paris 1973 – FORTES, M./HORTON, R., Oedipus and Job in West African Religion (with an Essay by ROBIN HORTON). Cambridge 1983 – HALLOWELL, A. I., Culture and Experience. New York 1967 – HEELAS, P./LOCK, A., Indigenous Psychologies: The Anthropology of the Self. London 1981 – LIENHARDT, G., Divinity and Experience. Oxford 1961 – MAUSS, M., Soziologie und Anthropologie. München 1974 (orig. franz. Paris 1950)

Fritz Kramer

Initiation Die individuelle oder kollektive Einführung in eine neue Lebensphase (Erwachsensein, heiliges oder profanes Amt) oder Menschengruppe (Bund, Orden, Zunft) wurde erstmals von LAFITEAU (1724) Initiation genannt, der die Reifefeiern der Irokesen und Kariben mit den Weihezeremonien antiker Mysterienkulte verglich. Bereits um die letzte Jahrhundertwende lag reichhaltiges ethnographisches Material über Knaben-, Jünglings-, Jugend- und Mädchenweihen vor, unter denen vor allem die aus Australien berichteten zur Theoriebildung anregten. Denn ob Initiationsfeiern in einen normalen (z. B. Volljährigkeit) oder besonderen Stand (Ordination, Inthronisation, Konsekration) einführen, oft sind sie mit außerordentlichen Anforderungen an die Initianden verbunden, die sowohl die betreffenden Angehörigen wie auch die Öffentlichkeit im engeren und weiteren Sinne anziehen. Die Leitung der Mut- und Standhaftigkeitsproben, die Abnahme der Prüfungen wie die Vornahme der mannigfachen Körperverstümmelungen obliegen Zeremonienmeistern, die von Helfern (Paten, Betreuern, Chirurgen) unterstützt werden. Ihr Handeln läßt sich als dramatische Konzentration der gesellschaftlichen Erziehung (Sozialisation, Enkulturation) verstehen, in der der vorausgesetzte Reifezustand festgestellt und die neue Rolle vorgeführt wird.

Während das Thema der Initiation universal ist, können ihre Formen raschem Wandel unterliegen: Audrey RICHARDS mußte sich bei den Bemba (Zentralbantu) schon 1931 eine »richtige« Mädchenweihe *(chisungu)* rekonstruieren lassen. Die ehemals konzentrierten Reifefeiern der einfachen Gesellschaften sind heute fast überall mit den differenzierten Riten der westlichen Zivilisation (Taufe, Schule, Militär, Sport etc.) konfrontiert, mit solchen Elementen angereichert (DROOGERS 1980) oder ganz durch sie ersetzt.

Die erste systematische Bearbeitung der Initationsberichte erfolgte durch VAN GENNEP, der sie in sein allgemeines Konzept der *Übergangsriten* einordnete. Wie Geburt, Heirat und Tod löse auch die Adoleszenz eine gesellschaftliche Krise im Sinne einer Statusverunsicherung aus, die rituell zu bewältigen sei. Auch komme bei dem Übergang von der ungeschlechtlichen Welt des Kindes zur geschlechtlichen der Erwachsenen der »sozialen Reife«, d. h. der Mündigkeit, eine größere Bedeutung zu als der biologischen Pubertät. Alle dramatischen Gestaltungen der bedrohlich empfundenen Zeitsprünge lassen sich nach VAN GENNEP in die drei Phasen der Loslösung vom alten Status *(séparation)*, der Übergangszeit *(marge)* und der Einführung in den neuen Status *(agrégation)* zerlegen. In der mittleren Phase mache der Initiand eine Art »Gehirnwäsche« durch: seine Bemalung weist ihn als Toten aus, er ißt und spricht regelwidrig, unternimmt Traumreisen, wechselt das Geschlecht oder genießt allgemeine Narrenfreiheit. Auf die letzte Phase, die schon von FRAZER (1905) als »Wiedergeburt« gedeutete Rehabilitation auf neuem Niveau, verweist dann das Anbringen der neuen Statusmarken: meist Operationen am Körper, die über ihre Dauerhaftigkeit der Veränderung Bestand verleihen sollen.

Auch wenn der Wiedereinzugliedernde erst einmal auch die selbstverständlichsten Verrichtungen des Alltags neu lernen muß, ist er jetzt »Wissender«. Er hat die *sacra*, die heiligen Gegenstände wie Schwirrholz und Maske kennengelernt, und zwar aus der Perspektive derer »hinter der Kulisse«. Dieser Aspekt der Männerverschwörung gegen Frauen und Kinder wurde in neuerer Zeit von YOUNG im Anschluß an GOFFMAN herausgestellt, war aber bereits in der zweiten großen Bearbeitung des Themas Initiation enthalten, nämlich der psychoanalytischen. Von FREUDS »Totem und Tabu« (1912) ausgehend versuchte REIK, die »Triebökonomie« der universalen Pubertätsriten zu rekonstruieren. In ihnen kreuzten sich die Konflikte zwischen den Generationen und den Geschlechtern und verdichteten sich zur Tragödie des Ödipus. Thema der Reifefeiern sei demnach die Problematik des FREUDschen Urhordenmythos, d. h. die Angst der Vatermörder (Brüderklan) vor der Vergeltung seitens der neuen Generation und die Einbeziehung der ersatzkastrierten Knaben in die Gemeinschaft der Männer. REIK unterscheidet aggressive Momente wie die Beschneidung – gedeutet als blutige Implantation der *Seniorität* (Anteriorität) oder Biß des mythischen Ungeheuers (Großvaters) – von versöhnlichen Motiven, die vor allem dann zum Tragen kämen, wenn die Initianden auf Vatermord und Mutterinzest verzichtet hätten. Als Belohnung öffneten die Beschneider Ventile: sexuelle Exzesse, Massenvergewaltigungen, Außenleitung der Aggressionen – etwa in Töterkulten – oder ritualisierte Sadismen beendeten das Gesellschaftsdrama, in dem das Triebleben einer neuen Generation domestiziert, d. h. sozial verträglich zugeschnitten wurde.

Eine andere Rekonstruktion jenes Sinnes, den die von den Ethnographen befragten Dramaturgen längst vergessen hätten, nahm JENSEN vor. In den Reifezeremonien sah er den stärksten

Ausdruck einer Weltanschauung, die im Kulturkreis der Altpflanzer sich an vielen Stellen der Erde noch erhalten habe. Die Initiation gestalte die »dämonische Einheit von Leben und Tod, Lebenskraft und -freude und schrecklicher Grausamkeit«. In einer frühzeitlichen »Ergriffenheit« durch diesen natürlichen Zusammenhang seien die Reifezeremonien geschaffen worden als »Wiederholung des mythischen Urzeitgeschehens«, die als Akt des Gehorsams gegenüber der Weltordnung zu verstehen sei. In den verordneten Qualen erlitten die Initianden ein symbolisches Sterben; die blutige Operation an den Geschlechtsorganen, den Trägern von Zeugung und Empfängnis, zeige die Spuren des mythischen »Verschlingerwesens«, das die Initianden aus ihrer Kindheit gerissen, aufgefressen und als Erwachsene wieder ausgespieen habe. Die heilige Handlung habe die Geister, die Ahnen und Urzeitwesen auf den Plan gerufen, hörbar im Sausen der Schwirrhölzer und den Flötentönen, sichtbar in den schrecklichen Masken. JENSEN sah in der Kulturerneuerung, die zugleich eine Welterneuerung sei, den tieferen und älteren Sinn der Initiation, der mit dem »rationaleren« Aspekt der Normentradierung und Prüfung im Anschluß an die »Buschschule« allerdings nicht kollidieren müsse.

Die pädagogische Funktion der Initiation, das Lernen neuer Rollen oder, wie FORTES sagte, die Zurichtung auf ein neues Amt, wird in vielen neueren Studien (HUBER 1979; GROHS 1980) hervorgehoben. Aber auch die Probleme der Generationen- und Geschlechterspannung blieben Thema, das in den (häufigeren) Knabenweihen deutlicher wird als in den manchmal als Imitation interpretierten Mädchenweihen. KOEPPING führt den Unterschied auf die Physiologie zurück: Die Gebärfähigkeit der Frau statte diese von Natur mit »Sozialität« aus, während den Männern die Begriffe »Sorgen« und »Versorgen« erst beigebracht werden müßten (1983). Beatrice WHITING (1961) betonte die Dramatik der »Mutter-Sohn-Trennung«, die schon in den australischen Berichten als sehr blutig beschrieben worden war. Der Übergang von der »Mutter-Kind-Schlafgemeinschaft« ins Männerhaus bedeute den entscheidenden Schritt in der Sozialisation. Diese These formulierte schon der erste feldforschende Psychoanalytiker, der Ungar RÓHEIM (1945).

Der wesentlichste neuere Beitrag zur Theorie der Initiation stammt schließlich von TURNER, der die gemeinschaftsstiftende Erfahrung kollektiven Leidens herausstellte. In VAN GENNEPS zweiter Phase erfolge eine »Entpersonalisierung« durch extreme Körpererfahrungen, für die er den Begriff »Liminalität« prägte. Die »gemeinsame Grenzerfahrung« im Ausnahmezustand körperlicher Schmerzen rücke die Initianden in die Nähe des Außergewöhnlichen wie Tod, Unsichtbarkeit, Bisexualität, Asexualität, Zügellosigkeit, Sonnen- und Mondfinsternis, Wildheit, Nacktheit, Besitzlosigkeit und Anonymität. Alle Initianden seien sich in dieser Phase gleich, sie seien gesellschaftlich nicht »strukturiert«, d. h. in Rollen eingebunden, sondern schlichte Glieder einer *communitas* – für TURNER das Gegenteil von Gesellschaft. In diese kehrten die Initianden erst in der dritten Phase zurück, wenn sie neue Rechte und Pflichten erhielten, d. h. re-sozialisiert würden. Das gemeinsame Erlebnis der Liminalität halte aber auch nach dem Wiedereintritt in die Gesellschaft die ehemaligen Initianden zusammen: Sie hätten im Ausnahmezustand der Initiation Ungewöhnliches und Unheimliches geschaut und würden sich Zeit ihres Lebens gemeinsam daran erinnern wollen. Die Initiation in die Gesellschaft wirke hauptsächlich durch ihren Schrecken, und sein Erlebnis in der *communitas* sei das Geheimnis des sozialen Zusammenhaltes.

→ Bund, → Ekstase, → Erziehung, → Fest, → Geschlecht, → Heirat, → Identität, → Institution, → Körperschaft, → Krieg, → Opfer, → Priester und Prophet, → Religion, → Ritual, → Symbol, → Tabu, → Tanz, → Tod, → Weltbild, → Wir-Gruppe

Bleibtreu-Ehrenberg, G., Mannbarkeitsriten. Frankfurt 1980 – Eliade, M., Das Mysterium der Wiedergeburt. Initationsriten, ihre kulturelle und religiöse Bedeutung. Zürich/Stuttgart 1961 – Frazer, J. G., The Origin of Circumcision. Indep. Review Vol. IV, London 1905 – Gennep, A. van, Übergangsriten – Les rites de passage. Frankfurt/New York 1986 (orig. franz. Paris 1909) – Jensen, A. E., Beschneidung und Reifezeremonien bei Naturvölkern. Stuttgart 1933 – Popp, V. (Hrsg.), Initiation. Frankfurt 1969 – Reik, Th., Die Pubertätsriten der Wilden. In: Ders., Das Ritual. Leipzig/Wien 1919 – Richards, A. I., Chisungu; a Girls Initiation Ceremony among the Bemba of Northern Rhodesia. London 1957 – Turner, V., Betwixt and Between: The Liminal Period in Rites de Passage. In: Ders., The Forest of Symbols. New York 1964 – Young, F. W., Initiation Ceremonies. A Cross-Cultural Study of Status Dramatization. New York 1965

Bernhard Streck

Institution Die von Hobhouse (1924) geäußerte und von Nadel (1951) bestrittene Meinung, daß der juristische Begriff *Institution* in den Sozialwissenschaften keine allgemein akzeptierte Bedeutung habe, jeder Autor ihn vielmehr nach eigenem Gutdünken gebrauche, behält bis heute ihre Berechtigung. Zwar hatte der Terminus bei Montesquieu und Rousseau noch das »von Menschenhand Eingerichete« von dem in der Natur Gegebenen deutlich zu trennen vermocht, in der akademischen Ethnologie aber gab es im wesentlichen nur zwei Versuche, mit dem Begriff einen eigenständigen Ansatz zu entwickeln: bei Nadel im Rahmen des britischen Strukturfunktionalismus und bei Kardiner, dem Mitbegründer der amerikanischen Kultur- und Persönlichkeitslehre. Für die übrige Ethnologie gilt, daß Institution als Ergänzung oder Synonym für *Struktur* oder *System* gebraucht wird.

Durkheim definierte, daß Institutionen »Organe« gesellschaftlicher Gruppen seien, die die Funktion des gesamten »Organismus« aufrecht erhielten. Damit gehörte auch Institution zu jener »gewissen Anzahl von Bewußtseinszuständen«, die allen Mitgliedern einer Gruppe gemeinsam seien und ihr Handeln normativ bestimmten (1893). In dieser Totalität – die ähnlich auch von Spencer gesehen worden war – ersetzte der Begriff in der britischen Sozialanthropologie die älteren Termini *Sitte* und *Brauch (custom* und *manners).* In

THURNWALDS Formulierung von den »geselligen Erscheinungen« (1923) kann ein Parallelversuch gesehen werden, der aber nicht dieselbe Anerkennung fand.

MALINOWSKI (1939) verstand unter Institution ein organisiertes System von Tätigkeiten und Normen (»Kodex«), ausgerichtet auf die Erreichung eines Zieles, einer »Bedürfnisbefriedigung«. Wie sie selbst aus Einzelphänomenen aufgebaut sind, so bilden sie wiederum Teilfunktionen des Gesamtsystems. RADCLIFFE-BROWN (1958) hatte dem hinzugefügt, daß die Struktur einer Gesellschaft oder Gruppe sich im »institutionalisierten Verhalten« ihrer Mitglieder zeige. Eine ähnliche Ansicht vertrat auch EVANS-PRITCHARD (1951), der von »standardisiertem Verhalten« sprach (und damit dessen Institutionalisierung meinte), das die Aufrechterhaltung der bestehenden Ordnung zum Ziel habe bzw. diese selbst sei (LIENHARDT 1966).

Das Individuum ist in der strukturalfunktionalen Theorie nur als Akteur interessant, der durch die Institutionen vorgegebene Rollen zur Aufrechterhaltung des Gesamtsystems zu spielen hat – auch wenn dies dem Akteur selbst nicht bewußt sein sollte (RADCLIFFE-BROWN 1958). Somit kann ein Informant nur begrenzt über die Regelhaftigkeit seines Verhaltens Auskunft geben. Da die Institution (z.B. Verwandtschaft, Heiratsregelungen, Altersklassenorganisation, Meidungsregeln, Königtum etc.) jedoch Sinn und Zweck *(meaning and function)* der Handlungen jedes Gruppenmitgliedes normiere, könne der Feldforscher – so der Rückschluß – aus diesem regelmäßigen Verhalten ablesen, welche Aktionen und Reaktionen zur Institution gehörten. Erst die Institution mache individuelles Verhalten sozial bedeutungsvoll (BEATTIE 1970).

Sollte sich ein Individuum wider Erwarten nicht konform verhalten, treten nach NADEL (1951, 1963) allseits akzeptierte, also selbst wieder institutionalisierte *Sanktionen* in Kraft. Diese sind den Betroffenen von vorneherein bekannt, so daß sie regelgerechtes Verhalten geradezu erzwingen.

Die Institutionen setzen sich aus Elementen zusammen, die selbst Charakterzüge von Institutionen (z. B. Normierung des Verhaltens, Zielgerichtetheit, Dauerhaftigkeit, Sanktionsfähigkeit) tragen. So besteht die Institution Ehe aus den Elementen Werbung, Brautpreis, Hochzeitsfeier, Beziehungen zwischen den Geschlechtern, Zusammenleben, Arbeitsteilung, Eigentum, Regeln des Anstandes gegenüber dem Partner und gegenüber dritten Personen, Elternschaft, Kindererziehung, Witwenschaft und Scheidung (NADEL 1951).

Über diese im Allgemeinen verbleibenden Bestimmungen hinaus versuchten KARDINER und NADEL Unterscheidungsmerkmale nach Bedeutung und sozialer Reichweite zu finden. KARDINER teilte, vom Konzept der *Basispersönlichkeit* ausgehend, die Institutionen in zwei unterschiedlich gewichtete Gruppen ein: Jene, die die Persönlichkeit im frühkindlichen Stadium prägten, nannte er *primäre Institutionen.* Dazu zählten Familienorganisation, Kinder- und Säuglingspflege, Stillpraxis, Sexualerziehung, die allgemeinen Bedingungen der Subsistenz und der Aufbau der Kleingruppenbeziehungen. Zu diesen Institutionen gehörten Disziplinierung durch Bestrafung und Belohnung. Da sie somit die Basispersönlichkeit selbst hervorbringen, hielt KARDINER sie für stabiler und dauerhafter als die im späteren Leben erst greifenden *sekundären*

Institutionen. Zu diesen zählte er Meidungsgebote (Tabus), Religion, Mythen und Märchen, Denktechniken und Ritualverhalten. Ihre Hauptaufgabe bestehe darin, Fehlwirkungen der primären Institutionen und abweichendes Verhalten gesellschaftlich wirksam zu neutralisieren.

NADEL näherte sich dem Problem weniger entwicklungspsychologisch; er ging davon aus, daß aus regelmäßigem Verhalten auch regelgemäßes statistisch abgeleitet werden könne. Wenn nun Aktions- und Reaktionsmöglichkeiten der Betroffenen »standardnormalverteilt« seien, könne die Frage nach dem regelgemäßen Verhalten dadurch beantwortet werden, daß die am häufigsten auftretende Reaktion – der »dichteste Wert« – zugleich die allgemein gültige sei. Die weiteren Bemühungen NADELS um den Begriff betrafen die deskriptive Verfeinerung institutionalisierten Verhaltens. Dazu ordnete er die möglichen Institutionen auf einem Spektrum zwischen *operativen,* d. h. direkt nützlichen, und *regulativen«,* d. h. Verhaltensmöglichkeiten einschränkenden, an. Hinsichtlich der Akteure könnten Institutionen eine Gruppe schaffen oder in einer gegebenen Gruppe den Charakter einer Rechtsform haben. Außerdem unterschied NADEL Institutionen, die in festem Rhythmus, solche, die bei Bedarf, und andere, die permanent wirksam sind. Diese Untergruppen ließen sich endlich weiter aufteilen in freie, exklusive oder zwingende sowie auf die Gesamtheit bezogene oder nur in bestimmten Gruppen wirkende Institutionen.

Trotz dieser terminologischen und klassifikatorischen Ordnungsversuche bleibt der Begriff der Institution seltsam unbestimmt. Seine Bedeutung für die ethnologische Forschung scheint einzig darin zu liegen, daß er – wie auch die Begriffe System, Struktur oder Rolle – den Sozialwissenschaftler stets daran erinnert, regelhaftes und regelgeleitetes Verhalten zu studieren.

→ Ahnen, → Erziehung, → Fest, → Heirat, → Hexerei, → Initiation, → Körperschaft, → Komplexe Gesellschaft, → Nachbarschaft, → Opfer, → Priester, → Recht, → Religion, → Ritual, → Segmentäre Gesellschaft, → Sozialanthropologie, → Struktur, → Tabu, → Verwandtschaft

EVANS-PRITCHARD, E. E., Social Anthropology. London 1951 – FIRTH, R. et al., The Institutions of Primitive Society. Oxford 1956 (dtsch. Frankfurt 1967) – KARDINER, A. (Hrsg.), The Individual and His Society. New York 1939 – NADEL, S. F., The Theory of Social Structure. London 1957

Andreas Grüb

Kleidung Während das Haus die Hülle für die Gemeinschaft bildet, stellt das Kleid das »Gehäuse« für das Individuum dar. Haus und Kleid (Hemd) gehen in einigen Sprachen auf die gleiche Wurzel »Hülle« zurück.

Man könnte sich vorstellen, daß der Urmensch in einer Art »paradiesischer« Geborgenheit noch kein Bedürfnis nach physischer und psychischer Abkapselung von der umgebenden Natur verspürte. Er fühlte sich vermutlich auch ohne Umhüllung nicht nackt. Mit zunehmender Intellektualisierung, d. h. Wahrnehmungsdifferenzierung in Ich- und Außenweltbewußtsein, scheint sein Körper, seine ihm nächste Außenwelt, anfälliger gegen Natur- und Gesellschaftseinflüsse geworden zu sein. Er fühlte sich veranlaßt, das verlorene Gleichgewicht durch Mitgestaltung wiederzufinden. Er ersann Schutzmaßnahmen gegen schädliche Einflüsse auf seinen Körper, die ihm aus der natürlichen, menschlichen und übernatürlichen Umwelt entgegenkamen. Auch wenn Klima, Vegetation etc. keinen Schutz erforderlich machen, wie es bis heute einige Ethnien Afrikas, Südostasiens, Ozeaniens, Australiens und Südamerikas durch ihr Nacktgehen beweisen, finden sich Bemalung, Tatauierung und/oder Schmuckstücke mit magischer Funktion zum Schutz gegen menschliche und übernatürliche feindliche Kräfte in jeder Gesellschaft (Döbler 1972).

Zu dieser Komponente der Anpassung an Umwelt und Gesellschaft kommt die des Ausdrucks, der Darstellung des jeweiligen Selbstverständnisses des Menschen. Diese ist – im Gegensatz zur eher räumlich differenzierten Adaption an die soziale und natürliche Umwelt – wesentlich abhängig von *Zeitstilen* oder *Modevorstellungen.* Mittels des Körpers allein vermag der Mensch zwar gegenwärtige psychische Erlebnisse (durch Mimik und Gestik) auszudrücken; Zielvorstellungen seines Werdens kann er nur durch Verbildlichungen in der Kleidung verdeutlichen. In diesem Sinne bilden Mensch und Kleid eine Einheit (Wiederkehr-Benz 1973). Der Kleidung als Ausdrucksform liegt stets die Vision eines »Vorbildes« zugrunde, sei es ein Gruppengeist (Totem), ein Gott (Döbler 1972), ein Heros, eine Kultfigur, ein Star oder auch das Wunschbild seiner eigenen Individualität, wie gegenwärtig vor allem in der westlichen Zivilisation. Aber auch die totale Verschleierung orthodoxer islamischer Frauen drückt etwas aus, nämlich den Zwang zur Verheimlichung des Körpers und damit der Reize der Frau. Die Bedeutung dieser kulturspezifischen »Kleiderimaginationen« zu entschlüsseln, ist die Aufgabe einer semantischen Wissenschaft von der Bekleidung.

Im weitesten Sinne umschließt der Begriff »Kleidung« jede künstliche Veränderung des Äußeren, also auch *Körperveränderungen.* Von letzteren läßt sich – einer Definition Rumpfs (1905) folgend – Kleidung im engeren Sinne abgrenzen als Zutat am Körper, welche »nicht zum Zwecke der Beförderung vorübergehend, sondern um des Tragens willen, gewohnheitsmäßig mitgeführt wird«. Das kann eine aufgetragene Farbmasse (Braun 1979), ein Ohrpflock, aber auch ein Kaiserornat sein.

Inwieweit diese Zutaten primär Umweltbedingungen oder aber gesellschaftlichem Selbstverständnis (Cordwell/Schwarz 1979) Rechnung tragen, muß jeweils im Einzelfall bestimmt werden. Die Frage nach ihrem Ursprung ist jedoch nur zu beantworten, wenn man beide Aspekte berücksichtigt (Wiederkehr-Benz 1973).

Das vielzitierte Schamgefühl, das die abendländische Ethik auf äußere Geschlechtsmerkmale bezieht (Schurtz 1891), kann nachweislich nicht als zentrale Ursache der Bekleidung gelten (Döbler 1972), wie verschiedene Ethnien durch Nacktgehen oder sogar durch künstliche Hervorhebung des männlichen Geschlechtsteils mittels eines Penisfutterals – ein Zeichen der

Stärke – beweisen. Schamgefühl ist vielmehr kulturspezifisch geprägt und tritt immer dann in Erscheinung, wenn das jeweils vorgeschriebene »volle Ornat« nicht getragen werden darf oder kann. Wenn einem südamerikanischen Indianer (z.B. einem Yanomani im Grenzgebiet von Venezuela und Brasilien) das einzige Kleidungsstück, die Penisschnur, reißt, ist ihm das ähnlich peinlich, wie einer unverheirateten Pilsnerin, der beim Tanz die gestärkte horizontal schwebende Haubenschleife abknickt, denn die nach unten geknickte Schleife gilt als Zeichen der verheirateten Frau. Wird nur ein als Unterhemd ausgewiesenes Bekleidungsstück getragen, wie das Büßerhemd des Mittelalters, empfindet man Scham ob der »Nacktheit«. Selbst ein Zeitgenosse würde sich schämen, im Unterhemd auf die Straße zu gehen, während das durch ein kleines Emblem gekennzeichnete T-Shirt als Stadtkleid keinen Anstoß erregt.

In dem Maße, wie die Schutzfunktion der Kleidung an Bedeutung verliert, tritt der Ausdrucksaspekt hervor. Hier kommen verschiedene Ebenen ins Spiel: die physische, psychische und mentale. Am ältesten scheint der zeichenhaft-symbolische (mentale) Ausdruck zu sein, der Aufschluß gibt über die Gruppenzugehörigkeit und den geschlechtlichen, beruflichen, wirtschaftlichen und sozialen Status. Der psychische Aspekt tritt hervor, wenn Farbe und Form zum Ausdruck von Temperament und Charakter oder spontaner Sympathie und Antipathie eingesetzt werden. Kleidung vermag aber auch auf besondere Vorzüge des Körpers, auf schöne Beine, auf Busen oder Augenfarbe hinzuweisen (Nixdorff/Müller 1983). Je nach Bedarf entwickelte man textile Techniken, um spezifische »Visionen« auszudrücken (Döbler 1972).

Kulturhistorisch orientierte Forscher versuchten, ausgehend von Mythen und anderen Zeugnissen, eine Entwicklungsgeschichte der Kleidung zu schreiben (Birket-Smith 1956). Nach der Genesis im 1. Buch Mose ging der textilen Kleidung das Nacktgehen, der Gebrauch von Blättern und schließlich das Bedecken mit Fellen voraus. Wie auch immer eine solche Differenzierung des Materials nach Naturstoffen entwicklungsgeschichtlich zu beurteilen ist, die Ethnologie hat im Rahmen des Studiums der »Naturvölker« einen erheblichen Variantenreichtum an Kleidung aus nicht-textilen Materialien nachgewiesen. Die »unmittelbare Bekleidung« des Körpers erfolgt mittels Farbstoffen oder kleinen Fremdkörpern, die – meist unter großen Schmerzen – in den Leib eingearbeitet werden. Während die Augen schon von Natur aus »mit Edelsteinen besetzt« erscheinen, werden besonders Ohren, Nase und Lippen durch Pflöcke oder Ringe betont und die Haut mit Farbstoffen bemalt oder tatauiert (Braun 1979). Floraler Schmuck wie Blüten, Zweige, Kränze oder Girlanden versinnbildlichen nicht nur Vorstellungen vom Nimbus des Trägers, sie tragen durch ihren Duft, ihre Farben und die Geschmeidigkeit des Materials auch zum Wohlbefinden bei. Die Trophäen aus dem Tierreich, das Pantherfell eines nilotischen Priesters gleichermaßen wie die Eberzahn-Kette eines melanesischen Häuptlings, sollen u. a. auch die Beschaffenheit der Psyche ihres Trägers, seine Waghalsigkeit, seinen Mut verdeutlichen.

Auch bei der Kleidung aus textilen Materialien versuchte man, Entwicklungen nachzuweisen. Der Scham- und

Phrygische und lydische Trachten (erste Hälfte des 1. Jahrtausends v. Chr.)

der Hüftschurz, die bis in die jüngste Zeit noch in weiten Teilen Afrikas und Asiens vorkamen, gelten als älteste Kleidungsstücke. Aus dem Schamschurz scheint die Hose, eine Kombination aus Schurz und Beinlingen, wie sie bei einigen nordamerikanischen Indianern üblich waren, entstanden zu sein; aus dem Hüftschurz der Rock. In südosteuropäischen Volkstrachten tritt eine Variante dieses Wickeltyps noch in Form der Vorder- und Hinterschürze auf. Die sich nach oben anschließende Brustkleidung wurde von Mützel (1921) unterschieden in: Hemd- oder Kitteltrachten – wie z. B. der ringsum geschlossene Ärmelrock (Europa) –, den Kaftan – ein aus Bahnen entwickelter offener Mantel (Asien) – und den Poncho aus einem eckigen oder runden Stück Stoff mit einer zentralen Kopföffnung (Südamerika, Europa).

Die größte Formenvielfalt zeigen die Kopfbedeckungen. Zum Schutz vor Regen und Sonne werden in Ostasien riesige Strohhüte getragen; gegen Frost bei den Eskimos und Samen Kapuzen und Mützen aus Fell oder auch Stoff; vor Hitze und Sandsturm bewahren die verhüllenden Turbane und Gesichtsschleier der Tuareg. Der Kopfbereich eignet sich aber auch, um symbolträchtige und oft imponierende Gebilde vorzuführen: indianischen Federschmuck, der auf ein Vogeltotem verweist, Blätterkranz oder Metallkrone, die Intelligenz bezeugen, ein Stirnband als Zeichen der Jungfräulichkeit, die Haube als Kennzeichen des Ehestandes.

Das Schuhwerk kann formal in Stiefel und Sandalen unterteilt werden; letztere lassen sich wieder in Schnürsandalen (Europa, Amerika), Zehenriemen-Sandalen (Wüsten- und Steppenvölker) und Holzsandalen mit Zehenzapfen (Ost- und Südostasien) gliedern. Reich ist die Vielfalt an Material, Form und Verzierung. Daß selbst der Schuh nicht nur zum Schutz des Trägers bestimmt, sondern auch Zeichen war, zeigt z. B. eine Kleiderordnung des 13. Jahrhunderts aus Mitteleuropa, die dem höchsten Stand die längsten Schnabelschuhe vorschrieb (THIEL 1980).

Die Ethnologie hat sich weitgehend darauf beschränkt, die Trachten der sogenannten Naturvölker und archaischen Hochkulturen zu erforschen (SCHURTZ 1891; BIRKET-SMITH 1956). Die kunsthistorisch orientierte Kostümkunde beschäftigte sich mit der Geschichte des europäischen Modekostüms (THIEL 1980), die Volkskunde und europäische Ethnologie mit den Volkstrachten, d. h. der Kleidung der ursprünglich unteren Stände Europas. Die Probleme modischen Verhaltens sind Forschungsgegenstand besonders der Soziologie und Psychologie (FLÜGEL 1930; BAUSINGER 1973; KÖNIG 1985). Daß die unterschiedlichen Aspekte von Kleidung, nämlich Textiltechnik, Psychologie, Ästhetik und Symbolik der jeweiligen Gesellschaft nicht mehr von einer Fachdisziplin allein bearbeitet werden können, zeigte sich in neueren Forschungsprojekten der Museen Paris (1981, 1984), Den Haag (1979) und Berlin (1983). Eine ideengeschichtlich konsequente Zusammenfassung des Themas steht noch aus.

→ Alter, → Arbeit, → Diffusion, → Fest, → Geschlecht, → Handwerk, → Haus, → Heirat, → Identität, → Kunst, → Prestige, → Ritual, → Schmuck, → Symbol, → Tanz, → Technologie

BRAUN, R., The Decorated Body. London 1979 – CORDWELL, J. M./SCHWARZ, R. A. (Hrsg.), The Fabrics of Culture. The Anthropology of Clothing and Adornment. Den Haag etc. 1979 – DÖBLER, H., Vom Lendenschurz zum Mini-Rock. München 1972 – KÖNIG, R., Menschheit auf dem Laufsteg. München 1985 – NIXDORFF, H./MÜLLER, H., Weiße Westen – Rote Roben. Von den Farbordnungen des Mittelalters zum individuellen Farbgeschmack. Berlin 1983 – RUMPF, F., Der Mensch und seine Tracht. Berlin 1905 – SCHURTZ, H., Grundzüge einer Philosophie der Tracht. Stuttgart 1891 – THIEL, E., Geschichte des Kostüms. Berlin 1980 – WIEDERKEHR-BENZ, K., Sozialpsychologische Funktionen der Kleidermode. Zürich 1973

Heide Nixdorff

Körperschaft Der Begriff der *Körperschaft* wird in der Ethnologie nicht immer eindeutig gegen den des *Verbands* abgegrenzt; Körperschaft und Verband beziehen sich zum Teil auf gleiche oder ähnliche Phänomene, an denen sie aber verschiedene Aspekte hervorheben. Verband soll nach Max WEBER »eine nach außen regulierend beschränkte oder geschlossene soziale Beziehung dann heißen, wenn die Innehaltung ihrer Ordnung garantiert wird durch das eigens auf deren Durchführung eingestellte Verhalten bestimmter Menschen: eines Leiters und, eventuell, eines Verwaltungsstabes, der gegebenenfalls normalerweise zugleich Vertretungsgewalt hat« (1921). Entscheidend ist für WEBER also die innere, administrative Organisation des Verbands: »Das Vorhandensein eines ›Leiters‹: Familienhaupt, Vereinsvorstand, Geschäftsführer, Fürst, Staatspräsident, Kirchenhaupt, dessen Handeln auf Durchführung der Verbandsordnung eingestellt ist.« Wenn der Verband trotz des Wechsels der ihn konstituierenden Personen Bestand hat, so ist dies auf die Ordnung zurückzuführen, an der sich das Verbandshandeln ausrichtet. Andere Formen der geschlossenen sozialen Beziehung, z. B. »eine Sippengemeinschaft ohne Leiter«, fallen somit nicht unter den Begriff des Verbands, der deswegen auch nur für einen begrenzten Teil des ethnologischen Materials herangezogen werden kann und sich vor allem zur Darstellung sozialer Beziehungen in der modernen Gesellschaft eignet.

Der Körperschaftsbegriff, den die Ethnologie von dem Rechtshistoriker MAINE (1861) übernahm, bestimmt »Korporativität« primär in bezug auf die äußere politische und rechtliche Ordnung. Wie der Verband unabhängig von den ihn jeweils konstituierenden einzelnen Menschen besteht, so sind Körperschaften für MAINE wesentlich durch ihre »Unsterblichkeit« gekennzeichnet *(corporations never die)*. Dieses Kriterium soll nicht nur für die Körperschaft gelten, die – wie der Verband – aus mehreren Personen besteht *(corporation aggregate)*, sondern auch für die *corporation sole*, d. h. das Amt, das zu einem gegebenen Zeitpunkt nur eine Person innehaben kann, die in gewisser Hinsicht mit ihren Vorgängern und Nachfolgern eine Einheit bildet. Das Moment der Leitung tritt damit zurück hinter das des Rechtsstatus, die Gesamtheit der Rechte und Pflichten, die eine Person einmal innehatte und die von Generation zu Generation jeweils in einem einzigen Rechtsakt an den Erben oder die Gruppe der Erben weitergegeben werden. Das beinhaltet die Vorstellung, daß etwa ein Familienhaupt seine Rechte und Verpflichtungen lediglich als Vertreter der Familie innehat, an die als Körperschaft sie unveräußerbar gebunden bleiben. Entscheidend ist die überindividuelle Dauerhaftigkeit der Körperschaft, nicht der Inhalt der einzelnen Rechte, in denen sich die Korporativität ausdrückt. MAINE entwickelte diesen Begriff der Körperschaft aus römischen und mittelalterlichen Rechtslehren, aber die ethnologische Erforschung außereuropäischer Gesellschaften hat gezeigt, wie sehr er sich zur Analyse speziell jener Sozialstrukturen eignet, die sich, wie in segmentären Gesellschaften, durch Abstammungsgruppen konstituieren. (Zur Bildung von Körperschaften eignen sich neben Abstammung auch Verwandtschaftsbeziehungen jeder Art, territoriale Beziehungen und die gemeinsame Bindung an ein Amt.)

Dem analytischen Begriff der Körperschaft, den die Ethnologie der europäischen Rechtsgeschichte entnahm und auf außereuropäische Gesellschaften anwandte, entsprechen mehr oder minder genau Vorstellungen in den einzelnen Kulturen und Epochen, die ebenfalls korporative Gruppen als eine einzige Person erscheinen lassen. Insofern erweist sich die *juristische Person* als gleichsam entmythologisierte Variante einer weitverbreiteten *anthropomorphen Personifizierung* von Körperschaften. So läßt sich etwa den Stadtgöttinnen der Antike die »Stadtpersönlichkeit« mittelalterlicher Rechtslehren ge-

genüberstellen, ob diese nun als lebendiger, mit eigenem Willen begabter Organismus galt (v. GIERKE 1868) oder als reine juristische Fiktion *(persona ficta,* ein Begriff, der zuerst im kanonischen Recht des 13. Jahrhunderts formuliert wurde). Beide Konzepte waren jedenfalls nicht mit einem »kultischen Anthropomorphismus« verknüpft (KANTOROWICZ 1957). Hingegen begegnet uns im ethnographischen Material eine Fülle von Glaubensvorstellungen, die den Genossen oder Mitgliedern der Körperschaft ihre Einheit und Identität nicht nur symbolisch anschaubar, sondern auch kultisch zugänglich und handhabbar macht. Hierher gehört auch der große Komplex des *Totemismus,* also die Identifikation einer Körperschaft mit einer Tier- oder Pflanzengattung oder einem Naturphänomen, wobei das Totem die Einheit der Körperschaft, meist einer korporativen Abstammungsgruppe, darstellt, durch Tabus markiert und damit von anderen Einheiten gleicher Art unterscheidet. Ähnliche Aufgaben erfüllt der *Ahnenkult,* in dem man die Körperschaft in der Person des Gründungsahnen verehrt. Die westafrikanischen Ashanti bezeichnen die matrilineare Abstammungsgruppe sogar ausdrücklich als »eine Person«, womit sie der Definition der Körperschaft als juristischer Person bereits nahe kommen (FORTES 1969).

Symbolik und Kult korporativer Abstammungsgruppen scheinen manchmal ein vollständiges Aufgehen und Verschmelzen des Individuums im Kollektiv zu suggerieren; DURKHEIM glaubte, dies am australischen Totemismus nachweisen zu können, wenngleich ihm bewußt war, daß die *Identität* des einzelnen Menschen neben der kollektiven *Person* bestehen bleibt. Das Maß körperschaftlicher Solidarhaftung zeigt sich eindrucksvoll an den Fehden in segmentären Gesellschaften, wo die Angehörigen der Körperschaft eines Ermordeten den Mord nicht unbedingt am Mörder selbst rächen, sondern an einem beliebigen Angehörigen seiner Körperschaft. Dieses Beispiel zeigt zugleich, daß sich die Körperschaften als Rechtssubjekte gegenüberstehen: Körperschaft ist, auch in segmentären Gesellschaften, ein Begriff der politischen und rechtlichen Sphäre; soziales Handeln außerhalb dieser Sphäre ist von korporativer Identität entlastet. Das Individuum gehört nicht kraft Geburt zu seiner patri- oder matrilinearen Abstammungsgruppe, sondern nur in politischer und rechtlicher Hinsicht – und kraft eines Ritus, der den biologischen Tatbestand der Geburt zu einem sozialen macht; in anderer Hinsicht steht es in »symmetrischen« Beziehungen zu Verwandten in anderen Abstammungsgruppen; die Mitgliedschaft in Kultgemeinden, Altersklassen und Bünden ist ebenfalls in der Regel von den politischen und rechtlichen Körperschaften unabhängig, sogar deren notwendige Ergänzung.

Neben diesem Körperschaftsbegriff der britischen Sozialanthropologie, der in der »Gliedlichkeit der grundständigen Bünde« (Blut, Boden, Alter) bei GUTMANN (1926) eine deutsche Parallele hatte, entwickelte der Funktionalismus eine andere Theorie der korporativen Gruppen, die die Funktionen der korporativen Struktur in den Vordergrund stellte. Da der Ausdruck »korporativ« einem Erosionsprozeß ausgesetzt ist, an dessen Ende er nicht mehr meint als »kollektiv« oder »solidarisch«, suchte man eine operationale

Definition, die es erlauben sollte, korporative von nichtkorporativen Abstammungsgruppen zu unterscheiden (Radcliffe-Brown, Firth, Goody). Als Kriterium der Korporativität wurde dabei zumeist entweder die Gemeinsamkeit von Interessen hervorgehoben, die auch in Webers Begriff des Verbandes wirksam ist, oder die Existenz eines korporativen Eigentums. Fortes hat darauf aufmerksam gemacht, daß es sich dabei um sekundäre Aspekte handelt, die nicht von dem zentralen Problem der Sukzession der Generationen in einer Körperschaft ablenken dürften.

→ Ahnen, → Alter, → Bund, → Charisma, → Identität, → Initiation, → Institution, → Nachbarschaft, → Netzwerk, → Recht, → Religion, → Ritual, → Segmentäre Gesellschaft, → Sozialanthropologie, → Struktur, → Symbol, → Verwandtschaft, → Wir-Gruppe

Fortes, M., Kinship and the Social Order. Chicago 1969 – Gierke, O. v., Das deutsche Genossenschaftsrecht. 4 Bde. 1868–1913 (Neuauflage Graz 1954) – Kantorowicz, E., The King's Two Bodies. Princeton 1957 – Maine, H., Ancient Law. London 1861 – Weber, M., Wirtschaft und Gesellschaft. Tübingen 1921 (5. rev. Aufl. 1976)

Fritz Kramer

Körperveränderung Unter den Eingriffen in den menschlichen Körper jenseits von heilenden oder strafenden Absichten hat die Ethnologie einen ungeheuren Variantenreichtum festgestellt, vom harmlosen Auszupfen (Epilieren) der Wimpern oder Barthaare bis zu schmerzhaften und risikoreichen Operationen an den Geschlechtsteilen. Was Außenstehenden als unheimliche Entstellung vorkommen kann, erscheint in der kulturspezifischen Innenperspektive als kunstvolle Gestaltung des richtigen, des schönen oder des ausgezeichneten Menschen. Oft kommen den Körperveränderungen die gleichen Bedeutungen zu wie dem Schmuck: Sie dienen der Abgrenzung, der Heraushebung, dem Prestigebedürfnis, ästhetischer Spielerei oder magischen Absichten – doch anders als Schmuck sind Körperveränderungen von lebenslanger Dauer. Deswegen wurden auch andere Motive hinter der Verstümmelung und Veränderung des Körpers festgestellt, die nur im Rahmen von Initiationsvorstellungen, rauschhaften Exzessen, Opferhandlungen, Wiederholungskulten oder einer Leidensverherrlichung verständlich werden. Vor allem letzteres findet sich auch in der europäischen Tradition, etwa bei den mittelalterlichen Flagellantenzügen (Geißler) oder der russischen Kastratensekte der Skopzen.

Unter die bloßen *Veränderungen (Deformationen)* des Körpers sind die Bilder, Zeichen und Ornamente zu rechnen, die je nach Pigmentierung in die Haut gestochen, geschnitten oder geritzt werden. Dunkelfarbige Rassen erzielen ihre Knopf- oder Wulstmuster (Narbentatauierung) durch wiederholte Einschnitte derselben Körperstellen, deren Heilung man zusätzlich durch Verunreinigung verzögert. Die unter hellhäutigen Rassen übliche Farben- oder Stichtatauierung, bei der Farbstoff mittels Nadeln unter die gefäßlose, zellige Oberhaut (Epidermis) gebracht wird, ist seit dem Paläolithikum bekannt, war im 18. Jahrhundert vor allem in Adelskreisen Mode und gehört heute zur Subkultur bestimmter Randgruppen. Das andere Zentrum dieser Körperkunst findet sich in Polynesien, von wo James Cook auch den Begriff *tatatau* (= richtig schlagen) in englischer Version (*tattoo*, davon das deutsche »tätowieren«) nach Europa brachte.

Eine vor allem in Afrika, bei Indianern Südamerikas, aber auch in Melanesien gebräuchliche Deformation ist das Durchbohren und Ausweiten von Lippen und Ohrrand, so daß sich Fremdkörper verschiedener Größe und Materialien einfügen lassen. Anstatt dieser Erweiterung der Körperlichkeit kennt man aber auch ebensoviele Methoden zur Verringerung durch Einschnüren: die einstmaligen Krüppelfüße der vornehmen Chinesin oder die Taillenkorsetts der europäischen Gesellschaftsdame sind die bekanntesten Beispiele. Ein besonderes Kapitel der Körperveränderungen stellen aber die Schädeldeformationen dar, die ebenfalls weltweit und seit der vorkeramischen Jericho-Periode (ca. 8. Jahrtausend v. Chr.) praktiziert wurden. Dabei bringt man den noch weichen Kinderkopf durch Bandagen, Einschnürungen oder aufgeschnallte Brettchen in die gewünschte Form.

Von *Verstümmelungen (Mutilationen)* spricht man, wenn Körperteile verkürzt oder entfernt werden. Dazu bieten sich alle Extremitäten an, ganz besonders aber die Zähne. Neben dem Ausfeilen und Aussplittern kennt man die Entfernung der oberen Schneidezähne (seit den frühen Schichten Jerichos) ebenso wie die der unteren Schneidezähne (seit dem Kenya-Neo-

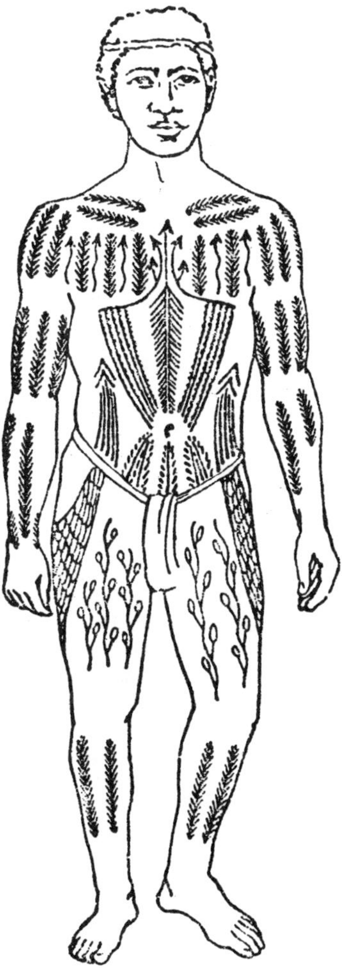

Tatauierungen eines Bewohners der Karolinen (Mikronesien)

lithikum). Dann sind Fingerverstümmelungen weit verbreitet; ganz besonderes Aufsehen in europäisch-westlichen Kreisen erregen aber immer wieder die hier unbekannten, in vielen anderen Kulturen aber variantenreich üblichen Operationen und Manipulationen an den Geschlechtsteilen. Am häufigsten dürfte die auch in der islamischen wie der jüdischen Religion vorgeschriebene Beschneidung der Vorhaut des männlichen Gliedes (Circumzision) anzutreffen sein. Sie hat etwa in Afrika mannigfache Ausgestaltungen erfahren oder wurde geradezu hypertrophiert in dem aus Australien berichteten gänzlichen oder teilweisen Aufschneiden der Harnröhre im unteren Teil (Subinzision). Auch die verschiedenen Ausschneidungen (Exzision) der weiblichen Geschlechtsteile, die den Kitzler (Klitoridektomie) oder die Schamlippen (Labiotomie) betreffen, werden in Kulturen, die dies nicht praktizieren, vor allem in der modernen Frauenbewegung, als absolute Barbarei empfunden, besonders, wenn sie mit der in Teilen Afrikas üblichen Vernähung der Vulva (Infibulation) verbunden sind. Infibulationen kommen aber auch beim männlichen Geschlecht vor, und angesichts der z. B. bei den im südlichen Afrika lebenden San, Dama, Nama oder den äthiopischen Djandjero praktizierten Entfernung (Exstirpation) eines Hodens kann von einer Benachteiligung eines Geschlechtes auf dem Gebiet der Körperverstümmelungen nicht die Rede sein. Nach Zeugnissen arabischer Reisender kam die Monorchie (Entfernung eines Hodens) auch bei den Beja am Roten Meer vor, und die von LAGERCRANTZ (1939) gesammelten Mythen belegen eine einst viel weitere Verbreitung des Brauches, der manchmal auch mit dem Ausschneiden der Brustwarzen gekoppelt zu sein scheint.

Die Erklärungen, die die Ethnologie für all diese Bräuche anbietet, sind sehr verschiedener Natur. Auch war man oft mit den Begründungen, die die Vertreter der entsprechenden Kulturen gaben, nicht zufrieden. Wenn etwa Zahnlücken als zum Sprechen notwendig hingestellt wurden oder die Musgu am Tschadsee die riesigen Lippenteller ihrer Frauen damit erlärten, daß sie für Sklavenjäger unattraktiv gemacht werden sollten, vermutete der Ethnograph mit Recht eine sekundäre, rationalisierte Deutung, hinter der sich ein vergessener oder verheimlichter Sinn verbirgt. Bei Manipulationen an den Geschlechtsteilen kann dieser in einer künstlichen Verstärkung natürlicher Unterschiede bestehen: So sollen die kenyanischen Tugen in der Klitoris einen Penisrest, in der Vorhaut aber ehemalige Schamlippen eines zu beseitigenden Zwitterzustandes sehen (BEHREND 1985); in ähnlicher Weise ließe sich die bei den Djandjero bekannte Brustwarzenausschneidung der Jünglinge deuten. Bei anderen Körperverstümmelungen scheint die Angleichung an bestimmte Tiere (den Boviden fehlen z. B. die Vorderzähne im Oberkiefer) oder die betonte Unterscheidung von Tieren eine Begründung zu liefern: Während die Niloten, die die unteren Schneidezähne herausschlagen, nicht »wie Esel essen« wollen (HOLLIS 1905), könnten die extremen Lippendeformationen auch eine Wesensgleichheit mit einem verehrten Totemtier, z. B. dem Flußpferd oder dem Krokodil, herbeiführen wollen (CHIPPAUX 1961). Auf die Ahnengleichheit als Ergebnis der Initiation hatte schon FRAZER (1910) hingewiesen und STRAUBE begründete Zahnextraktionen mit einem absichtlichen Distanzieren vom Raubtierwesen, das andrerseits bei Königen und Regenmachern, die ihre Zähne behalten dürfen, so belassen wird.

STRAUBE fand aber nicht nur Belege für die offenbar weit verbreitete Zivilisierung durch Körperveränderung, er suchte auch Deutungen im Rahmen jenes Vorstellungskomplexes, der in verschiedener Weise das Mysterium von Tod und Wiedergeburt zum Ausdruck bringt. So könnten Entfernungen oder Verkürzungen von Körperteilen auch symbolische Tötungsakte sein, die oft »in ihrer Realistik bis an die Grenze des Möglichen« gingen. Auch jene Narbentatauierung, durch die Initiierte sich von Nichtinitiierten unterscheiden, ließen sich als Biß- und Schlagwunden des »mythischen Verschlingerwesens« interpretieren: die vom Tod Gezeichneten seien dazu berechtigt, selbst zu töten. Schließlich sieht STRAUBE auch in Zeichen, die heute als Stammesmerkmal, Tapferkeitsauszeichnung oder Rangabzeichen gelten, »Benarbungen als Tötungssubstitute«, so wie auch Ohrschnitte oder das Ohrabschneiden für das Opfer des ganzen Tieres stehen könne (Pars-pro-toto-Symbolik).

Mögen bestimmte Aspekte der Körperveränderungen noch zu wenig erforscht sein – so z. B. die mit Sexualoperationen häufig bewirkte Masturbationshemmung –, das in der Ethnologie zusammengetragene Material zeigt, was VAN GENNEP schon 1909 formulierte, »daß der menschliche Körper wie ein Stück Holz behandelt wurde, das man geschnitten und gestutzt hat, bis es einem gefiel.« Die Grenze scheint erst dort gezogen, wo das Leben oder die organischen Funktionen gefährdet sind. Viele dieser blutigen Einschnitte dürften aber in jenem von NIETZSCHE ausgesprochenen Zusammenhang von Schmerz und Erinnerung ihren Grund haben: Körperveränderungen sind mnemotechnische Hilfsmittel, mit denen zentrale Wahrheiten in der Überlieferung unterstrichen werden; denn »nur was nicht aufhört, weh zu tun, bleibt im Gedächtnis«.

→ Alter, → Bund, → Charisma, → Ekstase, → Erziehung, → Fest, → Funktion, → Geschlecht, → Initiation, → Kunst, → Krieg, → Magie, → Opfer, → Prestige, → Rasse, → Religion, → Ritual, → Schmuck, → Spiel, → Symbol, → Tod

BERNDORFER, A., Les changements artificiels du visage. Revue Psychologique des Peuples 15, 1960 – CATTANI, R., Das Tatauieren. Basel 1922 – CHIPPAUX, C., Mutilations et deformations ethniques dans les races humaines. Histoire de la Medicine, 11/3, Paris 1961 – IMBELLONI, J., Die Arten der künstlichen Schädeldeformation. Anthropos 25: 801–830, 1930 – LAGERCRANTZ, St., Fingerverstümmelungen und ihre Ausbreitung in Afrika. Zeitschrift für Ethnologie 67, 1935; ders., Zur Verbreitung der Monorchie. Festschrift Ankermann. Berlin 1939 – LIGNITZ, H., Die künstliche Zahnverstümmelung in Afrika im Lichte der Kulturkreisforschung. Anthropos 14–17, 1919–22 – STRAUBE, H., Beiträge zur Sinndeutung der wichtigsten künstlichen Körperverstümmelungen in Afrika. Festschrift Jensen Bd. II: 671–722, München 1964

Bernhard Streck

Kommunikation Wenn unter Kommunikation alles verstanden wird, was die Menschen einer Gesellschaft auf irgendeine Weise in Beziehung zueinander bringt – jede Art von praktiziertem Sozialkontakt, von Warenverkehr, Informationsverbindung und persönlichem Umgang also –, dann wäre mit diesem Begriff der Großteil des Gegenstandes der Ethnologie bezeichnet. Es ließe sich dann die Ethnologie kommunikationstheoretisch neu organisieren, mit anderen Wissenschaften in einen systematischen Zusammenhang bringen und im Hinblick auf eine »künftige Kommunikationsgesellschaft« modernisieren. Als erster erwog LÉVI-STRAUSS (1958) diese Möglichkeit; neuere Versuche unternahmen WEAKLAND (1969) und BARGATZKY (1985), der im Anschluß an HABERMAS und APEL die Ethnologie als Wissenschaft von den »Kommunikationsgemeinschaften« definiert.

Diese Ansätze haben allerdings noch mehr oder weniger programmatischen Charakter; eine fruchtbare Verwendung des Begriffs Kommunikation in der Ethnologie, der in der Kybernetik den »Informationsaustausch dynamischer Systeme« bezeichnet (WIENER 1948), ist auf den Bereich des Austauschs von Botschaften im eigentlichen Sinne beschränkt. Das schließt materielle Gegenstände und die von LÉVI-STRAUSS auch als *message* betrachteten Frauen aus, umfaßt andererseits jedoch weit mehr als das, was unter sprachlicher Botschaft verstanden und von der Linguistik behandelt wird: einbezogen sind die zahlreichen Botschaften, die auf anderen Kanälen als dem sprachlichen übermittelt werden. Kommunikation gilt hier als Inbegriff aller sprachlichen und die Sprache ergänzenden Weisen des Bedeutungstransfers.

Die Tatsache, daß in der relativen Wichtigkeit dieser Ergänzungen wie auch insgesamt in der Gestaltung der Kommunikationsvorgänge kulturelle Unterschiede bestehen, macht diesen Erscheinungsbereich zu einem Gegenstand der Ethnologie, so daß von einer »Ethnographie der Kommunikation« gesprochen werden kann. Unter diesem Titel (zunächst *Ethnography of Speaking*) hat sich seit Beginn der 60er Jahre – angeregt vor allem durch die Arbeiten des Linguisten und Anthropologen D. HYMES (1964, 1967) – in den USA ein eigenständiger, meist als Ethnolinguistik bezeichneter Forschungszweig etabliert (BAUMAN/SHERZER 1975). Die grundlegende Einsicht, daß die von der Linguistik untersuchte Sprache nur einen Teil der Kommunikation trägt und diese insgesamt, d. h. auch in ihren nonverbalen Komponenten behandelt werden muß, findet sich jedoch schon voll ausgebildet bei TYLOR (1871). Später haben MALINOWSKI (1923, 1935) und vor allem SAPIR (1931) zu diesem Problemkreis ausführliche Überlegungen angestellt.

An einem Kommunikationsvorgang lassen sich eine Reihe von Komponenten unterscheiden: Zunächst die Teilnehmer, also der *Sender* und der *Empfänger* einer Botschaft, sowie gegebenenfalls vermittelnde Figuren wie Sprecher, Interpreten, Übersetzer etc.; zweitens die Art und der Inhalt der Botschaft. Diese wiederum werden beeinflußt von der Beschaffenheit des *Kanals,* auf dem eine Botschaft übermittelt wird. Die Unterschiede zwischen der Sprache und ihren Surrogaten (Trommelsprache, Taubstummensprache, andere Zeichensprachen etc., vgl. STERN 1957), stärker noch die zwischen Sprache und den Ausdrucksmedien der Mimik und Gestik, aber auch die zwischen der gesprochenen und der geschriebenen oder gedruckten Sprache wirken wesentlich auf den Inhalt einer Botschaft ein; ebenfalls von Bedeutung ist die räumliche Distanz der Kommunikationspartner.

Die Kanäle oder Kommunikationsmedien unterscheiden sich auch hinsichtlich der Prinzipien, nach denen die auf ihnen übermittelten Botschaften *codiert* werden. Dem Kombinationsprozeß, in dem die Lautformen der Wörter einer Sprache gebildet werden, stehen die teils angeborenen, teils erlernten mimischen Ausdruckstypen gegenüber. In Sprachsurrogaten wie der Taubstummensprache ist die phonemische Struktur der Sprache in modifizierter Weise vorhanden: die räumlichen Relationen der gestenbildenden Glieder bilden dort distinktive Merkmale (STOKOE 1980). Auch für die allgemeine »Körpersprache«, also das System der Bedeutungen, die durch Körperstellungen und -bewegungen ausgedrückt werden, hat man die Anwesenheit der phonemischen bzw. einer ihr analogen Struktur behauptet und entsprechend eine neue Spezialdisziplin *kinesics* definiert (BIRDWHISTELL 1968).

Ein weiterer wichtiger Bestandteil des kommunikativen Vorgangs sind jene *metakommunikatorischen Signale* (Wortwahl, Tonfall, Mimik etc.), die anzeigen, ob eine Botschaft in ihrer manifesten Bedeutung zu nehmen ist, oder ob ihr Sender sie indirekt, nämlich als nachahmend, scherzhaft, ironisch usw. umgewertet verstanden wissen will. Das *kommunikatorische Ereignis*, als das primäre Objekt der Ethnographie der Kommunikation, läßt sich als derjenige Abschnitt eines Kommunikationsvorganges bestimmen, in dem die genannten Komponenten (mit Ausnahme des Inhalts der Botschaft) sich nicht verändern.

Das kommunikative Verhalten insgesamt, also z. B. die Wahl der Kommunikationsmittel und die Häufigkeit und Intensität von Kommunikation überhaupt, wird von allgemeineren Normen geregelt. Abweichung von diesen Normen ist u. U. bedeutungsvoll: so kann beispielsweise die Verweigerung einer Botschaft, also das Schweigen, in einer Situation, die Kommunikation verlangen würde, selbst den Charakter einer Botschaft haben (»beredtes Schweigen«).

Der Umfang der Gruppe, in der solche Normen gelten, kann von dem anders definierter Gruppen erheblich abweichen und muß daher eigens bestimmt werden. Normalerweise überschreitet er den anderer relevanter Gruppen, wie auch Sprachgemeinschaften gewöhnlich größer als Primärgruppen sind; doch kommt auch der umgekehrte Fall vor. Das Extrembeispiel der Kontraktion einer *speech community* findet sich bei bestimmten Ethnien des Amazonasbeckens, wo diese Gruppe nur die Belegschaft eines Gemeinschaftshauses umfaßt (BAUMAN/SHERZER 1975).

Wird Kommunikation in der erläuterten Weise als umfassend verstanden und in ihrer Relation zu einer Sprachgemeinschaft betrachtet, so ist die Perspektive, die damit eingenommen wird, als »funktionalistisch« zu kennzeichnen. Es interessieren die Kommunikationsethnologie darum besonders die Zusammenhänge der Kommunikationssphäre mit der Sozialstruktur, also etwa das Maß, in dem Unterschiede des kommunikatorischen Repertoires mit Rollendistinktionen verbunden sind. Ebenso werden vor allem diejenigen Aspekte der Funktion von Sprechen und Kommunikation beachtet, die in direkter Weise auf soziale Zusammenhänge einwirken (z. B. MALINOWSKIS *phatic communication).*

→ Fremdwahrnehmung, → Institution, → Kunst, → Logik, → Musik, → Spiel, → Struktur, → Symbol, → Völkerpsychologie

DANCE, F. (Hrsg.), Human Communication Theory. New York 1967 – LÉVI-STRAUSS, C., Strukturale Anthropologie. Frankfurt 1967 (orig. franz. Paris 1958) – SAVILLE-TROIKE, M., The Ethnography of Communication. Oxford 1982 – SCHMITZ, H., Ethnographie der Kommunikation. Hamburg 1975 – TYLOR, E. B., Primitive Culture. London 1871

Burkhard Ganzer

Komplexe Gesellschaft Für den Gesellschaftstypus, der weder wie der »einfache« vom Brauchtum bestimmt, noch wie der »moderne» durch die Institutionen der westlichen Gemeindeverfassung geprägt ist, hat EISENSTADT (1961) den Ausdruck »komplex« vorgeschlagen. Idealtypisch sind solche Gesellschaften, in denen heute der größte Teil der Menschheit lebt, nicht vom Bürgersinn, aber auch nicht von der Klansolidarität getragen; sie passen in das Entwicklungsschema von der *societas* zur *civitas* (MORGAN) allenfalls als Übergangsphänomen. Doch hat das manchmal brüchige Mosaik aus unterschiedlichen Sinnsetzungen und Ordnungsfragmenten eine überraschende Dauerhaftigkeit bewiesen. Der universale Prozeß, den SPENCER »Integration und Differenzierung«, MARX »Entfremdung« und Max WEBER »Rationalisierung« nannte, scheint in den komplexen Gesellschaften teilweise anders zu verlaufen. Während ihre weltwirtschaftlichen und machtpolitischen Rahmenbedingungen von Ökonomie und Politologie untersucht werden, richtet die Ethnologie ihren Blick auf die Primärgruppen, auf die Kultursynthesen an der Basis und auf die sozialen Beziehungen, die auch in heterogenem Milieu Tendenzen zur Regelhaftigkeit zeigen.

Ein Unterschied zur Mikrosoziologie, die ebenfalls kleine Gruppen zum Gegenstand hat, läßt sich in der ethnologischen Bevorzugung qualitativer Verfahren (vor allem teilnehmende Beobachtung) und fremdkulturlicher Traditionen sehen. Andrerseits hat die Ethnologie komplexer Gesellschaften der soziologischen Theoriebildung sehr viel zu verdanken, da sie von ihrer eigenen Entwicklung her eher dem ROUSSEAUschen Modell des *volonté general* verpflichtet ist, das sich beim Studium isolierter Gesellschaften auch bewährt haben mag. Für die komplexe Gesellschaft trifft aber Max WEBERS Definition vom »Nebeneinandergelten verschiedener, einander widersprechender Ordnungen innerhalb des gleichen Menschenkreises« zu, dem die Ethnologie sich erst nach und nach gewachsen sah.

Vorbereitende Studien wurden in den zusammengesetzten Kulturen mit Mischlingsbevölkerungen – z. B. E. FISCHER im südwestafrikanischen Rehoboth

(1913), RODENWALDT in Indonesien (1927), DAVENPORT in Jamaica (1929) oder HERSKOVITS in Guayana (1934) und Haiti (1937) – durchgeführt, aber erst die in den 40er Jahren entstehende *Stadt-Anthropologie* hat die methodische Reorientierung vollzogen: Die Stammesgesellschaften sind Teile komplexer Gesellschaften geworden und erfordern daher eine Erweiterung des ethnologischen Horizonts. Anstelle verbindlicher Sozialordnungen fanden die britischen Ethnologen im afrikanischen Kupfergürtel »atomistische Strukturen« (EPSTEIN), der Gegensatz zwischen Land und Stadt wurde als Kontinuum (SOUTHALL) erkannt, auf dem Kulturelemente in beide Richtungen transportiert werden, und die Mitglieder komplexer Gesellschaften erschienen wie Pendler zwischen verschiedenen *departments of social life* (EPSTEIN).

Die reichhaltigen (multiplexen) Sozialbeziehungen der einfachen Gesellschaft verschwanden aber in komplexen Zusammenhängen keineswegs; sie lösten sich nicht in die Vielzahl einfacher Beziehungen auf, mit denen der Mensch der modernen Gesellschaft einen großen Teil seines Lebens bestreitet. Teils wurden die Bindungen der Verwandtschaft und Nachbarschaft in die Stadt mitgenommen, teils bildeten sich neue Primärgruppen, in denen wiederum dieselben Prinzipien wie Reziprozität, Solidarität und Seniorität die »Chancen und Risiken des Lebens ausgleichen« (E. WOLF). SOUTHALL unterteilte 1961 die sozialen Beziehungen in komplexen Gesellschaften in drei Kategorien: die *strukturalen*, in denen (etwa im Arbeitsverhältnis) definierte Rollen existieren; die *kategorialen*, die die soziale Umwelt nach Stereotypen (»die da oben«, »die anderen« etc.) klassifizieren; und die *personalen*, die persönliche Synthesen (Ph. MAYER) und Verbindungen bezeichnen. Die »Personen-Orientierung« (GANS), die dem Mangel an institutioneller Sicherheit wie der Angst vor anonymen Sachzwängen begegnet, wurde auch durch die Studien zur »Kultur der Armut« (O. LEWIS) oder in der Slum-Ethnologie (z. B. bei HANNERZ) als charakteristisch für die komplexe Gesellschaft erkannt und führte etwa im transaktionalen Netzwerkbegriff zu einem eigenen theoretischen Ansatz.

Die Ethnologie komplexer Gesellschaften hat nicht nur die Bedeutung des »transinstitutionellen Bereichs« (BARNES) entdeckt, sie ist auch evolutionistischen Vereinfachungen mit der Unterscheidung von »situationalem und historischem Wandel« (MITCHELL) überzeugend entgegengetreten. Wo »König Brauch« seine Alleinherrschaft verloren hat und die Wahlmöglichkeiten zugenommen haben (indem z.B. die Mobilität Normverletzungen ohne Sühne zuläßt), bekommen neue Normsetzungen eine Chance. Ihre Durchsetzungskraft kann aber erst nach längerem Beobachtungszeitraum beurteilt werden. Obwohl der Gegenstand der Ethnologie damit erneut zu einem Überraschungsfeld geworden ist, lassen sich bereits einige Strukturmerkmale der komplexen Gesellschaft angeben:

Zunächst fällt das Nebeneinander verschiedener Produktionsweisen auf, die von entsprechend verschiedenen »Wirtschaftsgeistern« (Max WEBER) erfüllt sind. Frederik BARTH hat auf die Koexistenz reziproker und marktorientierter Wirtschaftszyklen in Darfur (Sudan) hingewiesen; andere Forscher sprechen von »Mischwirtschaften«, in denen sich ein und dieselbe Familie auf verschiedenen Sektoren betätigt. Dazu kann die »Bazarökonomie« gehören, Lohnarbeit auf einer der »Inseln der Weltwirtschaft«, Rentenbezug aus Land-, Grund- oder Herdenbesitz oder pensionsberechtigte Einkommen durch Aufstieg in den öffentlichen Dienst. Für die ärmeren Schichten bleibt neben dem Subsistenzsektor der Anbau von Marktfrüchten, die Betätigung in der Abfallverwertung des periindustriellen Handwerks oder die Arbeitsmigration. Vor allem der *informelle Sektor,* an dessen Nischen die nationale und internationale Planung vorbeiläuft, scheint die sehr flexible Grundlage komplexer Gesellschaften zu sein und erinnert in gewissem Sinn an die relative Selbstorganisation, die Bauern und Handwerker in der »Asiatischen Produktionsweise« (MARX) oder in der »Orientalischen Stadt« (Max WEBER) genossen. Auch in komplexen Gesellschaften gibt es außerhalb der Zentren halbintegrierte Stämme und innerhalb eine freiwillige Ghettoisierung als Ausdruck der ethnischen und regionalen Spannungen. Für die Behauptung ethnischer Zugehörigkeit im multiethnischen Feld wurde der Begriff »Ethnizität« (WALLERSTEIN 1960) geschaffen; Behauptung und Verteidigung ethnischer Zugehörigkeit stehen dem »demogenen« Prozeß in nichtwestlichen Ländern (MÜHLMANNS *colluvies gentium* – Volkwerdung im Schmelztiegel der Zuwanderer) entgegen und spielen auch in dem *nacirema* genannten Einwanderungsmilieu der USA (SPRADLEY/RYNKIEWICH 1975) eine politische Rolle.

Als Primärbeziehung in komplexen Gesellschaften wurde die *Patronage* beschrieben, die »verfestigte instrumentelle Freundschaft mit eindeutigem Gefälle« (E. WOLF 1956). Der ungleiche Tausch von ökonomischer Hilfe gegen Loyalität hat im Zeitalter der formalen Demokratie zu neuen Erscheinungen wie Stimmenkauf und Handel mit den Stimmen der jeweiligen Klientenschaft (A. MAYER) geführt. Damit ist auch der Übergang zur Gruppenpatronage gewiesen, die MÜHLMANN in seiner »Soziologie der interethnischen Systeme« (1961) als zentrales Thema der Ethnologie definiert hat. Danach halten sich expansive Zivilisationen über Landwegnahme und Schuldknechtschaft Völker des Hinterlandes im Status von Hörigen oder Vasallen (TOYNBEES »externes Proletariat«), wie auch in den Zentren Paria-Gruppen, d. h. Gastvölker, die ökonomisch als unentbehrlich, rituell aber als unrein gelten und daher von Konnubium und Kommensalität (Tischgemeinschaft) ausgeschlossen sind (Max WEBER), die »altständische Gesellschaft« (MÜHLMANN) vervollständigen. Die Verbindungen dieses archaischen Typus mit der zeitgenössischen komplexen Gesellschaft sind noch wenig untersucht. Das Beispiel Indien, wo 1949 das 2500 Jahre alte Kastensystem offiziell abgeschafft wurde, zeigt, wie sich ausschließende Rechtssysteme koexistieren können. Auch in anderen komplexen Gesellschaften hat das westliche Recht »ohne Ansehen der Person« die älteren Rechtsauffassungen »mit Ansehen der Person« nicht beseitigen können, so daß Formen des Sonderrechts unter dem Firnis der von der Kolonialmacht begründeten gleichrechtlichen Gesellschaft weiterleben.

Möglicherweise liegt die Vielfalt der Formen auch in der speziellen Machtstruktur komplexer Gesellschaften begründet; MYRDAL sprach vom »weichen Staat«; andrerseits lassen sich Elemente jenes »wohlwollenden Despotismus«

(HUIZINGA) im »asiatischen« Herrschaftstypus wiedererkennen: etwa die »überkommunalistische Politik«, die die kleinen Gemeinden relativ ungeschoren läßt, Momente der antiken Scheunenwirtschaft, die das Land aussaugt, die Zentrale aber auch zum Schenker von Subventionen macht, oder der Luxus der an der Macht beteiligten Beamtenschaft, der übergangslos auf die bittere Armut der Massen stößt. Die Heterogenität des komplexen Gesellschaftsaufbaus äußert sich auch sprachlich, wenn etwa in den von äußerer Hilfe abhängigen Spitzen europäische Sprachen gepflegt werden, auf den Märkten aber regionale Verkehrssprachen oder neue Mischsprachen dominieren und in den Wohngebieten lokale Idiome zu Hause sind.

Der multilingualen Verfassung komplexer Gesellschaften entspricht eine multireligiöse; auch sie stellt weniger ein gleichberechtigtes Forum von Glaubensinhalten dar, als vielmehr eine Hierarchie der Weltbilder (FABIAN 1985). Die Lokalkulte und Synkretismen, mit denen sich die Bevölkerungsteile voneinander abgrenzen, aber auch ihre Eingliederung in größere Zusammenhänge begreifen, stehen in einem Spannungsverhältnis zu Missionskirchen und Hochreligionen. Andrerseits lassen sich auch hier – das islamische Afrika ist ein gutes Beispiel – überraschende Toleranzen beobachten. Die Zusammensetzung von »Sinnprovinzen« (SCHÜTZ), die die Kultur einer komplexen Gesellschaft ausmachen, darf freilich nicht kulturrelativistisch als Gleichberechtigung unterschiedlicher Wege gesehen werden. Für die Träger einer solchen Kultur scheint es weniger um ein beliebig abzurufendes Angebot von Lösungen zu gehen, als um unterschiedliche Vertrautheitsgrade, die die eigenen und die fremden Kulturelemente im Sinne eines »konzentrischen Dualismus« (LÉVI-STRAUSS) anordnen – als Spannung zwischen Innen und Außen oder Eigen und Fremd.

→ Angewandte Ethnologie, → Arbeit, → Diffusion, → Evolution, → Handwerk, → Körperschaft, → Kommunikation, → Nachbarschaft, → Netzwerk, → Religion, → Schichtung, → Segmentäre Gesellschaft, → Staat, → Stadt, → Wirtschaft

BANTON, M. (Hrsg.), The Social Anthropology of Complex Societies. London 1966 – EISENSTADT, S. N., Anthropological Studies of Complex Societies. Current Anthropology 2/3: 201–222, 1961 – EPSTEIN, A. L., Urbanization and Kinship. London/New York 1981 – GANS, H. J., The Urban Villagers: Group and Class in the Life of Italian-Americans. New York 1962/65 – LEWIS, O., La Vida: A Puerto Rican Family in the Culture of Poverty, San Juan and New York. New York 1966 (dtsch. Düsseldorf/Wien 1971) – MÜHLMANN, W. E., Zur Soziologie komplexer Gesellschaften. Schweizer Zeitschrift für Soziologie 8, 1: 53–62, 1982 – SOUTHALL, A. (Hrsg.), Social Change in Modern Africa. London 1961

Bernhard Streck

Krankheit Was in den verschiedenen Kulturen als Gegensatz zu Gesundheit definiert wird, interessiert heute – angesichts zunehmenden Elends in der Dritten Welt – nicht mehr nur die Ethnologie; hier aber ist, wegen der Aktualität universaler Gesundheitspolitik, eine Sonderdisziplin entstanden, die in den USA *Medical Anthropology* genannt wird und medizinische, geographische, sozialwissenschaftliche und ethnologische Daten zu einem umfassenden Bild von Gesundheit und Krankheit in bestimmten Regionen vereinen möchte (DIESFELD 1982; STERLY 1985; PFLEIDERER/BICHMANN 1985).

In Mitteleuropa, wo bereits die medizinischen Unterdisziplinen der Sozialmedizin, medizinischen Soziologie und Tropenmedizin dieses Feld bearbeiten, blieb die ethnologisch verstandene Forschung über Krankheit und Heilkunde – die *Ethnomedizin* oder *Medizinethnologie* – ein interdisziplinärer Arbeitsbereich ohne feste Verankerung im akademischen Fächerkanon.

Medical Anthropology und Ethnomedizin gemeinsam ist die Bemühung, schon auf der Ebene der Grundbegriffe den enormen Differenzen im Krankheitsverständnis unterschiedlicher Kulturen gerecht zu werden. *Krankheit* existiert nicht in allen Kulturen als Begriff, sondern ist eine vor allem in den Industriegesellschaften verbreitete Kategorie für abweichendes Verhalten, die sich auf unterschiedlichste Stadien körperlicher oder seelischer Veränderung bezieht (SZASZ 1975). In vielen Kulturen wird auch körperliche Krankheit nicht als solche, sondern als Teil eines umfassenden Begriffes von »Krise«, »Leiden« oder »Bedrängnis« (DE MARTINO 1982; KÜCHOLL 1985) registriert. Letztlich kann eine wissenschaftliche Beschreibung diese Differenzen nicht voll erfassen, sondern sich dem fremden Krankheitsbegriff nur annähern (STERLY 1974).

Solchen Differenzen versucht KLEINMANS (1980) weithin anerkannte Unterteilung des Krankheitsbegriffs in *disease*, *illness* und *sickness* Rechnung zu tragen. Unter *illness* versteht die moderne Ethnomedizin die Krankheit so, wie sie vom Patienten wahrgenommen und interpretiert wird. *Disease* sind die organischen und psychischen Krankheitssymptome, wie sie die naturwissenschaftlich orientierte Medizin beschreibt. Mit dem Begriff *sickness* schließlich soll der Zusammenhang der Kategorien *disease* und *illness*, die Kombination von Innen- und Außenansicht des Leidens geschildert werden.

An Begrifflichkeiten der *Ethnopsychiatrie* läßt sich diese Trennung und Wiedervereinigung der Sichtweisen gut veranschaulichen. Es scheint, daß alle daraufhin untersuchten Kulturen das Krankheitsbild der Psychose (oft schubweise auftretender Wahn, fehlende Verstehbarkeit, fehlende soziale Anpassung – PETERS 1977) übereinstimmend beschreiben und Maßnahmen zur Isolation der Psychotiker ergreifen (MURPHY 1976). Die jeweils produzierten Wahnbilder entsprechen jedoch durchaus dem kulturellen Hintergrund der Kranken, der sie in charakteristischer Weise prägt (OPLER 1959). Die weniger bedeutenden Charakterstörungen wie Ticks, Neurosen etc. präsentieren sich dagegen als eine Unzahl kulturspezifischer Syndrome, wie z. B. der in Europa sprichwörtlich gewordenen malaiische Erregungszustand Amok (DEVEREUX 1974). Die kulturspezifische Ausarbeitung *(illness)* auch geringfügiger Störungen *(disease)* reguliert den Krankheitsverlauf und die Reaktion der Gesellschaft auf den Kranken *(sickness)*. Der Diskussion um einen dermaßen erweiterten Krankheitsbegriff stehen in der ethnomedizinischen Literatur die Versuche der akademischen Medizin entgegen, Krankheiten und Heilmethoden anderer Kulturen an naturwissenschaftlichen Konzepten zu messen (HAUSCHILD 1977). Beide Perspektiven – die geisteswissenschaftlich-verstehende wie die naturwissenschaftlich-beurteilende – haben letztlich ihre Berechtigung, weil die Heilkunden sämtlicher Kulturen symbolische und praktische Elemente vereinen.

Techniken des *symbolischen Heilens* – Hauptgegenstand der mitteleuropäischen Ethnomedizinforschung – findet man in unterschiedlichsten Gestaltungen bei allen Kulturen der Welt. Gemeinsam ist die Rückführung des Leidens auf ein früheres oder übernatürliches Geschehen: Die Seele des Kranken wurde von Dämonen entführt, er hat sich gegen Ahnengeister, Heilige oder Götter versündigt, sich nicht an Gebote der Ethik oder Etikette seiner Kultur gehalten oder verborgene seelische Konflikte nicht wahrgenommen. Diesen Traumata (MEŠTROVIČ 1985) stellt der Heiler, Schamane oder Arzt nun seinen Einfluß entgegen, der eine Neuordnung der Beziehungen zum Übernatürlichen, zum Kosmos oder zur unmittelbaren Umgebung verspricht. Afrikanische Heiler *(witchdoctors)* erkunden mit Hilfe von Orakeln soziale Spannungen im Umfeld des Kranken und seine Konflikte mit Ahnengeistern. Durch Sühneopfer, eine Aussprache unter den Beteiligten oder andere symbolische Botschaften an die natürliche und übernatürliche Umwelt des Kranken versuchen sie, eine Beruhigung zu erreichen (NGUBANE 1977). Im asiatischen Schamanismus werden oft dramatische Gruppenséancen inszeniert, in deren Verlauf der Schamane in Trance die Geisterwelt bereist oder übernatürliche Wesen in sich eintreten läßt und so die Beziehungen des Patienten neu regulieren hilft (LEWIS 1971). Bei der Anwendung dieser Methoden agiert der Heiler, während der Kranke passiv miterlebt, wie ein Zuschauer bei einer Theateraufführung, und dabei Gelegenheit bekommt, seine Beziehungen zur sozialen Umwelt und seine Situation als Kranker zu überdenken.

Andere Methoden setzen noch stärker auf Anschauung, Einsicht und Vertrauen des Kranken dem Heiler gegenüber. In der Medizin der Navaho (im Südwesten der USA) ersetzt die Herstellung kosmologischer Sandmalereien den direkten Kontakt mit der Geisterwelt (KÜCHOLL 1985). Die Epen der mittelamerikanischen Cuna – vorgetragen in einer Art Sprechgesang, der vermutlich in schamanistischen Praktiken wurzelt – beschwören für den Heiler wortreich eine Reise in den Körper des Patienten, vergleichbar der Seelenreise des Schamanen. Dem Kranken, der die Sprache des Sängers nicht versteht, wird dieses Geschehen nur andeutungsweise mit Holzstatuetten vorgespielt (HELBIG 1983). Am Beispiel der Cuna-Epik entwickelte LÉVI-STRAUSS (1958) seine die ethnomedizinische Diskussion fortan prägende Auffassung vom symbolischen Heilen als Rückführung des Kranken auf zentrale soziale und kosmologische Konzepte – auf die »Charta« seiner Gesellschaft.

An solche Rückführung appellieren auch die überlieferten – teilweise heute noch verbreiteten – europäischen Zaubersprüche, welche allerdings das Moment des Handelns auf ein Minimum reduzieren: Im Krankheitsfall wird eine kurze formelhafte Schilderung *(exemplum)* der Überwindung des Bösen durch antike Heroen oder christliche Heilige rezitiert, um so die in der Geschichte bereits einmal gewährte und für die Zukunft garantierte Gnade der Heilung wieder zu erlangen.

Übergänge zwischen der Beschwörung der kosmologischen »Charta«, dem Schamanismus und der abendländischen Dichtung sind unübersehbar (SEPILLI 1962; MÜHLMANN 1981). Die Beteiligung des Patienten und seines sozialen Umfeldes am Heilungsprozeß ist aber jeweils sehr unterschiedlich und in vielen Fällen (Besprechen in Europa, Cuna-Epik) überhaupt nicht gegeben. Symbolisches Heilen eignet sich deshalb kaum zur Idealisierung als eine Art früher Sozialpsychiatrie. Vorschnelle Erklärungen dieser komplizierten Vorgänge als »primitive« Psychosomatik, Psychoanalyse oder Soziotherapie erweisen sich regelmäßig als sehr vorläufige Übersetzungsversuche, deren eigentlicher Gehalt erst noch zu beweisen ist (HAUSCHILD 1979).

Materielle Heilpraktiken und *Heilmittelanwendungen* in der traditionellen Medizin sind von diesen symbolischen Aspekten nicht zu trennen. Pharmakologisch nachgewiesene Wirkungen beschäftigen die Ethnobotanik ebensosehr wie die symbolische Bedeutung der Pflanze und ihrer Heilkräfte (BRØNDEGARD 1985; SCHRÖDER 1986). Auch die »kleine Chirurgie« traditioneller Gesellschaften – Wundverbände, Beinschienen, Trepanation und Aderlaß (Überblick bei STERLY 1976) –, die oft mit großem Können durchgeführt wird, ist für den ausübenden Heiler nicht unbedingt rein »naturwissenschaftlich« begründet. Trotzdem überrascht der in der Ausübung dieser Heilmethoden geäußerte Grad an Naturkenntnis bisweilen auch westliche Mediziner. Vor allem, wenn die zugrundeliegenden traditionellen Körpervorstellungen im Kontext von Hochkulturen schriftlich fixiert und systematisch ausgearbeitet wurden, können sie, durch Übersetzungen zugänglich gemacht, intensiv auf die abendländische Heilkunde einwirken, wie wir es heute bei der chinesischen Akupunktur erleben. Dabei wird deutlich, daß auch die westliche Medizin trotz ihres naturwissenschaftlichen Anspruchs letztlich ein komplexes System von Handlungsanweisungen für den Krankheitsfall formuliert, die sich im Einzelfall ganz unterschiedlich und oft nicht wissenschaftlich begründen (SADEGH-ZADEH 1983).

Überhaupt beobachten die Ethnomediziner einen immer weiter um sich greifenden »Synkretismus des Heilens«. Schamanen akzeptieren Antibiotika (GREVE 1982), afrikanische Kräuterheilerverbände konkurrieren mit Schulmedizinern um öffentliche Gelder (FICHTE/AHYI 1978/79), Ärzte suchen die Zusammenarbeit mit traditionellen Heilern. Zugleich gewinnen traditionelle Heilmethoden und Heilslehren bei den aufgeklärten Oberschichten Europas, der USA und der Dritten Welt an Bedeutung (ZIER 1985) und Konzepte der Psychosomatik und Psychoanalyse werden ausgeweitet zu einer philosophischen »medizinischen Anthropologie« (STERLY 1985), die sich eines Tages mit dem ethnomedizinischen Wissen verbinden könnte zu einer umfassenden neuen Lehre von Krankheit und Heilung.

Diese synkretistische Realität steht quer zu den Programmen und Plänen der medizinischen Entwicklungshilfe und der Weltgesundheitsorganisation (»Gesundheit für alle im Jahre 2000«). Wahrscheinlich lassen sich diese komplexen Entwicklungsprozesse nicht steuern, sondern nur beschreiben, wodurch aber das Selbstverständnis der beteiligten Kranken, Ärzte und Heiler erweitert werden kann (VAN DER GEEST 1985).

→ Angewandte Ethnologie, → Charisma, → Ekstase, → Geburt, → Hexerei, → Körperveränderung, → Magie, → Musik, → Nahrung, → Nutzpflanzen, → Opfer, → Priester und Prophet, → Ritual, → Symbol, → Tanz, → Tod, → Weltbild

DEVEREUX, G., Normal und Anormal. Aufsätze zur allgemeinen Ethnopsychiatrie. Frankfurt 1974 – DIESFELD, H.J. (Hrsg.), Health Research in Developing Countries. Frankfurt 1982 – HELBIG, J. W., Religion und Medizinmannwesen bei den Cuna. Hohenschäftlarn 1983 – KLEINMAN, A., Patients and Healers in the Context of Culture. Berkeley 1980 – KÜCHOLL, V., Soziokulturelle Wege des Heilens. Frankfurt 1985 – LEWIS, I. M., Ecstatic Religion, London 1971 – MURDOCK, G. P., Theories of Illness: A World Survey. Pittsburgh 1980 – OPLER, M. K., Culture and Mental Health. New York 1959 – PFLEIDERER, B./BICHMANN, W., Krankheit und Kultur. Berlin 1985 – SCHRÖDER, E. (Hrsg.), Ethnobotanik. Braunschweig 1986 – SEPILLI, A., Poesia e Magia. Turin 1962 – SZASZ, T., The Manufacture of Madness. New York 1970 (dtsch. München 1975)

Thomas Hauschild

Krieg Gewaltsame Auseinandersetzungen zwischen Einzelnen, Familien, Klanen, Bünden, Stämmen und Nationen prägen die Menschheitsgeschichte in einem Maße, das den Krieg im Kulturvergleich als »bittere Würze des Lebens« (THURNWALD) oder »regelmäßig wiederkehrendes Bedürfnis« (WEULE) erscheinen läßt. Die Bereitschaft, im jeweils Fremden auch den Feind zu sehen, mag im Wesen des Gruppengefühls begründet sein; andrerseits besitzt der Krieg alle Eigenschaften einer Kultureinrichtung: bestimmte Symbole eröffnen ihn, er läuft nach gewissen Regeln ab und findet seinen rituellen Abschluß.

In ihrer Frühzeit beschäftigte sich die Ethnologie hauptsächlich mit dem technologischen Aspekt des Krieges; die Entwicklungsreihen der Waffen wurden nicht nur von PITT-RIVERS geradezu als Paradigmen der evolutionistischen Theorie gedeutet, zumal das gesamte Arsenal des prähistorischen Menschen – vom Pfeilbogen über die Speerschleuder bis zur Keule – sich bei den Naturvölkern »life« beobachten ließ. TURNEY-HIGH (1942) gliederte das Kriegsgerät in »Schußwaffen« mit Fernwirkung, in »Schockwaffen« für den Nahkampf, in »Bewegungswaffen«, zu denen er Reittiere und Kriegsschiffe zählte, und »Schutzwaffen«, d.h. Defensivanlagen vom Helm bis zur weltweit verbreiteten Festungsarchitektur. Die Entwicklungsgeschichte zeigt eine beispielhafte Eskalation von Angriffs- und Verteidigungswaffen (TURNEY-HIGHS *offensive-defensive inventive circle*), wie die Rüstung überhaupt schon immer der Motor der gesamttechnischen Evolution gewesen zu sein scheint. Überholte Geräte verlieren dabei keineswegs notwendigerweise auch ihr »Waffencharisma«; sie können, wie die zum

Zepter gewordene Keule, einen Funktionswandel durchmachen und als Prunkwaffe, Zeremonialgerät, Prestigesymbol oder Kinderspielzeug weiterleben.

Die nichttechnischen Aspekte des »Urkrieges« wurden lange als reine Barbarei und hemmungslose Grausamkeit dargestellt, eben im evolutionistischen Sinne von »Kinderkrankheiten der Menschheit« (ANDREE). Erst die phänomenologische Betrachtung enthüllte die Gestaltprinzipien, die im Krieg gleich welcher Rüstungsstufe zum Ausdruck kommen:

1. Krieg ist Eroberung der natürlichen wie der sozialen Umwelt; darin zeigt sich seine Verwandtschaft zur Jagd und seine Beheimatung in der Männerkultur. Ob die Beute aus Wild, Frauen, Gefangenen oder Vieh besteht, oft gleichen sich Waffen und Kampforganisation.

2. Krieg ist ausgleichende Vergeltung und wird ausgefochten von gleichwertigen Kontrahenten. Der Gegner muß in Bewaffnung und Anzahl annähernd gleich sein; nur so gelten die Regeln der Ehre und ihrer Wiederherstellung (Prinzip der *Segmentation* und *symmetrischen Opposition*). Die Rache kann aufgeschoben werden, über Generationen, so daß Erbfeindschaften entstehen. Selbst wenn man Gefangene als Mitglieder aufnimmt, regiert noch das Reziprozitätsdenken, das Ausgleich für die Gefallenen fordert.

3. Krieg ist Prestigesache und dient der Erziehung zur Mannbarkeit. Nur der Besitzer von Kriegstrophäen – ob Kopf, Skalp, Penis, Nase oder Ohr – darf heiraten. Damit wird der »Kraftüberschuß« der Jugend kanalisiert, diszipliniert und nach außen geleitet. Noch die Alten leben von den Erinnerungen an ihre »formative Phase«, die sie in den Erzählungen zu Vorbildern für die Jugend stilisieren.

4. Krieg ist ein Fest, ein heiliges Spiel, das sich um Tod und Leben dreht. Er steigert das Gruppengefühl und schafft Gemeinschaft (TURNERS *communitas*). Er wird von Musik und Tanz umrahmt, dem Willen der Götter unterworfen (Divination) und im Rausch der Kriegsmedizin begonnen.

Die Ethnologie entdeckte auf dem Gebiet des Kriegs auch viele Unterschiede: da gibt es aggressive Völker, die von »räuberischer Expanison« (SAHLINS) leben und ihre Umgebung auf Dauer terrorisieren; dann passiv und defensiv eingestellte Gruppen, die sich lieber zurückziehen und verstecken; schließlich Kulturen, von denen gesagt wird, der Krieg sei ihnen unbekannt. In allen interethnischen Milieus kehrt als typische Unterscheidung die zwischen Überfällen auf Schwächere und offenen Feldschlachten unter Gleichen wieder, wie sie z. B. von WEDGWOOD (1930) auf den Salomonen beobachtet wurde. Im Gegensatz zur evolutionistischen Annahme des regellosen Urkriegs entdeckte man auch unter Erbfeinden Kriegsbräuche, die vom Verbot bestimmter Waffen (z. B. Giftpfeile) über regulierte Duelle bis zur Schonung von Nichtkombattanten reichen. Das Bild wogender Schlachten, an deren Rande die Frauen beider Lager Kleinhandel trieben, hat die an den europäischen Volkskrieg gewöhnten Reisenden immer wieder erstaunt.

Der Vorgang der Bewaffnung ist entwicklungsgeschichtlich ebenso bedeutsam wie die Waffe selbst. MÜHLMANN unterscheidet die Phase der Selbstanfertigung von der der Fremdanfertigung, wie sie z. B. für die Eisenwaffen im

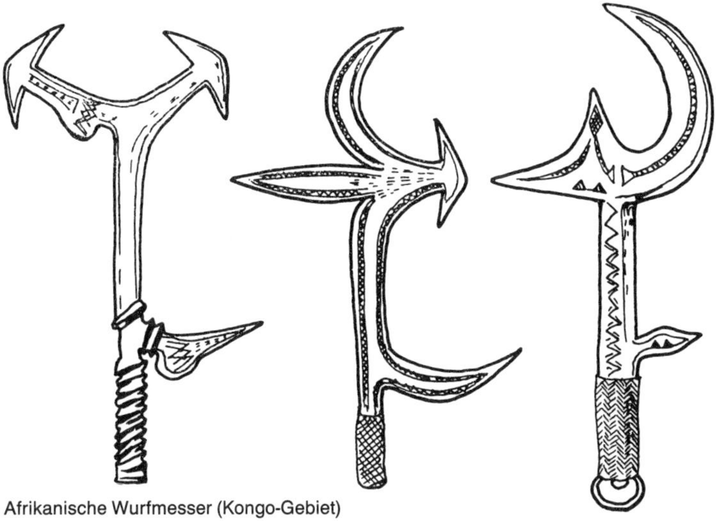

Afrikanische Wurfmesser (Kongo-Gebiet)

»Kastengürtel« vom Senegal bis Indien typisch war. Von der Selbstequipierung eines wohlhabenden Kriegerstandes ist dann das zentrale Arsenal der antiken Reiche mit ihren »Scheunenwirtschaften« zu trennen, die es erlaubten, große Mengen von Waffen für den Einsatz von Sklaven- und Söldnerheeren bereitzuhalten. Auf all diesen Stufen, selbst im Rahmen der seit der Französischen Revolution bekannten allgemeinen Wehrpflicht, kommt das Charisma der Waffe zur Wirkung. Viele Erobererheere verdanken ihre Siege einer neuen Kriegstechnik oder der »numinosen« Kraft einer neuen Waffe wie Eisenklinge, Pferdewagen oder Schießpulver. Kavallerie und Kettenpanzer begründeten Großreiche im Sudan-Gürtel und das Pferd machte aus den wildbeuterischen Indianern der Prärie oder des Chaco bald klassisch gewordene Reiterkrieger.

Von der sprirituellen Kraft einer Waffe zeugen auch viele Grabfunde, wie überhaupt magische Vorstellungen einen wesentlichen Anteil am Kriegsgebaren aller Zeiten haben. Waffen- und Fahnenweihe, »magische Minen« (MÜHLMANN) als irrationale Kriegslist, Kampfspiel und kultischer Scheinkampf, Waffenschmuck und Kriegsmedizin verbinden das tödliche Handwerk mit übernatürlichen Ebenen. Entsprechend wird das Kriegsziel auch oft als göttliches Gebot verstanden, wenngleich die Bekehrung des Feindes zur eigenen Konfession erst mit den Hochreligionen auftritt. Davor hat sich der siegreiche Eindringling häufig den lokalen Göttern unterworfen (z. B. in Altägypten) oder diese standen prinzipiell einer Gebietseroberung im Wege.

Mit Landannexion, Sklavenerwerb und Deportation ist die Phase des »primitiven« Krieges verlassen. Möglicherweise hat bei diesem Wandel die neue Dimension der Bewegungswaffen, vor allem der seit 2000 v. Chr. auftauchende Streitwagen, als Entwicklungsschub gewirkt. Er bildete die waffentechnische Grundlage zu einer ritterlichen Vorform jener feudalen Zustände, die für das mittelalterliche Abendland und für Japan typisch waren. Die Gentilorganisation der Kriegermänner ist aber schon früher durch den Berufskrieger im archaischen Staat ergänzt oder gar abgelöst worden und ebenso das Ideal der Schlauheit durch das der Tapferkeit. Während der Stammeskrieger nicht das Risiko, sondern den Erfolg bewertet (Dubois 1944), entwickelte das ständische Kriegertum eine neue Haltung, die als »agonales Prinzip« (Huizinga) noch die Formen des modernen Wettkampfes prägt.

Der Vergleich zwischen kriegerischen Verhaltensweisen und Kampfformen im Tierreich löste in den 60er Jahren die Debatte um die »Ur-Aggressivität« aus, die als eine durch ständige Bedrohung stammesgeschichtlich ausgelesene und bei allen Kreaturen potentiell vorhandene »Flucht nach vorn« verstanden wird. Die der Humanökologie und Verhaltensforschung nahestehenden Ethnologen bestätigen die Ähnlichkeit des Territorialverhaltens, der »Balzkämpfe«, Drohgebärden und anderer Verhaltensmuster bei Mensch und Tier, während die der modernen Psychoanalyse und der Milieutheorie verpflichteten Kulturwissenschaftler den menschlichen Krieg als eigenständigen Irrweg deuten, der seinen Ursprung in der Ungleichheit der Güterverteilung und in aggressiven Erziehungsmethoden hat. Eine dritte Auslegung der universalen Kriegshandlungen versuchte die Frankfurter Kulturmorphologie, die den primitiven Krieg mit dem »Töterwesen« in Verbindung brachte. Töten ist nach Jensen ein Vollzug der göttlichen Weltordnung; so kann der Krieg, in dem »die edelsten und niedersten Instinkte der Menschheitsseele zusammentreffen« (Weule), auch als Welterneuerung verstanden werden, und das nicht trotz, sondern wegen seiner Grausamkeit, die, wie Nietzsche formulierte, zur ältesten Festfreude der Menschheit gehört und der man sich früher nicht schämte.

→ Alter, → Bund, → Charisma, → Ekstase, → Erziehung, → Evolution, → Fest, → Handwerk, → Haustier, → Initiation, → Magie, → Opfer, → Prestige, → Recht, → Segmentäre Gesellschaft, → Spiel, → Staat, → Technologie, → Tod, → Verhalten, → Wir-Gruppe

Davie, M. R., The Evolution of War. New Haven 1929 – Fried, M./Harris, M./Murphy, R. (Hrsg.), The Anthropology of Armed Conflict and Aggression. New York 1968 – Frobenius, L., Weltgeschichte des Krieges. Hannover 1903 – Mühlmann, W. E., Krieg und Frieden, Heidelberg 1940 – Otterbein, K., The Evolution of War. New Haven, Conn. 1970 – Pitt-Rivers, A. H. L. F., Primitive Warfare. Oxford 1868–70 – Steinmetz, S. R., Soziologie des Krieges. Leipzig 1929 – Turney-High, H. H., The Practice of Primitive War. Missoula 1942 – Weule, K., Der Krieg in den Tiefen der Menschheit. Stuttgart 1916

Bernhard Streck

Kulturanthropologie Da die Ethnologie möglichst alle Leistungen betrachten möchte, die der Mensch in Raum und Zeit hervorgebracht hat, ist ihr Gegenstand schwer einzugrenzen. Mit dem Kunstwort *Kulturanthropologie* wird der charakteristische Blickwinkel der Ethnologie angegeben, die den Menschen von seiner Lebensweise (d. h. Kultur) her zu begreifen sucht. Das Resultat kulturanthropologischer Studien und Vergleiche ist vor allem Mannigfaltigkeit; die Ethnologie erweist sich in ihrem universalen Streben als »horizontausweitende Disziplin« (Mühlmann).

Was das Thema der fast unendlichen Kulturvariationen ist, d. h. was *Kultur* im abstrakten Sinne ausmacht, drücken die ethnologischen Schulen in unterschiedlicher Weise aus. Entweder man versucht in Analogie zur natürlichen Evolution eher den Aspekt der Anpassung an Umwelten (Funktionalismus, Kulturökologie) zu betonen, oder Kultur wird von der Innenperspektive her als je eigenes System »symbolischer Formen« (Cassirer) oder als »gedanklicher Code« (Kognitive Anthropologie) gesehen. Fast alle Zugangsweisen bewegen sich aber auf einem spezifisch menschlichen Feld, das von den noch im Tierreich wirksamen Naturgesetzen abgekoppelt erscheint. Dagegen bewahrte der Begriff *Anthropologie*, den man in der Renaissance bewußt der bis dahin dominanten Theologie entgegensetzte, lange eine stofflich-geistige Doppeldeutigkeit, die schon der Humanist Casmann (1594) formulierte. Erst im 19. Jahrhundert reklamierte etwa Gustav Klemm eine eigenständige »Culturwissenschaft« (1843), Tylor sprach auch den bislang der Naturkunde zugeordneten außereuropäischen Völkern eine »Primitive Culture« (1873) zu und Bastian betrieb gegen den Anthropologen Haeckel die Emanzipation seiner Ethnologie von der naturwissenschaftlich dominierten Menschenkunde (Fiedermutz-Laun 1970; Koepping 1983).

Während nun im deutschsprachigen Raum die Bezeichnung Kulturanthropologie für jene ethnologischen Bemühungen reserviert blieb, die den Zusammenhang mit der »Bio-Anthropologie« im Auge behalten wollten (z. B. Mühlmann 1966; Rudolph 1977), wuchs die amerikanische Version *(Cultural Anthropology)* zu einer ganz anders ausgerichteten Integrations- oder Leitwissenschaft. Ihr Begründer Franz Boas hatte die Wurzeln des von ihm zeitlebens bekämpften Rassismus im Lager der Humanbiologen, Sozialdarwinisten und Eugeniker (z. B. Grant 1916; Stoddard 1920) ausgemacht und deswegen in dem nach dem Ersten Weltkrieg heftig ausbrechenden Erbe-Umwelt-Streit *(nature-nurture-controversy)* den Schnitt zwischen »hominider« und »humanider« Anthropologie radikal gezogen: Die psychische Einheit des Menschengeschlechts und der große Variantenreichtum der Kultur ließen auf eine unbegrenzte Formbarkeit des Menschen schließen. Die »superorganische Kultur« (Kroeber 1917) sei die Variable, der Mensch die Konstante der Geschichte.

Die amerikanische Kulturanthropologie gelangte zu ihrem beispiellosen Triumph aber auch in der Gegnerschaft zur Soziologie, die in den Schmelztiegeln der Einwandererstädte wenn nicht einen Kampf der Rassen, so doch der Interessen ausmachte (Small, Sumner u. a.). Dagegen führte die Arbeit im Museum, in Indianerreservationen und auf Südseeinseln zur Entdeckung der »Kulturwerte«, die in Mythologie und

Kunst aufgehoben, mittels induktiver Methode zugänglich und nur »idiographisch«, d. h. in ihrer Einmaligkeit und ohne Rückgriff auf allgemeine Wachstumsgesetze beschreibbar seien. Jede Kultur stelle ein eigenes »Gleichgewicht aus Gefühl und Verstand« (BOAS 1911) dar; das Attribut »primitiv« gelte allenfalls für die technische Ausstattung. Dieser kulturelle Relativismus war der Kern des aufklärerischen Pathos, mit dem die amerikanische Kulturanthropologie nach dem Zweiten Weltkrieg ihre Toleranzlehre international verkündete – zu einer Zeit, da fast jede Kultur der Erde sich mit dem *american way of life* konfrontiert sah.

Die wissenschaftlichen Leistungen der amerikanischen Kulturanthropologie liegen außerhalb ihres »extremen Kulturdeterminismus« (FREEMAN 1983), z. B. in der Bestimmung von Kulturräumen (KROEBER, WISSLER), in einer Systematisierung des Kulturvergleichs (KLIMEK, MURDOCK), in den Beiträgen zur Kulturgeschichte beider Amerika und den Studien zu Kulturmischung (Akkulturation) und Kulturwandel (HERSKOVITS, STEWARD). Als Sonderentwicklung zeichnete sich in den 50er Jahren ein von allgemeinen Gesetzmäßigkeiten sprechender Neoevolutionismus ab, der den vielleicht schon bei BOAS angelegten technologischen Determinismus zu einer Art »Kulturmaterialismus« ausbaute; in den 60er Jahren folgte unter dem Eindruck von Linguistik und Strukturalismus die rasch expandierende Kognitive Anthropologie mit ihrer Suche nach der »kulturellen Grammatik«. Auf zwei ältere Zweige der amerikanischen Kulturanthropologie ist besonders einzugehen:

Zur Überwindung der für die Kulturanthropologie typischen Distanz gegenüber der Individualpsychologie führte die Frage der »Enkulturation«, d. h. der kulturellen Formung des Einzelnen, auf die Margaret MEAD in ihrer berühmten Samoa-Studie (1928) schon eine zeitgemäße Antwort geliefert hatte. Es war eben das von DEWEY (1922), OGBURN (1922) und BOAS aufgestellte Axiom vom kulturellen Milieu als wichtigstem Faktor der Persönlichkeitsbildung, das auch die späteren Verbindungen mit Lerntheorie, Behaviorismus (WATSON 1914) und einer entsprechend modifizierten Psychoanalyse prägte. KARDINER und LINTON entwickelten die Theorie der Grundpersönlichkeit *(basic personality type)*, eines kulturspezifischen Idealbilds, vor dem die Heranwachsenden erzogen würden und an dem man abweichendes Verhalten messe und sanktioniere. Indem psychische Abweichungen wie auch die »natürlichen« Bedürfnisse in ihrer ausschließlich kulturellen Vermittlung (SPIRO) gesehen wurden, unterstrich die amerikanische Kulturanthropologie auch bei interdisziplinären Unternehmungen ihre Priorität vor allen anderen Anthropologien.

Diffusionismus, Kulturrelativismus und das Verständnis von Kulturgeschichte als der Geschichte schriftloser Völker verbanden die amerikanische Kulturanthropologie mit den deutschen Kulturhistorikern. In der Neuen wie in der Alten Welt gelangte Oswald SPENGLERS »erhabene Zwecklosigkeit der Kultur«, die Johan HUIZINGA 1938 noch ins Spielerische gerade der wesentlichsten Kultureinrichtungen ausdeutete, durch den ethnographischen Materialzuwachs zu wissenschaftlicher Anerkennung. Schließlich gab es noch eine weitere Parallelentwicklung, nämlich das Verständnis von Kultur als lebendiger Gestalt (Kulturmorphologie), das der fragmentierenden Betrachtungsweise der Museumsethnologen entgegengehalten wurde. In Amerika war es vor allem die BOAS-Schülerin Ruth BENEDICT, die Synthese statt Diffusion forderte (1934) und die Vorstellung vom »überorganischen« Gebilde *(configuration)* der Kultur zu einer Stillehre weiterentwickelte. So folgten bestimmte Kulturen eigenen »Leitmotiven«, in denen sich der Gefühlshintergrund der kulturellen Äußerungen konzentriere. Solche Typen *(pattern)* – bei OPLER (1945) erscheinen sie als Ensemble von »Kulturthemen« – formten auch Fremdeinflüsse nach dem lokalen Muster um *(patterning)*. BENEDICT verstand sie aber als reine Geistbewegung, unabhängig von geographischem Milieu oder rassischer Zusammensetzung der Bevölkerung. Ob in einer Kultur das Maßhalten, der Exzess oder die Heuchelei dominiere, sei analog den Stilrichtungen in der Kunstgeschichte nur aus sich selbst erklärbar.

Mit ihrer neuromantischen Fragestellung knüpfte Ruth BENEDICT bewußt an die mitteleuropäische Geistesgeschichte an (u. a. an NIETZSCHES Gegensatz »apollinisch-dionysisch«), die in der expressionistischen Wende der Frankfurter Kulturhistorie ebenfalls nach der »gefühlsmäßigen Grundhaltung eines Volkes« (MILKE 1938) suchte. Wie BENEDICT die eingefahrene Trennung von Form und Inhalt – in der amerikanischen Kulturanthropologie *eidos* und *ethos* (BATESON 1936) genannt – überwinden wollte, so glaubte FROBENIUS in seinem Paideuma-Begriff die kulturanthropologische Entsprechung zu jener »Gestalt« gefunden zu haben, die bereits GOETHE mit dem Doppelsinn von »Bildung« als dem Hervorgebrachten wie auch dem Hervorgebrachtwerden verglichen hatte. Es ging FROBENIUS, der sich mit O. SPENGLER und W. F. OTTO austauschte, um Sinnsetzungen, die den Menschen »durchleben«, schicksalhaft erfassen (»ergreifen«), aber auch wieder verlassen können. In der Frankfurter Kulturmorphologie wurden solche »Weltanschauungen« rekonstruiert, z. B. die der Jäger, der frühen Pflanzer, der Megalithenbauer oder des Sakralen Königtums. Kultur war in dieser intensivierten Sichtweise (»Tiefenschau«) nicht einfach »Anpassung« oder ein »Code«, sondern Ausdruck, der kollektive Erfahrungen umsetzt, oder, wie JENSEN 1954 sagte, »dargestellte und gestaltete Welterkenntnis«.

→ Diffusion, → Erziehung, → Ethnohistorie, → Evolution, → Funktion, → Kulturökologie, → Kunst, → Musik, → Rasse, → Spiel, → Symbol, → Weltbild

BENEDICT, R., Patterns of Culture. New York 1934 (dtsch. Hamburg 1955) – CASSIRER, E., Philosophie der symbolischen Formen. 3 Bde., Berlin 1923–29 – FROBENIUS, L., Paideuma. München 1921 – HERSKOVITS, M., Man and his Work. New York 1948 – KROEBER, A. L., The Nature of Culture. Chicago 1952 – LINTON, R., The Cultural Background of Personality. New York 1945 – NIEDERMANN, J., Kultur. Florenz 1941 – RUDOLPH, W., Die amerikanische »Cultural Anthropology« und das Wertproblem. Berlin 1959 – STAGL, J., Kulturanthropologie und Gesellschaft. München 1974

Bernhard Streck

Kulturökologie Daß die natürliche Umwelt als kulturstiftender Faktor zu einer eigenständigen Ethnologie Veranlaßung gab, liegt an der ungebrochenen Attraktivität der Naturwissenschaften, mit denen sich Ethnologen gerne verbünden, wie an der industriellen Bedrohung der Natur selbst, die nach »weicheren« Umgangsformen fragen läßt. Doch war die Bedeutung des *eco-environment* oder *habitat* in älteren Begriffen wie »Lebensraum« und »Erdenmacht« längst bekannt: Der Aufklärer MONTESQUIEU gilt nach den Alten HIPPOKRATES und POSEIDONIUS als Erneuerer eines mileutheoretischen Determinismus. Hundert Jahre später stellte RATZEL in seiner »Anthropogeographie« sogenannte Raumgesetze auf, die in den »Bewegungsgebieten« und den »Beharrungsgebieten« das Verhältnis von Landschaft und Gesellschaft bestimmten. Schließlich nahmen auch Anthropologen wie HELLPACH »geopsychische Einflüsse« (1931) an, die in Volkscharakter wie »Nationalgesichtern« (1949) von einer geographischen Umweltlabilität nicht nur physischer Eigenschaften zeugten.

Die moderne Beachtung der Lebensumwelt im Sinne eines Anpassungsschemas geht wohl auf den Biologen Jakob VON UEXKÜLL (1921) zurück, nachdem der Begriff »Ökologie« zuerst von HAECKEL (1866) sozialdarwinistisch definiert worden war. In der Ethnologie boten sich die Unterschiede der natürlichen Umgebung schon früh als Erklärung der kulturellen Verschiedenheit an: Am offensichtlichsten richten sich Kleidung, Behausung und Ernährung der Menschen nach dem Klima, dem Boden, der Flora und Fauna einer bestimmten Gegend. Ebenso offenkundig ist das verändernde Eingreifen des Menschen in die Natur durch die Wirtschaftsweise. Während nun die Ökologie das Verhältnis der Lebewesen zu ihrer Umwelt untersucht, zielt die Kulturökologie auf das, was zwischen Menschenleben und Natur eingeschoben ist – nämlich die Kultur. Diese scheint in einem Wirkungsnetz mit der toten und belebten Umgebung verknüpft zu sein; sie entwickelt sich in »adaptiver Interaktion« mit ihr, wobei die Natur kein konstanter Faktor bleibt.

Über den Grad der Abhängigkeit vor allem einfacher Kulturen, die oft definiert werden als solche »mit geringen Mitteln der Naturbeherrschung«, herrscht keine Einigkeit. In der amerikanischen Kulturanthropologie sprach man eher von einer passiven Begrenzung (WISSLER 1926) im Sinne eines geographischen Possibilismus, der verschiedene kulturelle Lösungen zulasse. Auch FORDE (1934) in England warnte davor, Kultur als Reflex auf natürliche Bedingungen zu sehen und die soziale Eigengesetzlichkeit zu unterschätzen. In BAUMANNS synchronen Kulturprovinzen von Afrika (1934/1940) tritt die geographische Beschaffenheit neben die beiden anderen Faktoren Sprache und Rasse. Eine entscheidendere Rolle erhielt die Ökologie erst beim Studium der frühen Hochkulturen durch WITTFOGEL zugesprochen: In China, Indien, dem Zweistromland und Ägypten hätten ähnliche Bedingungen – nämlich die Notwendigkeit der Wasserregulierung – zu ähnlichen Resultaten geführt, den »agrarmanagerialen« oder »hydraulischen« Bürokratien, die WITTFOGEL 1957 im Anschluß an Max WEBERS Studien zur orientalischen Gesellschaft und Karl MARX' Bemerkungen zur »Asiatischen Produktionsweise« »Orientalische Despotien« nannte.

Als in den 30er Jahren die Archäologie auch für die Hochkulturen der Neuen Welt Bewässerungssysteme als Wirtschaftsgrundlage entdeckte, bekam nicht nur der Gedanke der parallelen Entwicklung neuen Auftrieb (Neo-Evolutionismus), auch die Abneigung der BOASschen Kulturanthropologie gegen Kausalerklärungen erfuhr immer heftigeren Widerspruch. Die Zeit, da jeder Ethnologe nur seinen *tribe* und jeder Prähistoriker nur seinen *site* kenne, glaubten die sogenannten Kulturmaterialisten für überwunden. Anstelle der idiographischen »Überindividualisierung der Kultur« müsse diese auf ihre Gesetzmäßigkeiten zurückgeführt werden, und das erfordere enge Zusammenarbeit mit den *harder disciplines* (HARRIS) wie Biologie, Agronomie, Geologie, Paläanthropologie, Medizin und Demographie.

Am Beispiel der Jägerhorde (1936), die sich in Größe, Organisation, Bewaffnung etc. optimal der jeweiligen Umwelt anpasse, später durch Studien der Pueblo-Dörfer in Colorado (1937), schließlich der Zentren archaischer Hochkulturen (1949) entwickelte der von der Zoologie herkommende Julian Haynes STEWARD seine Theorie des *culture core.* Sie erklärt das Verhältnis Umwelt-Technik-Wirtschaft zur Grundlage jeder Kultur, auf der die gesellschaftlichen und ideellen Erscheinungen als abhängige Variable aufbauten. Unter ihnen könnten auch kulturhistorische Einflüsse wirksam werden, im »Kulturkern« aber regiere allein die Technik (Feuer, Werkzeug, Terrassen etc.) als Vermittler zwischen Mensch und Umwelt.

In der modernen, interdisziplinär ausgerichteten Kulturökologie spricht man von »adaptiven Strategien« und meint damit die Weise, wie sich Menschengruppen in einer bestimmten Gegend einrichten. Analog zur Biologie (»Biozönose«) werden »ökologische Nischen« ausgemacht, die mit anderen Lebewesen zusammen besetzt werden und so ein »Öko-System« bilden. Systemtheorie und Kybernetik liefern das Vokabular, mit dem diese »neopositivistische«, d. h. erneut an die Methoden der Naturwissenschaften adaptierte Ethnologie Kultur nicht mehr zu *verstehen,* sondern zu *erklären* versucht. Das breit angelegte Forschungsprogramm »Mensch, Kultur und Umwelt« (HELFRICH et al. 1979 etc.) hat z. B. die »erfolgreiche Besiedlung unwirtlicher Bergregionen« auf Neuguinea ergründet (MICHEL 1983). In anderen Untersuchungen wurde aber auch schon der uralte Brandrodungsfeldbau als erste systematische Umweltzerstörung identifiziert (z. B. SABHASRI 1978) oder die extensive Weidewirtschaft der Hirtenvölker in halbtrockenen Zonen als Beitrag zur »Desertifikation« gewertet (HERZOG 1963; SCHIFFERS 1974).

In der Humanökologie genannten Richtung werden schließlich die Probleme der menschlichen Kultur zusammen mit den Anpassungsweisen der Pflanzen und Tiere verhandelt – als Datenerhebung, die vor allem in der Entwicklungsplanung Früchte tragen soll. Der heuristische Wert des modisch gewordenen Begriffs »Anpassung« ist nicht unumstritten (VALJAVEC 1985). Zum eigentlichen ethnologischen Anliegen, nämlich dem »subjektiven Sinn« (Max WEBER), kehrt die Kulturökologie erst dort zurück, wo der »emische Aspekt« der Umwelt, d. h. ihre kulturspezifische Interpretation (Ethnoökologie), einbezogen wird (z. B. CONKLIN auf den Philippinen 1957,

1969) oder die Umwelt, mit der es sich auseinanderzusetzen gilt, nicht allein als stoffliche, sondern auch als menschliche wie in der *human ecology* der amerikanischen Stadtsoziologie (z. B. PARK 1962) gesehen wird. Kulturökologische Studien stoßen zudem rasch an die eigenen Grenzen, z. B. wenn von »Anpassungsdispositionen« die Rede ist, die nicht mehr »systematisch mit den Eigenschaften der jeweils genutzten natürlichen Ressourcen zusammenhängen« (MISCHUNG 1980).

→ Angewandte Ethnologie, → Arbeit, → Evolution, → Funktion, → Hirten, → Logik, → Nahrung, → Nutzpflanzen, → Pflanzer, → Rasse, → Siedlung, → Technologie, → Wildbeuter, → Wirtschaft

COHEN, Y. A., Man in Adaptation: The Cultural Present. Chicago 1968 – GOLDSCHMIDT, W., Man's Way. New York 1950 – HARRIS, M., The Rise of Anthropological Theory. London 1968 – MUKERJEE, R., Man and His Habitation: A Study in Social Ecology. London 1940 – NETTING, R. M., Cultural Ecology. Menlo Park, Calif. 1977 – STEWARD, J. H., Theory of Culture Change. Urbana 1955 – UEXKÜLL, J. v., Streifzüge durch die Umwelten von Tieren und Menschen. Berlin 1934 – VAYDA, A. P. (Hrsg.), Environment and Culture Behavior: Ecological Studies in Cultural Anthropology. New York 1969

Bernhard Streck

Kunst Die Idee des schöpferischen Menschen entwickelte sich im europäischen Denken erst im 18. Jahrhundert; vor dieser Zeit und außerhalb Europas galt die Herstellung von Bildern als eine handwerkliche Tätigkeit. Sie unterscheidet sich dennoch von der Arbeit im modernen Sinn, da sie in der Regel von rituellen Vorkehrungen umgeben ist – eine Eigenschaft, die sie allerdings mit den meisten jägerischen, agrarischen und handwerklichen Handlungen in traditionalen Gesellschaften teilt; nicht selten setzt sie eine spirituelle Berufung voraus, ebenso wie die Arbeit des Jägers oder Schmieds, und darin bekundet sich eine Vorstellung von Fertigkeiten, über die nicht jeder verfügt und die auch nicht ausschließlich erlernbar sind. Der altgriechische Begriff der *téchnē* scheint dieser Vorstellung sehr nahe zu kommen, während die Übersetzung als *Kunst* die Gefahr mit sich bringt, die Idee der Kreativität Kulturen zu unterstellen, denen sie fremd ist, obwohl die in ihnen hergestellten Bilder in einer weiteren, interkulturellen Perspektive deswegen nicht weniger als »schöpferische« Leistungen zu bezeichnen sind als die Werke der abendländischen Kunst.

Für den modernen Kunstbetrieb ist (oder war) ein »exotisches« Bildwerk zunächst nichts als eine »Fundsache«; ob es als Kunstwerk gilt, hängt – etwas zugespitzt formuliert – von der Kunst ab, mit der es präsentiert wird (wie bei jedem *objet trouvé*). Hinsichtlich vor allem der afrikanischen Plastik ist diese Kunst zu Beginn des 20. Jahrhunderts von Kubisten und Expressionisten entwickelt worden. Zuvor galten außereuropäische Bildwerke in Europa nicht als Kunst – abgesehen von ägyptischen und ostasiatischen Werken, deren ästhetischen Wert man schon im 19. Jahrhundert entdeckt hatte. Individuelle Entdeckungen waren schon früher möglich, blieben aber folgenlos; so versetzten mexikanische Arbeiten, die in Europa sonst nur wegen ihres Materials geschätzt wurden, einen DÜRER in geradezu mystisches Staunen. Der Afrika-Reisende G. SCHWEINFURTH, selber ein bedeutender Zeichner, schätzte die Kunst des Südsudans; charakteristisch war jedoch eher das Urteil RATZELS, der den afrikanischen Skulpturen »Indezenz« und »Häßlichkeit« nachsagte, »weil sie absolut nichts Stilisiertes an sich haben«.

Das theoretische Problem, das die »primitive« Kunst der europäischen Ästhetik stellte, lag in ihrem offenkundigen Mangel an »Ähnlichkeit«. Die Verfechter der modernen Kunst, die sich vom Ideal der Naturnachahmung lossagte, sahen deswegen in der afrikanischen Plastik umgekehrt »schöpferische Autonomie« gegenüber der Natur verwirklicht. Das entscheidende Stichwort lieferte WORRINGER (1907) mit seiner stilpsychologischen Unterscheidung von *Abstraktion* und *Einfühlung;* der Einfühlungsdrang strebe nach der »Schönheit des Organischen«, der Abstraktionsdrang finde »seine Schönheit im lebenverneinenden Anorganischen«. Gemäß der zeitgenössischen Vorstellung, der »Primitive« lebe in ständiger Angst vor der Natur, konnte die Kunst nur mit der Abstraktion beginnen. Dagegen vertrat KAHNWEILER (1915) die Auffassung, die Kunst beginne bei Jägern mit »ähnlichen« Bildern, die der »Verewigung« dienten, und neige zur Abstraktion erst unter dem Einfluß der Religion, die nach dem »Typischen« anstelle des Individuellen verlange.

Diese Fragestellung war der ethnologischen Kunstforschung vorgegeben. Als fruchtbar erwies sich schon in den 20er Jahren die monographische Erforschung der Kunst einer bestimmten Gesellschaft; so konnte K. V. D. STEINEN an der Kunst der polynesischen Marquesaner tatsächlich eine Entwicklung von »darstellenden« zu abstrakt-geometrischen Formen nachweisen, während BOAS in der Kunst der Kwakiutl an der Nordwestküste Nordamerikas zwei unabhängige Quellen unterschied – das technische Trachten und den Ausdruck der Gefühle und Gedanken –, so daß abstrakte und emotional-naturnachahmende Stile nebeneinander bestehen konnten. HIMMELHEBER begann damals eine lange Reihe von Feldforschungen bei den Künstlern der Elfenbeinküste, wobei er nicht nur feststellte, daß ihnen die Idee des »Schöpferischen« fremd ist (soweit sie nicht in rituellen Handlungen enthalten ist), sondern daß sie sogar Wert auf die »Ähnlichkeit« bestimmter Skulpturen legen, die allerdings stets in den traditionalen Stil eingebunden bleibt.

Nachdem Ethnologie und Kunstgeschichte in vergleichenden Studien die Stilzentren der »primitiven« Kunst ermittelt hatten (KJERSMEIER 1935 u. a.), wurde seit den 60er Jahre eine Fülle von systematischen Feldforschungen über die Rolle des Künstlers in der traditionalen Gesellschaft, über die rituelle und nicht-rituelle Verwendung von Bildwerken und über ihre kulturspezifische Ästhetik und Ikonographie durchgeführt, in deren Verlauf sich die Vorstellung von einer eigenständigen, einheitlichen »primitiven« Kunst verflüchtigte. Auch außerhalb der Hochkulturen dienen Bildwerke ebenso der privaten Erbauung durch ihre Schönheit wie der rituellen Bannung durch ihre magische Macht; sie dienen der höfischen Prunkentfaltung oder – vor allem als Masken – der politischen Satire, sie sind, wie mittelalterliche Altarbilder oder Ikonen, in individuelle, kollektive und öffentliche religiöse Kulte eingebunden und in ihrer Ikonographie von den Mythen dieser Kulte geprägt. Innerhalb der Stiltradition variieren die Bilder ihre historischen Modelle, oder sie öffnen sich für neue und fremde Phänomene, die eine Abwandlung der überlieferten Formen erzwingen. In all dem unterscheiden sie sich nicht grundsätzlich von der vorindustriellen Kunst Europas; und wenn es bislang nicht gelungen ist, die ethnologische Kunstforschung einer allgemeinen Kunstgeschichte zuzuführen, so liegt dies nicht an einer irgendwie gearteten »Andersheit« ihres Gegenstands, sondern an der Kontingenz der Traditionen und an der Unmöglichkeit, eine historische Entwicklung der Kunst außerhalb jener Kulturen zu ermitteln, die ihre Geschichte schriftlich fixieren und an der Konservierung ihrer Bilder interessiert sind. Die Arbeiten von Lévi-Strauss über die Masken der nordamerikanischen Nordwestküste wiesen zwar Strukturen interkultureller Diffusion nach, es bleibt aber fraglich, ob sich solche Strukturen im Sinne einer historischen Kontinuität auch nur in begrenzten Regionen auslegen lassen.

Das Fehlen historischer Tiefe in kunstethnologischen Studien muß nicht notwendig aus unzureichenden Quellen und Methoden erklärt werden. Nach Duerden (1975) scheint es vielmehr in der Struktur schriftloser Kulturen selbst begründet zu sein, die in der Regel daran interessiert sind, ihre Gegenwart vom Druck einer festgelegten Vergangenheit freizuhalten. Eine Eigenschaft, die das, was einmal »primitive Kunst« hieß, fast durchgängig kennzeichnet und von der Kunst der Hochkulturen unterscheidet, ist ihre gewollte Vergänglichkeit. Bilder formulieren kulturelle Werte und ästhetische Ideale; segmentäre Gesellschaften produzieren zwar die Illusion, ihre Werte und Ideale seien unvergänglich, doch bleiben diese der Reinterpretation offen, solange sie weder in schriftlichen Texten noch in dauerhaften Bildern festgelegt sind; archaische Klassengesellschaften – wie die ägyptische oder chinesische – achten dagegen auf nachweisbare Traditionstreue, während die progressive, moderne Kultur ihre Offenheit und schöpferische Autonomie betont.

In Afrika wird, wie Duerden hervorhebt, die gültige, allgemeine Kunst der Ahnen verborgen gehalten, damit sie die Lebensprinzipien der Gegenwart nicht allzusehr belastet; die Kunst der Könige hingegen wird dauerhaft zur Schau gestellt, aber sie muß den Ausdruck statischer Allgemeinheit vermeiden; und die Kunst der jungen Erwachsenen darf nur im flüchtigen Augenblick der Maskerade erscheinen. Diese strikte Beschränkung entweder der Sichtbarkeit oder der Allgemeinheit und Verbindlichkeit von Kunst unterscheidet schriftlose Kulturen von den Hochkulturen, deren Kunst verbindlich und sichtbar ist, und von der modernen Kultur, in der die widersprüchlichste und vielfältigste Kunst jederzeit öffentlich zugänglich sein muß, ohne je verbindlich werden zu können. Ein Inbegriff des Umgangs mit Kunst, der im denkbar schärfsten Gegensatz zur modernen Praxis der Kunstsammlung steht, sind die *Malanggane* von Neu-Irland: komplizierte, kunstvolle Gebilde, die in mehrmonatiger Arbeit von professionellen Künstlern geschnitzt und auf einem einzigen Fest ausgestellt werden; danach wirft man sie achtlos weg – mit der Vorstellung, sie seien für das nächste Fest identisch reproduzierbar. So wird man einer Realisation kaum amerken, ob sie von ihrem Vorgänger abweicht.

→ Ahnen, → Arbeit, → Diffusion, → Ethnohistorie, → Evolution, → Fest, → Handwerk, → Haus, → Institution, → Körperveränderung, → Kleidung, → Kulturanthropologie, → Magie, → Musik, → Mythos, → Religion, → Ritual, → Schmuck, → Segmentäre Gesellschaft, → Spiel, → Symbol, → Tanz, → Weltbild, → Zeit

Azevedo, W. L. d', The Traditional Artist in African Societies. Bloomington 1973 – Biebuyck, D. P., Tradition and Creativity in Tribal Art. Los Angeles 1969 – Boas, F., Primitive Art. Oslo 1927 – Duerden, D., African Art and Literature: The Invisible Present. New York 1975 – Fraser, D. (Hrsg.), African Art and Leadership. Madison 1972 – Himmelheber, H., Negerkünstler. Stuttgart 1935 – Lévi-Strauss, C., Der Weg der Masken. Frankfurt 1977 (orig. franz. Genf 1975) – Steinen, K. v. d., Die Marquesaner und ihre Kunst. 3 Bde., Berlin 1925–28

Fritz Kramer

Logik Logik ist die Wissenschaft von den Verhältnissen der Begriffe und Aussagen, die sich durch deren »Identitäts- und Diversitätsrelationen« ergeben (v. Freytag, gen. Löringhoff 1966), und damit die Lehre vom folgerichtigen Denken. Für die Ethnologie bedeutsam ist Logik im Zusammenhang mit dem Problem der »Einheit des menschlichen Geistes«, also der Frage, ob dieser bei allen Gliedern der Spezies denselben Struktur- und Funktionsprinzipien unterliege.

Das Problem der formalen Organisation des Geistes wurde in der frühen Ethnologie nicht hinreichend unterschieden von dem des materiellen Gehalts der Vorstellungen, in denen das Denken der »Naturvölker« sich bewegt. Deren Ideen, z. B. vom Aufbau der Welt, den in ihr wirkenden Kräften und damit den Ursachen der Ereignisse, sind häufig mit europäischen Vorstellungen – und zwar nicht nur wissenschaftlichen, sondern auch solchen der Alltagserfahrung – nicht zu vereinbaren. Man hat diese Überzeugungen und die aus ihnen resultierenden Praktiken wie Magie, Zauberei, Hexerei etc. darum vorschnell als Beweis dafür genommen, daß »Naturvölker« zu logischem Denken unfähig seien. Spätestens seit dem Erscheinen von Evans-Pritchards Studie über Hexerei, Wahrsagung und Magie bei den südsudanesischen Azande (1937) ist jedoch bewiesen, daß solche Vorstellungskomplexe immanent, d.h. wenn ihre Prämissen als gegeben hingenommen werden, durchaus schlüssig und folgerichtig sein können.

Auch Lévy-Bruhl meinte mit seinem Begriff der »mystischen Mentalität« in primitiven Kulturen diesen axiomatischen, transempirischen Zusammenhang der Ideen, als dessen wesentliches Merkmal er die Teilhabe *(participation)* der Erscheinungen aneinander ansah.

Jene andere – berühmt/berüchtigte – Kennzeichnung des fremden Denkens als »prälogisch« sollte auch nicht bedeuten, daß hier eine geringere Logik herrsche oder gar Logik überhaupt abwesend sei, sondern lediglich, daß die »Primitiven« an Widersprüchen ihrer Überzeugungen mit der objektiven Realität keinen Anstoß nehmen (Lévy-Bruhl 1912).

Ebenso, wie das Problem der Logizität nicht mit der Wahrheitsfrage vermengt werden darf, sollten auch das Thema der Begriffsgenese und der im engeren Sinne psychischen Faktoren, die auf die Aufnahme, Verarbeitung etc. von Begriffen einwirken, aus dieser Erörterung herausgehalten werden. Auch die Frage, ob jeder Sprache eine jeweils besondere »Weltansicht« (v. Humboldt 1836) eigen sei, so daß ganz unterschiedliche, aber prinzipiell gleichberechtigte Auffassungen von Raum, Zeit, Kausalität u.a. existierten (linguistisches Relativitätsprinzip bei Whorf 1956), ist von ihr getrennt zu halten. Relevant für die Entscheidung über die Logizität ist, wie eingangs bestimmt, lediglich die Struktur eines Begriffskomplexes.

Solche Begriffsfelder – vor allem im Bereich der Tiere und Pflanzen, aber auch von Rechtsverhältnissen, Heilmethoden, Ritualregeln u. a. – sind seit dem Ende der 50er Jahre durch Vertreter der *Cognitive Anthropology* (*Ethnoscience, Ethnoepistemology* etc.) eingehend untersucht worden (Tyler 1969; Renner 1983). Sie erscheinen häufig variabler und weniger systematisch als die vergleichbaren europäischen Wortfelder. Während z. B. die Nomenklatur der Pflanzen bei den mexikanischen Tzeltal allein nach den morphologischen Unterschieden konstruiert ist, macht die Klassifikation der Wirbeltiere bei den Kalam auf Neuguinea zusätzlich Gebrauch von Merkmalen wie Freßgewohnheiten, Unterschieden der Aufenthaltsorte, kennzeichnenden Rufen u. ä. (Berlin 1973; Bulmer 1967). Lévi-Strauss sah in dieser Variabilität der Zuordnung mittels bestimmter, den Sinnen zugänglicher Eigenschaften ein wichtiges Element des »Wilden Denkens« (1962), da durch sie die »semantischen Kurzschlüsse« zwischen einzelnen, u. U. disparaten Subsystemen ermöglicht werden – ein wesentliches Kennzeichen dieser Variante intellektueller Tätigkeit.

Von den Strukturprinzipien, nach denen Begriffsfelder fremder Sprachen geordnet sind, haben sich zwei – *Taxonomie* und *Paradigma* – als am weitesten verbreitet erwiesen (Werner/Fenton 1970). Taxonomien sind Pyramiden von Begriffen, die hierarchisch nach dem Gattung-Art-Verhältnis angeordnet sind. Arten unterscheiden sich von ihren Gattungen durch zusätzliche (»spezifische«) Merkmale. Das Paradigma hingegen stellt einen geschlossenen Satz von Merkmalen dar, die in wechselnder Kombination Begriffe bilden (wichtigstes Beispiel hierfür sind die Verwandtschaftstermini). Da jedoch dem Paradigma dieselben Abstraktions- und Identifizierungsverhältnisse zugrundeliegen wie der Taxonomie, können diese als universal vermutet werden.

Dies läßt sich auch durch die Befunde auf der obersten Ebene der logisch bestimmten Begriffsbeziehungen, der der Schlüsse, bestätigen – eine Tatsache, der insofern zusätzliche Bedeutung zukommt, als Schlüsse wesentliche Mechanismen des Erkenntnisgewinns und damit – wie hervorgehoben wurde – der Enkulturation sind (Loflin

1978). Die Frage, ob ihre Struktur universal sei, ist daher von erheblichem Interesse.

HAMILL hat in einem Experiment Probanden aus drei verschiedenen Sprachen/Kulturen (Englisch, Mende, Ojibwa) die gültigen Schlußformen aus der Gesamtklasse der Syllogismen heraussuchen lassen und des weiteren frei gebildete Aussagen auf Schlüsse und deren logische Form untersucht. Es zeigte sich, daß die nach der traditionellen Logik verbindlichen Regeln des Schließens in allen drei Sprachen beachtet werden. HAMILL (1978) sah sich durch dieses Resultat in seiner Überzeugung bestärkt, daß syllogistisches Schließen universell verbreitet sei.

Andere jedoch haben in bestimmten Sprachen/Kulturen »andersartige Logiken« (HALLPIKE 1979) am Werk gesehen, so COOPER (1975) eine dreiwertige bei den Nuer und Azande im Nil-Sudan. Diese Interpretation, durch die sich bestimmte Widersprüche in den magisch-religiösen Sätzen der beiden Ethnien auflösen lassen, wurde als inadäquat kritisiert (SALMON 1978). Die Annahme einer psychischen Einheit ist zu wohlbegründet und wird von zu vielen Ethnologen geteilt, als daß derartige Interpretationen als unmittelbar einleuchtend erscheinen könnten (SILVERBERG 1978).

»Logogramm« der Ojibwa-Indianer mit Schöpfer, Sonne, Tieren, Menschen und Siedlungen

→ Angewandte Ethnologie, → Erziehung, → Evolution, → Fremdwahrnehmung, → Kommunikation, → Magie, → Mythos, → Struktur, → Symbol, → Tabu, → Völkerpsychologie, → Weltbild, → Zeit

EVANS-PRITCHARD, E.E., Witchcraft, Oracles and Magic among the Azande. Oxford 1937 (dtsch. gek. Frankfurt 1978) – FREYTAG, gen. LÖRINGHOFF, B. v., Logik. Stuttgart 1966 – KRONENBERG, A., Logik und Leben. Kulturelle Relevanz der Didinga und Longarim, Sudan. Wiesbaden 1972 – LÉVI-STRAUSS, C., Das wilde Denken. Frankfurt 1968 (orig. franz. Paris 1962) – LÉVY-BRUHL, L., Les fonctions mentales dans les sociétés inferieurs. Paris 1912 – LOFLIN, M./SILVERBERG, J. (Hrsg.), Discourse and Inference in Cognitive Anthropology. Den Haag 1978 – TYLER, S. A. (Hrsg.), Cognitive Anthropology. New York 1969

Burkhard Ganzer

Magie Der gefühlsmäßige Umgang mit der natürlichen und sozialen Umwelt kennt eine Vielzahl von Techniken, die entweder Magie (von iranisch *maga* = außeralltägliche Kraft) oder Zauber (ursprünglich beim Runenritzen verwendeter roter Farbstoff) genannt werden. Sie bringen Wunsch und Wirklichkeit in Übereinstimmung und vermitteln die Vorstellung, Macht über Dinge und Lebewesen jenseits der Verstandeskategorien zu besitzen. Nach SCHOPENHAUER erscheint der Wille in der Magie »befreit von den kausalen Bedingungen des physischen Wirkens«: der ungarische Magier SZAPARY habe 1840 den Beweis erbracht, daß der Wille »das Prinzip allen geistigen und körperlichen Lebens« sei. Francis BACON nannte die Magie »praktische Metaphysik« und für die Brüder GRIMM war sie »Religion für den ganzen niederen Hausbedarf«.

Um jenseits der sinnlichen Erfahrbarkeit wirken zu können, bedarf es einer außergewöhnlichen Kraft, die in Melanesien *mana* (CODRINGTON 1891), bei den Irokesen *orenda* (HEWITT 1902), in Mexico *naual* (SELER 1899) oder bei den Makonde in Ostafrika *ntela* (DIAS 1967) genannt wird. Letzterer Begriff bezeichnet auch den Baum, der von der Erde in den Himmel wächst und so das Ausgreifen des Menschen über seine Alltagsmöglichkeiten hinaus versinnbildlicht. Die weltweit geglaubte, allgegenwärtige, unsichtbare und unpersönliche Kraft, die sowohl böse wie gut sein kann, sich in »unerklärlichen« Ereignissen offenbart, durch blutige Opfer freigesetzt werden kann und nur außergewöhnlichen Menschen zugänglich ist, war für Max MÜLLER noch »eine der primitivsten und rohesten Äußerungen des Unendlichen« (1873). Später wurde sie mit elektrophysikalischen Metaphern wie »energetische Substanz«, »Lebenselektrizität« etc. (FRAZER 1890; KARUTZ 1913) umschrieben – für DE MARTINO Beweise der Abwesenheit eines inneren Bezugs (1941), der auch dem seit VAN GENNEP üblichen Begriff »Dynamismus« fehle. Doch ohne den in diesen Termini zum Ausdruck gebrachten Glauben an eine außersinnliche Wirkkraft lassen sich die in allen Kulturen bekannten magischen Erscheinungen nicht verstehen, auch nicht die hochkomplizierten zahlenmystischen und astrologischen Systeme (ENDRES/SCHIMMEL 1984).

Die Magie war eines der ersten Themen der Ethnologie und regte daher schon früh zur Theoriebildung an. HUBERT und MAUSS (1902/03) folgten einerseits FRAZERS These von der »primitiven Wissenschaft«, die die frühen Techniken des Nahrungserwerbs, der Heilung, des Handwerks begleite, arbeiteten aber auch einen charakteristischen Gegensatz zur Religion heraus, zu der sich die Magie wie das Verbrechen zum Recht verhalte. Wo Religion und der Glaube an das Heilige zur Abstraktion führten, neigten Magie und Mana-Glaube zum Konkreten. Magische Macht finde sich oft bei auffälligen Menschen, Familien, fremden Gruppen und Stämmen; häufig gelten Frauen oder bestimmte Berufe (Arzt, Schmied, Totengräber etc.) ihr verbunden; möglicherweise sei die Tätigkeit des Magiers die erste Berufsspezialisierung überhaupt gewesen. Seine Riten sind manuell (Opfer, »magische Küche«) und oral (Inkantationen, Flüche); wie in der Magie sich nicht selten die »entmachtete Religion« hält, bedient sie sich auch gerne einer archaischen Sprache: »Im

Indien des Prakrit hat die Magie Sanskrit gesprochen, in der griechischen Welt ägyptisch und hebräisch, griechisch in der römischen Welt, lateinisch bei uns.«

Mauss und Hubert unternahmen den ersten Versuch, die Logik der Magie zu ergründen und fanden die Gesetze der Berührung (Kraftübertragung, Stellvertretung), der Ähnlichkeit (z. B. folgt der Drohung mit dem Kastrationsmesser Impotenz) und der Entgegensetzung (z. B. blutet die Wunde in Gegenwart der Waffe). Alle drei seien »verworren«, vermischt und im Grunde »leere und hohle, dazu noch falsch formulierte Formen der Kausalitätsgesetze.« Dennoch taugten sie als Prinzipien vieler »primitiver Klassifikationen«. Da sie durch Rationalisierung und Zivilisierung zurückgedrängt würden, könnten sie nicht im menschlichen Verstand angelegt sein. Doch seien sie keine individuellen, sondern soziale Vorstellungen, die ihre Entstehung und Erneuerung in kollektiven Erregungen, Leichtgläubigkeit und Illusionen fänden.

Magie als Massenwahn, der aber in der Regel sehr praktisch und funktional sein kann, war das Ergebnis der beiden großen Feldforschungen, die auf der Grundlage der Maussschen Theorie durchgeführt wurden: In der Magie der Trobriander fand Malinowski (1935) Maßnahmen zur Beeinflussung des ohnehin Eintretenden – z. B. Regenzauber in der Regenzeit (vgl. dazu Senft 1985) –, deren Funktion aber die Willenssteigerung und Konzentration der Kräfte sei. Sein Schüler Evans-Pritchard praktizierte bei den Azande im Südsudan selbst als Magier (Singer 1972) und beschrieb detailliert die verschiedenen Medizinen, Pflanzen und Objekte, die hauptsächlich im Kampf gegen die Hexerei eingesetzt werden. Es sei diese »übersinnliche« Bedrohung, unter der »der kleine Mann« der Azande zu übersinnlichen Mitteln greife. Tod durch Hexerei fordere Rachemagie, beides lasse sich mit dem Giftorakel kontrollieren. Doch auch außergewöhnlicher Erfolg werde magischen Kräften zugeschrieben, so wie ungewöhnlicher Mißerfolg eben Resultat von Hexerei sei. Evans-Pritchard konstatierte, daß die Azande die Widersprüche zwischen ihren Anschauungen nicht bemerkten: ein Todesfall leitet bei der einen Familie Rachemagie gegen den Hexer ein, für dessen Familie ist er Abschluß ihrer strafmagischen Bemühungen. »Die Zande besitzen nicht genügend Wissen, um die wirklichen Ursachen der Dinge zu begreifen – z. B. das Keimen von Getreide, Krankheit etc.«

Unwissen, dafür aber »egozentrisches Machtgefühl« (Beth 1914) – dieser Komplex stand im Zentrum der »präanimistischen Zaubertheorie«, die gegen Tylors Lehre von der Allbeseeltheit als erster Religion argumentiert hatte. Für Marett (1900), Hartland (1914) oder Preuss (1904) war der Ursprung der Religion die Magie: ein reines Zweckdenken, das die göttlichen Kräfte zu zwingen glaubte. Das umfangreiche Rehabilitationsprogramm, das die Ethnologie des 20. Jahrhunderts für die »Primitiven« entwickelte, mußte ganz besonders an diesem Punkt einsetzen. Während die britische Sozialanthropologie die soziale Funktion des magischen Denkens freilegte und in der französischen Ethnologie dieses Denken selbst untersucht wurde (Lévy-Bruhl, Lévi-Strauss), gab es im deutschsprachigen Raum hauptsächlich drei Richtungen, die die These von der »Urdummheit« widerlegen wollten.

Zunächst zeigte Max Weber in seinen religionssoziologischen Studien auf, daß magisches Denken und »Do-ut-des-Beziehungen« zur Gottheit (»Ich gebe, damit du gibst.«) alle Religionen charakterisierten, und zwar die jeweilige Volksversion: Bis in die katholische Sakramentsgnade und die »Rosenkranzleistungen« setze sich der »kontinuierliche Betrieb der Zauberei« fort (1921). Gegen diese heute weithin akzeptierte Ansicht: »Wo Religion, ist auch Magie« (van der Leeuw 1956), führte die Kulturhistorische Schule des Pater W. Schmidt den Beweis, daß es bei »Urvölkern» wie den Pygmäen wenig Zauberei gebe, diese also nicht ursprünglich genannt werden könne. Auch unterschieden alle Kulturen zwischen guter, dem Leben dienender »weißer Magie« und böser, destruktiver »schwarzer Magie« – letztere ein »direkter Gegensatz zur Religion« (Klostermaier 1960). In der Kulturmorphologie schließlich wurde diese Unterscheidung als europäischer Moral folgend abgelehnt (Schmitz 1959) und ein für die aufgeklärte Wissenschaft ungewöhnliches Bekenntnis zur Faktizität magischer Kraft abgelegt. Abgesehen von den vielen Formen der Entartung zum »faulen Zauber« hat nach Jensen (1951) die Magie ihre Wahrheit in der »Darstellung des allgegenwärtigen bösen Gedankens« und als »Ausdrucksbewegung« – wenn etwa ein verlassenes Mädchen das Bild des Geliebten zerreißt. Dann gebe es bei berufenen Individuen durchaus magische Fähigkeiten (Telepathie, Psychokinese etc.) und Wundertaten, von denen ja gerade die heiligen Bücher der Hochreligionen zeugen. Die meisten Zauberhandlungen aber seien im Grunde »Wiederholungskulte«, deren mythische Vorlagen vergessen sind und die mit neuen, zweckrationalen Erklärungen versehen werden.

Die Verbindung von Zauberhandlungen zur »Urzeit« hat Schmitz (1959) auf Neuguinea untersucht. Bei magischen Verrichtungen wie etwa dem Verbrennen von Fingernägeln, Haaren, Fäkalien oder Essensresten eines Opfers gehe es in Wahrheit darum, diese »Seelenträger« dem menschenfressenden Urzeitwesen zu überantworten. Ganz besonders werde diese Vorstellung deutlich in dem weitverbreiteten »gewaltsamen Todeszauber«: Spezialisten, die sich darauf verstehen und solche Aufträge annehmen, machen sich mit der mumifizierten Leiche eines Kindes unsichtbar, schlagen das Opfer nieder und verspeisen Herz oder Leber. Dann wird der Unglückliche – z. B. durch Brennen der Fußsohlen – wieder auf die Beine gestellt und mit der Prophezeiung entlassen, in ein oder zwei Tagen zu sterben (Mager 1949). Den Kern solcher Erzählungen sieht Schmitz im »kultischen Kannibalismus« der entmachteten Religion, den der Geheimbund der Zauberpriester bewahrt. Nur sie wissen noch, wie der Urzeitriese dargestellt und die Todeszauberpotenz erhalten wird; für die gewöhnlichen Leute sind es Gruselgeschichten und für die aufgeklärten »fauler Zauber«.

→ Ahnen, → Charisma, → Ekstase, → Hexerei, → Krankheit, → Logik, → Opfer, → Priester und Prophet, → Religion, → Tod, → Weltbild, → Wirtschaft

Beth, K., Religion und Magie bei den Naturvölkern. Berlin 1914 – Evans-Pritchard, E. E., Witchcraft, Oracles and Magic among the Azande. Oxford 1937 (dtsch. gek. Frankfurt 1978) – FRAZER, J. G., The Magic Art and the Evolution of Kings. London 1911 – HUBERT, H./MAUSS M., Esquisse d'une théorie générale de la magie. L'Année Sociologique VII, 1902/03 (dtsch. in MAUSS, M., Soziologie und Anthropologie, Bd. I., München 1974) – JENSEN, A. E., Mythos und Kult bei Naturvölkern. Wiebaden 1951 – MALINOWSKI, B., Magic Science and Religion. New York 1954

Bernhard Streck

Musik Als Musik wird in europäischen Sprachen eine universale menschliche Verhaltensweise bezeichnet, die sich in Singen, Instrumentalspiel und dem rhythmischen Körperschlag (Händeklatschen, Fußstampfen u. ä.) artikuliert. Die meisten Kulturen kennen nicht den übergeordneten abstrakten Begriff Musik, sondern gebrauchen in der Regel differenzierende Wörter wie Singen oder Gesang, ein Instrument spielen, schlagen, blasen; oft ordnet man auch den Tanz hier ein. Es gibt keine menschliche Gemeinschaft, in der nicht gesungen wird, wohl aber solche ohne Musikinstrumente. Musik ist somit eine elementare Ausdrucksform des Menschen, mit der Freude, Trauer, Melancholie, Liebe u. a. in einer von der Alltagssprache abgehobenen Art und Weise oder auch Manifestationen sozialer Solidarität (z. B. in Kriegsgesängen, Tanzgesängen bei Besuchsfesten u. a.) ausgedrückt werden. Musik und Sprache sind in den meisten Musikkulturen aufs engste verknüpft, sei es im Gesang oder den daraus entstandenen Instrumentalformen.

Den unterschiedlichen Lebensbedingungen entsprechend besitzen die musikalischen Verhaltensweisen in den einzelnen Ethnien und Kulturen unterschiedliche Sinngehalte und spezifisch differenzierte Bedeutungen. Diese sind Teil der sogenannten »sonischen Ordnung« (SIMON 1985), der Struktur musikalischer Verhaltensweisen, bestehend aus der Gesamtheit aller musikalischen Aktivitäten einer Kultur, die von verschiedenen Faktoren abhängig sind, wie den ökologischen, biologisch/physikalischen und sozialen Bedingungen, den Funktionen dieser Aktivitäten und deren beabsichtigter Wirkung auf Individuum und Gemeinschaft. Die biologischen und physikalischen Bedingungen (die angeborenen Determinanten beim musikalischen Schaffens- wie Erlebnisprozeß: Gehörsinn, Stimmerzeugung, Motorik, Gesetzmäßigkeiten der Akustik) schaffen musikalische Grundvoraussetzungen, die überall gelten, egal welcher Rasse oder Kultur jemand angehört (die »musikalischen Universalien«). Auch wenn bisher nur wenige gesicherte Ergebnisse vorliegen, läßt sich postulieren, daß es eine Reihe von musikalischen Grundtypen gibt, die sich auf angeborene Verhaltensweisen und metakulturelle emotionale Dispositionen zurückführen lassen. Die ökologischen Bedingungen, die unterschiedlichen Arten der Naturabhängigkeit wie -verbundenheit tragen mit dazu bei, daß der Mensch sich jeweils besondere Riten, Feste und damit verbundene musikalische Ausdrucksformen wie auch spezielle Varianten des musikalischen Zeitvertreibs schafft. Ökologisch bedingt ist auch die große Variabilität in der Entwicklung der unterschiedlichsten Musikinstrumente und Schallgeräte wie auch die Häufigkeit ihres Vorkommens in einer bestimmten Kultur. In weit stärkerem Maße als durch die bereits genannten Faktoren werden die musikalischen Aktivitäten durch die sozialen Bedingungen geprägt. Sie sind einer der wichtigsten Gründe dafür, daß es eine Vielzahl kulturspezifischer Varianten musikethnischer Systeme und sonischer Ordnungen gibt, die zu erforschen zu den vordringlichsten Aufgaben der heutigen Ethnomusikologie zählt.

Die Art des Gesellschaftssystems und die Rolle, die der einzelne in diesem besitzt, bestimmen weitgehend die musikalischen Aktivitäten, deren Sinngehalt und Beschaffenheit. Die Zusammenhänge zwischen den sozialen Bedingungen und den jeweiligen Musikereignissen gestalten sich jedoch äußerst komplex. Man kann nicht – wie häufig geschehen – eine direkte Beziehung zwischen der Sozialstruktur und der musikalischen Gestalt postulieren (z. B. LOMAX 1968). Eine Schlüsselposition in dieser Frage nehmen die unterschiedlichen Funktionsgehalte musikalischer Verhaltensweisen und Aktivitäten innerhalb der einzelnen Kulturen ein. Dies wurde zum ersten Mal von MERRIAM (1964) überzeugend dargelegt. Zusammenfassend kann gesagt werden, daß sich die Funktion der Musik als Stimulans und Stabilisator für Individuum und Gemeinschaft ergibt aus ihrem sozialen Kontext und der sozialen wie psychischen Relevanz.

Die sonische Ordnung jeder Musikkultur wird von den folgenden Metafunktionen grundlegend geprägt: der sozialen, psychischen, religiösen, ästhetischen, magischen und kommunikativen. Diese Kategorien haben idealtypischen Charakter. Sie sind nicht streng isoliert zu sehen, sondern in ihren wechselseitigen Beziehungen zueinander. Nur selten tritt eine der Kategorien isoliert auf. Ein wesentliches Merkmal ist gerade ihr komplexes Zusammenspiel in Form eines Funktionsbündels aus zwei, drei oder mehr Funktionen. Es bestehen deutliche Zusammenhänge zwischen diesen Funktionen – die der Ethnologe nicht direkt wahrnehmen kann –, der praktischen Musikausübung (Brauchtum, Anlaß, Aufführungspraxis) – die der Ethnologe bewußt erleben und dokumentieren kann – und der Musik selbst. Nicht die Sozialstruktur als solche schlägt sich direkt im musikalischen Ergebnis nieder, sondern der unterschiedliche funktionale Gehalt der Musikaufführung. Deshalb unterscheidet sich – innerhalb einer spezifischen Kultur – ein Gruppentanzgesang wesentlich von einer Totenklage, einem Heilgesang oder einem reinen Vortragsstück.

Mit den Metafunktionen hängt die unterschiedliche Wirkungsweise von Musik eng zusammen. Musik kann – viel stärker in nichtindustrialisierten Gesellschaften als in der modernen technisierten Welt – einen geradezu unheimlichen Einfuß auf Menschen ausüben. Sie vermag zu beruhigen, wie beim Wiegenlied oder Gebetsgesang, oder zu erregen, wie beim Kriegsgesang oder politischen Kampflied. Musik kann wesentlich mit dazu beitragen, Rausch und Halluzination zu erzeugen oder Menschen in Trance zu versetzen, wie bei den in vielen Kulturen praktizierten Besessenheitstänzen. Alle diese Möglichkeiten nutzt der Mensch seit Urzeiten zu therapeutischen und religiösen Zwecken. Musik und Tanz bilden daher wesentliche Bestandteile von Zeremonien und Festen in allen mensch-

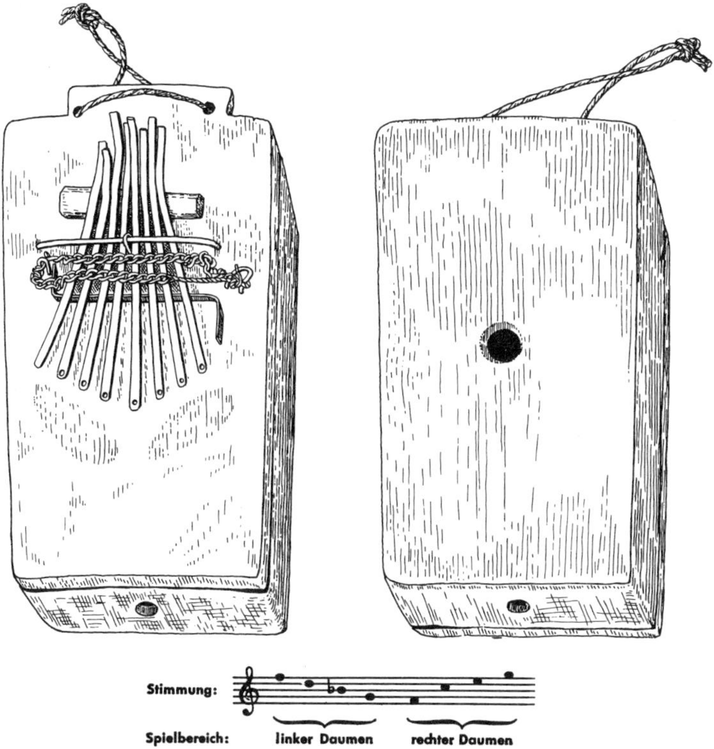

Lamellophon *(Malimba)* der Bena (Tansania)

lichen Gemeinschaften. Musik kann den Menschen psychisch stabilisieren oder auch destabilisieren und sein Sozialverhalten wesentlich beeinflussen. In vielen Kulturen sind Musik und die entsprechenden Musikinstrumente mit traditioneller Herrschaft verbunden und entsprechend geachtet wie gefürchtet. Sie bleiben dann oft Teilgruppen der Gesellschaft vorbehalten (z. B. nur Männern, Initiierten, Eingeweihten u. a.). Als Machtsymbole fallen Musikinstrumente bei einem Machtwechsel zuweilen der Zerstörung anheim, weil man ihnen politische oder symbolische Kräfte zuspricht (so z. B. in Buganda 1966; man denke auch an die Zerstörung heiliger Musikinstrumente durch Missionare). Nicht selten gelten die musikalischen Aktivitäten als geschlechterspezifisch, dann werden bestimmte Musikinstrumente oder Musikarten der männlichen oder weiblichen Sphäre zugeordnet. Den musikalischen Spezialisten oder überdurchschnittlich Begabten gibt es in fast jeder ethnischen

Gruppe. Zahlreiche Kulturen haben auch ein besonderes Berufsmusikertum entwickelt, das – von wenigen Ausnahmen abgesehen – meistens von Männern getragen wird.

Manche Musikinstrumententypen sind fast universal verbreitet, wie bestimmte Flöten und die Membranophone (Trommeln), letztere jedoch in kulturspezifisch unterschiedlicher Bauweise. Andere Instrumente treten nur regional auf, wie z. B. die Lamellophone in Afrika (Mbira, Likembe, Kalimba, Zanza, Malimba), die Wölbbrettzithern in Ostasien (Ch'in, Cheng, Koto, Kayagum), die Gongs, Gongspiele und Metallophone Südostasiens (Gamelan). Instrumententypen wie Xylophone kommen weltweit vor, ohne daß direkte Zusammenhänge zwischen den Verbreitungsgebieten bestehen müssen (z. B. zwischen Afrika und Indonesien). Das gleiche kann von den unterschiedlichen Tonsystemen gesagt werden, z. B. von der annähernd gleichstufigen Pentatonik (Slendro in Indonesien und eine entsprechende Stimmung in Uganda) oder der gleichstufigen Heptatonik (z. B. in Hinterindien und Afrika). Weltweit anzutreffen sind auch die halbtonlose Pentatonik (c–d–f–g–a) sowie diatonische tonale Strukturen, wie man sie in der europäischen Musik kennt.

Mehrstimmigkeit gehört zu einem sehr alten Stratum der Musikgeschichte und wurde lange vor ihrer Entwicklung im mittelalterlichen Europa in anderen Kulturen (z. B. in Afrika) praktiziert. Bestimmte Kulturregionen wie u. a. Westasien und Südasien bevorzugen das einstimmige Musizieren, was zu einer immer stärkeren Verfeinerung der Melodik führte (Maqam- und Ragasystem). Allerdings hat sich in der Musik Südasiens das mehrstimmige Element in Form der Bordun-Instrumente, die sich die akustischen Gesetze der Obertonreihe zu Nutzen machen, als charakteristisches Merkmal erhalten.

Seit gut hundert Jahren beschäftigt sich ein Zweig der Musikwissenschaft (Musikethnologie, Ethnomusikologie, Vergleichende Musikwissenschaft) mit der Erforschung jener Musikarten, die nicht zur sogenannten abendländischen »Kunstmusik« zählen. Diese werden heute auch als »traditionelle Musik« bezeichnet – eine eurozentrische und willkürliche Unterteilung, scheidet sie doch die Musiktraditionen Chinas, Japans, Indiens und der arabischen Welt zusammen mit jenen Afrikas, Ozeaniens, Indianer-Amerikas und der europäischen Volksmusik von der »hochentwickelten« Musik des Abendlandes. Hieran trägt der universitäre Wissenschaftsbetrieb (besonders in Deutschland) die größte Schuld. Gestützt wird diese Sichtweise durch die überall zu erlebende Einfußnahme westlicher Musik auf das Musikleben der Länder mit sogenannten traditionellen Musikkulturen (Kulturimperialismus der westlichen Musikindustrie). Musik ist ein bedeutender Faktor ethnischer, historischer und sozialer Identität. Der Verlust dieser Identität geht einher mit dem Verschwinden des traditionellen Musiklebens. Oft kommt es jedoch – wie z. B. in vielen Ländern Afrikas – zu einer Fortentwicklung aus der eigenen Tradition heraus (die sogenannte »neo-traditionelle Musik«). Die Ethnomusikologie beschäftigt sich daher auch verstärkt mit solchen Entwicklungsprozessen.

Seit der Erfindung der Tonaufnahmetechniken (Edison-Phonograph, Schallplatte, Magnetband) wird traditionelle Musik von einer Reihe von Forschungsinstituten und Archiven gesammelt und dokumentiert. In jüngster Zeit nutzt man auch audiovisuelle Techniken. Die bedeutendsten weltweit sammelnden Archive befinden sich in Amsterdam, Berlin, Wien, Paris, London, Bloomington/U.S.A. und Los Angeles. In vielen Ländern entstanden in den vergangenen Jahren Regionalarchive, die sich mit den Musiktraditionen ihrer Kulturen beschäftigen, so u. a. in Indien, Australien, Südamerika, in fast allen europäischen Staaten, in mehreren Ländern Ozeaniens und Afrikas. Nicht selten ist auch heute noch die Aufgabe, diese bedeutenden Zeugnisse menschlicher Kreativität und oraler Traditionen zu erfassen und der Nachwelt zu hinterlassen, ehe sie für immer verschwunden sein werden, der Initiative und Opferbereitschaft einzelner Idealisten überlassen. Intensive Feldforschungen, wie sie vor allem nach dem Zweiten Weltkrieg von Spezialisten durchgeführt wurden, konnten bisher nur einen Teil der musikalischen Traditionen der Menschheit dokumentieren und gebührend würdigen.

→ Diffusion, → Erziehung, → Evolution, → Feldforschung, → Fest, → Handwerk, → Kommunikation, → Kunst, → Religion, → Ritual, → Spiel, → Tanz

Lomax, A., Folk Song Style and Culture. Washington 1968 – Merriam, A., The Anthropology of Music. Evanston 1964 – Simon, A., Einführung in die Musikethnologie. In: Kreft, E., Lehrbuch der Musikwissenschaft. Düsseldorf 1985 – Simon, A. (Hrsg.), Musik in Afrika. Berlin 1983

Artur Simon

Mythos Griechisch sind Wort und Modell; bis heute nach antiker Tradition definiert, wird der Mythos wie damals im Namen des Logos beargwöhnt. Schon Xenophanes und Platon beschuldigten den Mythos der Phantasie, schon die allegorische Interpretation der Antike widersprach dem. So sei Götterliebe nicht lüstern zu lesen, sondern als Vermischung der Elemente. Göttlich inspiriert, künde der Mythos die Wahrheit hinter den Fakten. Anders die historische Interpretation der Antike (Euhemeros): Ganz menschlich, verzerre der Mythos die Wahrheit der Fakten. Faktenhistorie unterwirft ihn bis heute ihrer Realität, indem sie die Phantasie als störende Wucherung herausoperiert (Vansina). Philosophen aber lesen den Mythos noch immer als Ausdruck anderer Wahrheit.

Sind die Ähnlichkeiten in den Mythen vieler Völker Scherben einer einst gemeinsamen, dann in tausend Stücke zerbrochenen göttlichen Uroffenbarung, der »Originalgedanken«? Dann müßte man doch den Mythos durchschauen, um dahinter die Wahrheit wieder zusammenzufügen (Creuzer 1819/22). Aber woher kennen wir die uralte Botschaft? Aus unserem Inneren, sagt die Romantik. Wie der Traum entstammt der Mythos der Einbildungskraft, deshalb spricht er in Metaphern, nicht analytisch begreifbar, sondern intuitiv (Moritz 1791). Universale Symbole von Traum und Mythos wiederfinden will G. H. Schubert (1814).

Doch dem Mythos romantischer Philosophie folgt der Logos nüchterner Fachwissenschaft auf dem Fuß. Keine zeitlosen Universalideen mehr, sondern Gründe des Wandels sucht K. O. MÜLLER (1825). Mythen entstanden unter Bedingungen einer Zeit, die nicht wiederkehrt. Für F. M. MÜLLER (1874, 1897) war das die Phase, als sprachliche Expressivität die religiöse Idee überschattete. Erschütterung angesichts des Sonnenlichts drängte zur Sprache in Sonnenmythen, bis sie erkaltete im Sonnenkult: Ein Weg von der Idee über den Ausdruck zur Erstarrung im Ritual. EHRENREICH (1910) ersetzt Sprachgeschichte durch Psychologie: Beginnend mit der Projektion menschlicher Eigenschaften auf die Sonne, durchlebte der Mythos wie die Psyche Kindheit und Reife, um im Alter Philosophie zu werden.

Zwischen der historischen Periodisierung (und Relativierung) und der Suche nach der ewigen Idee vermittelt BASTIAN. Aus CREUZERS göttlichen macht er die »Menschheits«- oder »Elementargedanken«, die sich in der Entwicklung differenzieren in »Völkergedanken«. »Vielstimmig redet er, der einheitliche Menschheitsgedanke ..., in vielerlei Zungen, aber Eins und dasselbe, was unter bunt mythischen Bildern spielt« (1893). Hier klingt noch der Mythos von der vergessenen, aber aus den Mythen rekonstruierbaren Ureinheit an, oder (um es in der Sprache antiker Mythen zu formulieren) von der Zeit, als Himmel und Erde vereint waren. BASTIAN selbst sah wohl, daß seine Mythentheorie letztlich mythisch war – und wehrte sich gegen ihre Wiedergabe in anderer als einer dunklen, vieldeutigen Sprache. Wäre die nichtmythische Formulierung des Mythensinnes nicht wie der Versuch, Musik in Worten wiederzugeben (KERÉNY)? Braucht Religionsforschung nicht die »Empathie« (KRISTENSEN)? Erklärung des Mythos nicht durch historische oder experimentelle Beweise, sondern durch die Überzeugungskraft von Mythen, und Suche nach seiner verschütteten »eigentlichen« Aussage – diese Tradition des 19. Jahrhunderts entstammt der Suche nach dem Göttlichen im Mythos und führt im 20. Jahrhundert zur Suche nach dem Ur-Menschlichen.

JUNG sucht über die Mythensymbole Zugang zu den »eigentümlichen Bildern« *(Archetypen)* im »vergessenen und längst überwucherten primitiven Geist«: überwuchert, aber nie ausgerottet, noch immer »in potentia jedem Individuum durch Vererbung mitgegeben« (1912/13). »Visionäre« Dichtung (1922, 1930) übersetzt Archetypen in die dem Bewußtsein greifbare Form der Symbole, wenn sie in Mythen spricht: nur so spricht der Mensch Sinn. Doch dieser wurzelt im kollektiven Unbewußten, das der analytische Logos nicht faßt. Der Forscher braucht daher die visionäre Kreativität des Mythos, um dessen Symbole wiederzuerkennen und zu deuten.

Kreativität: Auch für ELIADE verbindet sie Mythendichter und -forscher, doch nicht auf JUNGS Weg zum Unbewußten. ELIADES Archetypen, Grundschemata ganz bewußter Theologie schon des Höhlenmenschen, gehören ins Reich des Logos, wurden allenfalls im Verlauf der Religionsgeschichte ins Unbewußte abgedrängt. Ihre Formung zu Symbolen einer spezifischen Religion ist ein kreativer Akt des *Denkens.* Wer von einem Baum träumt, hat damit allein noch keinen Zugang zum Archetypus. Erst muß er den Baumsymbolismus (Leben, zyklische Regeneration) verstehen, um durch das Mythen-Grundthema der Ewigen Wiederkehr den »Schrecken der Geschichte« zu überwinden: Es gibt eine mythische Ewigkeit jenseits des geschichtlichen Auf und Ab. Dieses Erfassen des Mythensinnes drückt sich in jeder Kultur unterschiedlich aus: ELIADE zeigt nicht nur die Universalität bestimmter Denkmodelle, sondern auch die historische Bedingtheit ihrer jeweiligen Ausformung.

Historische Bedingtheit und ganz bewußte »logische Folgerichtigkeit« des Mythos betont noch radikaler A. E. JENSEN, für den der Logos nicht Widerpart, sondern (mit der »Ergriffenheit«) notwendiges Grundelement von Mythos und Mythenforschung ist. JUNGS Ableitung mythischer Parallelen aus einem gemeinsamen unbewußten Fundus der Menschheit findet JENSEN »allzusehr auf der merkwürdigsten Zufall angewiesen« (1966); Grund solcher Übereinstimmungen sind vielmehr historische Kontakte in jedem Einzelfall. Denn Ideengeschichte ist ein Teil der Faktengeschichte, der Mythensinn gilt nicht mehr als die Fakten. Aber JENSEN wandert (FROBENIUS folgend) auf schmalem Grad, indem er doch den Weg des Mythos zum Hauptinhalt der Geschichte macht und durch Fakten nicht der Geschichte, sondern des Mythos belegt. Ergriffenheit durch große Ideen wird Sprache in Mythen, wird Schauspiel in Riten, wird ein System von Idee, Aussage, Ausdruck, dessen »innere Logik« am klarsten in den Mythen zutage tritt. Später aber erkaltet die Idee, die Riten erstarren, zuletzt bringen nurmehr unverstandene Mythenreste dem Mythos den falschen Ruf ein, keinen Sinn zu ergeben. Der Weg vom großartigen Ausbruch zum allmählichen Erstarren der Mythenidee wird immer wieder neu gegangen, denn immer wieder werden Menschen von neuen Ideen ergriffen. Es ist der Weg vom Aufbruch zum Niedergang jeder neuen Kulturschicht.

Anders als frühere Sucher (z. B. CREUZER) will JENSEN hinter der Fassade der Mythen nicht mehr entdecken, als die Besten der letzten Mythenerzähler wissen, denn von diesen leben noch immer einige in der Ergriffenheit und in Kenntnis von Zusammenhängen. Mythenforschung ist daher nicht nur besserwissende Rekonstruktion am Schreibtisch, sondern auch Feldforschung zum Erleben eines alten Weltbildes. So bedeutet das Vordringen der europäischen Zivilisation für JENSENS Frankfurter Schule der Völkerkunde nicht nur einen Störfaktor bei der Datenaufnahme, sondern auch die Zerstörung fremder Wahrheit und logischen Sinns, »einen weiteren Schritt auf dem Wege zu immer umfassenderer geistiger Verarmung der Menschheit« (FINDEISEN 1957).

Zur Gegenposition des 19. Jahrhunderts kehrt LÉVI-STRAUSS zurück: Der Mythenerzähler ist weder im Wesentlichen kreativ (wie JUNG und ELIADE meinen), noch sich der Logik seiner Mythe bewußt (JENSEN), sondern wiederholt, meist ohne es auch nur zu ahnen, uralte Grundstrukturen. Variationen der Struktur bilden im Strukturalismus ein vieldiskutiertes Problem, eine Irregularität, die (wie überhaupt der Mythos) am besten am Schreibtisch überwunden wird. Feldforschung bringt nur das Rohmaterial, das nicht der Erzähler in seinem Kraal, sondern der Forscher in seinem »Laboratorium« zur logischen Theorie veredelt: Ein Prozeß der Reinigung der Mythen von allem Schmutz regionaler und zeitbedingter

Besonderheiten und von aller Phantasie, bis nur noch die abstrakte Struktur bleibt. Diese kann der Forscher erkennen, weil sie einerseits auch seinem eigenen Denken zugrundeliegt, und weil er andererseits den Mythenerzählern die abstraktionsfähige Selbsterkenntnis dessen voraus hat, der nicht mehr an die Mythen glaubt.

In der strukturalistischen Forschung wiederholt sich so das Paradox, das sie im Mythos sieht: So wie dieser ein Produkt des menschlichen Geistes, der Kultur ist, die sich über die Natur erhebt, und wie er andererseits doch aus den Tiefen der menschlichen Natur zu stammen scheint, da er universal und unbewußt lebt – so erhebt sich der Forscher dank seines Geistes über den Mythos und durchschaut ihn, was er doch nur kann, weil sein Geist diesem verwandt ist. Das Paradox wäre gelöst, käme die mythische Struktur letztlich gar nicht aus den Tiefen der menschlichen Natur, sondern von außen – aus einer Offenbarung, wie es von der Antike bis ins 19. Jahrhundert hieß.

Der Sinn der Mythen, ihre komplexe Logik, ihre verborgene Wahrheit: Kennt der »primitive« Erzähler sie, oder erkennt sie erst der Völkerkundler? Sind sie universal (und damit letztlich auch *unsere* Wahrheit) oder jeweils auf eine Kultur begrenzt? Immer wieder jedenfalls wird die Forschung »der mythischen, d. h. der in die wunderbare, andersgestaltige Urzeit eilenden Phantasie« (Preuss 1933) verfallen.

→ Ahnen, → Ethnohistorie, → Initiation, → Institution, → Kulturanthropologie, → Kunst, → Logik, → Opfer, → Priester und Prophet, → Religion, → Ritual, → Struktur, → Symbol, → Tod, → Weltbild, → Zeit

Altizer, T. et al. (Hrsg.), Truth, Myth, and Symbol. Englewood Cliffs 1962 – Bastian, A., Vorgeschichtliche Schöpfungslieder in ihren ethnischen Elementargedanken. Berlin 1893 – Campbell, J., The Masks of God. 4 Bde., New York 1959–68 – Creuzer, G.F., Symbolik und Mythologie der alten Völker. 4 Bde., Leipzig/Darmstadt ²1819–22 – Detienne, M., L'invention de la mythologie. Paris 1981 – Ehrenreich, P., Die allgemeine Mythologie und ihre ethnologischen Grundlagen. Leipzig 1910 – Eliade, M., Aspects du mythe. Paris 1963 – Findeisen, H., Schamanentum. Stuttgart 1957 – Frazer, J. G., The Golden Bough. 12 Bde., London ³1907–15 – Jensen, A. E., Mythos und Kult bei Naturvölkern. Wiesbaden 1951 – Jung, C. G./Kerényi, K., Einführung in das Wesen der Mythologie. Zürich 1941 – Kitagawa, J./Long, C. (Hrsg.), Myths and Symbols. Chicago 1969 – Kristensen, W. B., The Meaning of Religion. Den Haag 1960 – Lévi-Strauss, C., Mythologika. 4 Bde., Frankfurt 1971–75 (orig. franz. Paris 1964–1971) – Moritz, K.P., Götterlehre. Berlin 1791 – Müller, F.M., Beiträge zu einer wissenschaftlichen Mythologie. 2 Bde., Leipzig 1898 – Müller, K. O., Prolegomena zu einer wissenschaftlichen Mythologie. Göttingen 1825 – Pettazzoni, R., Miti e Leggende. 4 Bde., Turin 1948–63 – Preuss, K. T., Der religiöse Gehalt der Mythen. Tübingen 1933 – Schlesier, R. (Hrsg.), Faszination des Mythos. Basel/Frankfurt 1985 – Schubert, G.H., Die Symbolik des Traumes. Bamberg 1814 – Vansina, J., De la tradition orale. Tervuren 1961 – Vries, J. de, Forschungsgeschichte der Mythologie. Freiburg/München 1961

Mark Münzel

Nachbarschaft Die sozialen Aspekte des räumlichen Zusammenlebens sind uns Europäern zwar vertraut, in den Studien über außereuropäische Gesellschaften wird ihnen aber keineswegs große Bedeutung beigemessen. Informationen über die Folgen räumlicher Nähe findet man meist nur versteckt unter Stichwörtern wie *Lokalität* und *Territorialität*, die auf bodenrechtliche und politische Ebenen verweisen, oder *Residenz*, womit die Wohnregelung für das jungverheiratete Paar gemeint ist. Kaum etwas erfährt man jedoch über die Bedingungen und Formen des Zusammenwohnens selbst. So enthält KRIGES klassische Schilderung des Zulu-Kraals (1936) auch den Hinweis, daß die Gehöfte nicht nur von den Besitzern, sondern auch von einer Reihe Nichtverwandter bewohnt wurden. Über die dabei entstehenden Nachbarschaftsbeziehungen, gegenseitigen Abhängigkeiten, Streitigkeiten oder Gemeinschaftsgefühle liest man jedoch nichts.

In der Ethnographie der traditionellen Gesellschaften stand die Beziehung räumlicher Nähe häufig im Schatten der alles dominierenden Verwandtschaft. Insbesondere strukturfunktionalistische Darstellungen faßten Nachbarschaft oft nur als Realisierung genealogischer Vorstellungen auf und sprachen ihr einen eigenständigen Wert im sozialen Beziehungsnetz ab. Was Max WEBER als Hauptfunktion der Nachbarschaft beschrieb, die gegenseitige »Nothilfe«, schien in segmentären Gesellschaften vollständig von den zahlreichen Verpflichtungen der verschiedenen Verwandtschaftsgrade abgedeckt zu werden. Erst mit der »transaktionalen« Kritik am strengen Rollenverständnis des Strukturfunktionalismus (HOLY 1974 u.a.) und dem Konzept von »Solidaritätsoptionen« auch in einfachen Gesellschaften (JAMES 1986) kam in der britischen Sozialanthropologie die Nachbarschaft zu jener Beachtung, die ihr anderswo – etwa in GUTMANNS »Bodenverband« und »Nächstenschaft« (1926) – schon vereinzelt geschenkt worden war.

Dann haben aber besonders Industrialisierung und Verstädterung in der Dritten Welt gezeigt, daß nachbarschaftliche Hilfe in den neuen Wohngebieten die traditionellen ethnischen oder verwandtschaftlichen Bindungen ablösen kann. Die Netzwerkuntersuchungen komplexer Verhältnisse beschreiben, wie räumliche Nähe und gegenseitige Unterstützung, z.B. bei wirtschaftlichen Engpässen, bei der Beaufsichtigung der Kinder oder der Abwehr unerwünschter Personen, zum Aufbau dauerhafter Beziehungen mit Austausch, Vertrauen und gemeinsamer Problemlösung führen können. Auch zur Lösung größerer Aufgaben wie Hausbau, Geldsammlungen oder politisch-religiösen Vorhaben kann unter stabilisierten Verhältnissen der Nachbar herangezogen werden. Der japanische Ethnologe Harumi BEFU (1963) äußerte die Meinung, daß Nachbarschaft überhaupt nur in dieser ausgebauten, zu sozialen Verpflichtungen führenden Form für die Sozialwissenschaften interessant sei. Bloße räumliche Nähe, wie sie auch in modernen Hochhaussiedlungen existiere, oder Nachbarn, die infolge ethnischer oder nationaler Fremdheit nicht miteinander kooperierten, seien ethnologisch uninteressant.

Doch ist ein häufig anzutreffendes Merkmal nachbarschaftlicher Netzwerke in den neuen Städten der Dritten

Welt bezeichnenderweise die Überwindung von Stammesgrenzen. PARKIN (1969) beschrieb, wie die Bewohner eines Vorortes von Kampala (Uganda) in den 60er Jahren Nachbarschaftsvereinigungen bildeten, die eine ganze Reihe von Gemeinschaftsaufgaben übernahmen; diese erstreckten sich von der Wasser- und Stromversorgung über die Entwicklung neuer Formen der Freizeitgestaltung und der nachbarschaftlichen Etikette bis hin zu Streitschlichtung und Abwehr von Dieben. In diesen und ähnlichen Schilderungen aus afrikanischen Städten bleibt allerdings unklar, wie weit diese Nachbarschaftsorganisationen auf Traditionen der Stammesgesellschaft zurückgreifen konnten. Forschungen über Ethnizität und Kommunalismus (SCHEFFLER 1985) zeigten auch, daß ethnische Einflüsse und andere »vertikale« Grenzen gegenüber einer Nachbarschaftssolidarität keinesfalls hinfällig geworden sind. Wie Nachbarschaftsbeziehungen schließlich die Grundlage für informelle Gruppenbildungen abgeben können, konnte TROUWBORST dokumentieren. In den 50er und 60er Jahre entwickelten in Burundi aus Nachbarn und Verwandten gebildete Gruppen von »Bierfreunden« das traditionelle »Ausgeben« frisch gebrauten Bieres zu anderen Formen der Gegenseitigkeit weiter. Aus »lokalen Kernen« entstanden einflußreiche informelle Netzwerke, aus einem Nachbarschaftsbrauch erwuchsen Machtstrukturen.

Die Ethnologie der neuen Dritte-Welt-Städte konzentriert sich auf Nachbarschaften als Grundlage für die Herausbildung zeitgenössischer Sozialstrukturen (Netzwerke, freie Assoziationen, Vereine). Neuere Feldforschungen in traditionellen Städten Europas, des Orients und Lateinamerikas stießen aber auch auf eine gewisse Eigendynamik der Nachbarschaftsbeziehung. In Aleppo gelten Haushalte, deren Eingänge in derselben Zugangsgasse einander gegenüberliegen, als benachbart. Eine erhöhte Bevölkerungsdichte führte nun zur Aufteilung der geräumigen Häuser aus der Vergangenheit in immer kleinere Einheiten und damit paradoxerweise zur Verkleinerung der in immer verwinkelteren Gebäuden und Gassen als Nachbarn erkennbaren Gruppe (NIPPA/GHIRARDELLI 1984).

Islamische Städte kennen weniger die freien Vereine der Nachbarschaftsangehörigen. Vorherrschend sind komplexe, durch Tracht und Anrede ausgedrückte Systeme der ethnischen und beruflichen Zuordnung, welche das Verhältnis der Nachbarn untereinander regeln (GEERTZ et al. 1979). Volkskundliche Studien der traditionellen Kulturen Europas können eine ganze Reihe solcher architektonischer, sozialer und ritueller Bedingungen und Regeln der Nachbarschaft aufzählen. Nachbarschaft war hier an Siedlungseinheiten oder bestimmte zentrale Punkte (Brunnen, Herrschaftshäuser, Kirchen etc.) gebunden und konnte zu weitreichenden Verpflichtungen im Gütertausch und der Gemeinschaftsarbeit führen. Teilweise wurden auch schwere Konflikte durch interne Rechtsprechung der Nachbarschaft geregelt (K.-S. KRAMER 1952). Ein niederdeutsches Sprichwort stellt den (nahen) Nachbar sogar über den (fernen) Verwandten: »Guoder Noaber an de Wand is bäter aß'n Broader öäwer Land« (BEITL 1974).

Beim Übergang in moderne Siedlungsformen bleibt von dieser sehr dichten Kultur der Nachbarschaft meist nicht viel übrig, was nicht nur bedauernswerte Aspekte hat; denn auch der allzunah als »neidischer Nachbar« erlebte »Stänkerer« oder gar Schadenzauberer gehört fest zum Repertoire des traditionellen Nachbarschaftsverkehrs.

Auffällig ist, daß die Ethnologie der Dritten Welt gerade erst die Nachbarschaft als gemeinschaftsbildenden Faktor entdeckt, während Volkskunde und Soziologie Europas sich schon daran gewöhnen, Nachbarschaftshilfe und -organisation als historisch abgelebte Erscheinungen zu betrachten.

→ Arbeit, → Evolution, → Fest, → Handwerk, → Haus, → Hexerei, → Institution, → Körperschaft, → Kommunikation, → Komplexe Gesellschaft, → Netzwerk, → Recht, → Ritual, → Schichtung, → Segmentäre Gesellschaft, → Siedlung, → Sozialanthropologie, → Stadt, → Verwandtschaft, → Wir-Gruppe

Boissevain, J./Mitchell, J. C. (Hrsg.), Network Analysis. Studies in Human Interaction. Den Haag/Paris 1973 – Geertz, C. u. H. et al., Meaning and Order in Maroccan Society. Cambridge 1979 – Holy, L., Neighbours and Kinsmen. A Study of the Berti People of Darfur. London 1974 – Krige, E. J., The Social System of the Zulus. London 1936 – Parkin, D., Neighbours and Nationals in an African City Ward. London 1969

Thomas Hauschild

Nahrung »Ohne die Erfüllung seiner sexuellen Bedürfnisse kann der Mensch leben – ohne Nahrung stirbt er.« Mit diesen Worten leitete Audrey Richards 1932 ihre vergleichende Untersuchung über die physiologischen und gesellschaftlichen Aspekte der Ernährung ein. In dieser ersten umfassenden Beschreibung des Komplexes Nahrung in Afrika werden religionshistorische, evolutionistische und behavioristische Ansätze als unzureichend vorgeführt; zugleich wurde der Ethnologie ein neuer Themenbereich erschlossen.

Der menschlichen Ernährung dient flüssige und feste Nahrung, deren Zusammensetzung sowohl von den Ressourcen der jeweiligen Umwelt als auch von der Produktionsweise der betreffenden Gesellschaft abhängt. In vorindustriellen Gesellschaften unterliegt das Nahrungsangebot außerdem in hohem Maße dem jahreszeitlichen Wechsel. Erst die zunehmende Kenntnis von Konservierungstechniken schafft hier einen Ausgleich. Wasser steht nicht überall und immer zur Verfügung und wird durch andere Getränke ersetzt oder ergänzt. Milch und gelegentlich Blut sind typische flüssige Nahrungsmittel bei Viehzüchtern; fermentierte Getränke wie Bier oder Wein setzen landwirtschaftliche Tätigkeit voraus.

Feste Nahrung kann tierischer, pflanzlicher oder mineralischer Art sein. Fleisch gilt Jägern und Sammlern als geschätzter Bestandteil ihrer Kost, wohingegen Viehzüchter mit extensiver Herdenhaltung in auffälliger Weise mehr von den Produkten ihrer Herde als von deren Fleisch leben und häufig auf nichtdomestizierte Tiere Jagd machen. Bestimmte Pflanzervölker, Garten- und Ackerbauern kennen die Stallhaltung von Tieren, die ebenso für den direkten Verzehr bestimmt sind wie Feldfrüchte. In Küstengebieten, an Seen und Flüssen betreibt man Fischerei und – soweit möglich – Seesäugerjagd.

Welchen Stellenwert der Verzehr von Menschenfleisch in manchen Gesellschaften einnahm, ist schwer zu bestimmen, da viele Berichte über *Anthropophagie* eher den Charakter exotischer Gerüchte oder Klischeevorstellungen über Nachbarn haben. Deswegen wurde die Erscheinung auch schon grundsätzlich angezweifelt (Ahrens 1979). Volhard (1939) zeichnete nach einer Zusammenschau der vielfältigen Nachrichten die geographische Verbreitung des Kannibalismus nach, der im wesentlichen im »äquatorialen Kulturkreis« (Frobenius) beheimatet sei. Nach dem Zweck, zu welchem Menschenfleisch gegessen werde, unterschied Volhard: den »profanen Kannibalismus«, wenn es als reines Nahrungsmittel dient, zu dem man aus Not oder aus Geschmack an der Sache greift (»gastronomischer Kannibalismus«); ausgestossene Stammesangehörige können im Rahmen eines »gerichtlichen Kannibalismus« zur Bestrafung, Auslöschung oder aus Haß verspeist werden; häufiger seien die Formen des »magischen« und »rituellen Kannibalismus«, in dem der Verzehr mit der erwünschten Aneignung von Kräften, Eigenschaften oder Tugenden des Verspeisten verbunden sei. Im Ritualzusammenhang handle es sich um ein verbindliches Mahl, dem sich niemand entziehen könne – Schmitz (1958) deutete es als »Kommunion mit der Schöpfungskraft«.

Pflanzliche Nahrung erhält der Mensch in unterschiedlichem Maß durch Sammeln, Ernten (z. B. wilder Reis) und ge-

Mehl mahlende und Brot bereitende Frauen der Hopi-Indianer (Arizona)

zielten Anbau. In heißen Gebieten gedeihen Knollenfrüchte besser, in warmen Getreide und Leguminosen, Wurzel- und Zwiebelgewächse. Gewürze, für gewöhnlich nicht aufgrund ihres Nährwertes begehrt, gelten als eher luxuriöse Zutaten und spielen daher in Ritual und Tausch eine hervorragende Rolle. In diese Kategorie gehören auch gewisse Mineralien wie Salz oder aufbereitete sogenannte Speiseerde, fetter Lehm oder Ton, der in Südamerika, China, Indonesien und südlich des Sudangürtels als Delikatesse gilt *(Geophagie)*.

Angaben zu Gewinnung, Zubereitung und Konservierung der Nahrung finden sich in den meisten Ethnographien und beschreiben einen wichtigen Teil der materiellen Kultur. Die Arten der Zubereitung lassen sich in mechanische (Wässern, Pressen, Zerkleinern, Entkernen etc.) und physikalisch/chemische (Kochen, Braten, Backen etc.) unterscheiden und bedürfen wie die Konservierungstechniken (Gefrieren, Trocknen, Räuchern, Pökeln, Marinieren etc.) besonderer Kenntnisse und Werkzeuge. Die Art und Weise der Nahrungsmittelproduktion diente Evolutionisten wie MORGAN dazu, die Phasen der Menschheitsgeschichte nicht länger durch das hauptsächlich verwendete Material für Werkzeuge (Stein, Bronze, Eisen) zu kennzeichnen, sondern sie am Stand der Nahrungserzeugung zu messen. Der Begriff »neolithische Revolution« (CHILDE 1925) bezeichnete in diesem Sinne den Übergang von der wildbeuterischen Wirtschaftsweise der Jäger und Sammler zu einer, in der Pflanzen kultiviert, Tiere domestiziert und Keramikgefäße für die weitere Verarbeitung der Nahrung hergestellt werden.

Eine Frage, der für das Verständnis der gesellschaftlichen Bedeutung von Nahrung grundlegende Bedeutung zukommt, stellte FRAZER schon 1907: »Essen sie alles, was eßbar ist?« – denn offensichtlich bestimmen Ressourcen und Wirtschaftsweise nicht allein die Auswahl der üblichen und festtäglichen Nahrungsmittel. Jede Gesellschaft trifft aus der Fülle des Eßbaren eine gewisse Auswahl und kennt Regeln für die Frage, wer wann was mit wem essen darf. Auch die industrielle Gesellschaft lehnt per Konvention einige Nahrungsmittel ab und kennt Vorschriften, die weder hygienisch noch medizinisch zu erklären sind. Im ausgehenden 19. Jahrhundert war das ethnologische Interesse an Speiseregeln verbunden mit der Untersuchung von Phänomenen wie Tabu, Totemismus, Opfer und Tischgemeinschaft, d. h. man beschäftigte sich in erster Linie mit den religiösen Aspekten des Nahrungskomplexes. Im Gegensatz zu CRAWLEY (1902), der den individuellen Charakter der Nahrungsaufnahme betonte, sah W. Robertson SMITH (1889) das gemeinsame Essen als soziale und religiöse Handlung. Die rituelle Tischgemeinschaft (Kommensalität) galt ihm als Ausdruck der Gruppenzugehörigkeit und »brüderlichen« Verbundenheit. Zugleich werde die Gemeinschaft zwischen dem Gott, dem das Opfermahl gilt, und seinen Gläubigen, die es ausrichten, betont.

Die soziale Bedeutung auch des alltäglichen Umgangs mit Nahrungsmitteln hat RADCLIFFE-BROWN am Beispiel der wildbeuterischen Andamaner hervorgehoben (1922). Für MALINOWSKI steuerten »Hunger, Liebe und Eitelkeit« das menschliche Handeln; zu ersterem als der wichtigsten Motivation nähmen die Trobriander aber eine ambivalente Haltung ein: Nahrung werde mit Lust verzehrt, aber auch zum Zwecke des Verrottens gespeichert (1935). Weiter wies FIRTH auf die Bedeutung von Nahrung als Medium verwandtschaftlicher Verantwortung und anderer sozialer Verpflichtungen hin und betonte, daß der Nährwert von Lebensmitteln für die Bewohner von Tikopia (Melanesien) nicht unbedingt im Vordergrund stehe, die Menge aber durchaus ihre Familienplanung beeinflusse (1929). Die eingangs zitierte MALINOWSKI-Schülerin RICHARDS fand schließlich bei Familie, Verwandtschaft und Stamm jeweils andere Regeln der sozialen Verpflichtung zum Nahrungstausch. Am Beispiel einer fiktiven Biographie führte RICHARDS vor, wie Bemba-Kinder (in Sambia) über die Zuteilung bestimmter Nahrung bzw. über einen mehr oder weniger großen Anteil am gemeinsamen Mahl etwas über Geschlechterrollen, Status, Nähe und Ferne von matrilateralen und patrilateralen Verwandten lernen. Und es sei diese doppelte Funktion, sowohl Grundlage menschlichen Wohlergehens als auch Ausdruck sozialer Beziehungen zu sein bzw. diese zu garantieren, die der Nahrung einen »heiligen« Charakter verleihe.

Ausgangspunkt strukturalistischer Arbeiten zu dem Thema sind nicht die konkreten Nahrungsmittel oder die zu ihrer Beschaffung und Herstellung anfallenden Arbeiten, sondern ist die Rede darüber. LÉVI-STRAUSS, DE HEUSCH u. a. suchten in sich ergänzenden und widersprechenden Mythen nach Übereinstimmungen zwischen der verborgenen Struktur des menschlichen Geistes, des mythischen Denkens und der menschlichen Gesellschaft. Die Küche, die wie die Sprache ein universelles Phänomen sei, könne auch als unbewußte Form der Kommunikation verstanden werden. LÉVI-STRAUSS zeigte anhand von 183 Mythen und vielen ethnographischen Verweisen, daß das Denken der untersuchten Indianer-Gruppen Küche in erster Linie als eine Vermittlungsstruktur betrachte. Nahrungsmittel, gewonnen aus dem Bereich der Natur, und ihre Verarbeitung, ihre Umwandlung in unterschiedliche Zustände, vermitteln zwischen Getrenntem, zwischen Himmel und Erde, Leben und Tod, Natur und Gesellschaft, Außen und Innen. Nahrung stellt sich dem Menschen in drei wesentlichen Zuständen dar: roh, zubereitet, verfault. In Bezug auf die Küche bildet der rohe Zustand den unveränderten Pol, die beiden anderen gelten als ihm entgegengesetzt. Das Gekochte ist kulturelle Umwandlung des Rohen, das Verfaulte seine natürliche Veränderung. So setzt sich das Grundmuster des »kulinarischen Dreiecks« zusammen, das »jeder Kultur als formaler Rahmen dienen kann und andere Gegensätze kosmologischer oder soziologischer Art zum Ausdruck bringen kann« (LÉVI-STRAUSS 1964).

Nach GOODY (1982) lassen traditionelle afrikanische Gesellschaften eine differenzierte Küche vermissen; erst in archaischen Hochkulturen kenne man den Unterschied zwischen »hoher« und »niederer« Küche. Beispiele aus dem alten Ägypten, China, dem Nahen Osten etc. bezeugen den Übergang der Küchenangelegenheiten im repräsentativen Kontext in die Hände von Männern und damit in das Statussystem von Berufen und Ämtern. Von jetzt an sind Nahrung und Tischsitten ein Ausdruck von Klassenzugehörigkeit. Sie wurden Gegenstand literarischer Auseinandersetzung, in deren Verlauf der Wunsch nach Nivellierung dieses Klassenausdrucks entstand. Das provozierte eine permanente Veränderung der Eßgewohnheiten – ELIAS hat diese Entwicklung am Beispiel des Abendlandes nachgezeichnet (1939).

Die überbordende Lust am Essen steht selten im Blickfeld ethnologischen Arbeitens, doch ist von irakischen Beduinen bekannt, daß sie über ein Festmahl erst dann reden, wenn »soviel Fett vergossen wurde, daß an seinem Ort sieben Jahre lang kein Gras mehr wächst«. Auch die Trobriander kennen den Überfluß: »Wir kauen, wir essen; wir kotzen tags, wir kotzen nachts – so viel Fett um uns« (MALINOWSKI).

→ Angewandte Ethnologie, → Arbeit, → Ekstase, → Evolution, → Fest, → Geschlecht, → Handwerk, → Haus, → Haustier, → Kommunikation, → Kulturökologie, → Nutzpflanzen, → Opfer, → Pflanzer, → Prestige, → Ritual, → Schichtung, → Struktur, → Symbol, → Tausch, → Technologie, → Tod, → Wildbeuter, → Wirtschaft

BROWN, P./TUZIN, D. (Hrsg.), The Ethnography of Cannibalism. Washington 1983 – FIRTH, R., Primitive Polynesian Economy. London 1929 – GOODY, J., Cooking, Cuisine and Class. Cambridge 1982 – LÉVI-STRAUSS, C., Mythologika. 4 Bde., Frankfurt 1971–75 (orig. franz. Paris 1964–71) – MALINOWSKI, B., Coral Gardens and their Magic. London 1935 (dtsch. Frankfurt 1985) – RICHARDS, A., Hunger and Work in a Savage Tribe. London 1932

Annegret Nippa

Netzwerk Handeln mit Hilfe eines Bekanntenkreises ist der Gegenstand der *transaktionalen Ethnologie*. Ihr Blickwinkel durchschneidet institutionelle und soziale Grenzen in dem Maße, in dem das handelnde Subjekt diese im eigenen Interesse auslegt und Normen eher benutzt als befolgt. Nicht DURKHEIMS »Kollektivvorstellungen« steuern das Verhalten der Vergesellschafteten, sondern deren eigensinnige Entwürfe. Das Kollektiv dient ihnen, wie schon Max WEBER sagte, »als Chance des Einzelnen zu handeln«.

Der transaktionale Netzwerkbegriff konnte sich nur zögernd und nur teilweise anerkannt gegen die strukturfunktionale Verwendung des Wortes durchsetzen. Bei THURNWALD, RADCLIFFE-BROWN oder NADEL besteht das Netzwerk aus Rollenbeziehungen, und auch moderne Autoren wie CRISSMAN (1969) oder Y. A. COHEN (1969) sehen in ihm ein Synonym oder einen Aspekt der gesellschaftlichen Struktur. Die handlungsorientierte und interessensoziologische Perspektive war aber schon im englischen Liberalismus (MILL, SPENCER), in der deutschen Soziologie (WEBER, SOMBART) und in der amerikanischen Stadtforschung (SMALL, PARK) sehr weit entwickelt. Als später die Kleingruppensoziologie (MAYO, HOMANS) die Verbindung zur Sozialpsychologie hergestellt und die britische *Urban Anthropology* (GLUCKMAN, MITCHELL, EPSTEIN) ihre Erfahrungen mit komplexen Gesellschaften und sozialem Wandel gemacht hatte, war die Zeit reif für einen neuen Zugang zum sozialen Handeln jenseits von Person und Körperschaft.

Anstelle von Tradition oder Gegenseitigkeit als Handlungsanweisung wirkt beim Netzwerkagenten (*homo manipulator* nach BOISSEVAIN) das Prinzip der Verlustvermeidung: Der Einsatz muß sich auf irgendeine Weise »lohnen«. Danach richtet sich die Handlungsstrategie, das Maß an Normenanpassung, Normenmanipulation und Normenübertretung. Die Normen, die in der struktural-funktionalen Ethnologie im Dienste des »Königs Brauch« die Menschen beherrschen, werden in der transaktionalen Betrachtungsweise zu Werkzeugen oder, wie BOISSEVAIN formulierte, zu Vorhängen, hinter denen sich subjektive Absichten verbergen. Schließlich gelangten Netzwerke – da nicht gesetzlich fixiert – nur in personalisierter Form zur Wirkung, als Mit- und Nebenmenschen, die aber nicht als maskentragender Chor nur die öffentliche Meinung kundtun, sondern auch in den individuellen Entwurf einbezogen werden können.

Forschungstechnisch ermittelt man transaktionale Netzwerke nach der Methode der sozialpsychologischen Beliebtheitsdiagramme. Die Antworten auf die Frage: »Was für Leute kennst du, und was bedeuten sie für dich?« ergeben die Bausteine für die sogenannten *egozentrischen Netzwerke*. Als lebendige Zellen pulsieren sie inner- und außerhalb der festen Strukturen, doch für den flüchtigen Blick sind sie so unsichtbar wie diese. Daher hat der Beobachter auf Manifestationen zu warten, auf Anlässe, die ein Netzwerk oder Teile davon mobilisieren. Das sind vor allem außergewöhnliche Ereignisse: Katastrophen, Skandale, Affären, Konflikte, Kampagnen. Je älter ein transaktionaler Problemlöser ist, umso geschickter wird er in der Aktivierung seiner Beziehungen und umso markanter kann sein Netzwerk dem strukturalen Geflecht der Gesellschaft zuwiderlaufen. Netzwerk ist Lebenswerk; wie BOSWELL (1969) in einer Studie aus dem afrikanischen »Kupfergürtel« gezeigt hat, repräsentiert sich in der Trauergemeinde ein letztes Mal das Beziehungswerk des Verstorbenen und legt Zeugnis ab von seiner Bekanntheit, Beliebtheit und seinem Einfluß. Sie bildet das soziale Totenmal, an dem der Betrauerte Zeit seines Lebens gearbeitet hat.

BARNES (1954) hat die erste Netzwerkstudie unter den informell zusammengesetzten Fischerbootsbesatzungen in Bremnes (Norwegen) durchgeführt. Dann untersuchte Elisabeth BOTT Netzwerke verschieden zusammengesetzter Ehepaare in London (1955); es folgten Studien unter Zuwanderern vom Land in Südafrika (Ph. MAYER 1961) und London (PHILPOTT 1968), Minenarbeitern im Kupfergürtel (KAPFERER 1972), Wahlkämpfern in Indien (A. MAYER 1962), Freizeitgestaltern in Südamerika (WHITTEN 1968, 1970), katalonischen Bauern (HANSEN 1974), Afroamerikanern in Washington (HANNERZ 1967) sowie Eliteangehörigen in Uganda (JACOBSEN 1968, 1970) und in Kalifornien (DOMHOFF 1970).

Die Netzwerkforscher sind sich darüber im Klaren, daß ihr »qualitatives« Verfahren nur Sinn hat als Ergänzung zu quantitativen Erhebungen strukturaler, demographischer und anderer »Rahmendaten«. Dann aber lassen sich plastische Unterschiede im Netzwerkverhalten herausarbeiten – so zwischen den Geschlechtern und Altersgruppen, zwischen einzelnen Regionen komplexer Gesellschaften, zwischen Einwanderergruppen unterschiedlicher Herkunft, zwischen traditionalistischen und modernistischen Stammesfraktionen, zwischen Stadt und Land. Besonders letztere Unterschiede, die bei ein und demselben Pendler beobachtet werden können, der auf dem Lande in strukturale Beziehungen eingebunden ist, in der Stadt aber die Fähigkeit, transaktionale Netzwerke zu knüpfen, entwickeln mußte, haben neue Einsichten in der Migrationsforschung eröffnet. In den deutschen Untersuchungen über die »Siebung« der Landflüchtigen waren sie – etwa in HELLPACHS städtischer Tugenddualität von »emotionaler Indifferenz« und »sensueller Vigilanz« (1939) – schon vorbereitet.

Die Einzelfäden eines Netzwerkes, die aus echten oder unechten Reziprozitätsbeziehungen bestehen, bewegen sich in ersterem Falle auf Gleichheitsebenen, in letzterem Falle überschneiden sie horizontale Grenzen, wie z. B. in den Patronage-Verhältnissen, die man vor allem in mediterranen Gesellschaften (MÜHLMANN/LLARYORA 1968; BOISSEVAIN 1969) untersuchte. Neben dem legendär gewordenen Mafia-Boss wurden auch andere Typen herausgearbeitet: Lokalmatadore mit dichtem Beziehungsnetz (»großer Fisch in kleinem Teich«), isolierte Intellektuelle mit ärmlichem, dafür weitreichendem Netzwerk (»kleiner Fisch in großem Teich«), Berufe, die Netzwerkvirtuosität geradezu erfordern, wie Makler, Wirte, Friseure, Spione – und vor allem Politiker (»Sozialmakler«), die nach BOISSEVAIN selbst nichts zu vergeben hätten, aber Geld aus fremden Taschen versprächen. Ihre instabile Stellung verlange ein ständiges Bemühen um Beliebtheit, auf die der in feste Strukturen verpackte Bürokrat verzichten könne.

Die transaktionale Ethnographie ist bislang vor allem in jenen gesellschaftlichen Verhältnissen erfolgreich gewesen, die durch schwache Strukturen charakterisiert sind: komplexe Gesellschaften (EISENSTADT) mit »weichem Staat« (MYRDAL) und verschiedenen kulturellen Optionen, wo der Einzelne wenig Sicherheit findet oder Schutz genießt durch kommunale Einrichtungen, wie in der modernen Gesellschaft, oder korporative, wie in der einfachen Gesellschaft. In dem großen Mittelfeld der zusammengesetzten und schwach integrierten Verhältnisse ist die Netzwerkkompetenz, d. h. die Fähigkeit, sich Anhang zu verschaffen oder einem solchen anzugehören, besonders gefragt. Wenn Mitglieder einfacher Gesellschaften sich über Verwandtschaft und Ortschaft definieren, so besteht Kennenlernen in komplexen Gesellschaften aus dem Abtasten der beiderseitigen Netzwerke: »Sage mir, wen du kennst, und ich sage dir, wer du bist« (JACOBSEN).

Die netzwerkfördernde Strukturschwäche verbindet auch die Verhältnisse der Dritten-Welt-Bewohner mit denen »Randständiger« in den Industrieländern: In Eliten, »Problemfamilien«, Szenen, Milieus gelten ähnliche Herausforderungen, die der in Verein, Beruf und Verwandtschaft fest eingebundene Normalbürger weniger spürt. Überall wo Cliquen, Gangs, Ringe, Initiativen, Seilschaften, Fraktionen, Lager oder Bewegungen die Soziallandschaft gestalten, ist Netzwerkverhalten besonders aktiv und die Tendenz auch festgefügter Bürokratien, immer wieder in »Filz und Vetternwirtschaft« abzugleiten, zeigt die Universalität dieses Musters. Die transaktionale Theorie hat mit ihrem »Paradigmenwechsel« (KUHN) ein Gegengewicht zur strukturfunktionalen Perspektive geschaffen und den von A. v. HUMBOLDT stammenden Gedanken, daß Kultur nicht nur aus *erga*, den überlieferten Institutionen, sondern auch aus *energeia*, der Kraft, jene zu handhaben, besteht, wieder in die Ethnologie zurückgeholt.

→ Charisma, → Feldforschung, → Fremdwahrnehmung, → Funktion, → Identität, → Institution, → Körperschaft, → Komplexe Gesellschaft, → Prestige, → Priester und Prophet, → Recht, → Schichtung, → Sozialanthropologie, → Struktur, → Tausch, → Völkerpsychologie, → Wir-Gruppe

BOISSEVAIN, J., Friends of Friends. Networks, Manipulators and Coalitions. Oxford 1978 – BOISSEVAIN, J./MITCHELL, C. (Hrsg.), Network Analysis. Studies in Human Interaction. Den Haag 1973 – GULLESTAD, M., Kitchen Table Society. Oslo 1984 – HANNERZ, U., Exploring the City. New York 1980 – HOLY, L./STUCHLIK, M., Actions, Norms and Representations. Cambridge 1983 – KAPFERER, B., Strategy and Transactions in an African Factory. Manchester 1972 – MITCHELL, J. C. (Hrsg.), Social Networks in Urban Situations. Manchester 1969

Bernhard Streck

Nutzpflanzen Unter dem Terminus Nutzpflanzen werden aus der Fülle des Pflanzenreiches diejenigen Formen zusammengefaßt, die aufgrund der ihnen innewohnenden Erbeigenschaften als *Nahrungsmittelpflanzen* (Kohlenhydrate, Proteine, Vitamine), *Genußmittel* oder *technische Nutzpflanzen* (Fasern, Gerb- und Farbstoffe etc.) in Betracht kommen. Diese Definition umfaßt sowohl gesammelte wie angebaute Pflanzen als auch solche, die durch fortschreitende selektive Auswahl und Züchtung (Domestikation) erst künftig nutzbar gemacht werden können, wie von Bitterstoffen befreite Lupinen, bislang nicht genutzte Arten bzw. Varietäten der Familie *Gramineae* etc. (BRÜCHER 1977; NATHO et al. 1984). Die im Vergleich mit rund 300 000 bekannten Arten »überraschend geringe Anzahl« (PURSEGLOVE 1976) bis heute domestizierter Pflanzen muß so als ein vorübergehender Zustand in einem langfristigen Prozeß betrachtet werden. Domestikation beginnt nicht als Entdeckung eines genialen Individuums, auch nicht als »landwirtschaftliche Revolution«, sondern schon durch die mittels Versuch und Irrtum beim Sammeln und Verbrauchen von Wildpflanzen eintretende Bevorzugung bestimmter Arten und Varietäten (HARLAN/DE WET/STEMLER 1976), und sie setzt sich in diesem Sinne fort in der mehr oder weniger bewußten Auswahl von Saatgut und Stecklingen.

Haben Wildpflanzen die Fähigkeit, sich in einem gegebenen Biotop ohne Unterstützung durch den Menschen auf alle Fälle fortzupflanzen, so passen sich, dem Menschen quasi unbewußt, Pflanzen, die einen besonders hohen Bedarf an Bodenstickstoff haben, aber auch sogenannte Pionier- und Ruderalpflanzen, der von ihm durch Fäkalien, Brände und Rodungen veränderten Umwelt besonders gut an (HAWKES 1969). Zu diesen »Kulturfolgern«, die zu seinen ständigen Begleitern werden, gehören u. a. Arten der Familien *Gramineae, Solanaceae* und *Leguminosae.*

Schon vom Menschen unbeeinflußte Kreuzungen und Mutationen führen zu Veränderungen des Erbgutes (VAVILOVS »Homologe Reihen«, 1922, 1951), die einzelne Pflanzen besonders sammel- bzw. verzehrtauglich machen. Zu den Ergebnissen solcher Prozesse zählen unter anderem:

- nichtbrüchige Ährenspindeln bzw. nichtplatzende Hülsen, die die Ernte einfacher und zugleich ertragreicher gestalten, da die Samen nicht im weiten Umkreis verstreut werden;
- Varietäten, die etwa zum gleichen Zeitpunkt zur Reife gelangen;
- die Herausbildung von Varietäten, die weniger Bitter- bzw. Giftstoffe enthalten (z. B. bei Maniok, Kohl und Lupinen);
- ein zunächst ungewöhnliches, später gezielt gezüchtetes Größenwachstum der vom Menschen genutzten Organe (Gigas-Charakter). Darunter fallen z. B. die Übergänge vom Wildeinkorn *(Triticum monococcum)* zum Saatweizen *(Triticum aestivum)* wie auch die Entwicklung des Maises *(Zea mays)* zu mehr und größeren Samen (MANGELSDORF 1974). Weiterhin sind Vergrößerungen von Früchten (Tomate), Blattdeformationen (Salat bzw. Kohl) sowie Wurzel- und Sprossveränderungen (Kartoffel) zu nennen.

Verzicht auf sofortige Konsumtion zugunsten späterer Aussaat und Ernte – ab diesem Zeitpunkt kann von Domestikation gesprochen werden – erhöhen zusätzlich die Ausbeute. Im Verlauf der Kultivierung verlieren die Pflanzen zunehmend die Fähigkeit, sich selbständig fortzupflanzen und zu vermehren. Sie werden zu Kulturpflanzen, die immer umfassender auf die pflegerische Tätigkeit des Menschen angewiesen sind (BRÜCHER 1977). In der Folge entstehen zwei sich voneinander entfernende Entwicklungslinien von Wild- und Kulturpflanzen, deren Aussehen – wichtig für die Archäologie – und genetischer Aufbau sie eindeutig unterscheidbar machen. Zumeist finden sich neben den domestizierten jedoch auch ihre Anzestralformen vor.

VAVILOV (1927, 1951), einer der Väter wissenschaftlicher Pflanzenzucht, schloß aus umfangreichen Verbreitungsuntersuchungen, daß geographisch eng begrenzte Herde besonders großer Artenvielfalt – von ihm als *centers of diversity* bzw. Gen-Zentren bezeichnet – gleichzeitig auch primäre Domestikationszentren *(centers of origin)* seien – acht an der Zahl. Spätere Untersuchungen auf einer breiteren empirischen Basis (BURKILL 1951/52, 1962; MANGELSDORF 1974; HARLAN et al. 1976; BRÜCHER 1977) stellen allerdings die räumliche Begrenztheit ursprünglicher Zentren wie auch die Annahme relativ weniger Domestikationsversuche mit anschließender migratorischer Ausbreitung (WERTH 1954) sehr in Frage.

Heute geht die überwiegende Mehrheit der Forscher (vgl. UCKO/DIMBLEBY 1969; BRÜCHER 1977) davon aus, daß zunächst an vielen Orten Getreidearten domestiziert wurden, wobei parallel weiterlaufende Sammeltätigkeit den Speiseplan um Eiweiß bzw. Vitamine liefernde Pflanzen ergänzte. Zu den ersten Getreidearten zählen:

- Einkorn, Emmer und Dinkel in Kleinasien, die z. T. bereits für die Zeit um 7500 v. Chr. in archäologischen Funden nachgewiesen sind (RENFREW 1969);
- Hirsen (Sorghum, Millet, Eleusine) in mehreren Regionen zwischen dem westlichen Afrika und Indien;

- Roggen und Hafer in Westeuropa und Kaukasien;
- Reisarten in Ostasien wie auch in Westafrika;
- Mais in Mittelamerika; in Mexico für die Zeit um 4000 v. Chr. nachgewiesen (Domestikation um 2500 v. Chr. abgeschlossen).

Gleichzeitig oder nur wenig später folgen Leguminosen (BRÜCHER 1977) und Ölsaaten wie:

- Bohnen (*Phaseolus* spp.) in Nord- und Südamerika, dem Mittelmeerraum und Asien;
- Linsen in Zentralasien und ebenfalls dem Mittelmeerraum;
- Straucherbsen *(Cajanus indicus)* in Afrika;
- Sojabohnen in Ostasien;
- Erdnüsse in Südamerika, die ihre volle Bedeutung jedoch erst nach Kolumbus in Afrika erlangen;
- Sesam, vermutlich in Vorderasien und eventuell in Afrika;
- Lein (Flachs), der ölhaltige Samen besitzt und dessen Stengelfasern ebenfalls genutzt werden (um 4000 v. Chr. in Ägypten).

Eine dritte Gruppe bilden die Knollengewächse, deren Hauptverbreitungsgebiet in den Feuchttropen archäologische Nachweise nicht erlaubt. Indirekte Befunde (wie Obsidiansplitter von Maniokreiben) aber lassen den Schluß zu, daß Knollenfrüchte zumindest in Südamerika lange vor Ausbreitung der Getreide angebaut wurden. Yams (*Dioscorea* spp.) – mit drei Zentren in Ostasien, im nördlichen Südamerika und dem tropischen Afrika –, die Süßkartoffel *(Ipomoea batatas)* – in Südamerika – und Maniok *(Manihot esculenta)* – ebenfalls in Südamerika – sind zusammen mit der in gemäßigten Zonen der Anden domestizierten Kartoffel die wichtigsten Vertreter dieser Gruppe.

NATHO et al. (1984) weisen darauf hin, daß man früher weit mehr Pflanzenarten nutzte, bei Faserlieferanten bis zu tausend. Von diesen haben sich durchgesetzt: Flachs, Hanf und Nesselarten (in Europa nachgewiesen), Baumwolle (um 3000 v. Chr. in Ägypten und um 2500 v. Chr. in Amerika nachgewiesen) sowie Jute und Sisal (aus Amerika kommend und nach Kolumbus schnell verbreitet). Hinsichtlich pflanzlicher Gerbstoffe nimmt man an, daß Rinden-, Holz-, Wurzel- und Blattgerbstoffe weit verbreitet waren. Sinnvollerweise sind in diesem Zusammenhang noch Pflanzen, die Farbstoffe (z. B. Indigo- und Hennastrauch), Behältnisse (Flaschenkürbis) oder Baumaterialien (Hölzer) liefern, zu nennen. Selbstverständlich dürfen auch Obst- und Fruchtpflanzen, allen voran Bananen (*Musa* spp.), Genußmittel, wie der in Äthiopien oder Südarabien domestizierte Kaffee *(Coffea arabica)*, südamerikanischer Kakao, der in China kultivierte Mohn oder das südamerikanische Koka, Gewürze, wie die südostasiatischen Gewürznelken, Pfeffer und Zimt, sowie Bäume und Heilkräuter nicht unerwähnt bleiben.

Wie schon betont, ist die Domestikation von Nutzpflanzen ein langwieriger Prozeß menschlicher Einflußnahme, dessen Erfolg nicht nur in der genetischen Veränderung der Pflanzen liegt, sondern den Menschen selbst beeinflußt, insbesondere seine Reproduktionsbedingungen und die klassifikatorischen Systeme mit deren Hilfe er versucht, seine Umwelt zu begreifen. Die so hervorgerufenen Veränderungen ziehen weitere Entwicklungen nach sich (vgl. z.B. WERTH 1954), zu deren Ergebnissen letztlich auch die hier zugrundegelegte botanische Systematik zählt. Sie ist eine der Möglichkeiten, Pflanzen einzuteilen und in Bezug zueinander zu setzen, sicherlich aber nicht die einzige. Jede ethnische Gruppe hat sich gewissermaßen ein ihr angemessen erscheinendes System geschaffen und die *Ethnobotanik* (Harshberger 1896; V. H. Jones 1941, 1957) versucht, die auffindbaren Beziehungen zwischen Mensch und Pflanzen wie auch die gruppeneigene Nomenklatur *(conceptual structure)* zu erforschen (Ford 1978; Brown 1986). Dabei arbeitet die Ethnobotanik eng mit anderen Wissenschaften wie Archäologie, Linguistik, Naturgeschichte und Medizin, die unter dem Begriff Ethnomedizin selbst wieder als Unterabteilung der Ethnobotanik verstanden werden kann (Ford 1978), zusammen.

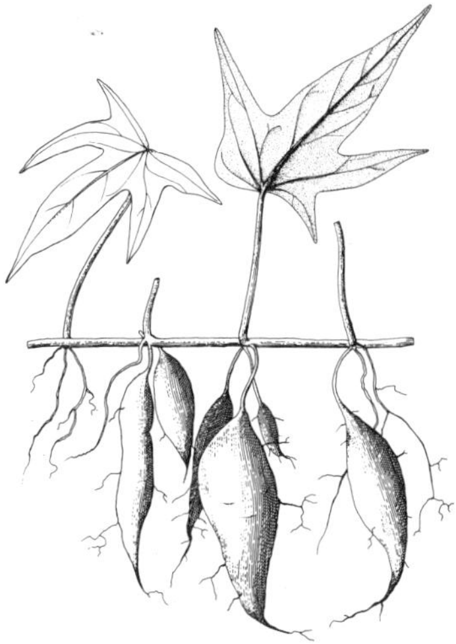

Süßkartoffel oder Batate *(Ipomoea batatas)*

Übersicht über wichtige domestizierte Nutzpflanzen:
Familienbezeichnungen sind unterstrichen. Ihnen werden die einzelnen Genera bzw. Arten zugordnet. (Purseglove 1976, Brücher 1977, Vogel/Angermann 1984)

Abteilung	Spermatophyta
Unterabteilung	Angiospermae (Bedecktsamer) Diese umfassen rund 250 000–300 000 Arten in mehr als 300 Familien und über 10 000 Gattungen.
Agavaceae	Agave *(Agave sisalana)*
Araceae	Taro/Dasheen *(Colocasia esculenta),*
Arecaceae	Dattelpalme *(Phoenix dactylifera),* Kokospalme *(Cocos nucifera),* Ölpalme *(Elaeis guineensis)*
Brassicaceae	Kohlarten (*Brassica* spp.)
Cannabaceae	Hanf (*Cannabis* spp.), Hopfen *(Humulus lupulus)*
Chenopodiaceae	Melden (*Atriplex* spp.) (Pseudo-Cerealien), Runkelrübe *(Beta vulgaris),* Spinat *(Spinacia),* Zuckerrübe (*Beta vulgaris* f. altissima)
Convolvulaceae	Süßkartoffel/Batate *(Ipomoea batatas)*

Cucurbitae	Flaschenkürbis/Kalabasse *(Lagenaria siceraria),* Gurke *(Cucumus sativus),* Kürbis (*Cucurbita* spp.), Wassermelone *(Citrullus lanatus)*
Dioscoreaceae	Yams *(Dioscorea alata)*
Euphorbiaceae	Kautschukbaum *(Hevea brasiliensis),* Maniok/Kassava *(Manihot esculenta),* Rizinus *(Ricinus communis),*
Gramineae	mit 700 Gattungen in mehreren Unterfamilien. Hierzu gehören die wichtigsten domestizierten Getreidearten. Emmer *(Triticum dicoccum),* Fingerhirse *(Eleusine coracana),* Gerste *(Hordeum distichum),* Hafer *(Avena sativa),* Hirse *(Sorghum bicolor),* Mais *(Zea mays),* Perl- oder Kolbenhirse *(Pennisetum typhoides),* Reis *(Oryza sativa),* Roggen *(Secale cereale),* Tef *(Eragrostis tef),* Weizen *(Triticum aestivum),* Zuckerrohr *(Saccharum officinarum)*
Labiatae	viele Gewürzpflanzen
Linaceae	Flachs/Lein *(Linum usitatissimum)*
Leguminosae	Bambara-Erdnuß *(Voandzeia subterranea),* Bohne *(Phaseolus vulgaris),* Erbse *(Pisum sativum),* Erdnuß *(Arachis hypogaea* bzw. *A. fastigiata),* Indigo *(Indigofera arrecta),* Johannisbrot *(Ceratonia siliqua),* Linsen *(Lens esculenta),* Sojabohne *(Glycine max),* Straucherbse *(Cajanus indicus),* Tamarindenbaum *(Tamarindus indicus)*
Malvaceae	Baumwolle (*Gossypium* spp.), Orka *(Hibiscus esculentus)*
Moraceae	Feigenbaum (*Ficus carica* f. domestica)
Musaceae	Banane *(Musa sapientum),* Ensete *(Ensete ventricosa)*
Oleaceae	Olivenbaum *(Olea europea)*
Papaveraceae	Schlafmohn *(Papaver)*
Pedaliaceae	Sesam *(Sesamum indicum)*
Rubiaceae	Kaffee *(Coffea arabica)*
Rutaceae	Zitrusfrüchte wie Zitronen, Limonen, Orangen (*Citrus* spp.)
Solanaceae	Eierfrucht/Aubergine *(Solanum melongena),* Kartoffel *(Solanum tuberosum),* Tabak *(Nicotiana tabacum),* Tomate *(Solanum lycopersicum)*
Sterculiaceae	Kakao *(Theobroma cacao),* Kola-Nüsse (*Cola* spp.)
Theaceae	Tee *(Camellia sinensis)*
Tiliaceae	Jutepflanze *(Corchorus capsularis* bzw. *C. olitorius)*

→ Angewandte Ethnologie, → Arbeit, → Diffusion, → Ethnohistorie, → Evolution, → Haustier, → Kulturökologie, → Nahrung, → Pflanzer, → Technologie, → Wildbeuter, → Wirtschaft

BRÜCHER, H., Tropische Nutzpflanzen. Berlin etc. 1977 – FORD, R. (Hrsg.), The Nature and Status of Ethnobotany. Ann Arbor, Mich. 1978 – FRANKE, G. et al., Nutzpflanzen der Tropen und Subtropen. 3 Bde., Leipzig 1967/1978 – HARLAN, J. R./WET, J. M. J. de/STEMLER, A. (Hrsg.), Origins of African Plant Domestication. Den Haag etc. 1976 – UCKO, P. J./DIMBLEBY, G. W. (Hrsg.), The Domestication and Exploitation of Plants and Animals. London 1969 – WERTH, E., Grabstock, Hacke und Pflug. Ludwigsburg 1954

Andreas Grüb

Opfer Die im Vergleich zum Gebet eher »materielle« Grundform religiösen Handelns eröffnet eine Beziehung zur Gottheit über die Trennung von einem Wert. Im Verzicht darauf sucht der Opfernde höherer Macht teilhaftig zu werden; das Mysterium von Vereinigung durch Trennung steht im Zentrum aller Kulte – der Jadschur-Veda spricht vom erlösenden Opfer als einer »Brücke in die Himmelswelt«. Im interkulturellen Vergleich zeigt sich der Vorgang von unterschiedlichen Einstellungen begleitet, die wiederum zu verschiedenen Opfertheorien Anlaß gaben.

Die abendländische Tradition, die den Entäußerungsgedanken bis zur theologischen Forderung nach Hingabe des Verstandes *(sacrificium intellectus)* entwickelt hat, ordnet die handgreiflicheren Formen des Opfers den unaufgeklärten Frühphasen der Menschheit zu. Evolutionisten wie WUNDT oder FRAZER sahen in der fiktiven Möglichkeit, die übernatürlichen Kräfte magisch zu manipulieren, das Hauptmotiv des frühen Opfers. Entsprechend wird auch in späteren, der Aufklärung verpflichteten Theorien das Opfer zum Arsenal des Priesterbetrugs gezählt, der sowohl die Gemeinschaft der Gläubigen wie den Gott selbst hinters Licht zu führen trachtet (ADORNO).

Daß Opferhandlungen verschiedensten Wandlungen unterworfen sein können, hat die nachevolutionistische Ethnologie festgestellt: Einerseits wurden Urformen im frühen Jägertum entdeckt – z. B. in der von FROBENIUS nach den Mahalbi-Jägern im Hausa-Gebiet benannten »Steppenjägerkultur« –, die auf späteren Stufen, möglicherweise »unverstanden« (MEULI), fortgeführt wurden. Andrerseits scheint in der »neolithischen Revolution« der ersten Pflanzer eine ganz neue Interpretation des Opfergedankens aufzutauchen, die JENSEN und BAUMANN für den Kern der von ihnen rekonstruierten »agrarischen Weltbilder« hielten. Schließlich haben die Dimensionen des Opfers im Laufe der Kulturentwicklung offensichtlich zugenommen: »Je mächtiger die Nation, desto bedeutender die Opfer« (WESTERMARCK 1913). Unter extrem asymmetrischen Gesellschaftsverhältnissen können Massenopfer zum hervorragenden Herrschaftsinstrument werden, wie ERDHEIM am Beispiel der aztekischen Kriegergesellschaft aufgezeigt hat (1972). Aber auch in den Exzessen des Orientalischen Despotismus steckt jene im Opfer freigesetzte spirituelle Qualität, die Rudolf OTTO (1917) das »Tremendum« nannte und die mit dem von LANGE-EICHBAUM beschriebenen »Trieb zum Grauenhaften« (1942) zu korrespondieren scheint.

Auf der Suche nach dem Sinn des Opfers hat die Ethnologie das rituelle Umfeld ausgeleuchtet und die feiertägliche Versammlung (DURKHEIM) als wesentlich erkannt. Dann wurden die mit dem Opfer verbundenen Gebete oder Anrufungen untersucht, deren Inhalt fast immer Bitte oder Dank an die Gottheit sind. Der Opfervorgang selbst, etwa die Schlachtung eines Tieres, eröffnet weitere Einblicke: so erkannte LIENHARDT (1961) Elemente eines *Analogiezaubers,* wenn die nilotischen Dinka zur Sühne eines Inzests das Opfertier längs hälften. Die Größe des Opfertieres oder besser der Wert des Opfers überhaupt, von dem man sich trennt, scheint nun überall vom Ausmaß der Not abzuhängen, in der man sich befindet. Es gibt symbolische und partielle Opfer, Opfer von Fleischteilen, die man ohnehin nicht ißt, aber auch Vernichtungsopfer, die nichts zum Genuß übriglassen. Selbstopferungen oder Selbstverstümmelungen der Opferpriester – oder auch der Krieger wie im Sonnentanz der Sioux (W. MÜLLER 1978; LIBERTY 1980) – schließlich Opferungen von Menschen, die die Überlebenden vertreten oder gar den Gott selbst verkörpern.

Am weitesten verbreitet in Raum und Zeit ist das *Erstlingsopfer* (Primitialopfer): indianische Sammler geben die ersten Wildfrüchte, Fischer den ersten Fang; asiatische Nomaden opfern auffällige Jungtiere. Dem Brauch entspricht der »Ritus des ersten Bissens« (BAUMANN) in Afrika, aber auch das Liegenlassen der letzten Garbe in Europa (BUSCHAN). Die Azteken opferten zu Beginn der Maisreife die von einer Sklavin dargestellte Maisgöttin Cinteotl (SELER), die vorislamischen Araber begruben zu besonderen Anlässen neugeborene Mädchen lebendig (HENNINGER), die Phönizier gaben ihrem Baal die Erstgeborenen der vornehmen Häuser (PICARD). Nicht diese schon bei antiken Schriftstellern (DIODOR) verurteilten »Wucherungen«, aber die Erstlingsopfer der Wildbeuter deutete die Wiener Ethnologenschule als Beweis des Urmonotheismus: Nach VORBICHLER wird damit dem Schöpfer das Recht auf Leben zuerkannt. Ihm wird gegeben, um was man bittet; die Pygmäen bringen ihr Primitialopfer, damit »Gott den Wald nicht verschließe« (SCHEBESTA).

DURKHEIM rechnete das Opfer zu den »positiven Kulten«, d.h. solchen, die das Heilige nicht vom Profanen trennen, sondern mit ihm in Berührung bringen. Dazu werden die Teilnehmer rituell gereinigt, etwa durch Fasten, Waschen, Schmücken, dann erfolgt die Übergabe nach dem Prinzip »Ich gebe, damit du gibst.« Beim Opfer tauschen Gott und Mensch Dienste und Gaben; MAUSS spricht von einem »vertraglichen Opfer«, von einem heiligen Gabentausch. In DURKHEIMS Soziologie und dem ihm folgenden britischen Strukturfunktionalismus ist die Gottheit von den Opfern der Menschen abhängig; die »hungrige Gottheit« wird durch das Opfer der Gläubigen genährt, und in der Tat spricht eine altindische Überlieferung von den Göttern, die »sich auf das Opfer stürzen wie die Fliegen auf das Fleisch«.

Diese Symmetrie der am Opfer beteiligten Seiten wurde von den meisten kulturgeschichtlich orientierten Ethnologen bestritten. TEMPELS etwa sprach von einer »Lebenshierarchie«, deren sorgfältiger Pflege und Wiederherstellung das Opfer diene (1959). In Afrika kenne man eine Vielzahl von Versöhnungs- und Reinigungsopfern, die den gebrechlichen Zustand der Gesellschaften und die häufig auftretenden Defizite beheben sollen. Doch auch hier fällt der instrumentale Charakter im Sinne einer spirituellen Energiequelle auf: Wenn die Dinka einen Ochsen opfern, so beobachtete LIENHARDT, soll z. B. sein Leben für das eines Kranken eingetauscht werden; die Freisetzung von Lebenskraft könne aber auch zur Sicherung des Regens, zur Beseitigung von Unfruchtbarkeit oder zur Beendigung eines Streites Verwendung finden. Des weiteren bietet das blutige Opfer verschiedene Möglichkeiten zur Vorhersage (Mantik), etwa durch die bei Kelten, Römern oder Kuschiten (nordöstliches Afrika) bekannte Eingeweideschau. Auch die Art, wie das getroffene Tier fällt, und andere Anzeichen können eine Bedeutung gewinnen.

WUNDT hatte noch das unblutige Opfer auf das blutige folgen lassen und das »Geldopfer« der modernen Spendenwirtschaft als Spätform desselben Gedankens bezeichnet. In der Tat wird z.B. in der Rig-Veda der Ersatz des Tieropfers durch Gesang gefordert, die Kuh als unverletztlich erklärt und damit der Grundstein für den indischen Vegetarismus gelegt (SCHLERATH). HENNINGER aber wies nach, daß die unblutige Weihe bestimmter Tiere, die zur Nutzung durch das Kultpersonal oder gänzlich »zweckfrei« in heiligen Gehegen gehalten wurden, bei den Altarabern gepflegt und vom Koran bekämpft wurde. Auch aus Asien ist die Ehrung des Himmelsgottes durch Freilassung weiß geborener Herdentiere bekannt.

Einen bei indogermanischen Völkern auffälligen und im christlichen »Herrenmahl« hochstilisierten Aspekt des Opfers hat W. Robertson SMITH (1889) herausgehoben: die Mahlzeit mit Gott (Nahrungskommunion) als erlebbare Vereinigung. MEULI leitete das antike Gastmahl, zu dem die Götter geladen wurden, von der altgriechischen Totenspeisung ab. Hier, im Totenopfer und den Grabbeigaben lag auch für WUNDT der Ursprung der Opferidee. GUTMANN hat den Kommunionsaspekt bei den Dschagga am Kilimandjaro wiedergefunden, die in ihren Opfermahlzeiten einen »Blutsbund« zwischen Mensch, Tier und Pflanze stifteten. Daß die »Totemmahlzeit« ursprünglich kannibalisch gewesen und vom »Brüderklan« als Erinnerung an den Urvatermord veranstaltet worden sei, hatte FREUD 1912 aus dem australischen Material schlußgefolgert, ohne damit in der Ethnologie auf viel Verständnis gestoßen zu sein.

Ein anderer Gedanke von SMITH, nämlich der, daß Kultur Natur nachahme, fand eine Parallele in der deutschen Kulturmorphologie. Hier wurde die Zweckrationalität, die die Westeuropäer dem Opfer unterlegten, besonders scharf abgelehnt. Von einer »Gabe« für die Götter könne erst auf späteren Entwicklungsstufen gesprochen werden, wenn diese wie tributfordernde Könige aufträten. In den langen Menschheitsphasen davor aber gab es nach JENSEN keine Opfer in besagtem Wortsinne. Alles kultische Geschehen war Wiederholung; im Töten ahmte der Mensch die Gottheit, den Tod- und Lebensgeber, nach. »Im Namen Gottes« sagt noch heute der fromme Muslim beim Schlachten. Doch der Gott bedarf nach JENSEN keiner Gabe, vielmehr ist er es häufig selbst, der geopfert wird, da im »lunaren Weltbild« der ersten Bauern sein Tod die Voraussetzung für das Wachstum der Nutzpflanzen bildet.

»Die Geburt im Tode« war nach KERÉNYI das »unglaubliche« Geheimnis der Eleusinischen Mysterien. Auch die chthonischen Vernichtungsopfer, die sogenannten Holokausten (MEULI), hingen mit dieser Vorstellung zusammen, die in der Antike ihre schönste Ausprägung in der Gestalt des Osiris gefunden hat. PLUTARCH erwähnt seine Zerstückelung, die kultische Analogie zum abnehmenden Mond, verdeutlicht in der Zerstückelung des Opfertieres (KEES 1941). Entsprechend wurden die afrikanischen »Mondkönige« (FROBENIUS 1930) nach ihrer Zeit geopfert und ihre Leichen in Stierhäute gewickelt. GIRARD spricht vom König als »zum Tode Verurteilten, der auf seine Hinrichtung wartet«. Seine Opferung heilige das Reich. JENSEN gilt er als Darsteller jener *Dema-Gottheiten*, deren abgeschlagene Glieder sich in Nutzpflanzen verwandelten. Auf der indonesischen Insel Ceram wird das Mondmädchen Rabie Hainuwele immer wieder geopfert und gegessen: das halte die Welt in Gang. Im Essen ist das Vernichten zum Zwecke des Lebens manifest und in der heiligen Opfermahlzeit verzehrt man die Gottheit selbst – auch im alten Mexiko genossen die zum Menschenopfer Ausersehenen göttliche Verehrung (PREUSS). Unter allen Opfertheorien enthält die der welterhaltenden, der »kosmoplastischen Intention des Opfers« (MÜHLMANN) den inhaltsschwersten Elementargedanken. Im kulturmorphologisch verstandenen Opfer wird die Gottheit nicht – aus dankbaren oder berechnenden Motiven – beschenkt, man will sie nicht günstig stimmen oder zur Gemeinschaft einladen, sondern sie wird vom Menschen getötet, der sich an ihrer Unsterblichkeit nährt.

→ Ahnen, → Bund, → Fest, → Körperveränderung, → Krankheit, → Magie, → Nutzpflanzen, → Priester, → Religion, → Ritual, → Tod, → Weltbild

GIRARD, R., La violence et le sacre. Paris 1972 – GOETZ, B., Die Bedeutung des Opfers bei den Völkern. Leipzig 1933 – HUBERT, H./MAUSS, M., Essai sur la nature et la fonction du sacrifice. Année Sociologique 1897/98 – JENSEN, A. E., Hainuwele. Frankfurt 1939. KERÉNYI, K., Die Mysterien von Eleusis. Zürich 1962 – LIENHARDT, G., Divinity and Experience. Oxford 1961 – OTTO, W. F., Der Ursprung von Mythos und Kultus. Berlin 1940 – VORBICHLER, A., Das Opfer auf den ältesten uns erreichbaren Stufen der Menschheitsgeschichte. Mödling b. Wien 1956

Bernhard Streck

Pflanzer Die bäuerlichen Kulturen, deren Erforschung sich die Ethnologie noch vornehmlich widmet, haben vielfältige Methoden des Bodenbaus entwickelt. Diese lassen sich grob in zwei Gruppen unterteilen: Ackerbau und Pflanzbau. *Ackerbau* im engeren Sinn meint Bodenbau mit dem Pflug, als *Pflanzbau* bezeichnet man im Gegensatz dazu den Bodenbau ohne Pflug. Doch ist die Terminologie nicht einheitlich. Pflanzbau wird in der Regel (oft gleichzeitig) durch folgende Wirtschaftsweisen bestimmt:

1. *Brandrodung* Bei der Rodung wird neben der Axt das Feuer eingesetzt. Man säubert die Anbaufläche nicht völlig von den Spuren der vorherigen Vegetation, sondern beläßt z.B. verkohlte Baumstrünke, um die herum bald neue Vegetation nachwächst (schon allein deshalb käme man mit dem Pflug nicht durch), und die Asche, die meist den einzigen Dünger bildet. Viehdung wird kaum verwendet, zumal die Pflanzer oft kein Großvieh züchten.

2. *Land- oder Feldwechsel* Bei geringer Düngung droht Auslaugung des Bodens. Unkraut und Schädlinge auf einer Pflanzung nehmen in den Tropen nach wenigen Jahren überhand, zumal ja die frühere Vegetation nie ganz beseitigt wurde. So ist nach wenigen Jahren eine Verlegung der Pflanzung üblich.

3. *Lockerung des Bodens mit Hacke oder Grabstock* (Hack- bzw. Grabstockbau) Im ersten Fall gräbt man die Erde bisweilen auch oberflächlich um. Steckling, Keimling oder Körner der Pflanze gibt man einzeln in mit dem Pflanzstock o. ä. gegrabene Pflanzlöcher (Stecklings- oder Steckbau).

Die ökologischen Folgen des Pflanzbaus sind umstritten. Die Auseinandersetzung erwächst aus dem Gegensatz zwischen entwicklungsplanerischem Streben nach Überwindung primitiver Methoden einerseits und der Bewunderung uralter Weisheit andererseits. Das Niederbrennen der Vegetation, noch vervielfacht durch das häufige Neuanlegen von Pflanzungen in der Landwechselwirtschaft (Wanderfeldbau), wird als Umweltzerstörung gegeißelt. Auf der anderen Seite lobt man das Belassen der Restvegetation, da diese insbesondere in den Tropen den Boden etwas vor der grellen Sonneneinwirkung und den heftigen Regengüssen schützt und damit der Erosion der in tropischen Waldländern oft nur dünnen Humusschicht entgegenwirkt. Auch das häufige Verlegen der Pflanzung kann als Hilfe gegen die Überbeanspruchung des Bodens verstanden werden.

Die unterschiedlichen Bewertungen der ökologischen Folgen des Pflanzbaus beziehen sich auf verschiedene Regionen mit jeweils anderer Situation. Der Pflanzbau scheint sich besonders in Gebieten und Zeiten niedriger, stagnierender Bevölkerungsdichte auf tropischem Waldboden bewährt zu haben (indianisches Amazonas-Gebiet im 19. Jahrhundert), während bei zunehmender Bevölkerung das Land für die Neuanlage von Pflanzungen zu knapp wird. Landraub und andere Faktoren der Landverknappung treffen z. B. die Amazonas-Indianer besonders hart.

Die niedrige Bevölkerungsdichte in Pflanzbaugebieten wird teils durch Eigenarten der Pflanzergesellschaften gesichert, die dem Entstehen größerer Nachbarschaftsgemeinschaften entgegenwirken, z. B. häufige Konflikte aufgrund gegenseitiger Hexerei-Verdächtigungen. Eine wichtige Basis dieser Konfliktfreude ist die relativ große Autarkie der weitgehend selbstversorgenden Pflanzer, die wenig auf Nachbarn und übergreifenden Verbund angewiesen sind.

Da man jede Pflanze einzeln setzt und betreut, kann man auf engem Raum verschiedenste Arten anbauen und damit die Ernährung diversifizieren. So erübrigt es sich, zur Hauptanbaupflanze zusätzliche Vegetabilien auf dem Markt zu kaufen. Andererseits eignet sich dieses Gartenbauverfahren kaum für eine Massenproduktion, mit der man Überschüsse für einen Markt erzielen will. Aus beiden Gründen sind Gartenbauer oft nur mühsam in einen Markt zu integrieren, tendieren sie zur Subsistenzwirtschaft. Deswegen stehen Entwicklungsplaner dem Pflanzbau mißtrauisch gegenüber: Pflanzer versorgen sich gern selbst, ehe sie *cash crops* produzieren.

Eine These behauptet gar, eine relevante Überschußproduktion, wie sie mit sozialer Schichtung und hochkulturlicher Entwicklung einhergeht, sei mit dem Pflanzbau nicht möglich, dieser sei also mit hochkulturlichem Aufstieg unvereinbar. Hier wird Pflanzbau (vielleicht auch »tropisch«) mit »primitiv« assoziiert. Dem sind die auf dieser Form von Anbau gegründeten tropischen Hochkulturen entgegenzuhalten (z.B. Maya, Khmer). Es trifft auch nicht zu, daß Pflanzer keinen Überschuß produzieren würden. Sie neigen allerdings mehr dazu, ihre Produktion zu diversifizieren: Qualität vor Quantität. Auch läßt sich die Tendenz feststellen (die wohl nicht allein auf ökonomische Ursachen reduzierbar ist), Überschuß nicht zu vermarkten, sondern zu verschwenden, z. B. in den Maniokbier-Orgien der Amazonas-Indianer.

Historisch ist der Pflanzbau älter als der Ackerbau, und insgesamt haben »primitive« Kulturen der Gegenwart mehr den Pflanzbau betrieben, Hochkulturen mehr den Ackerbau. Hieraus leitete der Evolutionismus die Charakterisierung des Pflanzbaus als »Niederen Bodenbau« ab, während der Ackerbau als »Höherer Bodenbau« bewertet wurde. Doch liegt der Unterschied gar nicht so sehr in der Verbindung mit einer bestimmten Kulturstufe, als viel mehr in der geographischen Verbreitung. In gemäßigten Breiten betrieben auch »primitive« Gruppen (z. B. die Germanen) schon früh den Ackerbau, während umgekehrt in den Tropen und Subtropen auch Nachkommen europäischer Einwanderer bisweilen den Pflug stehenließen und zur Hacke griffen (z. B. Amazonas-Gebiet). Der Brandrodungs- und Gartenbau, der den Boden nur ankratzt, anstatt ihn umzuwälzen, macht auf den rasch steril werdenden Böden tropischer Waldländer mehr Sinn als etwa auf den dicken Lößböden Oberhessens.

Andere nennen den Pflanzbau »Feldbau« und den Ackerbau »intensiven Anbau«. Diese Terminologie weist richtig darauf hin, daß die Ackerbauern ihren Anbau »intensivieren« (im Sinne von: Erhöhung der Produktionsmasse, längerdauernder Nutzung, z. B. mit Hilfe von Dünger und Bewässerungsanlagen). Freilich kann man auch beim Pflanzbau eine – andere – »Intensität« betonen: Die einzelne Pflanze wird intensiver beachtet.

Während für einen europäischen Wirtschaftswissenschaftler der Begriff »intensiv« lediglich den Produktivitätsgrad bezeichnet, kann ein Ethnologe damit auch die Art der Einstellung des Pflanzers zu seiner Pflanze charakterisieren. Aus einem solchen Begriffsverständnis leiten JENSEN und STRAUBE eine Diskussion der »religiösen Intensität« der Pflanzer ab. »Als Bauern, die in einem innigen Verhältnis zur Pflanze stehen und die täglich das Werden und Vergehen der sie umgebenden tropischen Vegetation vor Augen haben, drängte sich ihnen die Erkenntnis auf, daß alles Lebendige der Welt unter dem Gesetz des ›Stirb und Werde‹ steht. Diese Wahrheitserkenntnis spiegelt sich nun in den Mythen wieder« (STRAUBE).

Reisernte in China

Das Mythologem der Entstehung von Nutzpflanzen aus dem Körper eines von den Menschen getöteten göttlichen Wesens findet sich tatsächlich in zahlreichen Pflanzerkulturen. Die peinlich genaue Unterscheidung der Frankfurter Schule der Völkerkunde zwischen Knollen- und Körnerfruchtpflanzern läßt sich jedoch so nicht aufrechterhalten. Die Vermutung ist dennoch nicht von der Hand zu weisen, daß Pflanzen, die sich über Stecklinge oder Keimlinge vermehren (d. h. von denen der Bauer etwas abschneidet und begräbt, damit Neues daraus sproßt), also gerade die Knollenfrüchte, zu dem Gedanken anregen, Fruchtbarkeit sei aus dem Zerstückeln und Begraben eines übernatürlichen Wesens entstanden. Für solche Gestalten wurde der Begriff *Dema-Gottheit* oder *Hainuwele-Mythenfigur* vorgeschlagen (JENSEN).

Die *Dema* sind Urzeitwesen der Marindanim auf Neuguinea. Sie lehrten als Kulturheroen wichtige Künste und ließen mit ihrem Tod die ersten Kulturpflanzen wachsen. Hainuwele ist ein Urzeitmädchen der Wemale auf Ceram (Indonesien), das, aus einer Kokosnuß geboren, den Menschen Kulturgüter brachte, schließlich aber zerstückelt und verscharrt wurde: Aus seinen Leichenteilen wuchsen die ersten Knollenfrüchte. Typisch für solche Wesen ist, daß sie nicht aktiv, sondern hauptsächlich leidend passiv zur kulturellen Entwicklung beitrugen. Sie sind keine prächtigen Herrscherfiguren, sondern stehen eher dem christlichen Schmerzensmann nahe. Ihr Schicksal ähnelt dem jener zahlreichen Pflanzergesellschaften, die keine Reiche bildeten, sondern von Reichen unterworfen wurden, immer wieder mißhandelt, und doch immer wieder auferstanden, unentbehrlicher Bodensatz der menschlichen Kultur.

→ Angewandte Ethnologie, → Arbeit, → Diffusion, → Evolution, → Fest, → Geschlecht, → Komplexe Gesellschaft, → Kulturökologie, → Mythos, → Nahrung,

→ Nutzpflanzen, → Opfer, → Religion, → Ritual, → Siedlung, → Tausch, → Technologie, → Tod, → Weltbild, → Wirtschaft

Farnsworth, E./Golley, F. (Hrsg.), Fragile Ecosystems. New York 1973 – Garlick, J./Keay, R. (Hrsg.), Human Ecology in the Tropics. London 1972 – Jensen, A. E., Die getötete Gottheit. Stuttgart 1966 – Sanchez, P., Properties and Management of Soils in the Tropics. New York 1976 – Webster, C./Wilson, P., Agriculture in the Tropics. London 1966 – Werth, E., Grabstock, Hacke und Pflug. Ludwigsburg 1954 – Wrigley, G., Tropical Agriculture. New York 1969

Mark Münzel

Prestige Das Prestige eines Individuums ist »das Wissen, das die Angehörigen seiner Bezugsgruppe von seiner Vorbildlichkeit haben« (Erdheim 1973). Das Vorbildliche kann im Verhalten des Prestigeträgers liegen, in seiner Außergewöhnlichkeit oder gerade in seiner »Normalität«, d. h. hier der perfekten Anpassung an gesellschaftliche Normen. Man spricht aber auch vom Prestige ganzer Gruppen, wenn diese das Ideal der übrigen Gesellschaft verkörpern. Prestige steht immer im Zusammenhang mit Rang und Status, es schafft Unterschiede.

Vorbildlich bis beneidenswert kann auch der von einer Person oder Gruppe gesammelte Reichtum sein; das Prestige mißt sich dann an den zur Schau gestellten *Prestigeobjekten* oder an einer demonstrativen Großzügigkeit. Den idealen Charaktereigenschaften wie Heldentum, Ausstrahlung, Ehrenhaftigkeit stellt sich also oft ein materieller Aspekt (Reichtum) zur Seite; beides kann den Inhaber von Prestige mit sozialem Einfluß und politischer Macht ausstatten. Erdheim spricht von »subjektiven und objektiven Faktoren«, die sich in der »totalen gesellschaftlichen Erscheinung« (Mauss) des Prestiges mischen. Der Prestigebegriff kann von analytischem Nutzen sein, wenn es um die Verquickung materieller und ideologischer oder symbolischer Aspekte der Macht geht. Es besteht aber auch die Gefahr der Verwässerung, der Ausdehnung auf zu viele Erscheinungen des Sozialverhaltens von der »Angeberei« über Heiligenkulte bis zur Gastfreundschaft.

In der Ethnologie wurden Formen der Großzügigkeit, des Wettbewerbs und des zeremoniellen Tauschs oft als Ausdruck eines allgemeinmenschlichen »Prestigestrebens« interpretiert; besonders wirtschaftsethnologische Studien sprechen von »Prestigewirtschaft«, »Meritökonomie« *(économie ostentatoire)*, in der demonstrative Verschwendung *(conspicuous consumption)* herrsche und die volkswirtschaftliche Akkumulation behindere oder blockiere (Stagnation). Malinowski (1922) begründete die britische Sozialanthropologie mit einer Studie über einen ausgedehnten Handel mit Prestigeobjekten in Melanesien. Dieser *Kula-Ringtausch* von Muschelketten, Armreifen u. a. diente in erster Linie dazu, Rang und Renommee des Tauschpartners zu demonstrieren und zu stärken.

Der andere berühmte Fall von Prestigestreben in Stammeskulturen ist das von Boas (1895) beschriebene *Potlatch* (vom Nootka-Wort *patchatl* = Gabe)

der Nordwestküsten-Indianer (Kwakiutl u. a.). Das Anrecht auf bestimmte Titel oder gesellschaftlichen Status wurde dort durch eine Zeremonie ausgehandelt,in der die um das Erbe konkurrierenden Nachfolger große Mengen von Wertgegenständen wie Decken und Kupferplatten (aber auch Sklaven) verliehen, verschenkten oder vernichteten. Die Wettkämpfe steigerten das Prestige der teilnehmenden Stammesgrößen, brachten aber zugleich einiges von ihrem Überfluß unter die gewöhnlichen Zuschauer (Redistribution). Die weißen Amerikaner jedenfalls waren schockiert von der dabei zu beobachtenden Verschwendung und »Großmannssucht«. Signe SEILER (1979) ist der Meinung, daß das Potlatch nicht Ausdruck einer besonders prestigesüchtigen Psyche der Kwakiutl war, wie es Ruth BENEDICT 1934 ausgedeutet hatte. Zur Entstehung der Zeremonien in ihrer modernen Form hätten gerade die durch den Kontakt mit den Weißen bedingte Bevölkerungsdezimierung und eine neue Überflußökonomie beigetragen: Das häufige Fehlen bevorrechtigter Anwärter – verursacht durch den Bevölkerungsrückgang – veranlaßte andere Bewerber immer häufiger mit immer mehr Mitteln um die traditionellen Titel zu konkurrieren. Vor der Kolonisierung sei das Potlatch weniger bedeutend für die Kultur gewesen und in kleinerem Rahmen durchgeführt worden.

Das dem Potlatch in seiner hypertrophen Spätform wie in seiner ursprünglichen Begrenztheit zugrundeliegende Prinzip des Duells, der Rivalität oder des »Agons« ist aber – wie HUIZINGA (1938) kulturhistorisch nachgezeichnet hat – eine universelle Erscheinung. In Ozeanien z. B. wurden viele gesellschaftliche Ordnungen gefunden, in denen die Kombination von vorbildlichem Handeln, Großzügigkeit und Reichtum einzelne Personen aus den eher auf statischen Ausgleich hinwirkenden Verwandtschaftssystemen heraushebt und ihnen eine besondere Stellung verleiht, die dann auf andere Begünstigte herausfordernd wirkt. Die ethnographischen Parallelen zu diesem »*big man*-System« (STAGL 1971) in Südostasien zeigen interessanterweise häufig einen Zusammenhang mit Verwandtschaftsordnungen ohne eindeutige Filiation (ambilinear) wie bei den Kwakiutl. So werden bei den Toraja auf Sulawesi (Indonesien) die Totenfeste auf drei bis vier Jahre ausgedehnt, so daß der potentielle Nachfolger des Toten oder ein anderer Prestige Suchender Zeit hat, durch das Verteilen großer Mengen von Büffelfleisch seinen Erbanspruch anzumelden oder abzusichern (NOOY-PALM 1979).

Dieser *Verdienstfestkomplex* wurde oft in Verbindung mit dem *Megalithwesen* angetroffen, einer Sonderform des Ahnenkultes mit monumentalen Steinsetzungen (Menhire, Dolmen, Steinkreise, Steinkistengräber), die ebenfalls das Prestige und die spirituelle Macht des Stifters dokumentieren sollen. In der Vorgeschichtsforschung und in der Ethnologie ist es sehr umstritten, ob die rezenten Großsteinanlagen mit Terrassenfeldbau u. a. einen zusammenhängenden Kulturhorizont bilden, zu dem auch die prähistorischen Megalithkulturen (z. B. Hünengräber in Norddeutschland, Nuraghen auf Sardinien, Torre auf Korsika) gehören könnten (v. HEINE-GELDERN 1928, 1958).

Gemeinsam ist den ethnographischen Beispielen von Prestigewesen die Kombination aus flexibler Erbfolgeregelung, Vorbildcharakter des Toten, normgerechtem Verhalten und politischer wie wirtschaftlicher Macht der Nachfolger, die das Andenken an den Verstorbenen

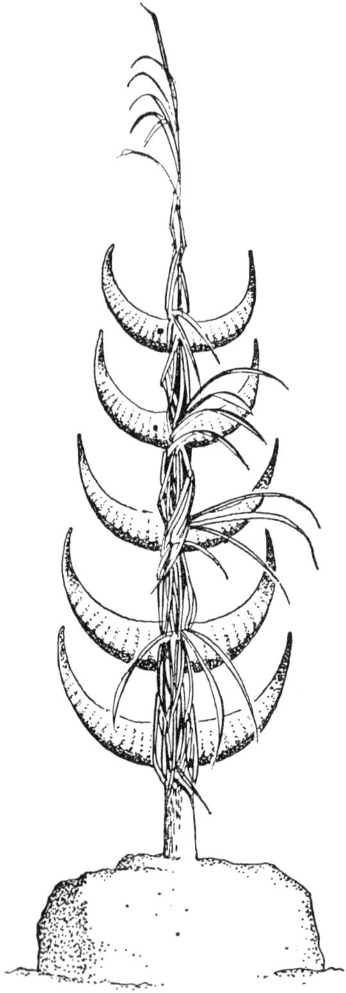

Ehrenmal für Verdienstfeste (Büffelopfer); östliche Sunda-Inseln (Indonesien)

im eigenen Interesse aufrechterhalten. Weiter ist die Erscheinung kennzeichnend für Gesellschaften, die zumindest ansatzweise eine soziale Schichtung entwickelt haben. ERDHEIMS Studie über »Prestige und Kulturwandel« bei den Azteken (1973) kommt zu dem Schluß, daß die aztekischen Krieger mit Hilfe ihres martialischen, aber religiös unterlegten Prestigegehabes die gesellschaftliche Veränderung, die durch eine neue Klasse von Kaufleuten drohte, hinauszögern und damit ihre Herrschaft eine Zeitlang sichern konnten.

Religiös fundiertes Prestige ermöglicht auch den Angehörigen der Oberschichten Lateinamerikas und Südeuropas, in der Vorbild-Rolle des »Paten« ihre Herrschaft mit Patron-Klient-Beziehungen zu zementieren (NUTINI 1980). In der neueren ethnologischen Mittelmeerforschung spielt die Frage der Allgemeingültigkeit und Tragweite der Vorstellungen von »Ehre und Scham« eine bedeutende Rolle. Einerseits kann damit die herrschende Klasse ihren Verhaltenskodex als verbindlich und vorbildlich für die ganze Gesellschaft erklären, andererseits ermöglicht das Denken in Begriffen von »Ehre« und »Scham« aber doch auch eine moralisierende Kritik an den Exzessen der Reichen, an ihren Ungerechtigkeiten und Dekadenzerscheinungen. Die Beziehungen zwischen Prestige, Wirtschaftssystem und politischer Macht werden bis heute in der Ethnologie unterschiedlich beurteilt (DAVIS 1975; PITT-RIVERS 1977 u. a.).

Das facettenreiche Prestige als alle Lebensbereiche durchdringende »Gesellschaftstatsache« ist mit dem vorhandenen ethnologischen Vokabular nur unvollkommen zu beschreiben. Eine Verfeinerung des Begriffs und seine Anwendung auf die offensichtlich zutiefst mit dem Prestigegedanken beschäftigten (und ebenfalls ambilinear organisierten) europäischen und amerikanischen Industriegesellschaften steht noch aus.

→ Ahnen, → Charisma, → Fest, → Identität, → Institution, → Komplexe Gesellschaft, → Kulturanthropologie, → Krieg, → Netzwerk, → Priester und Prophet, → Ritual, → Schichtung, → Symbol, → Tausch, → Tod, → Wirtschaft

DAVIS, J., People of the Mediterranean. London 1975 - ERDHEIM, M., Prestige und Kulturwandel. Wiesbaden 1973 - HEINE-GELDERN, R. v., Das Megalithproblem. Wien 1958 - MALINOWSKI, B., Argonauts of the Western Pacific. New York 1922 (dtsch. Frankfurt 1979) - NOOY-PALM, H., The Sa'Dan-Toraja. Den Haag 1979 - NUTINI, H./BELL, B., Ritual Kinship. New Jersey 1980 - PITT-RIVERS, J., The Fate of Sechem or The Politics of Sex. Cambridge 1977 - SEILER, S., Wissenschaftstheorie in der Ethnologie. Berlin 1979

Thomas Hauschild

Priester und Prophet Der Gegensatz zwischen den beiden Berufsrollen »religiösen Virtuosentums« (M. WEBER) ist seit dem Herrenwort: »Es steht geschrieben, ... ich aber sage euch« Bestandteil der abendländischen Tradition. Das Studium fremder und früher Kulturen stieß aber sehr oft auch auf Kultspezialisten, in denen sich bewahrende und aufrührende Religiosität zu verbinden scheinen. Besonders in der Figur des *Schamanen*, des sowohl durch Ekstase wie durch Überlieferung »doppelt Initiierten« (ELIADE), zeigt sich eine Institutionalisierung des Ausnahmezustandes, die in schwächeren Formen wohl auch die Jenseitsverbindung anderer religiöser Funktionsträger ausmacht. Auch in der Gestalt des Missionars vereinigen sich schließlich priesterliche und prophetische Züge; diese machen ihn im Feld zum Neuerer, jene bedeuten ihm Halt in der Hierarchie der Mutterreligion.

Schon für die frühesten Kulturstufen läßt sich annehmen, daß durch außergewöhnliches *Charisma* befähigte Berufsreligiöse neben das Familienhaupt als Opferpriester und Leiter des Hauskultes treten. Jägergesellschaften kennen einen Jagdzauberer, Pflanzerkulturen den »Erdherrn«; dann zwingt die Unbeständigkeit des Klimas häufig zur Institution des Regenmachers, die Anfälligkeit der menschlichen Konstitution zu einem ganzen Spektrum von Heilern, die Defizite der Geselligkeit zu Schlichtern, Zauberern und Hexenpriestern und die Ungewißheit des Geschicks zu verschiedenen Spezialisten der Wahrsagerei (Mantik, Divination). Alle diese Funktionsträger brauchen für ihre Begabung die Jenseitsbindung und stehen unter andauerndem Erfolgszwang.

Die Gefahr, bei Mißerfolg spürbar zur Rechenschaft gezogen zu werden, läßt erst nach, wenn das Priestertum stärker institutionalisiert ist und die Frage der Schicksalsgerechtigkeit (Theodizee) besser rationalisiert ist. Schon Stammesgesellschaften kennen sehr oft einen mit *Erbcharisma* behafteten Priesterklan – die bekanntesten Beispiele sind die Leviten der alten Hebräer (SMITH 1889), die Prophetenabkömmlinge (Ashraf) im Islam oder die Caraiben im nördlichen Südamerika (DE LERY 1578). In afrikanischen Altersklassenordnungen hat das Haupt dieser heiligen (und fremdstämmigen) Familie eine besondere Beziehung zu den Kriegern; der Priester kann aber auch die Erstbesitzer des Landes vertreten und einen spannungsreichen Gegenpol zur politischen Herrschaft der Eroberernachkommen bilden. Den dritten Typus verkörpern die berühmten »Priesterkönige« (FRIEDRICH 1939), in denen sich weltliche und geistliche Macht wieder vereinigen. Solche frühen Theokratien kennt man aus allen Weltteilen – z. B. von den Zuñi in Nordamerika (KROEBER 1917) –; sie scheinen die Vorstufe zur Schichtung aus Kasten gewesen zu sein, deren älteste die der Priester war (THURNWALD 1935).

Von all diesen Trägern religiösen Charismas hat aber die schillernde Figur des *Schamanen* die Ethnologie am meisten beschäftigt. Für Evolutionisten wie BASTIAN war er schlicht ein Betrüger, der »seine psychischen Anlagen zum besten seines Magens zu verwerthen« wußte (1868). Später wurde er vor allem als Krankheitsfall betrachtet, als Ausfluß »arktischer Hysterie« (BOGORAS 1910; OHLMARKS 1939; RADIN 1941). Auch P. W. SCHMIDT (1955) mißtraute ihm noch und ordnete seine Kunst der Ekstase den Höllenfahrten chthonischer Besessenheitspriester Südostasiens zu (»schwarzer Schamanismus«), die erst unter dem Licht der Hirtenkulturen sich in der Himmelsreise des »weißen Schamanismus« und der »unvollkommenen Ekstase« zum Segen der jeweiligen Gesellschaft geläutert habe.

ELIADE (1951) wertete die beiden Typen umgekehrt: Besessenheit und Höllenfahrt seien »unechte« Verfallsstadien; der wirkliche Schamane habe mit seiner Himmelsreise die in mythischer Zeit abgerissene Jenseitsverbindung immer wieder neu aufzunehmen. Auch SCHRÖDER (1955) sieht in der Ekstase, die die Himmel-Erde-Trennung aufhebt, das Wesen des Schamanismus. VAJDA (1959) schließlich möchte den Begriff auf den Bereich Sibirien beschränken, wo allein sämtliche Merkmale des »schamanistischen Komplexes« zusammen vorkämen: rituelle Ekstase, tiergestaltige Hilfsgeister, Berufung durch Krankheit, Initiation (Erlebnis der Zerstückelung und Skelettierung) als Heilung, Jenseitsreise (über eine Brücke, den Weltenbaum hinauf, auf dem Weltenfluß, an einem Seil), das kosmologische Szenarium (Rauchloch der Jurte als Himmelsloch etc.), der meistens vom spirituellen Alter ego (»Tiermutter«) ausgefochtene Schamanenkampf und schließlich die Schamanenausrüstung, in erster Linie die auch als Reittier geltende Rahmentrommel, gefertigt aus dem Holz eines Baumes, der den Weltenbaum repräsentiert.

BOGORAS (1918), FRIEDRICH (1955) und FINDEISEN (1957) führten den Schamanismus auf die Jägerkultur zurück, GAHS (1925) und SHIROKOGOROFF (1935) auf das südliche Pflanzertum bzw. auf buddhistische Einflüsse; VAJDA vermutet eine Mischung aus Elementen der Jägerkultur und der südasiatischen Hochkulturen. MÜHLMANN (1981) sieht den Schamanismus gerade durch die Hochreligionen mit ihrem organisierten Priestertum in den Untergrund gedrängt. Vor allem die buddhistische Asketik und der Konfuzianismus hätten den orgiastischen Schamanismus und seinen »ursprünglich weiblichen Kern« verfolgt. Damit sind wir mitten im Kampf der Religionen (obwohl dem Schamanismus meist der Charakter einer eigenständigen Religion abgesprochen wird), der sich immer wieder in dem eingangs vorgestellten Gegensatz Priester – Prophet äußert.

In der von Max WEBER rekonstruierten Religionsgeschichte wird der »Gotteszwang« des freiberuflichen Magiers durch den »Gottesdienst« des beamteten Priesters abgelöst. Dessen »Amtscharisma« werde in Krisenzeiten (Fremdherrschaft, politische oder wirtschaftliche Bedrohung) von einem Dritten, eben dem Propheten als »religiösem Usurpator«, herausgefordert, der sich auf eine rein persönliche Erwählung und Offenbarung berufe, seine Botschaft unentgeltlich verkünde und den Kampf sowohl gegen jene »Rauschkulte« der alten Trommelreligionen wie gegen den geordneten Betrieb der priesterlichen »Kultstätten und Kultapparate« aufnehme. Anstelle von deren »Gnadenuniversalismus« predige der Prophet den Zorn Gottes – das entscheidende Moment für die Rationalisierung religiöser Vorstellungen und für die historische Durchsetzung des Monotheismus. Untersuchungen der unter kolonialem Druck auftretenden Prophetenbewegungen in verschiedenen Weltteilen (ECKERT 1940; SCHLOSSER 1949; WALLACE 1956; LANTERNARI 1960; MÜHLMANN 1961) konnten gerade auch letzteren Aspekt, die Bekämpfung von Magie und Fetischismus zugunsten einer reineren Heilslehre, bestätigen.

Es gibt einige schamanistische Elemente im Prophetentum: nicht nur haben Paulus und Johannes Himmelsreisen unternommen (2. Kor. 12; Apokalypse), auch die Epilepsie, Hippokrates' »heilige Krankheit«, kann für beide Rollen bedeutsam sein; schließlich verbindet auch jener heftige Widerstand gegen die Berufung einen Jeremia mit dem sibirischen Schamanenkandidaten. Auch Pythia soll nach PAUSANIAS nur widerwillig den Dreifuß bestiegen haben, so daß in der Aufgabe, der Gesellschaft »ein Ärgernis oder eine Torheit« zu sein, ein deutlicher Unterschied liegt zum geachteten Stand der Priester. Über die Seher konnten die Könige Agamemnon und Menelaos schimpfen, sie seien »ebenso nutzlos wie vom Volk begehrt«. Aber etablierte Priestermacht vermochte die monotheistischen Reformen eines Echnaton rückgängig zu machen und stellte mit ihren »Tempeln als sakral geschützten Depositen und Darlehenskassen« (M. WEBER) in allen archaischen Hochkulturen die entscheidende politische und wirtschaftliche Kraft dar. Hier setzte auch die marxistische Kritik an, für die Religion grundsätzlich das »Werk von Spezialisten« (TOKAREV 1965) ist und der Gegensatz von Priester und Prophet sich darstellt als der von Volksverführer und Sozialrebell bzw. Schwarmgeist (LINSE 1983). Doch scheint es eher das feine Gespür der religiös unbegabten Massen zu gebieten, bald von der »Gnadenperseveranz« der Berufsseelsorger, bald von den Wundern der »Sprudler« zu kosten, weil eben sowohl priesterliche Amtszucht als auch prophetisches Pneuma allenfalls komplementäres Heil bewirken.

→ Ahnen, → Bund, → Charisma, → Ekstase, → Hexerei, → Initiation, → Institution, → Krankheit, → Magie, → Opfer, → Religion, → Ritual, → Staat, → Tod

Buddruss, G./Friedrich, A., Schamanengeschichten aus Sibirien. München/ Planegg 1955 – Eliade, M., Schamanismus und archaische Ekstasetechnik. Frankfurt 1975 (orig. franz. Paris 1951) – Findeisen, H./Gehrts, H., Die Schamanen. Köln 1983 – Friedrich, A., Afrikanische Priestertümer. Stuttgart 1939 – Mühlmann, W. E., Die Metamorphose der Frau. Berlin 1981 – Oppitz, M., Schamanen im Blinden Land. Frankfurt 1981 – Schmidt, P. W., Synthese der Schamanismen der innerasiatischen Hirtenvölker. Münster 1955 – Weber, M., Gesammelte Aufsätze zur Religionssoziologie. 3 Bde., Tübingen 1922/23

Bernhard Streck

Rasse Die Benennung der sozialräumlichen Häufung menschlicher Erbmerkmale im Sinne einer Formengruppe (»Rasse«) ist zum einen ein Problem der Humanbiologie (physische Anthropologie), zum anderen können ererbte Merkmale so wie tradierte zu Symbolen der Gruppendifferenzierung und damit Teil einer Gemeinschafts-, Herkunfts- oder Abgrenzungsideologie werden. In letzterem Falle ist Rasse ein soziologisches Problem und häufig Gegenstand der Ethnologie komplexer Gesellschaften. Die Vermengung beider Ebenen zeichnet nach Mühlmann den »trivialen Rassismus« aus, hat aber auch in den Gesellschaftswissenschaften – vor allem während des »anthropologischen Jahrhunderts« 1850–1950 (von zur Mühlen) – zu mancherlei Sinnestrübungen geführt.

Die Frühphase der Ethnologie kannte zwar schon Rasse als Unterart in der biologischen Systematik (Linné 1735; Blumenbach 1775), im menschlichen Bereich aber verschmolz die Verwendung des Begriffs mit der des Volksgeistes. Dennoch kennzeichnet nicht nur die Einheit von Rasse, Volk und Kultur die romantische Ethnologie, diese war auch gespalten in Polygenisten (Vertreter eines mehrfachen Ursprungs der Menschen) und Monogenisten. Die Ablehnung des gleichen Ursprungs war zugleich ein Stück Aufklärungsarbeit, das J. R. Forster (1787), Meiners (1785) und Sömmering (1784) gegen die Kirche und ihren biblischen Schöpfungsbericht leisteten, obwohl die spätere Evolutionstheorie den Polygenismus nicht stützte. Der zweite Streit in dem noch nicht zwischen »humanider und hominider Anthropologie« (Mühlmann) unterscheidenden 19. Jahrhundert entbrannte um die Gleichheit oder Ungleichheit der Rassen. Die brisanten Argumente entstammten freilich weniger der damals blühenden Anthropometrie, die mit Hilfe immer ausgefeilterer Meßmethoden (Indices) das Konzept von der typologisch »reinen Rasse« verfolgte, als vielmehr dem ethnologischen Evolutionismus und der Geschichtsforschung. Auf die zivilisatorischen Unterschiede, die im imperialistisch gewordenen Europa besonders ins Auge fielen, beriefen sich die Brüder Thierry (1828, 1836), der Graf de Gobineau (1853–55), Huxley (1863) und Haeckel (1868), wenn sie von »höheren« und »niederen« Rassen sprachen und Einsprüche von philologischer Seite (etwa Pott 1856) oder von Darwin selbst übertönten.

Als mit Mendel, de Vries, T. H. Morgan u. a. die Erblehre ins Zentrum der Anthropologie rückte und eine statistische Vorgehensweise die typologische bedrängte, tauchten auch die ersten Zweifel an der Brauchbarkeit des Rassenbegriffs überhaupt auf. Im 20. Jahrhundert wurden soviele Erbmerkmale entdeckt, daß die komplizierten Fragen des Erbganges und der für ihn verantwortlichen Gen-Zahl (Monomerie, Polymerie) einfach mehr Wissenschaftler anzog als die biologischen Unterteilungsversuche der Gesamtmenschheit. Insofern stimmt es, wenn LIEBERMANN, LITTLEFIELD und REYNOLDS von einem »Niedergang des Rassenkonzepts« sprechen (1982). Es war mit den überzeugenden Darstellungen von v. EICKSTEDT (1934), COON, GARN und BIRDSELL (1950), LUNDMAN (1952), SALLER (1969) oder DOBZHANSKY (1957, 1962, 1964, 1972) alles zum Thema Rasse als realem Gestaltphänomen gesagt – nur die Sportmedizin reicht mit ihren deutlichen Rasseprofilen noch neue Argumente nach (WEISS 1977; LASKA-MIERZEJEWSKA 1982 u. a.). Die Erdbevölkerung ist durch relative Barrieren geographischer, sozialer und kultureller Art aufgeteilt; die biologische Konsequenz daraus lautet gruppeneigentümliche Erbmerkmale oder Rasse.

Wenn eine Minderheit der heutigen Humanbiologen auf das Konzept »Rasse« verzichten möchte (MONTAGU 1942; LIVINGSTONE 1962; BRACE 1964), bezieht man sich zwar auf objektive Schwierigkeiten der Grenzziehung (z. B. durch »multivariate Abstandsmaße«) und ungesicherte Zusammenhänge zwischen einzelnen Erbfaktoren, die Vorentscheidung ist aber in der Regel außerhalb der physischen Anthropologie gefällt worden. Nach der Untersuchung von LITTLEFIELD u. a. befinden sich in diesem Lager auffällig viele Frauen, Angehörige von Einwanderergruppen und Minderheiten, vor allem Juden, und Wissenschaftler aus der Dritten Welt.

Im heutigen Streit um den Begriff Rasse wiederholt sich die bekannte Erbe-Umwelt-Debatte, und in dieser sehr alten Kontroverse liegt auch begründet, weshalb innerhalb der Ethnologie die Kulturbedeutung der Rasse immer umstritten war. Wenn die Erbmasse nicht nur das Aussehen bestimmt, sondern auch, wie v. EICKSTEDT formulierte, »das ablaufsmäßige und äußerungsmäßige Verhalten« der Menschen steuert, müßte sich die Ethnologie für den Rassefaktor interessieren. Wenn aber Umwelt und Erziehung den Menschen zum Kulturträger formen, kann auf die Berücksichtigung humanbiologischer Fakten in der Ethnologie verzichtet werden. Letztere Haltung wurde – gegen die immanente Höherbewertung der »arischen Familie als dem zentralen Strom des menschlichen Fortschritts« (L. H. MORGAN) im Evolutionismus – von BOAS begründet. Zwar betätigte er sich selbst (wie die meisten frühen Ethnologen) auch auf dem Felde der physischen Anthropologie, seine Untersuchungen dienten aber dem Nachweis der Umweltplastizität des Menschen: auch Erbmerkmale wandelten sich durch äußere Einflüsse (1912) und die Typendifferenz zwischen Individuen übertreffe die zwischen Rassen (1932). Der ethnologische Milieudeterminismus wurde Axiom in der amerikanischen Kulturanthropologie und verbreitete sich nach dem Zweiten Weltkrieg auch in Europa. 1952 kodifizierte die UNESCO die kulturelle Bedeutungslosigkeit der Rasse. Danach wagte sich auch in Deutschland, wo für BAUMANN (1934/40), HIRSCHBERG (1939), RECHE (1943) oder SCHILDE (1943) jede Kultur selbstverständlich auf einer rassischen Voraussetzung aufbaute, niemand mehr an das Thema, wenngleich die Mehrheit der heutigen Ethnologen auch FRIEDS Verurteilung der Rasse als einer »pseudowissenschaftlichen Erfindung« (1968) nicht unterschreiben würde.

Inwiefern die genetische Ausstattung einer durch Heirat verbundenen Bevölkerung als Potential oder »Reaktionsnorm« (DOBZHANSKY 1964; LÖTHER 1972) ihr kulturelles Erscheinungsbild beeinflussen kann, ist eine Frage der sogenannten Rassenpsychologie. In den USA, wo nicht nur der Milieudeterminismus blüht, sondern auch die Psychometrie, begann die experimentelle Rassenpsychologie etwa mit FERGUSONS Untersuchungen über Intelligenzunterschiede innerhalb der Afroamerikaner (1914), dann vor allem im Ersten Weltkrieg mit den an 1,7 Millionen Soldaten vorgenommenen Messungen Lewis TERMANS (1916). Der Befund, daß zwischen Weiß und Schwarz ein Begabungsgefälle von um die 17 IQ-Punkte existiert und daß Neger aus den Nordstaaten gerade in nichtverbalen Verfahren *(Beta Army Test)* hinter den Weißen aus dem Süden zurückblieben, entfachte eine kontroverse Diskussion (YERKES 1921; KLINEBERG 1935; ALPER/BORING 1944 u. a.), die bis heute anhält. Zwar wurden die letztlich auf den Franzosen BINET (1903) zurückgehenden Testmethoden ständig verfeinert, überzeugen konnten die in jüngerer Zeit von Arthur R. JENSEN in Berkeley (1969) oder H. J. EYSENCK in London (1971) vertretene differentielle Rassenpsychologie ihre Gegner immer noch nicht. Zweifelsohne gewannen die Verfahren in dem Maße an Schlüssigkeit, wie man von dem doch kaum kulturfrei definierbaren Intelligenzbegriff sich löste (VERNON 1969), d. h. sich auf dem Kontinuum aus »Cognitivum, Affektivum, Vegetativum« (HIEBSCH/VORWEG 1972) den eindeutiger genetisch gesteuerten Ausdrucksformen annäherte. So hat GARTH schon 1931 mit dem *Will-Temperament-Test* von DOWNEY erfolgreich gearbeitet und in jüngerer Zeit stellte z. B. FREEDMAN (1974) deutliche Temperamentsunterschiede zwischen den Rassen in einer Chikagoer Säuglingsklinik fest.

In der deutschen Tradition wurde schon früh Kritik an den quantifizierenden Methoden der amerikanischen Rassenpsychologie laut. MÜHLMANN wies mehrfach (1933, 1936, 1952) darauf hin, daß die Testsituation selbst eine kulturfreie Betrachtung verbiete, daß objektiv gleiche Umwelten subjektiv unterschiedlich erlebt werden könnten und daß mit der Psychometrie eher Anpassungsbreiten als wirkliche Rassenunterschiede gemessen würden. Diese wurden aber – unter dem Einfluß von Felix KRUEGERS Ganzheitspsychologie (1929) und Ludwig KLAGES' Gestaltbegriff – im Deutschland der 20er Jahre auf intuitivem Weg gesucht. LENZ (1920), GÜNTHER (1926), vor allem aber Ludwig Ferdinand CLAUSS (1923) setzten der experimentellen Rassenpsychologie eine morphologische entgegen, deren Thema die »Rassenseele als leibseelisches Gestaltprinzip« war. Neben den älteren Quellenbereich der Geschichtsbetrachtung traten in der neuromantischen Rassenkunde das Porträtphoto und die Feldforschung. CLAUSS nannte letztere die »Methode des Mitlebens« und praktizierte sie bei jordanischen Beduinen; auch sie diene der Suche nach dem »Sinn der leiblichen Gestalt«, nach dem »Ausdrucksstil«, der sich in verschiedenen Situationen und unter verschiedenen

Rollen als derselbe erweise. Seine sechs Rassenstile (Leistung, Verharrung, Darbietung, Offenbarung, Erlösung, Enthebung – benannt nach unterschiedlichen Gestaltideen), trugen freilich den Stempel der »nordischen Bewegung«, und ihre Korrelierung mit den europäisch-westasiatischen Formengruppen (1926) bleibt oft hinter dem Anspruch auf Wertungsfreiheit zurück. Dennoch war in CLAUSS' »vergleichender Ausdrucksforschung« zum ersten Mal die Frage nach dem Wie menschlichen Verhaltens konsequent gestellt; es ging ihr nicht um Auslegung eines subjektiven Sinns, wie in der gleichzeitig sich entwickelnden phänomenologischen Soziologie Alfred SCHÜTZ' (1932), sondern um Verstehen einer Formensprache, die sich leib-haftig ausdrückt.

Die Rassenpsychologie ist bekanntlich in den europäischen Faschismen zur nationalideologischen Aufladung und Ausgrenzung unbequemer Minderheiten herangezogen worden. Nicht nur das hat sie in Mißkredit gebracht, auch viele von der Sache her unbegründete Schlußfolgerungen hinsichtlich Rassenmischung, gesteuerter Auslese (Eugenik), Schul- oder Sozialpolitik. Es sind daher heute eher Naturwissenschaftler, die in den menschlichen Gesellschaften zugleich »Arbeits- wie Fortpflanzungsgemeinschaften« (DARLINGTON) oder »Verkehrs- und Heiratsgemeinschaften« (SCHWIDETZKY) sehen, die sich über eine doppelte Tradition erhalten. Der Oxforder Botaniker DARLINGTON (1972) unterscheidet Gruppen mit engen Heiratsgrenzen *(inbred societies)* von solchen mit weiteren Distanzen *(outbred societies).* Diese erfreuten sich einer größeren Typenvielfalt, jene einer stärkeren Homogenität, und zwar sowohl auf der natürlichen wie auf der kultürlichen Ebene: Einfache Gesellschaften und Kasten seien auf Bewahrung aus, offene Massengesellschaften dagegen für Neuerungen aufgeschlossen. DOBZHANSKY hat mehrfach betont, daß die Bausteine der natürlichen Evolution: Mutation, Selektion, Gendrift und Genfluß auch die menschliche Rassengeschichte gestalteten, allerdings ergänzt durch den sozialen Auslesefaktor oder die »Siebung« (SCHWIDETZKY 1971). Die »neolithische Revolution« hat über Jahrzehntausende getrennte Isolate zusammengeführt, den Genaustausch in den neuen hierarchischen Verbänden – etwa durch die »rituelle Trennung der Kasten als Basis aller Zivilisationen« (DARLINGTON) – aber wiederum kanalisiert. In den modernen Vorbehalten gegen Rassenmischung und Fremdeinwanderung wirkt jene uralte Reinheitsvorstellung weiter (LEDER), die die Varianz des Menschengeschlechts erhalten half.

Die Frage, was diese Erkenntnisse für die Ethnologie bedeuten, hängt von deren Offenheit gegenüber anders als nur kulturell bedingten Unterschieden ab. »Die Unterschiede der Rassen«, hat CLAUSS 1925 gesagt, »sind Unterschiede des Stiles, nicht der Eigenschaften.« Es sind nur »formale Akzente« (KRETSCHMER 1972), elementare Züge von Persönlichkeit und Charakter, die aber als gruppeneigentümliche Häufungen in die Ausdrucksformen der Kultur miteingehen und die Weisen mitgestalten, wie die Menschengruppen aufeinander wirken. P.W. SCHMIDT, der den Rassebegriff für die Ethnologie ablehnte, schlug 1932 vor, die Ungleichheit der Menschen eher in ihrer Komplementarität als in ihrem Antagonismus zu sehen. Die biopsychische Variationsbreite der menschlichen Art hat nicht nur die Besiedelung der gesamten Erde erlaubt, sie hat auch die soziale Differenzierung in den großen Zivilisationen erleichtert und dürfte auch bei zukünftigen Gesellschaftsexperimenten von Vorteil sein.

→ Diffusion, → Erziehung, → Ethnohistorie, → Evolution, → Heirat, → Komplexe Gesellschaft, → Kulturanthropologie, → Kulturökologie, → Schichtung, → Verhalten, → Völkerpsychologie, → Wir-Gruppe

Baker, J.R., Race. London 1974 – Boas, F., Race, Language and Culture. New York 1940 – Clauss, L. F., Rasse und Seele. München 1933 – Darlington, C. D., The Evolution of Man and Society. London 1969 – Eickstedt, E. v., Rassenkunde und Rassengeschichte der Menschheit. Stuttgart 1934 – Eysenck, H. J., The I. Q. Argument. London 1971 (Die Ungleichheit des Menschen. München 1975) – Freedman, D. G., Human Sociobiology. New York 1979 – Jensen, A. R., Educability and Group Differences. London 1973 – Lewontin, R. C./Lindzey, G./Spuhler, J. N., Race Differences in Intelligence. San Francisco 1975 – Montagu, A., Man's Most Dangerous Myth: The Fallacy of Race. New York 1942 – Saller, K., Rassengeschichte des Menschen. Stuttgart 1969 – Schwidetzky, I., Rassen und Rassenbildung beim Menschen. Stuttgart/New York 1979 – Shuey, A. M., The Testing of Negro Intelligence. New York [2]1966 – Watson, P. (Hrsg.), Psychology and Race. Harmondsworth 1973

Bernhard Streck

Recht Die Trennung von richtigem und falschem Verhalten ist Anliegen jeder menschlichen Gesellschaft; dazu bezieht man sich auf mündliche oder schriftliche Überlieferungen, deren Verfassung, Erhaltung und Durchsetzung eng mit den Erscheinungen Macht, Angst, Ausschluß und Zusammenhalt (Bianchi) verbunden ist. Entsprechend wurde Recht in der historischen und kulturvergleichenden Betrachtung bald mit den dominierenden Kräften gleichgesetzt (Marx), bald mit den Forderungen der zu kurz Gekommenen (Nietzsche), in der Ethnologie aber häufig mit dem Aufbau der Gesellschaft selbst.

Seit das Recht als Geschöpf des Volksgeistes (Savigny) erkannt war, eröffnete der Rechtsvergleich eine Ergänzung zum vor und nach der Romantik beachteten Maßstab des Römischen Rechts. Nichtgesatztes Recht fand aber nur schwer Anerkennung in der lange ausschließlich von Juristen *(quod non in actis, non est in mundo* – »Was nicht in den Akten, ist nicht in der Welt«) beschriebenen Rechtsgeschichte. Als mit Bachofen, Kohler, Bernhoff u. a. nicht nur die Satzungen der archaischen Großreiche, sondern auch die – von Lafiteau zum ersten Mal zum Gegenstand gemachten – Rechtstraditionen von »Naturvölkern« herangezogen wurden, war zwar die Vorstellung von der »Regellosigkeit der Primitiven« überwunden, ihr Brauchtum galt aber ausnahmslos als Vorstufe jeder »höheren« Rechtsform. Es war dies die Zeit der großen Entwicklungsreihen, unter denen die von Morgan aufgestellte und von Marx und Engels aufgegriffene Theorie des Privateigentums die berühmteste wurde.

In England wirkten in vergleichbarem Sinne MAINE (1861), McLENNAN (1865), VINOGRADOFF (1920/22), HARTLAND (1924) und ALLEN (1937), in Holland STEINMETZ (1894), in Rußland KOVALEVSKIJ (1890) und in Deutschland z.B. A.H. POST (1894).

Wesentlich ernster nahm man die frühen und peripheren Traditionen in der kulturhistorischen Ethnologie, die die Entwicklungsreihen – z. B. die These vom Urkommunismus – gezielt bekämpfte (P. W. SCHMIDT 1937/40). Ihrer diffusionistischen Verfolgung einzelner Rechtsformen (z. B. TRIMBORN 1928) trat dann die in der Neuromantik gebotene ganzheitliche Betrachtungsweise zur Seite, die etwa v. GIERKE am »Naturrecht« oder v. AMIRA am germanischen Recht vorführte. Unter universalem Blickwinkel hat sich z. B. ERLER mit dem Sinn rechtlicher Symbole befaßt, so mit dem Hochsitz als Garant des Gerichtsfriedens (1938), mit dem Zusammenhang von Friedensbruch, Verbannung (»Waldgang«) und Werwolfglaube (1940) oder mit dem Gottesurteil (1941). Diese weltweite Erscheinung war ERLER zufolge ursprünglich nicht so sehr der Triumph der Gottheit, als der Sieg des Starken, der die Marter aushält und sich damit jenseits von Gut und Böse stellt. In den »Abwehrordalen«, in denen sich der Beschuldigte selbst erbietet, etwa das glühende Eisen zu tragen, führe nicht nur das Fehlen von Brandwunden zum Freispruch, sondern auch die demonstrierte Unempfindlichkeit als »Kraft- und Machtausweis«.

Einen gewaltigen Aufschwung nahm die ethnologische Rechtsforschung im Zusammenhang mit der Einrichtung und Verwaltung überseeischer Kolonien. KOHLER hatte 1897 einen »Fragebogen zur Erforschung der Rechtsverhältnisse der sogenannten Naturvölker namentlich in den deutschen Kolonialländern« erstellt, mit dem ab 1907 auf eine Resolution des Deutschen Reichstages hin Erhebungen durchgeführt wurden. Das Problem, Stammesrecht zu kodifizieren, hatte sich durch den Verlust der Kolonien längst erledigt, als SCHULTZ-EWERTH und ADAM 1929 und 1930 die Ergebnisse in zwei Bänden veröffentlichten. Sie und die Lokalstudien eines SPIETH (1908), GUTMANN (1926), TESSMANN (1913, 1923) u. a. bereiteten dann den Boden vor, auf dem THURNWALD 1934 seine Bestandsaufnahme der Rechtsethnologie vorstellen konnte. Darin vereinigten sich neuromantische Kulturmorphologie, historische Perspektive und ethnosoziologische Analyse in einer Weise, die wiederum auf die viel stärker praktisch ausgerichteten und mit viel mehr Material ausgestatteten britischen und französischen Traditionen wirkte. Zum einen verstand THURNWALD jedes Recht als Ausdruck einer Weltanschauung, so daß kein prinzipieller Unterschied zwischen Gewohnheits- und Satzungsrecht zu sehen sei. Doch müsse man, auch wenn gerade in Stammesgesellschaften die Rechtspraxis kaum von anderen Kulturaspekten getrennt werden könne, dennoch ein gewisses Eigenleben und die Möglichkeit zur Verselbständigung, etwa in der Verbindung mit Kolonialrecht, konstatieren. Des weiteren wies THURNWALD auf den sakralen Ursprung des Rechts hin: wie die Agrarriten Leben und Wachstum förderten, so bedeute die Rechtspflege nur ein »Nachhelfen« im Dienste der göttlichen Ordnung. Jeder Rechtsbruch sei ein Sakrileg, das rituell zu bereinigen sei. Der Rechtsbrecher setze Emotionen frei und werde somit Objekt einer »wesentlich emotionell orientierten Rechtspflege«. Erst das Römische Recht habe die Unterscheidung zwischen »Tabu-Sphäre« *(fas)* und weltlichem Recht *(ius)* eingeführt.

Die größte Entdeckung THURNWALDS war aber die *Reziprozität*, das *do ut des* (»Ich gebe, damit du gibst«) als »Grundlage des menschlichen Gerechtigkeitsgefühls«. Er hatte den Sachverhalt nach seiner Feldforschung in Bánaro auf Neuguinea beschrieben (1916) und damit vorweggenommen, was später MAUSS im »Essai sur le don« (1925) zum universalen Prinzip erhob, MALINOWSKI die »innere Symmetrie aller sozialen Transaktionen« (1926) nannte und RADCLIFFE-BROWN zu seiner Gleichsetzung von Sozialstruktur und Rechtssystem veranlaßte, wenn Gesellschaften statt Gesetzen nur Brauch und Konvention befolgten (1952). FORTES machte die Reziprozität zum Grundelement seiner Theorie des »präskriptiven Altruismus« (1969) und SIGRIST sah in ihr das Geheimnis der »regulierten Anarchie« (1967): Ausgleich im Tausch, Vergeltung, Wiederherstellung des Status quo ante und Einforderung von Reziprozitätsschulden bestimmen das Denken und Handeln der Menschen in nichtgeschichteten Gesellschaften.

Im Sinne eines sich selbst erhaltenden Austauschsystems hatte sich DURKHEIM die Gesellschaft vorgestellt. Rasche Veränderungen aber störten das Gleichgewicht, es entstehe eine »Anomie«, die Konflikte und Abweichungen wie Kriminalität oder Selbstmord verursache. Daß dies eher der Normalzustand einer Gesellschaft ist, bewies die rechtsethnologische Forschung der »Manchesterschule« um Max GLUCKMAN. Dort wurde analog zum angelsächsischen Fallrecht *(case law)* die *extended case method* geschaffen, die ungesatztes Recht weniger von der normativen als von der praktischen Seite her untersuchte. GLUCKMAN schilderte das Verfahren eines Stammesgerichtes als kollektive Suche nach dem »vernünftigen Menschen«. Dieser stehe nicht fest, sondern werde – als Leitbild und Richtmaß des zu beurteilenden Falles – in jeder Sitzung neu ausgehandelt. Dabei gehe es nicht formaldemokratisch zu, sondern eher aristokratisch: Der »vernünftige Mensch« und damit das Strafmaß für die Abweichung werde vor allem von jenen Traditionshütern festgelegt, die am überzeugendsten alte Rechtssprichwörter und exemplarische Urteile in die Debatte werfen könnten. Die »Macht der öffentlichen Meinung« (DURKHEIM) ist in den häufigen Streitfällen der Stammesgesellschaften an einen »übermächtigen Dritten« (HOLTWICK-MAINZER 1985) delegiert, dessen Ansehen, Reichtum, Rede und Charisma seinem Schiedspruch zur Durchsetzung verhelfen.

Der Aspekt der Manipulation nichtgesatzter Normen ist von den transaktionalistischen Dissidenten der britischen »Konfliktschule« mittels der *situational analysis* (VAN VELSEN) verfolgt worden. Die Verhältnisse in komplexen Gesellschaften sind von einem »Rechtspluralismus« (SCHOTT) gekennzeichnet, der auch auf dem Gebiet der Konfliktlösung und des »Konfliktmanagements« (KOCH 1976) mehrere Optionen offenhält. Wie BOHANNAN im Falle der nigerianischen Tiv gezeigt hat, hält sich traditionelles Stammesrecht auch im modernen Staat. In vielen außereuropäischen Ländern ist es lediglich überlagert von religiösem oder archaischem Recht, westlichem, aus der Kolonialzeit ererbten Recht und dazu oft vom Kriegsrecht der gerade herrschenden

Junta. Entsprechend können drei Strafprinzipien nebeneinander zur Anwendung kommen: die alte Vergeltung *(lex talionis)* mit ihren »Spiegelstrafen« (»Auge um Auge«) und Solidarhaftung, die Abschreckung als Demonstration der furchtbaren Rechtsautorität des Staates – bei den *Hadd-Strafen* des islamischen Schariats in göttlichem Auftrag – und schließlich das Prinzip der Rehabilitation, das in Europa, aufbauend auf der christlichen Vorstellung der Sündenvergebung und der Erziehungstheorie der Aufklärung, entwickelt wurde. Die barbarisch anmutende Justiz des ersten und zweiten Prinzips erweist ihren »Unterhaltungswert« (Schott) aber nicht nur während der Vollstreckungen. Sammlungen grausamer Praktiken wie die von Richard Wrede ziehen ebenso wie Foltermuseen oder Horrorfilme auch die Neugier moderner Rechtssubjekte an. Neuauflagen des Abschreckungsrechts – etwa im Rahmen des islamischen Revivalismus – haben aber gezeigt, daß die Versammelten nicht nur niedrigen Instinkten frönen, sondern auch jene von Durkheim negativ genannte heilige Handlung mitvollziehen: die Gemeinde der Rechtschaffenen trennt sich in einem feierlichen Akt vom unrein Gewordenen.

→ Ahnen, → Angewandte Ethnologie, → Funktion, → Heirat, → Hexerei, → Institution, → Komplexe Gesellschaft, → Krieg, → Opfer, → Prestige, → Religion, → Ritual, → Segmentäre Gesellschaft, → Tabu, → Tausch, → Weltbild

Diamond, A. S., The Evolution of Law and Order. London 1951 – Foucault, M., Überwachen und Strafen: Die Geburt des Gefängnisses. Frankfurt (orig. frz. Paris 1975) – Gluckman, M., Order and Rebellion in Tribal Africa. London 1963 – Hoebel, E. A., The Law of Primitive Man. Cambridge, Mass. 1954 – Malinowski, B., Crime and Custom in Savage Society. London 1926 – Pospisil, L., Anthropology of Law – A Comparative Theory. New York 1971 – Post, A. H., Grundriß der ethnologischen Jurisprudenz. 2 Bde., Oldenburg/Leipzig 1894 – Roberts, S., Order and Dispute – An Introduction to Legal Anthropology. Harmondsworth 1979 – Thurnwald, R., Werden, Wandel und Gestaltung des Rechtes im Lichte der Völkerforschung. Berlin/Leipzig 1934

Bernhard Streck

Religion Als die Wissenschaft die Religion ersetzen wollte, nahm sie deren »Ursprung« unter die Lupe: die »primitive« Religion.

Aufklärerische Kritik an irrationaler Verschleierung ist Comtes Ableitung der Religion vom *Fetischismus;* Tylor (1871) ersetzt Fetischismus durch *Animismus,* d. h. ein an sich logisches, nur auf zu geringen Kenntnissen beruhendes Erklärungssystem. Der Animist dachte an sich vernünftig über Träume nach, nur schloß er daraus, die Seele verlasse den Leib – Religion als Folge eines Trugschlusses. Der Glaube an eine höhere Macht ist nach Durkheim (1912) nichts anderes als die Projektion der Macht der Gesellschaft ins Religiöse; und was die Religion verhüllte, enthüllt nun endlich der Sozialwissenschaftler.

Aber die Hoffnung, Religion mit gesundem Menschenverstand zu erklären, zerbricht im 20. Jahrhundert, das Irrationale kehrt zurück. LÉVY-BRUHL will das andere Denken nicht mehr rationalistisch reduzieren. In der Nähe des Surrealismus der 20er und 30er Jahre sucht er die Logik »jenseits« der Logik und ihrer scharfen Trennlinien. Er findet das *credo quia absurdum* früher Religion: Die »Teilhabe« (ALLIER 1925 spricht vom »para-logischen« Gedanken der Verwandlung von scheinbar Unvereinbarem ineinander), das Prinzip von Traum und Symbol, überwindet logische Gegensätze. So blieb die Kreativität frei von den Fesseln der Vernunft, bis diese bei uns das »affektive« Traumdenken in verdächtigte oder kindliche Randbereiche wie Kunst oder Märchen abdrängte. Hundert Jahre vor LÉVY-BRUHL hatte schon die Romantik im Märchen und im Symbol Reste einer verlorenen künstlerisch-religiösen Gesamtwirkung gesucht, einer »Indifferenz« von Geist und Natur (SCHELLING), einer Aufhebung der Verstandesgrenzen in der Phantastik. LÉVY-BRUHL sucht im primitiven Symbolismus und Ritual die »Indifferenz« gegenüber den Grenzen der Logik, das mystische Verschmelzen des Menschen mit dem Heiligen. »Affektives Bedürfnis« und »Totalitätscharakter des primitiven Denkens und Erlebens« sind uns bis heute zugänglich, wenn wir hinter die äußeren Formen fremder Religionen zu ihrem Grund vorstoßen (VAN DER LEEUW 1933).

Hier wird nicht mehr gefragt, *was* man glaubt, sondern *wie*. Mystische Erfahrung kommt vor dogmatischen Einzelheiten. R. OTTO (1917) erspürt das gemeinsame Wesentliche nicht nur früher, sondern aller Religion in der Erfahrung des Heiligen, »Numinosen«. Sie entwickelt sich in Etappen: auf die Angst (Tremendum) folgt ein Verständnis des großartigen Geheimnisses (Mysterium), schließlich die Begeisterung (Fascinans). Doch gehorcht man mehr einem »Tremendum«, oder fühlt man sich mehr in ein »Fascinans« ein? OTTOS Nachfolger trennen sich an diesem Punkt.

VAN DER LEEUW sieht die Ohnmacht des Menschen angesichts des von ihm so unerreichbar verschiedenen Höheren: »Eine radikal andere Macht« bricht in sein Leben ein. Macht aber verlangt Gehorsam. THIEL (1984) definiert Religion: »Sich abhängig wissen von einer übermenschlichen Macht und sich ihr unterordnen«; Magie, d.h. das Zwingen fremder Kräfte unter menschlichen Willen, ist somit keine Religion.

Eine andere Richtung betont mehr das »Fascinans« innerhalb der Welt, an dem der Mensch teilhat. Er läßt sich ergreifen »vom Wesen der Dinge« seiner Umwelt. Er drückt dies im rituellen Schauspiel aus. Die »Würde des Spieles« und später die Kunst, »eine neue Schöpfung jenseits derer Gottes«, zeigen seine »Ergriffenheit« (FROBENIUS). Religiöse Mystik ist nur ein Sonderfall der »Einfühlung«, die sich z. B. auch auf ein Kunstwerk, auf die Natur oder auch auf eine philosophische Idee beziehen kann: eine affektive, aber auch intellektuelle »Ekstase«, die ROUSSEAU nicht weniger bezeugt als der Heilige Johannes vom Kreuz (BASTIDE 1931).

In der »Ergriffenheit« findet A. E. JENSEN die Triebkraft zum Aufbruch jedes Kulturkreises. Doch keine fremde Macht ergreift uns, sondern die Idee der Weltordnung, in die man sich einfühlt. Sie folgt u. a. aus der Naturbeobachtung (z. B. »Stirb und Werde« von Pflanzen) und ist rational faßbar, wenngleich die Einfühlung die Ratio überschreitet. Sie geht mit dem Wunsch einher, die Eindrücke zu ordnen. Ordnende Logik ist allen Religionen gemeinsam. JENSEN lehnt LÉVY-BRUHLS para-logisches Traumreich ab und zähmt OTTOS »Numinoses« durch Historisierung: Da das Verhältnis zur Natur sich wandelt (z. B. von Wildbeutern zu Pflanzern), wird jeder Kulturkreis von einem anderen Aspekt der Weltordnung ergriffen. Durch die historische und materielle Ableitung akzeptiert JENSEN den Einbruch des Irrationalen, dämmt ihn aber auch ein.

FROBENIUS' Verständnis religiöser Aktivität als »gespielter Wirklichkeit« und JENSENS These vom allmählichen Erkalten der Ergriffenheit nimmt GEHLEN (1956) auf. Religion ahmt Weltinhalte nach in der rituellen »Darstellung«. Jedoch, auf persönliche Ziele umgeleitet, kippt die heilige Verpflichtung manchmal um in den »degenerierten Ritus« der Magie.

Die These von einer Degeneration religiöser Ideen findet sich schon in der romantischen Suche nach der Ur-Offenbarung. Seit Ende des 19. Jahrhunderts wird sie ein Argument gegen evolutionistische Fortschritts-Schemata. P. W. SCHMIDT (1912–49) wendet es gegen die relativierende Einordnung des Monotheismus in eine Entwicklungsreihe vom Fetischismus zur Wissenschaft: Nein, der Monotheismus ist nicht irgendein Glied in der Kette, sondern Alpha und Omega; die dazwischenliegenden Religionsformen waren Abirrungen.

P. W. SCHMIDTS materialreicher Versuch, Monotheismus gerade in »frühen« Kulturen nachzuweisen, mißlang. Wo er einen »Hochgott« ausmachte, fanden andere nur einen Kulturheros oder einen Hauptgott neben vielen Göttern – oder gar die Geilheit eines zweigeschlechtlichen, unentwegt zeugenden und empfangenden Urwesens. (WINTHUIS hatte 1931 mit dieser schockierenden These das Verdienst, prüde Forschung zu kritisieren und die hohe Bewertung der Sexualität in vielen nicht-christlichen Religionen hervorzuheben, auch wenn er seinen »Ur-Sex« nicht weniger besessen überall zu sehen meinte als Schmidt seinen Hochgott). Aber immerhin versetzte P. W. SCHMIDT den entwicklungsschematischen Reihen den Todesstoß: Eine klare Stufenfolge (etwa Animismus-Polytheismus-Monotheismus) entspringt gedanklichen Konstruktionen des 19. Jahrhunderts, wie eines sich logisch zum anderen verhalte (etwa, daß Monotheismus eine Abstraktion des Polytheismus sei), nicht aber der empirisch beobachteten Realität, in der z. B. die »frühen« Ureinwohner Australiens hochabstrakte Ideen hatten.

Wenn die Realität keine Entwicklungsstufen erkennen läßt und wenn andererseits der Satz, daß alle Religionen im Urgrund gleich sind, zwar stimmen mag, aber die Mannigfaltigkeit der religiösen Phänomene nicht erklärt, bleibt noch deren Gliederung nach zahlreichen, nicht mehr in einer Reihe geordneten Einzelkulturen. Das erlaubt freilich kaum noch den zusammenfassenden Überblick. ELIADE (1965) versucht ihn zu retten durch die Darstellung des Wechselspiels von ewig gleichem Urgrund und jeweiliger historischer Variation.

ELIADE knüpft an OTTO und VAN DER LEEUW an: Das Heilige, etwas »ganz anderes« als die profane Welt, bricht in diese ein. Hier nimmt es eine Erscheinungsform (Hierophanie) an: als Ritus, Mythos, Gottesvorstellung o. ä. Die Hierophanie wechselt von Kultur zu

Kultur. Die Forschung soll ihre wechselnden Phänomene beschreiben, um einerseits das Spezifische jeder Kultur zu erfassen, andererseits das dahinter verborgene, immer gleiche Heilige. Über die Hierophanie kommuniziert der Gläubige mit dem Heiligen in einer mystischen Teilhabe; über die Hierophanie erkennt aber auch der Forscher das Heilige, zwar ohne Mystik, aber doch mit kreativer Phantasie. Mit der Hierophanie will ELIADE »dem entsakralisierten Menschen von heute die Bedeutung und den geistigen Inhalt der archaischen, orientalischen und traditionellen religiösen Schöpfungen enthüllen« (1970). Er sucht (wie die Romantik) die vergessene Wahrheit.

Aber ist das nicht eine sehr europäische Suche, Folge der Betonung des »Heiligen«, wie es in der christlichen Welt verstanden wird? Die Religionsethnologie muß sich heute fragen, ob ihr Thema nicht ein europäisches Konstrukt ist. Sie hat es ohnehin schwer zwischen der nüchternen Forderung nach historisch oder empirisch belegbaren Fakten und der schwärmerischen Begeisterung für »Mutter Erde« und »Vater Schamane«. Die Verbindung von wissenschaftlichem Ernst einerseits, Gespür für das Sakrale und Mythische andererseits war für einen JENSEN oder ELIADE noch problemlos – etwa weil sie Inspiration und Phantasie für Grundstoffe beider Bereiche hielten? Die religionsethnographische Forschung läuft zwar weiter, interviewt Hunderte von Medizinmännern, registriert Tausende von Mythen, zeichnet Diagramme von Weltbildern, aber sie fasziniert jene nicht mehr, die nach den Religionen fragen. Vielleicht könnte die Ethnologie das wieder von der Religion lernen: daß zum »Fascinans« auch eine phantasievolle Theorie gehört.

→ Ahnen, → Bund, → Charisma, → Ekstase, → Evolution, → Geschlecht, → Identität, → Initiation, → Institution, → Kulturanthropologie, → Kunst, → Magie, → Musik, → Mythos, → Opfer, → Priester und Prophet, → Ritual, → Spiel, → Symbol, → Tabu, → Tanz, → Tod, → Weltbild, → Zeit

ALLIER, R., La psychologie de la conversion. 2 Bde., Paris 1925 – COLPE, C., Die Diskussion um das Heilige. Darmstadt 1977 – DURKHEIM, E., Die elementaren Formen des religiösen Lebens. Frankfurt 1981 (orig. franz. Paris 1912) – ELIADE, M., Das Heilige und das Profane. Frankfurt 1984 (orig. franz. Paris 1965) – JENSEN, A. E., Mythos und Kult bei Naturvölkern. Wiesbaden 1951 – LEEUW, G. van der, Phänomenologie der Religion. Tübingen 1933 – LÉVY-BRUHL, L., L'experience mystique et les symboles chez les primitifs. Paris 1938 – OTTO, R., Das Heilige. Breslau 1917 – PETTAZZONI, R., Der allwissende Gott. Frankfurt 1960 (orig. ital. Rom 1955) – SCHMIDT, P. W., Der Ursprung der Gottesidee. 12 Bde., Münster 1912–49 – THIEL, J. F., Religionsethnologie. Berlin 1984 – WACH, J., The Comparative Study of Religions. New York 1961 – WINTHUIS, J., Einführung in die Vorstellungswelt primitiver Völker. Leipzig 1931 – WUNENBURGER, J. J., Le sacre. Paris 1981

Mark Münzel

Ritual Als *rituell* wird in der Ethnologie ein körperliches und sprachliches Handeln dann bezeichnet, wenn es keinem rational-technologischen Zweck dient, sich aber an der Beachtung bestimmter Regeln orientiert; Rituale unterscheiden sich von Spielen durch ihren nicht-kompetitiven Charakter; sie können die Form des Tanzes annehmen, sind aber nicht notwendig in allen Teilen rhythmisiert; das Sprechen kann die Körperbewegung begleiten, ablösen oder ersetzen. Es besteht keine Einigkeit darüber, ob Rituale notwendigerweise symbolische Bedeutungen beinhalten und der Kommunikation mit spirituellen Mächten dienen. So definiert TURNER (1969) Ritual als »vorgeschriebenes, förmliches Verhalten bei Anlässen, die keiner technologischen Routine überantwortet sind und sich auf den Glauben an unsichtbare Wesen oder Mächte beziehen, die als erste und letzte Ursachen aller Wirkungen gelten«, LEACH (1968) dagegen als »stereotypes Verhalten, das im Rahmen der kulturellen Konventionen der Handelnden in sich selbst mächtig ist, obwohl wirkungslos in einem rational-technischen Sinn«. Im ersteren Fall kann jedes nicht-symbolische und nicht religiös gebundene rituelle Handeln ausgegrenzt werden; im letzteren Fall kann man religiöse Riten als *Kulte* den »sinnlosen« oder »sinnentleerten« *Ritualen* entgegenstellen – je nach dem Standpunkt, den der Ethnologe gegenüber den ritualistischen oder antiritualistischen Tendenzen in der modernen Gesellschaft einnimmt. Diese Positionen spiegeln sich auch in den ethnologischen Ritualtheorien.

Für FRAZER, LÉVY-BRUHL u. a. waren alle Handlungen in der »primitiven« Welt von magischen oder »prä-logischen« Vorstellungen bestimmt; wie die Magie als irrtümliche Wissenschaft erschien, so das Ritual als ineffiziente Technik. Es war vor allem MALINOWSKI, der nachdrücklich hervorhob, daß auch in der »primitiven« Kultur technische Handlungen (Arbeit) eindeutig von magisch-rituellen unterschieden werden. Wie er an den agrarischen Riten der Trobriander zeigte, bilden Ritual und Arbeit erst im Horizont ihrer zeitlichen Zuordnung eine Einheit; Aussaat, Jäten und Ernte der Nutzpflanzen erfordern Planung und Koordination von Arbeiten verschiedener Personen und Gruppen; Riten markieren die zeitlichen Zäsuren zwischen untereinander verketteten Tätigkeiten, synchronisieren die Anstrengungen der Gemeinde, bestärken sie in ihrem Glauben an die Wirksamkeit der Magie und steigern damit die optimistische Stimmung, in der sich der Übergang von Phasen der Ruhe zu konzentrierter Leistung vollzieht. So bleibt die Wirksamkeit der Riten an die Wahl des richtigen Zeitpunkts gebunden, in dem natürliche und menschliche Rhythmen zusammentreffen. Diese Beziehung von Ritual und Zeit hatte bereits VAN GENNEPS Theorie der Übergangsriten (1909) bestimmt, nach der Ritual einen »Sprung« – eine Zwischenphase »sakraler« Zeit – im Kontinuum des Alltagslebens bewirkt.

Im Gegensatz zu dieser Auffassung von der rituellen Erzeugung des Optimismus entwickelte RADCLIFFE-BROWN am Paradigma der Andamaner eine streng soziologische Ritualtheorie. Danach gehören Riten (noch vor den Glaubensvorstellungen) zu den entscheidenden kulturellen »Phänotypen«, aus deren Beobachtung sich die »genotypischen« sozialen Strukturen erschließen. Riten gelten als die »regulierten symbolischen Ausdrücke bestimmter Gefühlshaltungen«, die »das Verhalten des Individuums in Beziehung zu anderen kontrollieren«. Durch das Ritual wird dem Individuum der soziale Wert der in ihm behandelten Gegenstände eingeprägt, sowohl der natürlichen Mächte als auch der sozialen Beziehungen, die der Ethnologe folglich aus diesen rituellen Markierungen ablesen kann. Das Ritual vermittelt die moralische Macht der Gesellschaft und damit das Gefühl der Abhängigkeit, das in der Eltern-Kind-Beziehung entsteht. Insofern RADCLIFFE-BROWN etwas über die allgemeine soziale bzw. religiöse Bedeutung des Rituals aussagt, geht er nicht über DURKHEIM hinaus; sein Hinweis auf die markierende Funktion der Riten erwies sich jedoch in allen strukturfunktionalen Ethnographien als fruchtbar.

Wiederum in striktem Gegensatz zu diesen pragmatischen und soziologischen Ritualtheorien stand die deutsche Kulturmorphologie (FROBENIUS, JENSEN), die auch terminologisch zwischen symbolhaften (sonst *Ritual* genannten) *Kulten* und sinnentleerten *Riten* unterschied, den »degenerierten« und »erstarrten«Formen ehemals »echter« und »schöpferischer« Kulte. Auch für JENSEN sollte der Kult eine bestimmte Ordnung darstellen und demonstrieren, aber nicht die soziale, sondern die Urbilder der mythischen Welterkenntnis, die ihrerseits die soziale Organisation selbst prägen sollten. Wie die Riten für RADCLIFFE-BROWN die grundlegenden sozialen Werte markierten, so standen – mit einer gewissen Akzentverschiebung – für JENSEN die »Lebensprinzipien« im Mittelpunkt der Kulte, also vor allem Sterblichkeit, Fruchtbarkeit und Nahrungsbedürftigkeit. Die antiritualistische Tendenz der Kulturmorphologie offenbart sich allerdings in der Vorstellung von der »Ursprünglichkeit« eines agrarischen Weltbilds, das auf reiner Innerlichkeit, Sinnhaftigkeit und Ergriffenheit von der Natur beruhe, sich in schöpferischen Mythen ausdrücke und deren Weltordnung immer wieder kultisch erneuere, bis gerade die Wiederholung zu Äußerlichkeit, Sinnlosigkeit und Zweckhaftigkeit des Handelns führe. Diese Emphase der Ergriffenheit und ihrer rituellen Verflachung unterscheidet die Kulturmorphologie von verwandten Entwürfen, die auf je eigene Weise von Wechselbeziehungen zwischen Mythos und Ritual ausgehen (RAGLAN, HOCART u. a.).

Eine Integration soziologischer und symbolistischer Ansätze versuchte TURNER, der in seiner Ritualtheorie zwar zunächst von VAN GENNEP und bestimmten Entwicklungen der von RADCLIFFE-BROWN begründeten Entschlüsselung der Sozialstruktur aus den Riten ausging (WILSON), am Paradigma der Ndembu (Sambia) aber vor allem die Fülle der symbolischen Deutungen hervorhob, die sich den Gewährsleuten entlocken ließen. Die rituelle Handlung erscheint dann einerseits als *performance,* also als kunstvolle Darbietung, andererseits tritt sie in ihrer Bedeutung hinter die in ihr ausgedrückten Symbole zurück. Das Ritual vollzieht sich in einer Zeit der Aufhebung und Umkehrung der alltäglichen sozialen Struktur; es stellt einen sakralen Gegenentwurf zur Gesellschaft und zur alltäglichen Welt der Arbeit dar, eine »Anti-Struktur«, aus der heraus sich die »Struktur« erneuert und stabilisiert.

Die möglicherweise vor jeder soziologischen oder psychologischen Funktion und vor jeder symbolischen Bedeutung liegende Struktur der rituellen Handlungen ist in diesen ethnologischen Ansätzen kaum je in ihrer Eigenständigkeit thematisiert worden, abgesehen von einigen Monographien zu den außergewöhnlich komplexen Ritualen nordamerikanischer Indianer (z. B. REICHARD 1950). Die teils mündlich, teils schriftlich überlieferten Rituale der Hochreligionen stellten in dieser Hinsicht ganz andere analytische Anforderungen. Nachdem sie lange ausschließlich Gegenstand philologischer Studien waren (obwohl schon HUBERT und MAUSS das vedische Tieropfer ihrer anthropologischen Theorie des Opfers zugrunde gelegt hatten), gelang es in einigen Fällen noch in den 70er Jahren, sie mit Hilfe ethnologischer Methoden zu dokumentieren. So untersuchte STAAL das *Agnicayana*, das 3000 Jahre alte vedische Ritual des Feueraltars, das noch heute in Südwest-Indien praktiziert wird. Die erstaunliche Dauerhaftigkeit der getreu tradierten rituellen Handlungen und zum Teil sinnlosen Silben kontrastiert auffällig mit den ephemerischen Sinngebungen, die seit dem 8. Jahrhundert v. Chr. schriftlich niedergelegt wurden. Auf dieser Basis entwickelte STAAL eine allgemeine Theorie von der »Bedeutungslosigkeit« des Rituals; Rituale sind danach primär reine, »ideale« Handlungen, die nur teilweise und beiläufig darstellenden Charakter besitzen und an die sich jedenfalls »symbolische« Bedeutungen nur sekundär und kurzfristig heften. Die von den Ethnologen zur »Erklärung« der Rituale angeführten Symbolismen und sozialen Funktionen werden somit zu bloßen Nebenerscheinungen; in den Mittelpunkt rückt dagegen erstmals die »Syntax der reinen Handlung«, die STAAL in Analogie zur *generativen Grammatik* (CHOMSKY) beschreibt. Dieses Verfahren konnte auch auf die Rituale anderer Hochreligionen, etwa taoistische, angewandt werden (SCHIPPERS 1984). Ob es zur Strukturanalyse der einfacheren, weniger formalisierten Rituale außerhalb schriftlicher Überlieferungen in vergleichbarer Weise beiträgt, scheint fraglich. Doch macht die syntaktische Theorie plausibel, weshalb sich Ritualisten »orthopraktisch« (»richtig handelnd«) an Regeln halten, ohne im allgemeinen von sich aus auf irgendeine Symbolik zu achten.

→ Arbeit, → Erziehung, → Fest, → Initiation, → Institution, → Kommunikation, → Musik, → Mythos, → Opfer, → Priester, → Religion, → Sozialanthropologie, → Spiel, → Struktur, → Symbol, → Tabu, → Tanz, → Verhalten, → Zeit

JENSEN, A. E., Mythos und Kult bei Naturvölkern. Wiesbaden 1951 – LA FONTAINE, J. S. (Hrsg.), The Interpretation of Ritual. London 1972 – MALINOWSKI, B., Coral Gardens and Their Magic. London 1935 (dtsch. Frankfurt 1981) – RADCLIFFE-BROWN, A. R., Rites and Values. In: KUPER, A. (Hrsg.), The Social Anthropology of Radcliffe-Brown. London 1977 – STAAL, F., The Meaninglessness of Ritual. Numen 26, 1979 – TURNER, V., The Ritual Process. London 1969

Fritz Kramer

Schichtung Während soziale Ungleichheiten, die auf Alter (Seniorität), Geschlecht (»Sexismus«) oder Persönlichkeit *(big man)* beruhen, nahezu in jeder Gesellschaft vorkommen, bedeutet die institutionelle Verfestigung etwa eines Arm-Reich-Gegensatzes eine neue Qualität: aus einer einfachen Gesellschaft ist eine geschichtete geworden (vertikale Differenzierung; Stratifikation). Die horizontal verlaufenden Grenzen zwischen gesellschaftlichen Schichten sind nur in Ausnahmefällen überwindbar; andererseits hängen Angehörige verschiedener Schichten in Gefolgschaften (Patronagen, Klientelverbänden) zusammen. In ihnen herrscht der ungleiche Tausch von Schutz gegen Güter oder Dienstleistungen, wie auch die gesamte Konzentration und Umverteilung des gesellschaftlichen Reichtums im Sinne der Erhaltung des Privilegiengefüges geregelt ist. Eine geschichtete Gesellschaft bedarf zu ihrer Sicherung einer Zentralherrschaft, obwohl auch Fälle von »Herrendemokratien« beschrieben wurden.

Die Frage des Ursprungs gesellschaftlicher Schichtung und der damit verbundenen Herr-schaft als institutionalisierter Macht (Max Weber) wird in der Ethnologie nicht einheitlich beantwortet. Einerseits versuchen anarchistische und kommunalistische Utopien sich auf die Befunde vor allem der britischen *Social Anthropology* zu stützen, die in einfachen (segmentären) Gesellschaften die Abwesenheit von Herrschaft auf die Durchsetzung von »Gleichheitsnormen« (Sigrist 1967) – und sei es mittels Hexerei (Nadel 1952) – zurückführen. Wo Eigentum und Arbeitsteilung als Ursachen der Ungleichheit (Schmoller) noch wenig entwickelt sind und wo Kommunikations- und Transportschwierigkeiten dazu zwingen, die wesentlichen Entscheidungen in kleinen Primärgruppen zu fällen (Stagl 1983), traf die Ethnologie sehr häufig auf objektive Hinderungsgründe für Machtkonzentrationen. Andrerseits wandte sich Dahrendorf (1967) gegen den Begriff der Herrschaftslosigkeit, wenn in kleinen Gesellschaften wegen besonderer Umstände Normensetzung (Legislative) nicht benötigt werde. Herrschaft sei infolge der Ungleichheit in der Befolgung jeweils gültiger Normen eine Universalie, auch wenn sie sich in ruhigen Zeiten auf Normendurchsetzung (Exekutive) und richterliche Gewalt beschränke.

In der deutschen und der französischen Völkerkunde war es weniger umstritten, daß die Frage der Macht sich in jeder Gesellschaft stelle und daß Macht ohne Hierarchie nicht denkbar sei. Balandier sah das Rangdenken als Wesensmerkmal seines »Homo politicus« (1967), Dumont beschrieb mit indischen Materialien einen »Homo hierarchicus« (1966) und Meillassoux untersuchte die mannigfachen Formen vorkolonialer Sklaverei in Afrika (1975). Dem entsprechen deutsche Studien zur Sklaverei (Pfaff-Giesberg 1935, 1955), zum Königtum (Frobenius 1931; Friedrich 1939; Krieger 1959; Dittmer 1961; Haberland 1965) und zur Paria-Ethnologie (Thurnwald 1935; E. W. Müller et al. 1964; Mühlmann 1964), wobei z.T. Begriffe der älteren Soziologie wie Gaststämme, Schützlingsschaft, Charisma oder Patrimonialismus neu gefüllt wurden. Doch war schon jene Tradition von einem qualitativen Unterschied zwischen »herrschaftlicher« und »genossenschaftlicher« Sozialstruktur (Vierkandt 1895) ausgegangen, der im angelsächsischen Evolutionismus (Maine

1861; MORGAN 1877) mit den lateinischen Wörtern *societas* und *civitas* benannt wurde. In jener herrsche, so PROUDHON (1886), die Reziprozität, in dieser die Ausbeutung. Den Übergang wertete OPPENHEIMER (1929) als »Weltenwende«, die das »eiserne Zeitalter« der Menschheit einleitete.

Nach den Forschungen der kulturhistorischen Ethnologie war dieser Übergang alles andere als deutlich markiert. LOWIE (1927) sah schon in den Altersklassen, Geheimbünden und Titelgesellschaften keimhafte Formen des Staates; J. LIPS sprach von »gesellschaftlicher Schichtung« schon auf der Stufe der Erntevölker (1929) und THURNWALD hielt entweder die »innere Staffelung« oder die »ethnische Schichtung« für die Voraussetzung staatlicher Entwicklung. Die neuere Ethnologie entdeckte weitere Zwischenformen: SOUTHALL (1956) fand »segmentäre Staaten« und FORTES und EVANS-PRITCHARD wiesen in ihrer exemplarischen Aufsatzsammlung »African Political Systems« (1940) auf die Schwierigkeiten der Schichtparameter hin: Unterschiede des Ranges oder des beruflichen Ansehens bestünden oft unabhängig von Unterschieden des Reichtums. In diesem Sinne spricht Lucy MAIR (1977) von »minimaler« oder »diffuser« Regierung als häufigster Form in Afrika. Auch die Zwischenform der »Ranggesellschaft«, die FRIED (1977) zwischen egalitäre und geschichtete Gesellschaft schob, ist nur ein Notbehelf für den Ethnographen, dem die politische Struktur seines »Feldes« oft lange verborgen bleibt. Ihr »Latenzcharakter« ist nach STAGL (1983) dafür verantwortlich, daß außereuropäische Gesellschaften bald gewaltfrei paradiesisch, bald barbarisch grausam geschildert würden.

Das ethnologische Bemühen um die Innenperspektive geschichteter Gesellschaften führte schon früh zu Einsichten, die zu erlauben schienen, auch nicht-egalitäre Sozialordnungen dem Gemeinschaftsmodell zuzuordnen. Abhängigkeit und Macht wurden dem Forscher als heilige Ordnung erklärt; eine strenge Kastengesellschaft sei im Einklang mit der Weltordnung, ja müsse diese abbilden. Solche Interpretationen eines pansakralen Lebensgefühls hatte FRAZER im »Goldenen Zweig« (1890) gesammelt und in der expressionistischen Ethnologie des Leo FROBENIUS wurden sie zu einer Theorie des Heiligen Königtums stilisiert. Danach hat der Priesterkönig mehr gesegnet als regiert, seine Erlasse waren Kulthandlungen, seine Hauptaufgabe das Schenken von Fruchtbarkeit, z. B. im »heiligen Beilager«. Auch vollzog er das Werden und Sterben der Nutzpflanzen am eigenen Leib: FROBENIUS' »Mondkönige« opferten sich willig. Erst im Zuge der Verweltlichung ließen sich Ungleichheit und Herrschaft feststellen, z. B. wenn an die Stelle der Sippenhäupter fremde Berater träten.

HABERLAND (1964) betonte die Komplementarität der Gesellschaftsschichten im altafrikanischen Staat: im Unterschied zur segmentären Gesellschaft, die nur Freunde und Feinde kenne, habe die Konzeption des Heiligen Königtums ein Miteinander von Ungleichen erlaubt. Gerade ganz Oben und ganz Unten, König und Paria träfen sich in ihrer gemeinsamen Begabung zur »Bewältigung des Außergewöhnlichen«. Ihre Symbiose werde auch mythologisch begründet, indem der vom Himmel gefallene Gottkönig zuerst von den Ureinwohnern entdeckt und aufgenommen worden sei. Diese erschienen

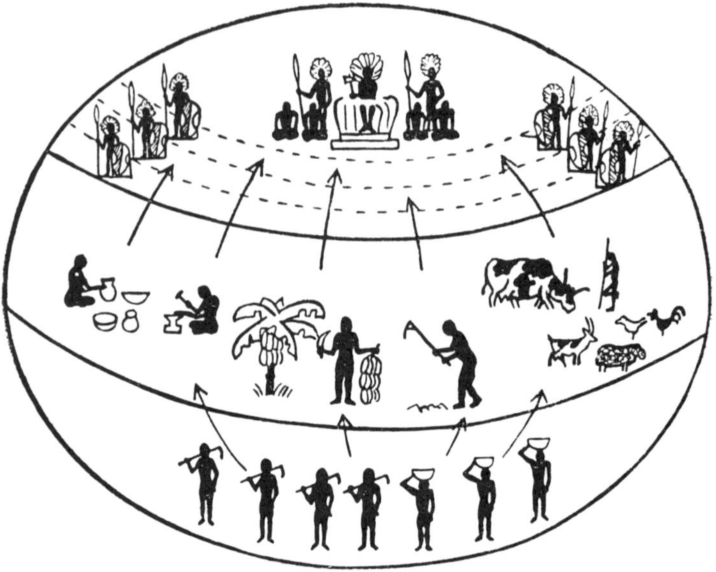

Schematische Darstellung eines sozial geschichteten tyrannisch organisierten Hirten – Feldbauer – Jäger – Gemeinwesens (nach Thurnwald)

dann später als Parias, aber mit besonderen Aufgaben betraut in unmittelbarer Nähe zum Herrscher. Organizistische Deutungen gesellschaftlicher Ungleichheit können von »Staatsgläubigkeit« beim Informanten wie beim Autor zeugen (BALANDIER 1967). Vergleichbare Gewichtungen der »oppositionellen Interdependenz« (THIEL 1983) finden sich auch in der Soziologie: Nach FREYER erwuchs »alle Genossenschaft und gesicherte Freiheit im Rahmen der Herrschaft« (1955), und DURKHEIM hatte erst in der geschichteten Gesellschaft die »organische Solidarität« gefunden. Schließlich arbeitete auch der ethnologische Strukturfunktionalismus, der die herrschaftsfreie Gesellschaft entdeckt hatte, mit der Vorstellung eines »Equilibriums« aus Macht und Verantwortung (MAIR 1977).

Die antagonistische Deutung gesellschaftlicher Ungleichheit, wie sie bei GUMPLOWICZ (1905) oder OPPENHEIMER (1907), aber auch schon in der Antike und bei IBN KHALDUN vorkam, fand in Gestalt der sogenannten Überlagerungstheorie in der kulturhistorischen Ethnologie viele Befürworter. RATZEL hielt die Figur »Bewegung gegen Boden« für ein universales Gesetz, und aus allen Erdteilen wurden gewaltsame Überschichtungen von Bauernvölkern durch Jäger, Hirten oder Seevölker berichtet. Die ethnische Schichtung – nach SELIGMAN (1930) und BAUMANN (1934) auch das Grundgesetz der afrikanischen Geschichte – gehe allmählich in eine soziale über, und dieses »politische Gefüge« (THURNWALD), in dem sich der »Sadismus« der Überlagerer mit dem »Masochismus« der Überlagerten (RÜSTOW 1950) paare, sei der erste Schritt zum Staat. Die Kastenordnungen der frühen Reiche kündeten noch von der interethnischen Genese, so auch das von W. H. R. RIVERS (1924) untersuchte, berühmteste Beispiel Indien. Nach dieser ursprünglich nur aus vier *varna* (den Priestern, Kriegern, Händlern und Dienern) bestehenden Schichtung wurden auch die Eigenschaften der Kaste allgemein festgelegt: Binnenheirat, Berufsbindung, hierarchische Anordnung, Trennung durch Meidungsgebote (Unreinheit).

Eine andere sehr alte Theorie der frühen Gesellschaftsschichtung ist mit dem Begriff der »Orientalischen Despotie« (MONTESQUIEU 1748; HEGEL 1807) verbunden, der Karl MARX zu seinen Überlegungen über die »Asiatische Produktionsweise« anregte und in den Studien WITTFOGELS über China (1931, 1957) seine weiteste Ausdeutung erfuhr. MURDOCK (1959) und COQUERY-VIDROVITCH (1969) glaubten aufgrund unterschiedlicher Kriterien einen Sondertypus der »Afrikanischen Despotie« erkannt zu haben. All diesen Modellen vom außereuropäischen Staat eignet aber die Vorstellung von halbautonomen Dorf- oder Stammesgesellschaften, auf die sich eine Beamtenhierarchie mit einem gottgleichen Herrscher an der Spitze gesetzt hat. Im Extremfall kann sich die Spannung zwischen den beiden ungleichen Partnern bis zur »allgemeinen Sklaverei« (MARX) verschärfen; WITTFOGEL bezeichnete die Prostration als typische Verkehrsform zwischen den Rängen und das Eunuchentum als verläßlichsten Teil der Beamtenschaft. Im Rahmen einer marxistischen Ethnologie wurde auch versucht, die Verfügungsgewalt über Frauen und Prestigegüter in einfachen Gesellschaften als Klassengegensatz zu deuten (TERRAY 1969; REY 1976), weil Alte und Junge in einer Gerontokratie Ungleiches (nämlich Botmäßigkeit gegen Frauen) tauschten. Die Spannungen zwischen Geschlechtern und Generationen als »elementare Formen des Klassenkampfes« (BASTIDE 1971) machten aber die analytische Trennung von Kasten, Ständen und Klassen nicht überflüssig. Erstere sind, nach BALANDIER, religiös definiert, die Stände eher beruflich und mit Klasse wird eine bestimmte Stellung im Produktionsprozeß bezeichnet.

In der Nachfolge von WEBER und THURNWALD hat sich vor allem MÜHLMANN um geschichtete Verhältnisse bemüht. Wie WEBER sieht er die Entwicklung zur gleichrechtlichen Gesellschaft als westlichen Sonderweg an, der mit der rituellen Gleichstellung aller im abendländischen Christentum eingeleitet worden sei. Überall sonst in der Welt herrschten ethnisch, gentil oder kastenmäßig organisierte »Lasten- und Privilegienverbände« vor, d. h. Gesellschaften mit Sonderrechten oder mehrfach gestaffelte »interethnische Gefälle«. Für MÜHLMANN gibt es darum keine »Naturvölker«, nur Rückzugsvölker am Rande der dominanten interethnischen oder »altständischen« Abhängigkeiten, gebildet von Oberschichtkulturen (»Hochkultur«) und entsprechend ressentimentgespeisten Unterschichtkulturen (»Katakombenreligion«, »Nativismus«, »arktische Hysterie«). Ihre Charakteristika und ihr Verhältnis zueinander hätten sich erst im Laufe des ungleichen Dialogs entwickelt (»komplementäre Schismogenese«). Zwischen Adel und

Hörigen bewegen sich – in dem von Mühlmann (1938) untersuchten Beispiel von Tahiti – Freie, die mit ihren Volksversammlungen noch am ehesten jenem genossenschaftlichen Ideal der segmentären Theorie entsprechen. Diese selbst wurde auch innerhalb der britischen *Social Anthropology* seit den 50er Jahren demontiert, zunächst von den Allianztheoretikern, dann von den Transaktionalisten (Kuper 1983; Boissevain 1978). Gellner (1981) entdeckte am Beispiel der muslimischen Gesellschaft die politische Oszillation, das Schwanken zwischen egalitären und zentralistischen Tendenzen, das vom Streben nach Dominanz und den dadurch hervorgerufenen Rebellionen in Gang gehalten wird.

→ Alter, → Arbeit, → Bund, → Charisma, → Evolution, → Hirten, → Körperschaft, → Komplexe Gesellschaft, → Krieg, → Netzwerk, → Priester und Prophet, → Recht, → Segmentäre Gesellschaft, → Sozialanthropologie, → Staat, → Wanderung, → Wirtschaft

Balandier, G., Politische Anthropologie. München 1972 (orig. franz. Paris 1967) – Dumont, L., Homo hierarchicus. Paris 1966 – Fage, J.D. States and Subjects in Subsaharan African History. Johannesburg 1974 – Fried, M., The Evolution of Political Society. New York 1967 – Hutton, J.H., Caste in India. London 1963 – Lenski, G., Power and Privilege. New York 1966 (dtsch. Frankfurt 1973) – Mühlmann, W.E., Staatsbildung und Amphiktyonien in Polynesien. Stuttgart 1938 – Rey, P.P., Les alliances de classes. Paris 1976 – Sigrist, Ch., Regulierte Anarchie. Olten/Freiburg 1967 – Terray, E., Zur politischen Ökonomie der »primitiven« Gesellschaften. Frankfurt 1974 (orig. franz. Paris 1969)

Bernhard Streck

Schmuck Die in den Begriff eingegangene ästhetische Wertung ist unverkennbar (vgl. das Adjektiv »schmuck« oder »geschmückt«). In der älteren ethnologischen Literatur zu diesem Thema liest man bisweilen gar von »Unschmuck«, eine Bezeichnung für all das, was nicht dem ästhetischen Empfinden des beobachtenden Europäers entsprach. Darüber, was in der modernen Ethnologie als Schmuck zu gelten hat, entscheidet letztlich der sich Schmückende. Der Begriff umfaßt somit alle Ergebnisse jener Bestrebungen, die das Erscheinungsbild eines Individuums in – seiner Meinung nach – vorteilhafter Weise verändern.

Das Bemalen des Körpers oder einzelner Teile, die Anbringung von Mustern auf der Haut mit Hilfe von Stempeln, das Auflegen von Schönheitspflästerchen und das Tatauieren können unter der Bezeichnung *Epithelschmuck* zusammengefaßt werden, wozu auch das Bemalen oder das Lackieren der Finger- und Zehennägel gehört (Schier 1983).

Gezielt herbeigeführte *Körperdeformationen* sind gleichfalls als Schmuckelemente zu werten, denn ihr Fehlen wird in manchen Kulturen als unästhetisch empfunden. Als Beispiele seien hier die Anbringung von Schmucknarben im Nil-Sudan, das Zuschleifen der Zähne im alten Mesoamerika, Formen der Beschneidung, das einstmals in China geübte Verkrüppeln der Füße von Mädchen oder die in einigen Kulturen Afrikas übliche Schädeldeformation genannt.

Im Gegensatz zum sogenannten beweglichen Schmuck steht jener Zierat, dessen Anbringung eine Deformation des Körpers voraussetzt oder bewirkt. Nasen-, Lippen- und Ohrpflöcke fallen ebenso in diese Kategorie wie die Holzscheiben, die man einsetzt, um die Lippen zu vergrößern (Vira, Suri/Ostafrika) oder die durchbohrten Ohrläppchen zu erweitern (Maassai/Ostafrika). Auch die Metallspiralen, durch deren Anbringung bei manchen afrikanischen und südasiatischen Völkern der Hals in unnatürlicher Weise gestreckt wird, oder Arme und Beine in ihrem natürlichen Wachstum behindert werden, sind dem *körperdeformierenden Schmuck* zuzuzählen. Konsequenterweise müssen wir auch die uns vertrauten Ohrringe und -gehänge sowie den z. B. in Teilen der islamischen Welt gebräuchlichen Nasenring dazurechnen, weil deren Anbringung eine Perforierung des Ohres oder eines Nasenflügels notwendig macht. Sie können aber auch der folgenden Kategorie zugeordnet werden.

Der *bewegliche Schmuck* läßt sich zunächst nach seiner Tragweite systematisieren. Zum Kopfschmuck zählen außer Stirnbinden, Diademen und sonstigem Stirnzierat auch im Haar befestigte Gegenstände wie Federn, Schleifen, Haarpfeile und Kämme. Die Haartracht selbst befriedigt ein Schmuckbedürfnis. Das Anbringen beweglichen Schmuckes am Kopf erfordert sehr häufig kleinere Körperdeformationen (s. o.) wie die Durchbohrung der Wangen oder Ohrläppchen. Neben Hals (Halsbänder) und Brust (Ketten und daran befestigter

Federkrone (nördliches Brasilien)

Zierat) schmückt man bisweilen auch den Nacken – etwa durch die ornamental ausgestalteten Gegengewichte von Kolliers (Ägypten). Beweglicher Rükkenschmuck, dem seine Träger sehr häufig eine besonders starke amuletthafte Bedeutung zuschreiben, läßt sich beispielsweise bei den mittelasiatischen Turkmenen beobachten. Bevorzugt geschmückt werden die Hüften, wobei den hierzu verwendeten Gegenständen (ebenso wie dem Gürtel) die Aufgabe zufällt, die sexuelle Anziehungskraft zu erhöhen. Das gleiche gilt wohl auch für die ornamentierten Penishüllen in Schwarzafrika und Melanesien. Als Beispiel für Gesäßschmuck sei hier nur auf die schön verzierten Sitzbretter der ostafrikanischen Kuria hingewiesen, die keinerlei praktische Funktion mehr haben, und auf die gleichfalls in Afrika getragenen Tierschwänze. Oberarmspangen, die den Eindruck der Muskulösität erwecken sollen, Armreifen oder -spangen und Fingerringe sind nahezu weltweit verbreitet. Auch Beinreifen und Zehenringe dienen in vielen Kulturen der Körperzier.

Elsy Leuzinger unterteilt den beweglichen Schmuck in folgende Kategorien: Behangschmuck (z.B. Ketten samt den daran befestigten Anhängern), Bandschmuck (z. B. Stirnbänder, Gürtel), Ring- bzw. Spangenschmuck (Diademe, Fingerringe, Fußreifen) und Einsteckschmuck (z. B. Zierkämme, Haarpfeile, Federn). Soweit man letzteren nicht im Haar oder in der Kleidung befestigt, erfordert seine Anbringung meist eine Körperdeformation (Durchbohrung).

Auch die Kleidung, der ja selbst häufig ein über das Praktische hinausgehender ästhetischer Wert zukommt, dient als Träger von Zierat. Ursprünglich funktional bedingte Bestandteile, wie etwa Knöpfe und Gürtel, werden häufig kunstvoll gestaltet. Darüber hinaus eignet sich die Kleidung vorzüglich zur Anbringung von Einsteckschmuck (Fibeln, Broschen, Hutnadeln).

Sehr weit verbreitet ist die schmuckartige Verwendung alltäglicher Gebrauchsgegenstände. Nubische Frauen tragen zu diesem Zweck kosmetische Bestecke, die zugleich als Amulette dienen. Der kostbare Siegelring des Orientalen, der reichverzierte Dolch des Jemeniten, die massive Uhrkette des europäischen Bürgers und die moderne Armbanduhr gehören in die gleiche Kategorie. In gewisser Beziehung zählt dazu auch die ungeheuer große Gruppe der Amulette, die negative Einflüsse jeglicher Art abwehren und die die Hilfe positiver überirdischer Mächte gewährleisten sollen. Amulette tendieren dazu, sich zu Schmuckstücken zu wandeln; die ästhetische Komponente tritt immer mehr in den Vordergrund. Andererseits gibt es nur wenige Schmuckstücke in traditionellen Gesellschaften, die nicht in der einen oder anderen Form amuletthaften Charakter hätten. Dies macht es in der Praxis oft unmöglich, eine strenge Unterscheidung zwischen beidem zu treffen.

Schmuckstücke und deren Trageweise sind – auch für den Ethnologen im Feld – oft die wichtigsten Indikatoren für die ethnische, kulturelle und religiöse Zugehörigkeit sowie für die soziale und wirtschaftliche Stellung dessen, der sich ihrer bedient. Da auch in archäologischen Befunden oft Schmuckstücke zutage treten, bieten Formen und regionale Verbreitung wichtige Hinweise auf kulturhistorische Zusammenhänge. In den meisten Kulturen ist der Schmuck geschlechtsspezifisch, und es kann außerdem zwischen dem Alltagsschmuck und jenen Schmuckstücken unterschieden werden, die man nur zu besonderen Anlässen trägt. Als Zeichen der Trauer wird er oft ganz abgelegt, oder man ersetzt einzelne Stücke durch andere. Die im Zusammenhang mit der Systematisierung von Schmuck oft geübte Aufzählung der Fertigungsmaterialien kann hier entfallen, weil es weltweit betrachtet kaum Materialien gibt, deren man sich nicht bedient hätte.

→ Arbeit, → Diffusion, → Geschlecht, → Handwerk, → Haus, → Kleidung, → Körperveränderung, → Kommunikation, → Kunst, → Magie, → Prestige, → Spiel, → Symbol, → Tanz, → Technologie, → Tod

Haberlandt, M., Völkerschmuck. Wien/Leipzig 1906 – Herion, P., Schmücken, ein Urtrieb der Völker. Königsbach 1985 – Hoffmann, E./Treide, B., Schmuck früher Kulturen und ferner Völker. Stuttgart 1976 – Leuzinger, E., Wesen und Form des Schmuckes afrikanischer Völker. Zürich 1950 – Selenka, E., Der

Schmuck des Menschen. Berlin 1900 – SEMPER, G., Über die formelle Gesetzmäßigkeit des Schmuckes und dessen Bedeutung als Kunstsymbol. Zürich 1856

Peter W. Schienerl

Segmentäre Gesellschaft Der Begriff segmentäre Gesellschaft ist im Rahmen der strukturfunktionalen Analyse entstanden und bezeichnet eine bestimmte politische Organisationsform von Gesellschaften ohne Staat oder Zentralinstanz, in denen die Abstammungsgruppen das dominierende Ordnungsprinzip abgeben. Buchtitel wie »Tribes Without Rulers« (MIDDLETON/TAIT 1958) oder »Regulierte Anarchie« (SIGRIST 1967) verweisen auf das Hauptcharakteristikum segmentärer Gesellschaften: das Fehlen von Herrschaft. Damit erklärt sich auch das große wissenschaftliche und politische Interesse, das diese Gesellschaften seit ihrer »Entdeckung« in den 30er Jahren erfahren haben. Ihre Erforschung durch die britische Sozialanthropologie hat gezeigt, daß Herrschaftslosigkeit nicht nur in kleinen Wildbeutergruppen möglich ist, sondern auch in großen Stammesgesellschaften, in denen sich mehrere zehntausend Menschen ohne Zentralgewalt zu politischem Handeln vereinen können. Zu den bekanntesten Beispielen zählen die Nuer und Dinka in Ost-, die Tallensi und Tiv in West- und die Beduinen der Cyrenaika in Nordafrika.

Der Evolutionismus hatte Herrschaft mit gesellschaftlicher Ordnung überhaupt gleichgesetzt und Herrschaftslosigkeit auf die »Urvölker« beschränkt, die noch »an der Nabelschnur des naturwüchsigen Gemeinwesens« hängen (MARX/ENGELS). Max WEBER schrieb dazu: »Eine nur durch die gedankenlose, oder irgendwelche unbestimmten Folgen von Neuerungen scheuende, Innehaltung des faktisch Gewohnten regulierte Anarchie kann fast als der Normalzustand primitiver Gemeinschaften angesehen werden« (1921).

Daß gerade britische Ethnologen die Struktur und Funktionsweise »regulierter Anarchien« erforschten, erklärt sich nicht zuletzt durch den langen und hartnäckigen Widerstand solcher Völker gegen die Unterwerfung durch die britische Kolonialmacht und gegen die anschließende Kontrolle. Die Suche nach dem Verantwortlichen, auf den eine Politik der »indirekten Herrschaft« hinsichtlich Steuer, Rechtsprechung und Verwaltung angewiesen war, blieb erfolglos. Ebenso irritierte die Art des Widerstands gegen die militärische Übermacht: »gezieltes Ausweichen ohne Unterwerfung« (JOHNSON 1982). Die Kolonialverwaltung sah sich veranlaßt, die soziale Organisation dieser unregierbaren Völker ethnologisch, d. h. »von Innen her«, untersuchen zu lassen.

Als Ergebnis dieser Feldforschungen erschienen 1940 zwei bedeutende Werke: »African Political Systems« (FORTES/EVANS-PRITCHARD) und EVANS-PRITCHARDS erstes Buch über die Nuer. In ersterem werden zwei Grundtypen afrikanischer Stammesgesellschaften dargestellt: die ohne Zentralinstanzen (»akephale Gesellschaften«) und die mit staatlicher Organisation. Zur Charakterisierung der akephalen Gesellschaften übernahmen FORTES und EVANS-PRITCHARD den Begriff *segmentäre Gesellschaft* von DURKHEIM. In »De la division du travail social« (1902) hatte dieser die Ansicht entwickelt, es gäbe in »primitiven Gesellschaften« Serien gleichartiger Lokalgruppen und diese Einheiten und ihre Mitglieder seien wechselseitig austauschbar. Die Gruppen könnten sich aufteilen *(segmentieren),* ohne Form oder Funktion zu verlieren. Die Solidarität gründe sich auf die Anerkennung gegenseitiger Ähnlichkeit und erfolge »mechanisch«, während das Solidaritätsgefühl der Mitglieder von arbeitsteilig differenzierten Gesellschaften »organisch« auf gegenseitige Abhängigkeit gegründet sei.

Im Gegensatz zum afrikanischen Staat, dessen Bestand von einem »Gleichgewicht« aus Macht und Herrschaft einerseits, Verpflichtung und Verantwortung andererseits abhinge, sehen FORTES und EVANS-PRITCHARD in der segmentären Gesellschaft eine andere Form »gesellschaftlichen Gleichgewichts«. Es bestehe zwischen einer Anzahl von *Segmenten,* die politisch gleichrangig und gleichartig unterteilt seien und sich über Solidaritätsverpflichtungen innerhalb unilinearer Abstammungsgruppen erhielten.

Das segmentäre Funktionsmodell hat EVANS-PRITCHARD am Beispiel der nilotischen Nuer beschrieben. Die Ebenen politischen Handelns sind Territorialsegmente: Dörfer gruppieren sich zu tertiären Stammessegmenten, die sich zu sekundären und primären Segmenten verbinden können. Mehrere primäre Segmente bilden einen Stamm, die größte politische Einheit der Nuer. Von den zwischen 5000 und 40 000 Mitglieder umfassenden Nuer-Stämmen verfügt jeder über ein eigenes Territorium und ist mit Feldern, Weiden, Wasserstellen und Fischfanggründen ökonomisch unabhängig. Der Stamm bildet eine rechtliche Einheit; er umfaßt das größte Gebiet, innerhalb dessen Fehden durch Schlichtung beigelegt werden können und das im Kampf nach außen zusammenhält. Der Stamm ist jedoch keine Einheit »an sich«; diese stellt sich nur her in Opposition zu anderen Stämmen; seine Einheit ist also relativ. Das gleiche gilt für die territorialen Segmente eines Stammes: Die Zugehörigkeit zu einem Segment ist nur durch die Nichtzugehörigkeit zu anderen Segmenten derselben Ordnung (Primär-, Sekundär- oder Tertiärsektion) definiert. Daher können die Beziehungen zwischen politischen Gruppen nur *situational* bestimmt werden. Dies geschieht häufig bei Kämpfen um Weideland und Wasserstellen in einem ökologischen Umfeld äußerst knapper Ressourcen oder auch bei Raub- und Rachezügen gegen Nachbarvölker. So wird ein Konflikt zwischen zwei Tertiärsektionen auf der nächst höheren Ebene, der der Sekundärsektion, aufgehoben, sobald diese in Opposition zu einer anderen Sekundärsektion gerät.

SAHLINS (1961) interpretierte das Nuer-Modell dahingehend, daß sich Segmente überhaupt nur durch äußere Umstände bildeten. Sobald die Konfliktsituation verschwinde, hörten die Segmente auf zu handeln. Ein Segment könne nie »allein«, immer nur »dagegen« stehen. Dieses dynamische Verhältnis von gegenseitiger Ausschließung und Ergänzung, von sozialer Integration und Opposition hatten EVANS-PRITCHARD und FORTES »komplementäre Opposition« genannt.

Der Kern von EVANS-PRITCHARDS Funktionsmodell der Nuer-Gesellschaft ist das *segmentäre Lineage-System. Lineage* bezeichnet eine unilineare Abstammungsgruppe, die allein über den rechtlichen Status eines Individuums entscheidet. Dies hebt die Lineage-Zugehörigkeit aus dem Geflecht anderer, in Begriffen der Verwandtschaft oder Nachbarschaft ausgedrückten Beziehungen heraus. Bei den Nuer ist die Lineage patrilinear; der Einzelne gehört ihr an, weil Vater und Großvater ihr schon angehörten. Söhne eines gemeinsamen Vaters gründen Segmente; dieser Abspaltungsprozeß *(fission)* ist aber nur in entsprechenden Situationen real, denn in bezug auf andere Lineages oder deren Segmente bilden sie wiederum eine Einheit *(fusion)*. Je nach Bedarf wird diese bis zum gemeinsamen Ahnherrn, dem Lineage-Gründer, beschworen und durch Mythos und Ritus erneuert.

Symmetrische Opposition jeweils gleichstarker Gruppen kann auch in anderen sozialen Zusammenhängen beobachtet werden: »strategische Gruppen« in komplexen Gesellschaften, ethnische Rivalitäten, konkurrierende Hierarchien, regionale und nationale Identifikationen. In gewissem Sinn gilt

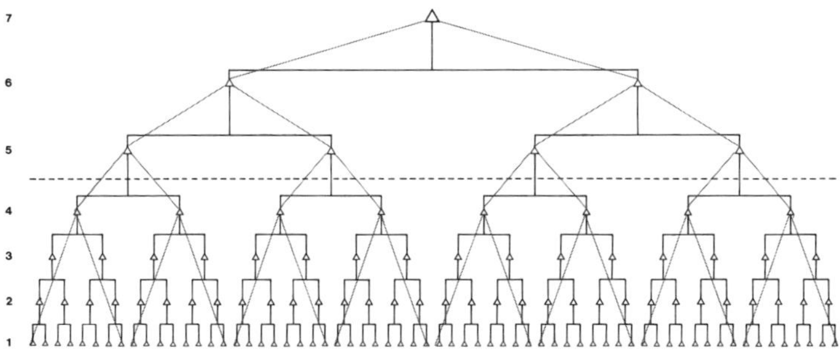

Vereinfachtes Schema eines patrilinearen Lineage-Systems; 1–4: Lebende Generationen

das beduinische Sprichwort: »Ich gegen meinen Bruder; ich und mein Bruder gegen meinen Vetter; ich, mein Bruder und mein Vetter gegen die Welt!« weltweit. Eine Gesellschaft ist jedoch nur dann segmentär zu nennen, wenn ihre politische Organisation durch das segmentäre Lineage-System reguliert wird.

Über die Grade sozialer Ungleichheit und die Formen politischer Einflußmöglichkeiten in segmentären Gesellschaften gehen die Meinungen in der Ethnologie auseinander. Innerhalb der Sozialeinheiten herrscht das Prinzip der Seniorität: jeder etwas ältere ist dem etwas jüngeren gegenüber weisungsbefugt. Die alten Männer sitzen den Verhandlungen vor, jüngere werden allenfalls angehört. Diese Benachteiligung gleicht sich jedoch im Generationenwechsel aus, und die Tendenz zur Gerontokratie ist manchmal durch ein System der Altersklassen aufgefangen, in dem die militärische oder auch politische Macht jüngeren Gruppen zufällt. Die Akkumulation von Reichtum ist aufgrund der einfachen Technologie und prekären Ökonomie höchstens temporär möglich, und ein mit Sanktionen verknüpfter Teilungszwang wirkt dem Ausbau ökonomischer Macht – z. B. seitens sogenannter *big men* (STAGL 1971) – entgegen. Die untergeordnete Rolle der Frauen in großen Bereichen des öffentlichen Lebens ist offensichtlich; sie sind aber dort durch die männlichen Vertreter ihrer eigenen, der Lineage ihrer Ehemänner fremden Lineage vertreten. Nur alte Frauen können im rituellen Bereich erhebliches Prestige erlangen. Die Bedeutung der Frauen als der eigentlichen Trägerinnen der durch Heirat entstandenen Allianzen zwischen den Abstammungsgruppen und ihre in polygynen Gesellschaften häufige Rolle als »Angelpunkte« der Segmentation (zwischen den eigenen Söhnen und denen der Nebenfrauen) wurden in den Ethnographien jedoch oft unterschätzt (SOUTHALL 1952; HUBER 1984). Die wichtigsten personalen Instanzen in segmentären Gesellschaften sind Priester und andere Ritualexperten. Zwar sind ihr Einfluß und Prestige oft erheblich, doch unterliegen ihre Befähigungen ständigem Erfolgszwang, der sie mehreren Amtskonkurrenten und im Extremfall der Verurteilung durch die eigenen Anhänger aussetzt. Auf der politischen Ebene fungieren sie ausschließlich als Vermittler.

Von den vielen Einwänden gegen das Konzept der segmentären Gesellschaft (KARP/MAYNARD 1983) seien hier nur wenige angeführt: SAHLINS (1961) meinte, nur die Gesellschaften der Tiv und Nuer könnten als segmentär bezeichnet werden, weil allein hier die Möglichkeit zu ständiger Expansion und damit die einigende Kraft äußerer Feinde gegeben sei. Andere Autoren wie GOUGH (1971) oder BARNES (1972) betonten, daß die territoriale Dimension nicht einfach im Schatten der Abstammungsidee stehe, sondern daß aus nachbarschaftlichen Beziehungen entstehende Solidaritätsverpflichtungen genauso bindend sein könnten. PETERS (1967) vermutete, daß die Lineage-Theorie für die Akteure ein »kognitive Krücke« sei, eine Art Rechtfertigung ihrer realen Beziehungen, und HOLY (1979) argwöhnte sogar, daß das »agnatische Dogma« vor allem bei strukturfunktionalistischen Anthropologen tief verankert sei. FORTES hielt diesen Einwänden noch 1979 entgegen, daß Verwandtschaft in einer Gesellschaft eine ebensolche Vertrauensgrundlage bieten könne wie eine politisch-rechtliche Ordnung.

→ Ahnen, → Alter, → Geburt, → Geschlecht, → Heirat, → Identität, → Institution, → Körperschaft, → Komplexe Gesellschaft, → Krieg, → Nachbarschaft, → Netzwerk, → Prestige, → Priester und Prophet, → Recht, → Ritual, → Schichtung, → Sozialanthropologie, → Staat, → Struktur, → Tausch, → Verwandtschaft, → Wir-Gruppe, → Wildbeuter

EVANS-PRITCHARD, E. E., The Nuer. Oxford 1940 – FORTES, M./EVANS-PRITCHARD, E. E. (Hrsg.), African Political Systems. Oxford 1940 – HOLY, L., Segmentary Lineage Systems Reconsidered. Belfast 1979 – KRAMER, F./SIGRIST, Ch. (Hrsg.), Gesellschaften ohne Staat. 2 Bde., Frankfurt 1978 – MIDDLETON, J./TAIT, D.

(Hrsg.), Tribes without Rulers. London 1958 – Sigrist, Ch., Regulierte Anarchie. Freiburg/Olten 1967

Irene Leverenz

Siedlung Das universale Phänomen, daß Menschen zusammenwohnen *(Koresidenz)*, hat verschiedene Gründe. Dem Menschen als »Gruppenwohner« (Ratzel 1891) eignet ein deutliches Bedürfnis nach Gesellung, die ihm seine Existenz erleichtert oder sichert; sei es, daß er vor den Gefahren der Natur oder vor Seinesgleichen in Gruppensiedlungen Schutz sucht, sei es, daß er auf diese Weise die Anpassung an die natürliche Umwelt und die Ausschöpfung der für das Überleben notwendigen Ressourcen besser bewältigt. Die Form der Siedlung ist sowohl von physischen Gegebenheiten (Geomorphologie, Klima, Vegetation) als auch von kulturellen Faktoren, nämlich der Wirtschaftsweise und sozialen Organisation im weitesten Sinne, abhängig.

»Natürliche Schutzplätze« markierten nach Klaatsch (1920) den Beginn menschlicher Siedlung; die Wohnorte der »Urmenschheit« unterschieden sich von den Ruheplätzen der Tiere noch nicht wesentlich. Im Wandel von zunächst beweglichen und danach immer stabileren Formen spiegele sich entwicklungsgeschichtlich der Übergang der sozialen Verfassungen von der Horde zur Abstammungsgruppe und zum Stamm wieder.

Das evolutionistische Thema der Integration und Differenzierung (Spencer) auch in der Siedlungsgeschichte klingt noch bei Thurnwald (1931/32) an, wenn er von der »primitivsten Wohnstätte«, dem Familienhaus, ausgehend die Formen besonderer Häuser für Familienverbände, Versammlungen, Kultzwecke etc. »reicheren Kulturen« zuordnet. Thurnwald hebt aber auch die Bedeutung ethnischer Überlieferung hervor, welche die Siedlungsgestalt bestimme und unter gleichen physischen Bedingungen verschiedene Arten des Wohnens und Siedelns hervorbringe. Sie könne den Charakter einer Gesellschaft sichern und damit u. a. ihre Tradition im Sinne kultureller Zusammengehörigkeit gewährleisten. Veränderungen der Siedlungsverhältnisse führt Thurnwald auf exogene Einflüsse wie das Auftauchen neuer oder das Verschwinden traditioneller Baumaterialien, Anpassungen an neue Verhältnisse, Schutzmaßnahmen vor Angriffen etc. zurück. Er betont, wie sehr die Anlage einer Siedlung den »politischen und gesellschaftlichen Bau« einer Bevölkerung wiederspiegele. Die Formen der Koresidenz unterscheiden sich, je nachdem, ob gleiche oder verschiedene verwandtschaftliche oder ethnische Gruppen zusammenleben oder ob es sich um die gemischten Wohngebiete in modernen Gesellschaften handelt. Thurnwald lieferte eine beispielhafte Siedlungsbeschreibung und eine Analyse der in den Wohnverhältnissen zum Ausdruck kommenden sozialen Beziehungen für Bánaro, eine Gemeinde von vier Dörfern am Töpferfluß im Innern Neuguineas (1921).

Auch andere frühe Ethnographen maßen den Siedlungsgewohnheiten und -verhältnissen der von ihnen beschriebenen Ethnien eine große Bedeutung zu. Kraemer (1919) z. B. stellte in seinen Ergebnissen der deutschen Südsee-Expedition 1908–10 für die Dörfer auf Palau eine Teilung der Siedlungsanlage in zwei Hälften *(moieties)* vor, die auf totemistische Vorstellungen zurückgehen soll. SCHACHTZABEL konzentrierte sich in seiner Untersuchung der Siedlungsverhältnisse der »Bantu-Neger« vor allem auf die Morphologie der Hausformen und ihrer Erweiterung zu Gehöftformationen (1911). TESSMANN (1913) geht in seiner Darstellung der Pangwe im südlichen Kamerun auf die Voraussetzungen der Dorfentstehung ein, indem er die spezifischen Wanderbewegungen untersucht und neben der reinen Beschreibung der Dorfanlagen auf Zusammenhänge mit sozialen und politischen Organisationsformen (Sippenexogamie, Akephalie und Herrschaftsbildung) verweist.

Vergleichende Untersuchungen historischer und gegenwärtiger Siedlungsbeispiele wurden in der *Kultur- und Siedlungsgeographie* angestellt. RICHTHOFEN (1908) entwickelte unter dem Begriffspaar »bodenvag – bodenständig« Kategorien zur Kennzeichnung von Siedlungsarten nach dem Grad der Mobilität ihrer Bewohner: Die bodenvage Siedlungsweise sei als »Naturform« zu begreifen, die keine Umgestaltung des Naturrahmens erfordere, wohingegen die bodenständige »Kulturform« Eingriffe in die natürliche Umgebung mit sich bringe. MÜLLER-WILLE (1954) koordiniert Typen der Siedlungsart, gemessen an der Dauer der Anwesenheit von Siedlern, mit Typen der Wohnfolge, der sozialen Einheiten und ihrer Wirtschaftsweise. SCHWARZ (1959) erweitert dieses siedlungsgeographische Klassifikationsschema systematisch um Faktoren der sozial-kulturellen Differenzierung, die gerade für die ethnologische Forschung von erheblicher Bedeutung sind. Es reicht von den flüchtigen Niederlassungen der Wildbeuter (Lagerplätze) über die saisonalen Wohnorte der Hirten und Wanderfeldbauer bis zu den permanenten Siedlungen der entwickelteren Agrargesellschaften.

In seiner Arbeit über Gabsongkeg, ein Dorf in Neuguinea, stellt FISCHER (1975) das Zusammenwirken von Siedlungsart, Verwandtschaft und Rechtsverhältnissen in einer Gesellschaft vor. Die Fragestellung zeigt, wie in der Ethnologie vorgegebene geographische Bedingungen und räumliche Gliederung Anlaß zu weiteren Untersuchungen sind, nämlich wie die Bewohner diese Umwelt für sich gliedern und inwiefern diese gebaute und organisierte Umwelt sozialen Konzeptionen und Beziehungen entspricht. Beispielhaft war MALINOWSKI den verschiedenen Aspekten möglicher Analogien von Siedlungsmuster und Gesellschaftsorganisation in jedem Band seiner Trobriand-Trilogie nachgegangen.

Im ersten Band (1922), der den rituellen Gütertausch des *Kula* behandelt, ist das Dorf mit seinem zentralen Platz, dem Ring von Vorratshäusern und dem dahinter liegenden Ring von Wohnhäusern in erster Linie der ruhende Ort, von dem aus die Übersee-Expeditionen organisiert werden, an den die Reisenden zurückkehren oder wo fremde Expeditionen empfangen werden. Im zweiten Band (1927), der Darstellung des Geschlechtslebens der Trobriander, stellt MALINOWSKI die Dorfanlage als Bühne der auf Liebe und Sexualität sowie der auf Ehe und Familie bezogenen Handlungen vor. Die konzentrisch angeordneten Bereiche werden nun entsprechend der Geschlechtertrennung gezeigt: Der Platz im Zentrum gehört den Männern, der Straßenring den

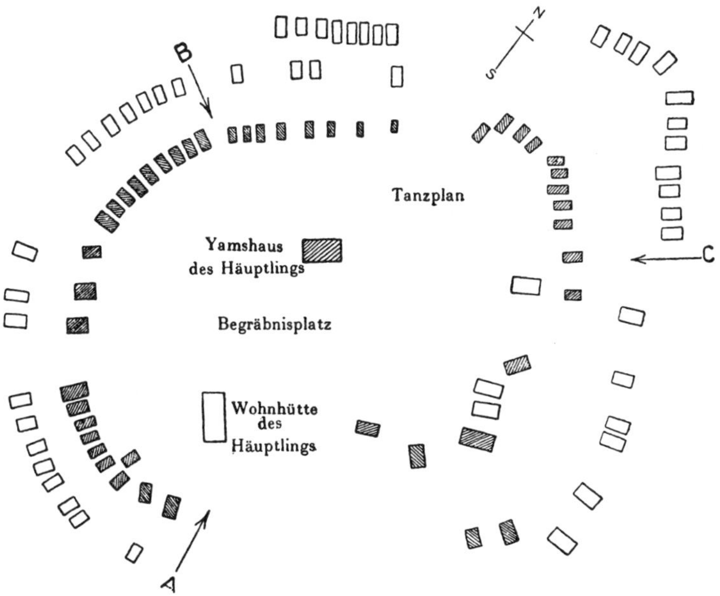

Plan des Trobriander-Dorfes Omarakana (nach Malinowski); A–B: Hütten der Häuptlingsfrauen; B–C: Wohnbereich von nicht mit dem Häuptling verwandten Personen; C–A: Hütten der matrilinearen Verwandten des Häuptlings

Frauen, Kindern und den Familien. Im dritten Band (1935) der Trilogie, der dem Gartenbau gewidmet ist, werden dem zentralen Platz weitere Funktionen zugeordnet: Alle gemeinschaftlichen Feste, besonders diejenigen, bei denen man Gaben verteilt oder zur Schau stellt, haben hier ihren Ort. Die Abgaben an geernteten Gartenfrüchten richten sich nach Abstammungsregeln und Wohnfolgeordnung, die sich wiederum im Bodenrecht niederschlagen. Die Siedlungsverhältnisse der Trobriander sind nur ein Aspekt eines vielgestaltigen Komplexes.

Unter anderem im Rückgriff auf Malinowski verglich Lévi-Strauss (1958) Variationen des weitverbreiteten *dualistischen* Siedlungsmusters. Dieses kann *konzentrisch* (in einer Ordnung von innen nach außen, vom Zentrum zur Peripherie) oder *diametral* (aus gegenüberliegenden Hälften, in einer Ordnung von oben nach unten, flußaufwärts und flußabwärts angeordet) sein. Lévi-Strauss sieht die Morphologie der Siedlung im Verhältnis zur Struktur der Gesellschaft: Der diametrale Dualismus sei statisch, da er mittels symmetrischer Reziprozität sich selbst erhalte. Im konzentrischen Dualismus stecke dagegen eine Dynamik, da dort ungleiche Gegensätze wie männlich-weiblich, heilig-profan, außen-innen sich gegenüberstünden, die nicht austauschbar seien und asymmetrische Verhältnisse darstellten.

Vergleichende ethnologische Untersuchungen nur zum Thema Siedlung sind relativ selten; meist konzentrieren sich die Studien auf regionale wirtschaftliche Muster, wie z. B. die Arbeiten von MALINOWSKI, VON DE LA FUENTE (1959) in Mexiko sowie von FOGG (1942), BENET (1957) und TROIN (1975) in Marokko zeigen. Durch mobile Händler in einer Markteinheit zusammengefaßte Orte werden in erster Linie in ihrer Funktion als Marktorte und nach dem Grad ihrer Zentralität oder Abhängigkeit beschrieben.

Von diesem traditionellen Stadtmodell, mit dem Markt und anderen öffentlichen Einrichtungen im Zentrum, unterscheiden sich neuzeitliche Urbanisierungsprozesse erheblich: Die explosionsartige Wachstumsgeschwindigkeit brachte einerseits jene »ins Maßlose übersteigerte Version des Gartenstadtkonzeptes« (SCHULTZ 1983), wie sie für den kolonialen und postkolonialen Städtebau typisch ist, andrerseits riesige Vorstädte aus unkontrollierten »Spontansiedlungen« (ROBERTSON 1975), innerhalb derer aber auch schon »neue Dörfer in den Städten« beobachtet wurden. Die damit verbundenen Lebensbedingungen, denen bald die Mehrheit der Weltbevölkerung unterworfen sein wird, stellt die Ethnologie vor Probleme, die nur im interdisziplinären Verbund mit Soziologen, Ökonomen, Geographen, Stadtplanern und Architekten (RAPOPORT 1976; OLIVER 1969) angegangen werden können.

→ Evolution, → Fest, → Geschlecht, → Haus, → Institution, → Kommunikation, → Komplexe Gesellschaft, → Kulturökologie, → Nachbarschaft, → Schichtung, → Sozialanthropologie, → Stadt, → Struktur, → Verwandtschaft, → Weltbild, → Wirtschaft

ATTESLANDER, P./HAMM, B. (Hrsg.), Materialien zur Siedlungssoziologie. Köln 1974 – FISCHER, H., Gabsongkeg. Verwandtschaft, Siedlung und Landbesitz in einem Dorf in Neuguinea. München 1975 – FORDE, C. D., Habitat, Economy and Society. London 1934 – MÜLLER-WILLE, W., Arten der menschlichen Siedlung. Bremen 1954 – SCHWARZ, G., Allgemeine Siedlungsgeographie. Berlin 1959 – THURNWALD, R., Die Gemeinde der Bánaro. Stuttgart 1921

Gennaro Ghirardelli

Sozialanthropologie »Die Wissenschaft vom Menschen als Mitglied einer Gesellschaft« ist heute ein weithin anerkanntes Etikett der Ethnologie, auch wenn der Blick auf die »natürlichen« Gesellungsregeln, der zunächst mit Sozialanthropologie gemeint war, an Bedeutung verloren hat oder – wie die »Soziobiologische Debatte« (CAPLAN 1978) zeigt – wieder umstritten ist. Ohne Rücksicht auf die Begriffsgeschichte wird Sozialanthropologie heute vielfach als Übersetzung der englischen *Social Anthropology* gebraucht, die jenseits des Kanals den auf DURKHEIM aufbauenden Strukturfunktionalismus und die aus ihm hervorgegangenen Richtungen meint. Daneben bedient sich die philosophische Anthropologie (GADAMER/VOGLER 1972) des Begriffs, der dann eine sozialwissenschaftliche Ausrichtung kennzeichnet, in der demographische, sozialgeographische bis zu ökologischen Fragestellungen aufgehoben sein können.

Die erste Sozialanthropologie, von der sich die junge Universitätsdiziplin Ethnologie erst noch emanzipieren mußte (FIEDERMUTZ-LAUN 1970), war *sozialdarwinistisch*, d. h. sie sah die von DARWIN entdeckten Entwicklungsgesetze des Naturreiches – vor allem das Prinzip der Auslese – auch in der Menschheitsgeschichte wirksam. In diesem Sinne deuteten SPENCER (ab 1863) und GALTON (1869) die Klassenkämpfe und Kolonialkriege ihrer Zeit und hielten eine »naturgegebene« Ungleichheit den politischen Gleichheitsforderungen der demokratischen Bewegung entgegen. Sozialanthropologisch gesehen war Gesellschaft ein Feld unterschiedlicher Begabungen und unterschiedlicher Fortpflanzungsraten; je nach Einschätzung der natürlichen Selbstregulierung fielen die Schlußfolgerungen entweder liberalistisch oder interventionistisch *(eugenisch, rassenhygienisch)* aus, die in den verschiedenen Ländern gezogen wurden: in Frankreich von DE LAPOUGE (1896, 1899), in England von PEARSON (1893), in den USA von SUMNER, JAMES, GIDDINGS, GLOSSON, GRANT, in Italien von NICEFORO, in Deutschland von AMMON (1893, 1895), WOLTMANN (1899, 1903), PLOETZ (1895, 1904), SCHALLMAYER (1903) und E. FISCHER (1910).

Die Forschungsergebnisse dieser Sozialanthropologie – etwa Korrelationen zwischen Erbmerkmalen und sozialem Status, Intelligenz oder Rückständigkeit, Pauperismus, Immoralität, Asozialität und Kriminalität – hatten wenig Einfluß auf die Ethnologie; man findet BASTIAN und später THURNWALD eher auf der Seite jener Soziologen (TÖNNIES, M. WEBER, WARD u. a.), die gegen eine Naturalisierung gesellschaftlicher Zustände und Werte argumentierten. Dennoch flossen viele Grundannahmen der frühen Sozialanthropologie, vor allem ihrer *organizistischen* Richtung, in die Ethnologie mit ein. Die Vorstellung von der Gesellschaft als einem sozialen Körper, in dem jeder, ob oben oder unten, seinen festen Platz und seine sinnvolle Aufgabe hat, war im romantischen Volksbegriff (HERDER) begründet und von den »volkstümlerischen« Soziologen wie v. RIEHL (1851) oder SCHÄFFLE (1875–78) ausgebaut worden. Sie richteten ihr Augenmerk auf die sich entwickelnde Industriegesellschaft mit all ihren Spannungen; um wie viel besser mußte sich der Gesellschaftskörper als Modell in einer Wissenschaft bewähren, die sich kleine, einfache, überschaubare »Naturvölker« zum Gegenstand erwählt hatte.

DURKHEIM (1895) nannte die Solidarität in einfachen Gesellschaften »mechanisch«, im Unterschied zur »organischen Solidarität« der arbeitsteiligen Industriegesellschaft. Diese mechanische Regelhaftigkeit ist später zum Erkenntnisinteresse der britischen Sozialanthropologie geworden; deswegen verglich man ihre Stammesmonographien – die in der Ethnologie neue Maßstäbe setzten – auch schon mit Betriebsanleitungen oder Schaltplänen. Die *Social Anthropology* hatte sich nach dem Ersten Weltkrieg in Abgrenzung zur Museumsethnologie *(Ethnology)*, zur Kulturgeschichte *(»Armchair Anthropology«)*, zur rassistischen Anthropologie (HUNT u. a.), zum Evolutionismus

(SPENCER) und zum Psychologismus (TYLOR, RIVERS u. a.) entwickelt, baute aber sehr deutlich auf der britischen Rechtsschule (MAINE 1862) auf. Sie verstand sich als vergleichende Soziologie und empirische Wissenschaft, die auf historische Rekonstruktionen verzichtete und ihre Gesellschaftsanalysen an naturwissenschaftlichen Objektivitätskriterien maß. Im Unterschied zur älteren Praxis, in der der Ethnograph Rohdaten beschaffte, die der Ethnologe theoriebildend auswertete, hatte der neue Feldforscher sowohl Beobachtung wie auch Schlußfolgerung zu liefern. Doch war letztere durch DURKHEIMS Theorie der regelhaften Sozialbeziehungen und der kollektiven Repräsentation als objektive Tatsachen verbindlich vorgegeben und in MAUSS' Tauschtheorie (1923/24) überzeugend vorexerziert worden.

Die von MALINOWSKI und RADCLIFFE-BROWN mit unterschiedlicher Gewichtung ausgebaute *Social Anthropology* trat mit Sendungsbewußsein auf und ihr Absolutheitsanspruch zeitigte deswegen in England einen so durchschlagenden Erfolg, weil dort keine Soziologie ihr den Gegenstand streitig machte, die Verwaltungen des riesigen Kolonialreiches aber an sozialwissenschaftlichen Hilfestellungen lebhaftes Interesse hatten. RADCLIFFE-BROWN trug die neue Idee der synchronen Strukturanalyse ins Ausland, nach Kapstadt, Sydney, Chicago und São Paulo. Auch MALINOWSKI lehrte ab 1938 in Chicago und Yale und glaubte, in der strukturfunktionalistischen Ethnologie eine Sozialtechnik auch zur vernünftigen Steuerung des weltweiten sozialen Wandels anbieten zu können (1929, 1945). Zu Beginn der 50er Jahre war die britische Sozialanthropologie auf ihrem Höhepunkt (RADCLIFFE-BROWN 1952; NADEL 1950, 1957); bald jedoch wurde massive Kritik laut (LEACH 1961; JARVIE 1964) und verschiedene Eigenentwicklungen sprengten den von EVANS-PRITCHARD und FORTES noch lange verkörperten Schulzwang (KUPER 1973).

Heute hat, dem Altmeister FIRTH (1975) zufolge, das Paradigma der *Social Anthropology* von *Funktion* über *Struktur* und *Prozeß* zum *Symbol* gewechselt; es koexistieren unter dem alten Dach ethnohistorische (EVANS-PRITCHARD 1949; BARNES 1954; JAMES 1978), strukturalistische (LEACH 1954; NEEDHAM 1962), transaktionalistische (VAN VELSEN 1964; HOLY 1979) und – in der Nachfolge der berühmten Manchester-Schule von GLUCKMAN (1955, 1962) – entwicklungssoziologische Richtungen (BANTON 1957; LITTLE 1974), die anstelle der frühzeitlichen Inselkulturen komplexe Gesellschaften (EPSTEIN 1958; MITCHELL 1969; SOUTHALL 1973) oder Teile davon (LITTLE 1947; HENRIQUES 1953; PITT-RIVERS 1954) studieren.

In der deutschen Völkerkunde entspricht der britischen Sozialanthropologie am ehesten die von THURNWALD (1931) begründete Ethnosoziologie, obwohl für sie der *Prozeß* immer wichtiger war als die *Struktur* und eine geschichtslose Funktionsbestimmung gar nicht erst versucht wurde. Dasselbe gilt für die deutschen »Funktionalisten« KRAUSE (1923, 1929) oder MILKE (1935, 1938), die sich explizit gegen die »teleologischen Zauberformeln« des DURKHEIMschen Regelmodells wandten und das Studium der Nichtübereinstimmungen und Unverträglichkeiten zwischen Kulturelementen für interessanter hielten. Ein deutscher Ethnograph, der der britischen Gesellschaftsanalyse aber am nächsten kam und dort trotz seiner germanisierenden Sprache (Evans-Pritchard: *»a social mystic«*) auch zur Kenntnis genommen wurde, war der von der hiesigen Schuldisziplin gemiedene Missionar Gutmann. Er schließt einerseits an die oben angesprochene alte Sozialanthropologie – vor allem an ihren harmonistischen Zweig (v. Riehl) – an, war aber besonders vom neoidealistischen Vitalismus (Bergson 1889; Driesch 1905; J. v. Uexküll 1920), der Psychologie Wundts und Kruegers und der deutschen Soziologie (Tönnies, Simmel) beeinflußt. Von den Gründervätern der Ethnologie scheint er lediglich Schurtz verarbeitet zu haben; doch nicht diese Randständigkeit, sondern seine Kritik an dem positivistischen Fragebogen der deutschen Rechtsethnologen (Kohler 1897; Schultz-Ewerth/Adam 1929) führte wohl zu seiner Ächtung durch die Zunft (Winter 1979).

Gutmann fand im Verlauf seiner 30jährigen Feldforschung am Kilimandjaro ein triadisches Fundament der menschlichen Gemeinschaft: Verwandtschaft (Blut) – Nachbarschaft (Boden) – Kameradschaft (Alter). Die Beziehungen der drei Dimensionen werden aber nicht wie bei Durkheim von sozialer Kontrolle garantiert, sondern aus »Organinstinkten« gespeist, die den egoistischen Trieben der Menschen entgegenstünden. Anders als im britischen Strukturfunktionalismus lautet das Funktionsprinzip der einfachen Gesellschaft nicht »Gleichheit und Gegenseitigkeit«, sondern »Gliedlichkeit«, d. h. sich zueinanderfügende Ungleichheit. Diese Komplementarität aus Verantwortung und Willen zur Unterordnung wird konstituiert von den »Zugverbänden« einer Senioritätsgesellschaft. Die innere Gliederung des Gesellschaftskörpers findet sich wieder im Totemismus, in dem Teile der prinzipiell feindlichen Umwelt »einverleibt« werden, vorzugsweise als »Blutbund«. Kultur ist bei Gutmann darum Stiftung von Sicherheit durch Einteilung der Welt in Freund und Feind; »Todesfurcht« und »Lebensangst« sind die treibenden Kräfte des gesellschaftlichen Bindungswesens.

Gutmann war praktizierender Ethnologe: die urtümlichen Bindungen der Stammesgesellschaft sollten direkt in den Aufbau der Volkskirchen transponiert werden. Die Dschagga-Kirche von Moshi oder die lutherische Gemeinde von Tetschen-Bodenbach in Böhmen waren Sozialexperimente, wie sie zu Beginn des 20. Jahrhunderts häufig versucht wurden – vor allem in Deutschland (Hertzka 1890; Oppenheimer 1896 u. a.). Zur neuromantischen Suche des »Dritten Wegs« gehörten auch die ethnologischen Entdeckungen einer Seelenverwandtschaft mit den »unsträflichen Äthiopen« in Frobenius' Expressionismus oder mit den »Dichtern und Denkern der Dschagga« in Gutmanns Vitalismus. Wenn im Umfeld des britischen Strukturfunktionalismus ebenfalls Identifizierungen vorgenommen wurden zwischen anarchistischen Idealen und der Selbstverwaltung segmentärer Gesellschaften (Sigrist 1967; Kramer/Sigrist 1978), zeigt das eine gewisse Gemeinsamkeit der beiden ungleichen Sozialanthropologien. Ob Maschine oder Pflanze Modell standen, ob »Normenkonformität« oder »Sittenreinheit« bevorzugt wurden, beide Konzepte zielten auf geschlossene Gesellschaften, deren innerer Konsens sich am besten mit Sprichwörtern und Lehrsätzen beschreiben läßt – als Anthropologie der Rechtschaffenen.

→ Angewandte Ethnologie, → Bund, → Feldforschung, → Identität, → Institution, → Körperschaft, → Komplexe Gesellschaft, → Nachbarschaft, → Netzwerk, → Recht, → Segmentäre Gesellschaft, → Struktur, → Symbol, → Tausch, → Verwandtschaft, → Wir-Gruppe

Firth, R., An Appraisal of Modern Social Anthropology. Annual Review of Anthropology, 1975 – Fischer, E., Die Sozialanthropologie und ihre Bedeutung für den Staat. Leipzig 1911. – Gutmann, B., Das Recht der Dschagga. München 1926. – Kuper, A., Anthropologists and Anthropology. London 1973 – Lienhardt, G., Social Anthropology. Oxford 1964 – Nadel, S. F., The Foundations of Social Anthropology. London 1951 – Piddington, R., An Introduction to Social Anthropology. London 1950/57 – Radcliffe-Brown, A. R., Structur and Function in Primitive Society. London 1952 – Winter, J. C., Bruno Gutmann 1876–1966. A German Approach to Social Anthropology. Oxford 1979

Bernhard Streck

Spiel Das Spiel als unmittelbar zweckfreie, lustbetonte Tätigkeit gehört zu den universellen Ausdrucksformen des Menschen und findet sich daher in allen menschlichen Gesellschaften. Doch auch Tiere spielen (Groos 1896; Bally 1945), so z. B. Kolkraben, Turmfalken oder Finken, vor allem aber höhere Säugetiere, die zumindest in ihrer Jugend viel lernen müssen und dafür mit einer »artspezifischen Neugier« ausgestattet sind. Sie suchen daher aus eigenem Antrieb neue Situationen auf, um in ihnen neue Verhaltensweisen zu erproben. Bally weist darauf hin, daß sich das Spiel junger Tiere im »entspannten Feld« der Fürsorge und Aufsicht ihrer Eltern vollzieht, also in einer Situation, in der sie dem »Ernst des Lebens«, der Sorge für Nahrung und Sicherheit, noch nicht ausgesetzt sind.

»Das Tier arbeitet«, bemerkte schon Schiller in seinen Briefen über die ästhetische Erziehung des Menschen, »wenn ein Mangel die Triebfeder seiner Tätigkeit ist, und es spielt, wenn der Reichtum an Kraft diese Triebfeder ist.« Eibl-Eibesfeldt (1967) beschreibt als typische Tierspiele Kampf-, Jagd- und Bewegungsspiele sowie das Experimentieren mit Objekten. Als wesentlich neues Element beim Menschen erwähnt er das konstruktive Spielen und die Fähigkeit, ohne unmittelbares Objekt, allein in der Phantasie zu spielen.

Die Spiele der Menschen wurden von Groos (1899), Buytendijk (1934), Huizinga (1938), Bally (1945), Allemann (1951), Jünger (1953) und Caillois (1960) zum Teil vergleichend dargestellt. Für die ethnologische Diskussion haben vor allem die Arbeiten von Huizinga und Caillois Bedeutung erlangt.

Als wichtigste Spielkriterien führt Huizinga das freie Handeln an, das sich im Vergnügen am Spiel dokumentiert, daneben das Bewußtsein, daß das Spiel nicht Wirklichkeit, sondern Imagination sei, drittens die zeitliche und räumliche Abgeschlossenheit, die es vom alltäglichen Leben trennt, und viertens seine Wiederholbarkeit. Für wichtig hält er auch, daß sich mit dem Spiel kein materielles Interesse verbindet, daß es sein Ziel in sich selber trägt und daß es von einem Gefühl der Spannung und

Freude begleitet wird. Unter Berufung auf kulturmorphologische Gedankengänge, die Leo FROBENIUS in seiner »Kulturgeschichte Afrikas« (1933) entwickelt hat, stellt HUIZINGA in »Homo Ludens« (1938) auch den Kult als Spiel dar, als dramatische Darstellung dessen, was JENSEN »Urzeitgeschehen« nennt. So ließen sich archaische Rituale (Initiationen, Neujahrsfeiern, Ernte- und Opferfeste) als Spiele beschreiben, welche die Ausgelassenheit des Festes mit dem »heiligen Ernst« religiöser Ergriffenheit verbinden.

HUIZINGAS These vom »Ursprung der Kultur im Spiel«, die insbesondere bei Kulturhistorikern wie JENSEN und P.W. SCHMIDT (1950) auf sehr fruchtbaren Boden gefallen ist, mag zwar einer begriffskritischen Untersuchung in manchen Punkten nicht standhalten (HARMS 1969), sie enthält aber doch eine Fülle von bedenkenswerten Überlegungen, die bis auf den heutigen Tag ihre Gültigkeit bewahrt haben. Während HUIZINGA das »agonale Prinzip«, das die abendländische Kultur geprägt habe, in den Vordergrund seiner Überlegungen stellt, weist CAILLOIS in seinem Buch »Die Spiele und die Menschen« (1960) nach, daß auch ganz andere Spieltypen als prägende Elemente einer Kultur auftreten können. Als Grundkategorien, in denen der Charakter der jeweiligen Spielhandlung sich fassen läßt, schlägt er neben dem Wettstreit *(agōn)* die Glücksspiele vor *(alea)*, in denen sich der Spieler dem Zufall unterwirft, ferner die Maskenspiele *(mimicry)*, die dem Spieler die Illusion der Verwandlung schenken, und die Rauschspiele *(illinx)*, in denen er sich ekstatischen Ausnahmezuständen hingibt.

Die Bedeutung des Spiels für verschiedene Kulturen wird in der ethnologischen Literatur sehr unterschiedlich bewertet. Von der Auffassung, Indianerkinder beispielsweise spielten so gut wie gar nicht, weil sie schon in ganz jungen Jahren zur ernsten Arbeit der Erwachsenen herangezogen würden, bis zur Behauptung, auf Samoa werde selbst das, was anderenorts als Arbeit gelte, als unterhaltsames Gesellschaftsspiel betrachtet, reichen die schriftlichen Zeugnisse zu diesem Thema. Die Grenzen zwischen Arbeit und Spiel, Sport und Unterhaltung sind in nichtindustriellen Gesellschaften selten eindeutig gezogen. Die Jagd beispielsweise kann Arbeit, Spiel, Sport und Unterhaltung sein, aber auch in der modernen

Bido-bido-Spiel (Neuguinea)

Gesellschaft ist etwa das Fußballspiel, die Theateraufführung oder das Musizieren den Akteuren Arbeit, dem Publikum Spiel. Nicht die Tätigkeit als solche erlaubt die Einordnung in eine bestimmte Kategorie, sondern das Bewußtsein des Tätigen, sein Standort (vor oder hinter dem Vorhang, in der Arena oder auf der Tribüne).

Vom einfachen Bewegungsspiel (Hüpfen, Rollen, Sich Drehen) über stärker strukturierte Such-, Fang- oder Tanzspiele bis zu kultisch bedeutsamen Zeremonien, in denen Requisiten und Rollen, Spielraum und Spielzeit aufs genaueste vorgeschrieben sind, reicht das Spektrum dessen, was sich als Spiel begreifen läßt. Kulturhistoriker sehen in vielen Spielen, die heute nur der Unterhaltung dienen, Relikte früherer Kultspiele, deren tieferer Sinn verloren gegangen sei (z. B. beim Fadenspiel, verschiedenen Brett- und Würfelspielen, bei Reigen-, Rätsel- oder Abzählspiel). Gut nachweisbar sind solche Zusammenhänge bei den Ballspielen altamerikanischer Indianervölker, die, heute als Sport betrieben, einst auf den Ballspielplätzen in den religiösen Zentren im Rahmen der Ernte- und Neujahrsfeste den Kampf zwischen Licht und Finsternis symbolisierten. Auch das Schattentheater Indonesiens, heute reines Schauspiel, war früher religiös motivierter Ahnendienst.

Unabhängig vom Ursprung eines Spieles läßt sich seine Funktion in der Gesellschaft betrachten. Kinderspiele dienen u. a. der Einübung von Tätigkeiten und Rollen, deren Beherrschung später von erwachsenen Mitgliedern einer Gesellschaft erwartet wird. Sie sind ein wichtiges Mittel der Sozialisation (Entwicklung von Rangordnungen, Aggressionskontrolle, Konfliktbewältigung) und – ebenso wie die Spiele der Erwachsenen – Vehikel der Selbstdarstellung von Untergruppen der Gesellschaft (Geschlechtergruppen, Altersgruppen, Verwandtschaftsgruppen). Kampfspiele zwischen rivalisierenden Gruppen können dazu beitragen, kriegerische Konflikte zu vermeiden, Rangstreitigkeiten auf friedlichem Wege zu entscheiden und letztlich das Zusammengehörigkeitsgefühl der Gegner zu stärken. Ritualisierter Vergeudungswettbewerb wie das Potlatch der Nordwestküsten-Indianer Nordamerikas, die Schimpf- und Spottduelle der Eskimo oder die ritualisierte Scherzbeziehung zwischen Verwandten bestimmter Kategorien *(joking relationship)* enthalten zahlreiche Spielelemente, auch wenn sie im engeren Sinne nicht zu den Spielen zu zählen sind.

Als Spielzeug der Kinder dienen Steine, Stöcke, Muscheln, Nüsse, Melonen, Blätter und Beeren ebenso wie eigens hergestelltes Gerät, das die Waffen, Werkzeuge oder Küchenutensilien der Erwachsenen in Miniatur zeigt. Kinder spielen häufig mit Geräten, die bei den Erwachsenen nicht mehr im Gebrauch sind oder nur noch im Ritual Verwendung finden, etwa mit Blasrohren oder Pfeil und Bogen in Gesellschaften, die schon Feuerwaffen kennen, oder mit Tongeschirr und Holzlöffeln, wo die Mütter längst zu Blech und Plastik übergegangen sind.

Mädchen spielen überall auf der Welt mit Puppen, während Jungen sich eher zu Kampf- und Jagdspielen zusammenfinden. Nicht geschlechtsspezifisch scheint dagegen der Gebrauch von Ball und Kreisel zu sein, die ebenso universell verbreitet sind wie die Puppen. Erwachsene benutzen für Spiel, Sport und Tanz häufig die gleichen Geräte wie zur

Arbeit, nur in leichterer Ausführung, etwa Tanzpaddel, -speere oder -schilde, die keiner ernstlichen Belastung standhalten würden. Ein wesentliches Element des Spiels, das nur vorgegebene »Tun als ob«, offenbart sich darin in gleicher Weise wie im Gebrauch von Masken und Verkleidungen, in der Austragung von Scheinkämpfen oder in jenen dramatischen Spielen von Tod und Wiedergeburt, die im Zentrum traditioneller Initiationen stehen.

→ Ahnen, → Alter, → Arbeit, → Erziehung, → Ekstase, → Fest, → Geschlecht, → Initiation, → Institution, → Kommunikation, → Kunst, → Krieg, → Musik, → Ritual, → Schmuck, → Symbol, → Tanz, → Zeit

Allemann, C., Die Spieltheorien. Menschenspiel und Tierspiel. Zürich 1951 – Bally, G., Vom Ursprung und von den Grenzen der Freiheit. Eine Deutung des Spieles bei Tier und Mensch. Basel 1945 – Buytendijk, F., Wesen und Sinn des Spiels. Das Spiel der Menschen und der Tiere als Erscheinungsform der Lebenstriebe. Berlin 1934 (orig. holl. Amsterdam 1932) – Caillois, R., Die Spiele und die Menschen. Maske und Rausch. Suttgart 1960 (orig. franz. Paris 1958) – Eibl-Eibesfeldt, I., Grundriß der vergleichenden Verhaltensforschung. München 1967 – Groos, K., Die Spiele der Menschen. Jena 1899 – Harms, V., Der Terminus »Spiel« in der Ethnologie. Eine begriffskritische Untersuchung, dargestellt anhand von Berichten über die Kultur der Samoaner. Hamburg 1969 – Huizinga, J., Homo Ludens. Vom Ursprung der Kultur im Spiel. Reinbek 1956 (orig. holl. Haarlem 1938) – Jensen, A. E., Mythos und Kult bei den Naturvölkern. Wiesbaden 1951 – Jünger, G. F., Die Spiele. Ein Schlüssel zu ihrer Bedeutung. Frankfurt 1953 – Nijhuis, T., Afrikanische Kinderspiele. Wuppertal 1981 – Weiler, I., Der Sport bei den Völkern der Alten Welt. Darmstadt 1981

Gisela Maler

Staat Verschiedene Wissenschaften beschäftigen sich mit dem Problem des Staates, insbesondere mit seiner historischen Bedeutung. In der Ethnologie untersucht man primär seine Entstehung sowie seine Strukturen und Funktionen in der außereuropäischen Geschichte. Des weiteren wird versucht, seine wesentlichen Momente zu ergründen. Auch wenn es in den jeweiligen wissenschaftlichen Disziplinen, die sich mit dieser Thematik befassen, keine allgemein anerkannte Definition des Staates gibt, besteht doch weitgehende Einigkeit über den Zeitpunkt seiner Entstehung sowie über eine Anzahl seiner charakteristischen Merkmale. In der Ethnologie und ihren Nachbardisziplinen geht man heute im allgemeinen davon aus, daß der Staat eine historisch späte Erscheinung ist, daß er erstmals vor ca. 5000–6000 Jahren in Südwestasien, Ägypten und im weiteren Verlauf selbständig oder in Kontakt mit primären Staatsformationen in Asien, Europa, Afrika, Amerika sowie in Polynesien entstand. Weiterhin teilt man die Auffassung, daß der Staat eine spezifische Form der gesellschaftlichen Organisation darstellt, daß er Resultat sozialer und historischer Prozesse ist, daß es Gesellschaften ohne Staat gab und heute noch in Resten gibt und vor allem, daß der Staat nicht die einzig mögliche Form sozialer Integration und Ordnung bildet. So kennt man einerseits Gesellschaften mit vagen, nicht permanenten, wenig ausgeprägten und kaum zentralisierten Regierungsformen, in denen die soziale Gewalt nicht konzentriert, sondern diffus distribuiert ist, und andererseits solche mit festen, definierten und ausgedrückten Herrschaftsformen; einige dieser Gesellschaften haben ihre soziale Gewalt im Staat konzentriert. Doch auch in Gesellschaften des ersten Typs können u. U. in Krisensituationen kurzfristig zentralisierte Regierungsformen entstehen, die aber schnell wieder verschwinden oder intern beseitigt werden.

Allgemein anerkannte Charakteristika des Staates sind: ein Herrschaftsgebiet; monopolisierte Formen der Herrschaft und der politischen Gewalt; eine Instanz, die die gesellschaftliche Zentralgewalt repräsentiert (z. B. in Gestalt eines Monarchen, einer lebenden Gottheit etc.); die Delegierung der zentralen Gewalt und Souveränität an untergeordnete Agenturen, d. h. staatliche Institutionen der Macht, des Rechtswesens, der Steuersammlung, des Krieges, der Religion etc.; formale und explizite Beziehungen zwischen Herrschern und Beherrschten; schließlich das Vorhandensein einer übergreifenden nationalen Identität, einer Ideologie der Souveränität, einer Mystik der Macht und der Ehre, eines Kultus und Ritus der Herrschaft etc.

Der Staat wird auch in der Ethnologie allgemein begriffen als eine gesellschaftliche »Unternehmung« zur Kontrolle und Beherrschung des sozialen Ganzen. Die Agenturen und Institutionen der Souveränität sorgen als Träger und Repräsentanten monopolisierter Macht kraft ihrer Autorität sowie durch Anwendung und Androhung von Rechtsgewalt für den inneren Frieden, für Recht und Ordnung. Darüber hinaus obliegt ihnen der militärische Schutz der Integrität des Staatsgebietes, die Bestimmung der Kriterien der Staatsbürgerschaft (durch Geburt oder Residenz im Staatsgebiet) und die Aufrechterhaltung vorteilhafter äußerer Beziehungen.

Wichtige Voraussetzungen für den Staat und seine Entstehung sind ein bestimmter Stand der materiellen Produktion und der gesellschaftlichen Organisation im Ackerbau, Pflanzbau oder in der spezialisierten nomadischen Viehzucht, ferner eine gesellschaftliche Arbeitsteilung mit rudimentärer Spezialisierung, ein entwickelter ökonomischer (und symbolischer) Austausch und ein dauerhaftes Mehrprodukt, das den Unterhalt der sich herausbildenden Herrschaftsinstitutionen gewährleistet. Dies setzt gleichzeitig das Vorhandensein einer genügend großen, sozial integrierten Bevölkerung voraus. Gesellschaften mit intensivem Acker- und Pflanzbau haben in Asien, Afrika und Amerika mehrfach und wiederholt den Staat entwickelt, ebenso die nomadischen Hirtenvölker des eurasischen Steppengürtels (Iraner, Türken und Mongolen).

Diesen Auffassungen, die sich seit dem 18. und 19. Jahrhundert herausbildeten, im Zusammenhang mit den ethnologischen Forschungen verfestigten und in der modernen Forschung allgemein anerkannt sind, wurde z. B. von E. Meyer, P. W. Schmidt und Koppers widersprochen. P. W. Schmidt (1929) glaubte, die Anlagen zum Staat als »etwas über die Familie hinausgehen-

Bronzeplatte mit der Darstellung des Eingangs zum königlichen Palast (Benin)

des« bereits in den »Urkulturen« nachweisen zu können. KOPPERS (1960) bestimmte den Staat als auf territorialer Basis gestaltet, und da im Prinzip jede menschliche Gruppe ein Territorium innehat, das bearbeitet und verteidigt wird, und es in jeder menschlichen Gruppe ein System von Gebräuchen und Rechten gibt, die eine soziale Ordnung ausmachen, sei der Staat in jeder

Gesellschaft, so auch bei »primitiven« Völkern wie Eskimos und Feuerländern, vorhanden.

Die religiösen Grundlagen staatsähnlicher Frühformen erforschte die kulturmorphologische Ethnologie: Eine ihrer Grundthesen ist, daß die staatliche Urform sakral und aus kleinen Bauerngesellschaften hervorgegangen sei, wobei die Priesterhäuptlinge primär den spirituellen Bedürfnissen des agrarischen Weltbildes gedient hätten (FROBENIUS 1931; FRIEDRICH 1939; HABERLAND 1965).

Heutzutage herrscht in der Ethnologie und anderen Disziplinen weitgehende Übereinstimmung darüber, daß eine Gesellschaft, die einen Staat formiert hat, dauerhaft und anerkannt stratifiziert ist und Herrscher und Beherrschte sowie eine Hierarchie der Herrschaft kennt. Differenzen bestehen darüber, ob soziale Strata oder Klassen Voraussetzung oder Resultat der Entstehung des Staates sind und ob der Staat sich notwendigerweise mit der Herausbildung sozialer Klassen formiert. Uneinigkeit herrscht auch bezüglich der sozioökonomischen und politischen Beziehungen der sozialen Strata in den traditionellen Gesellschaften Afrikas, Asiens und Amerikas, die den Staat entwickelt haben, insbesondere darüber, ob diese Beziehungen als Ausbeutungsverhältnisse gelten dürfen. Lucy MAIR (1977) z. B. und andere vertreten die Theorie eines Gleichgewichts (Equilibrium) der gesellschaftlichen Kräfte im Staat auf der Grundlage eines »Gesellschaftsvertrages«. Bei den wesentlichen Staatstheoretikern vom 17. bis 20. Jahrhundert und in der heutigen Ethnologie herrscht die Ansicht vor, daß zwischen Herrschern und Beherrschten asymmetrische Beziehungen der Distribution, Redistribution und des Tausches sowie der politischen Macht und Gewalt bestehen, bedingt durch den Prozeß der dauerhaften sozialen Differenzierung und die Reichtumsunterschiede.

In der amerikanischen Kulturanthropologie führte LOWIE (1927) den Ursprung des Staates auf die Bildung außerverwandtschaftlicher Assoziationen zur Kontrolle und Regulierung praktischer Aufgaben zurück; als Beispiele nannte er die Vereinigungen der Prärie-Indianer für die Bisonjagd und die religiösen Geheimgesellschaften in Afrika, die bestimmte soziale Funktionen erfüllen. Seine Kernthese lautet, daß Assoziationen, die unabhängig von der Verwandtschaftsgruppe und ihrem Gebiet agieren, ein wesentliches Moment in der Entstehung des Staates sind, aber nicht bereits der Staat selbst. Die Assoziationstheorie spielte in der Soziologie des Staates im 20. Jahrhundert eine bedeutende Rolle. LOWIE selbst richtete seine Konzeption, die die endogenen Faktoren der Entstehung des Staates hervorhebt, vor allem gegen die Eroberungs- und Überlagerungstheorie wie sie SPENCER, RATZENHOFER, GUMPLOWICZ, OPPENHEIMER und später (in veränderter Form) THURNWALD und WESTERMANN vertraten. Diese Theorie, zu deren Vorläufern die Thesen IBN KHALDUNS und antiker Autoren zählen, sieht in der Eroberung bäuerlicher Gebiete durch kriegerische Hirtenvölker, die sich dauerhaft als Herren etablierten, die Entstehung des Staates. In jüngerer Zeit hat CARNEIRO (1970) eine neue Eroberungstheorie vorgeschlagen, bei der Bevölkerungsdruck und Ressourcenknappheit im Zentrum stehen. Daß Krieg und Gewalt bei der Formation des Staates in den unterschiedlichen Gesellschaften zuweilen eine bedeutende Rolle gespielt haben, bleibt unbestritten; doch sehr zweifelhaft ist die These der Eroberung als *prima causa* der sozialen Schichtung, Zentralisation und Etablierung zentraler staatlicher Macht.

Die Tatsache, daß eine Reihe von primären Staaten in ariden oder semiariden Gebieten entstanden, führte zu der Theorie, daß künstliche Bewässerung in großem Maßstab staatliche Integration und Leistung gleichsam notwendig hervorbringe. Diese Theorie und die der *managerial role* des Staates wurden vor allem von STEWARD (1955) und WITTFOGEL (1957) vertreten und in den 70er Jahren (TÖKEI 1969; STRECK/ZITELMANN 1979) erneut aufgegriffen. Doch lokale Gemeinschaften unterhielten Bewässerungsanlagen lange vor der Formation des Staates und viele Gesellschaften entwickelten den Staat, ohne daß der Zentralinstanz die Wasserkontrolle oblag. In der chinesischen Geschichte übernahmen die Agenturen des Staates erst lange nach seiner Etablierung die Regulierung und Kontrolle der Bewässerungskanäle (CLAESSEN 1978).

Die wesentlichsten neueren Beiträge zur Theorie des Staates und seiner Entstehung stammen vor allem von KRADER, FRIED, SERVICE, COHEN, CLAESSEN, SKALNIK, GOLDMANN, MCADAMS, THAPAR und KHAZANOV.

→ Bund, → Evolution, → Hirten, → Institution, → Körperschaft, → Komplexe Gesellschaft, → Kulturanthropologie, → Kulturökologie, → Krieg, → Recht, → Schichtung, → Segmentäre Gesellschaft, → Stadt, → Wirtschaft

CLAESSEN, H. J. M./SKALNIK, P. (Hrsg.) The Early State. Den Haag 1978; dies., The Study of the State. Den Haag 1981 – COHEN, R./SERVICE, E. (Hrsg.) Origins of the State. Philadelphia 1978 – FORTES, M./EVANS-PRITCHARD, E. E. (Hrsg.) African Political Systems. London 1940 – FRIED, M., The Evolution of Political Society. New York 1967 – KRADER, L., Formation of the State. Englewood Cliffs 1968; ders., A Treatise of Social Labor. Assen 1979 – SERVICE, E. R., Origins of the State and Civilization. New York 1975 (dtsch. Frankfurt 1977)

Klaus Hesse

Stadt Die Ethnologie als Wissenschaft von »anderen Gesellschaften« hat sich lange nicht mit der städtischen Gesellschaft beschäftigt, da sie auch außerhalb der westlichen Zivilisation dieser zu ähnlich erschien. Die seltenen sozialwissenschaftlichen Untersuchungen meist orientalischer Städte – z. B. die Analyse der Gesellschaft von Mekka durch HURGRONJE (1889) – hatten so wenig Einfluß auf die ethnologische Theoriebildung wie die geographischen, historischen oder regionalwissenschaftlichen Forschungen zur nicht-europäischen Stadt.

In den USA, wo sich eine Art *Social Anthropology* aus mehreren Disziplinen herausbildete und wo in den multiethnischen Ballungszentren besondere Konflikte entstanden, setzte das Interesse an einer ethnologischen Stadtforschung zuerst ein. An europäischen Universitäten entwickelten sich vergleichbare Fragestellungen später und dann im Zusammenhang mit aktuellen Fragen des »sozialen Wandels« in den jeweiligen Kolonien, wie z.B. die Arbeiten WILSONS (1941/42) zur Verstädterung im damaligen Nordrhodesien und die von HELLMANN und HUNTER (1934) über Slums in Johannesburg und East London.

Für die Frühzeit der *Urban Anthropology* im anglophonen Raum war die Universität Chicago richtungweisend. Dort hatten COOLEY (1909), PARK und BURGESS (1921) die polaritätische Definition sozialer Gruppen, wie sie TÖNNIES (1887) u. a. formuliert hatten, wieder aufgegriffen und *Primärgruppen* von *Sekundärgruppen* getrennt: in ersteren herrschen persönliche, »von Angesicht zu Angesicht« geltende Beziehungen *(face-to-face-groups)*, wie sie in Verwandtschaft, Nachbarschaft, Stammes- und Dorfgemeinschaft üblich sind; in letzteren gelten »unpersönliche« Beziehungen, die besonders im öffentlichen Bereich den Regeln von gegenseitiger Nichtbeachtung, Nichteinmischung und Distanz folgen. Kennzeichnend für städtisches Leben seien gerade diese unpersönlichen Beziehungen.

Doch viele der Chicagoer Arbeiten sind dem Nachweis der Wirksamkeit *primärer Beziehungen* auch in der Stadt gewidmet. Man fand geradezu das »Dorf in der Stadt« und konnte so guten Gewissens ethnologisch forschen. Die schon von DURKHEIM als wesentlich erkannte Qualität städtischer Gesellschaften – das Zusammenleben von »Fremden« – brachte freilich spezielle Probleme mit sich; die Feldforscher konnten sich nicht »die Stadt« zum Gegenstand wählen, sondern mußten sich auf ausgewählte Gruppen (Nachbarschaften, Ethnien), auf bestimmte Institutionen (Markt, Kirche, Verein) oder typische Erscheinungen (Migration, Ghetto-Bildung, Armut) konzentrieren.

L. LOFFLAND (1983) kritisierte an der Chicagoer Schule (der sie selbst entstammt) die Vernachlässigung des öffentlichen Bereichs, da gerade an der Ausgestaltung und Organisation von Öffentlichkeit der Unterschied zwischen städtischen und nicht-städtischen Gesellschaften deutlich werde. Das hätten Arbeiten außerhalb der Chicago-Tradition gezeigt, vor allem in Regionen mit eigenständiger vorindustrieller und vorkolonialer Stadtgeschichte – z.B. die von GEERTZ (1965) für Indonesien, BARTH (1983) und BUJRA (1968) für Südarabien und MAGOBUNJE (1962) für Westafrika.

Auf der Suche nach einer qualitativen Bestimmung des »Städtischen« verglich REDFIELD (1941) vier unterschiedlich große Gemeinden Mexikos und ordnete deren Eigenschaften auf einem Kontinuum zwischen jenen beiden Polen an, die bei TÖNNIES *Gemeinschaft* und *Gesellschaft* und bei PARK die *heilige* und die *weltliche* Gesellschaft hießen. Je weiter man sich von der Landgemeinde entferne und dem Urbanen sich nähere, um so größer sei die allgemeine Entfremdung und um so stärker sei der Verfall traditioneller Bräuche und Werte zugunsten eines ausgeprägten Individualismus.

REDFIELDS Modell der »bipolaren Moral«, in dem der ländlichen *folk society* alle guten Eigenschaften *(true, stable, human)* zugeordnet wurden und die städtische Massengesellschaft *artificial, corrupt* und *dehumanized* genannt wurde, war Grundlage einer Reihe verifizierender und kritischer Arbeiten: MINER (1953) entdeckte in Timbuktu die gleichzeitige Wirksamkeit beider Wertskalen. O. LEWIS folgte mexikanischen Migranten in die Stadt, um zu testen, ob das städtische Milieu tatsächlich, wie Redfield behauptete, Ursache für den Zusammenbruch traditioneller Werte und familiärer Solidarität sei. Kulturanthropologischen Vorstellungen zufolge, nach denen *Kultur* die Summe aller Haltungen und Werte sowie Bedingung und Ergebnis menschlicher Handlungen ist, mußte Lewis in den lateinamerikanischen Vorstädten eine neue »Kultur« konstatieren, die er *Kultur der Armut* nannte. In den Städten sei das schichtenspezifische Verhalten verschiedenen »Kulturen« zuzuordnen, und so folgten auch die armen Massen der Slums, Squatter- und Elendsquartiere eigenen Wertvorstellungen, die sie zugleich auch gefangen hielten (1959).

Das Konzept von der Kultur der Armut stieß auf heftige Kritik – z. B. in U. Wikans Studie über Arme in Kairo (1976). Diese hätten dieselben Normen, Wertvorstellungen und Konzeptionen wie die Kairiner Mittelständler, allein ihr sozialer, ökonomischer und materieller Handlungsrahmen sei kleiner. Unterschiede im Verhalten, wie z.B. die Dominanz der Frauen und die Respektlosigkeit der Kinder gegenüber dem Vater, führt Wikan – wie vor ihr Valentine (1968) u. a. – nicht auf eine »andere Kultur« zurück, sondern auf Defizite, auf ökonomische Abhängigkeit und Ausbeutung.

Die Untersuchungen über Urbanisierung und *social change* im Rahmen der britischen Sozialanthropologie fragten zunächst nach Verunsicherung der Stabilität ethnischer Gruppen im neuen Milieu. Die Stadt wurde als modernes Handlungsfeld traditioneller Gruppen verstanden; die Einschätzung dieses Widerspruchs reichte von der Behauptung einer fortschreitenden »Detribalisierung« (Wilson 1941) über die Beobachtung, die Migranten würden sich in den Städten als Städter, auf dem Land aber als Stammesgenossen aufführen (Gluckman 1961), bis zur überraschenden Theorie vom »städtischen Tribalismus« (Banton 1957 u. a.).

Generell stehen im Mittelpunkt der britischen Stadt-Ethnologie die Menschen und ihre Handlungen, die Beobachtung von Regelmäßigkeiten des Verhaltens, die Bedeutung von Beziehungen, die für das Verhalten eines Individuums ausschlaggebend sind und das daraus resultierende, unterschiedlichen Situationen angemessene Rollenverhalten – so war das Forschungsinteresse bei Radcliffe-Brown (1952) formuliert worden. Im städtischen Milieu bedeutete »soziale Beziehung« aber mehr: Mitchell (1966) unterschied *persönliche* (oder *egozentrische* bei Southall 1961), *strukturale* und *kategoriale* Beziehungen. Die persönlichen Beziehungen – Gegenstand der modernen *Netzwerkanalysen* – verbinden eng vertraute Personen, seien es Verwandte, Nachbarn oder Freunde, deren gemeinsame Handlungen nicht unbedingt an die Lösung spezieller Aufgaben gebunden ist. Kategorial werden die Beziehungen zwischen Menschen genannt, die einander nicht gut oder gar nicht kennen und in eher oberflächlichem, z. T. gewohnheitsmäßigem Kontakt stehen, wie die Städter, die im öffentlichen Raum aneinander vorbeigehen und sich nur als »Kategorien« wie Rasse, Stamm, Beruf, Religion etc. wahrnehmen. Strukturale Beziehungen sind durch vorgezeichnete Interaktionsmuster charakterisiert; sie werden bei der Organisation von Arbeitsverhältnissen und anläßlich eines institutionell bestimmten Zusammentreffens von einander nicht näher bekannten Menschen wichtig. Ihr Auftreten und ihre Selbstdarstellung ist in gesellschaftlich beschriebene Rollen eingebunden, in denen auch kulturelle Werte zum Ausdruck kommen: Frau sein heißt in Peking sicher etwas anderes als in Salvador da Bahia, jung sein in New York etwas anderes als in Shiraz, und die ethnische Zuordnung ist in Sohar, einer kleinen Küstenstadt mit gemischter Bevölkerung am arabisch-persischen Golf (Barth 1983), von anderer Bedeutung als z. B. in East London, wo die überwiegende Mehrheit der afrikanischen Bewohner zu den Xhosa gehört (Ph. Mayer 1961).

Die drei Typen sozialer Beziehungen schließen sich gegenseitig nicht aus, sondern wirken je nach Situation. So kann die Beziehung zwischen zwei Arbeitskollegen sowohl struktural als auch persönlich sein. Persönliche Beziehungen sind die Grundlage des Privatlebens und werden privat geregelt und kontrolliert; kategoriale und strukturale Beziehungen entstehen im öffentlichen Bereich, der u. a. dadurch gekennzeichnet ist, daß er für Fremde offen steht (Hannerz 1980). Diese Qualität der Stadt bedeutet den schärfsten Gegensatz zu den »geschlossenen« Gesellschaften der traditionellen Ethnologie. Auch wenn einige der anfangs kaum wahrgenommenen außereuropäischen Städte als Asyl und »Schmelztiegel« heute zu gigantischen Konglomeraten angewachsen sind, glaubt die Stadt-Ethnologie durch teilnehmende Beobachtung und historische Perspektive auch künftig mehr als mikrosoziologische Daten liefern zu können.

→ Angewandte Ethnologie, → Arbeit, → Feldforschung, → Fremdwahrnehmung, → Geschlecht, → Handwerk, → Haus, → Institution, → Körperschaft, → Komplexe Gesellschaft, → Kulturanthropologie, → Nachbarschaft, → Netzwerk, → Rasse, → Schichtung, → Siedlung, → Sozialanthropologie, → Staat, → Struktur, → Verwandtschaft, → Wanderung, → Wir-Gruppe

Banton, M., West-African City. London 1957 – Barth, F., Sohar: Culture and Society in an Omani Town. Baltimore/London 1983 – Bujra, A., The Politics of Stratification. Oxford 1971 – Centlivres-Demont, M. (Hrsg.), Die Stadt aus neuer Sicht. Beiträge zur Urban-Ethnologie. Bern 1982 – Ernst, R. (Hrsg.), Stadt in Afrika, Asien und Lateinamerika. Berlin 1984 – Hannerz, U., Exploring the City. New York 1980 – Lewis, O., Five Families: Mexican Case Studies in the Culture of Poverty. New York 1959 – Lloyd, P., Slums of Hope? Shanty Towns of the Third World. Harmondsworth 1979 – Sjoberg, G., The Preindustrial City. Glencoe, Ill. 1960 – Wikan, U., Life among the Poor in Cairo. London 1980 (orig. norw. Oslo 1976)

Annegret Nippa

Struktur Das moderne Gebrauchswort für jede Art von innerer Geordnetheit, die an einem Gegenstand festgestellt oder nur angenommen wird, fand in der Ethnologie, deren Ziel ja wesentlich die Aufdeckung und Analyse von Regelmäßigkeiten im Sinne von Ordnungsmustern ist, eine vielfältige Verwendung. So wird beispielsweise von der Struktur eines Artefakts, einer

Dorfanlage, der Wirtschaft wie der ganzen Gesellschaft, aber auch eines Glaubenssystems oder einer Weltanschauung gesprochen. In einer genaueren Fassung, wie sie etwa in der Linguistik gebräuchlich ist, bezeichnet *Struktur* die Gesamtheit der *Beziehungen*, die die Elemente eines Systems miteinander verbinden. In der Ethnologie wird der so gefaßte Begriff bevorzugt im Bereich der sozialen Beziehungen angewandt – OPPITZ übersetzte Struktur mit »notwendige Beziehungen« (1975). Die Elemente einer solchen »Sozialstruktur« sind jedoch nicht die Individuen, aus denen eine Gesellschaft in physischer Hinsicht besteht.

In jeder Kultur werden Rechte und Pflichten verschiedenster Art in spezifischer Weise zu *Statusrollen* zusammengefaßt und an Positionen in dem Ordnungssystem gebunden, das sich aus den Dimensionen von Geschlecht, Alter, Verwandtschaftsbeziehung und bestimmten anderen, erwerbbaren Qualifikationen aufbaut. Jedes Individuum ist diesen Dimensionen gemäß charakterisiert; die Gesamtheit der Merkmale des jeweiligen *Status* (Rechte und Pflichten) und der dazugehörigen *Rolle* (entsprechende Handlungs- und Verhaltensweisen) machen die *soziale Person* des Individuums aus. Doch ist das Individuum mit dieser sozialen Person nicht identisch, sondern kann mit ihr wie mit einer *Rolle* oder besser einem Repertoire von solchen »umgehen« (NADEL 1957; GOODENOUGH 1965). Auch Gruppen können als Elemente des Gesamtsystems angesehen werden, wenn sie als Körperschaften mit besonderen Rechten und Pflichten ausgestattet sind (KUPER 1982). Die Beziehungen zwischen den Elementen des Systems sind die der Inhaber von Rechten zu denjenigen mit den entsprechenden Pflichten. Die Sozialstruktur besteht also im wesentlichen aus den komplementären Statusrollen und einem Netz von *dyadischen Relationen* (Zweierbeziehungen). Sie manifestiert sich für den Beobachter in ihrem prozeßhaften Ausdruck, d. h. den gleichförmigen Aktionen, die durch diese Beziehung hervorgerufen werden (RADCLIFFE-BROWN 1952).

Hier tritt nun das Problem auf, daß in der Realität sozialer Systeme das Verhalten mit den Normen, die es theoretisch bestimmen, nur sehr unvollkommen übereinstimmt. Manche Autoren haben daher die Vorstellung vom normengeregelten Handeln insgesamt in Frage gestellt und die Regelmäßigkeit der Verhaltensmuster als den »kumulativen Effekt« der Wirkungen und Rückwirkungen zu erklären versucht, der auftritt, sobald die Absichten und Handlungen von Menschen mit denen anderer Menschen vermittelt werden müssen. Die Ordnung in einem so interpretierten System wird nicht mehr als *normativ*, sondern nur noch als *normal* in einem faktischen Sinne verstanden (LEACH 1961; BARTH 1966).

Als »Gesamtheit der Beziehungen« ist der Begriff der Struktur nur abstrakt bestimmt; für die Analyse und vor allem für den Vergleich von Gesellschaften wird er erst verwendbar, wenn das Moment der *Form* hinzutritt, d. h. wenn eine solche Gesamtheit in irgendeiner Weise charakterisiert und von anderen unterschieden werden kann. Eigentümlichkeit hinsichtlich der Form wird darum in dem Begriff meist mitgedacht. Das Formmoment kann sich in dem Terminus auch verselbständigen, so daß die Beziehungen und ihre Gesamtheit eine andere Benennung erfordern *(System)*, oder es wird ein gleichbedeutendes Begriffspaar, *Struktur – Strukturform*, gebildet (RADCLIFFE-BROWN 1956). Wenn man ein Sozialsystem, wie vielfach geschehen, durch das Bild eines biologischen Organismus veranschaulicht, so stellt seine Struktur – oder sein »Aufbau«, wie in der deutschen Sozialanthropologie – den morphologischen Aspekt dar. Allerdings läßt sich dieser nicht klar vom physiologischen trennen, da die sozialen Beziehungen sich in Handlungen und Verhaltensweisen, also etwas bereits Prozeßhaftem, konkretisieren. Die organische Metapher macht auch den Gedanken plausibel, daß ein Sozialsystem »funktioniert« und daß für dieses Funktionieren bestimmte Voraussetzungen erfüllt sein müssen. Alle Aktivitäten der Individuen und Gruppen eines Systems, wie auch alle Wirkungen, die von seinen Institutionen ausgehen, lassen sich dann im Prinzip der Erwägung unterziehen, ob sie diesem Funktionieren zuträglich sind, ihm entgegenwirken oder in dieser Hinsicht neutral sind (RADCLIFFE-BROWN 1952).

Diese soziologischen Funktionsmessungen bleiben allerdings sehr theoretisch, da sich – anders als bei organischen oder gar technischen Systemen – die notwendigen Bedingungen zum Funktionieren eines Sozialsystems nur vage bestimmen lassen (vgl. ABERLE et al. 1950). Behauptungen, eine Aktivität oder Institution habe eine bestimmte »Funktion«, lassen sich daher in aller Regel nicht überprüfen. Noch bedenklicher sind Versuche, die Existenz oder das Fortbestehen einer sozialen Einrichtung teleologisch aus ihrer Funktion, also aus ihren dem Ganzen dienlichen Auswirkungen, zu erklären (DURKHEIM 1895; NADEL 1957; HEMPEL 1959).

Die Strukturanalyse abstrahiert, wie gesagt, die Form von Sozialsystemen und macht diese dadurch miteinander vergleichbar. Strukturen dieser Art – die sich beschreiben und häufig auch in Diagrammen veranschaulichen lassen – sind nicht auf den Bereich der Sozialsysteme beschränkt, sondern können durch ähnliche Abstraktion auch in anderen Bereichen einer Kultur aufgedeckt werden. Dann aber lassen sich auch verschiedene Kulturen in ihren Teilbereichen und im ganzen einem derartigen Vergleich unterziehen. Diese Überzeugung liegt der durch den französischen Ethnologen LÉVI-STRAUSS in den 40er Jahren begründeten Richtung zugrunde; sie hat eine neue Art des globalen Kulturvergleichs inspiriert. Struktur meint hier aber nicht nur die durch die Analyse ermittelten Ordnungsmuster, sondern auch die ordnungsstiftende Funktion selbst, die in der Beschaffenheit des menschlichen Geistes, und letzten Endes des Gehirns, angenommen wird (JENKINS 1979). Der Begriff stellt in dieser Richtung der Ethnologie, die darum zu Recht *Strukturalismus* heißt, eine schon metaphysische, keine nur sozialwissenschaftliche Kategorie dar.

Verwandte Vorstellungen finden sich im deutschen Sprachraum vor allem bei dem Amerikanisten KRAUSE, der unter dem Einfluß der Strukturpsychologie KRÜGERS in Leipzig schon in den zwanziger Jahren von einer bestimmten »seelischen Struktur« sprach, die in den verschiedenen Kulturgestaltungen zum Ausdruck komme.

→ Alter, → Fremdwahrnehmung, → Geschlecht, → Heirat, → Identität, → Institution, → Körperschaft, → Kommunikation, → Logik, → Netzwerk, → Ritual, → Sozialanthropologie, → Tausch, → Verwandtschaft

BANTON, M. (Hrsg.), The Relevance of Models for Social Anthropology. London 1965 – DURKHEIM, E., Les règles de la méthode sociologique. Paris 1895 – JENKINS, A., The Social Theory of Claude Lévi-Strauss. New York 1979 – LEACH, E., Pul Eliya: A Village in Ceylon. Cambridge 1961 – LÉVI-STRAUSS, C., Strukturale Anthropologie. Frankfurt 1967 (orig. franz. Paris 1958) – NADEL, S., The Theory of Social Structure. New York 1957 – OPPITZ, M., Notwendige Beziehungen. Frankfurt 1975 – RADCLIFFE-BROWN, A. R., Structure and Function in Primitive Society. London 1952

Burkhard Ganzer

Symbol Wenn ein »Bedeutungsträger« – ein Gegenstand, eine Form oder eine Aussage – für eine andere Sache (Sachverhalt, Idee oder Realitätsausschnitt) »steht«, spricht man von Symbol. Nach HUIZINGA (1924) haben die im Symbol »zusammengeworfenen« Dinge eine wesentliche Eigenschaft gemeinsam: z. B. im mittelalterlichen Denken die zwischen Dornen blühende Rose und die von Gefahren umgebene Jungfrau. Es sind Schönheit, Zartheit, Reinheit, die in ihrer Vergänglichkeit und Bedrohung die beiden ungleichen Dinge miteinander verbinden und so die Bedeutung einer zunächst belanglosen Erscheinung ungeheuer aufladen können. Das Symbol weist immer über sich hinaus auf etwas anderes.

Die moderne Symboltheorie unterscheidet *diskursive* (begriffliche, sprachliche) von *präsentativen* (bildlichen, imaginativen) Symbolen, einfache Anzeichen, Klischees und Signale von vieldeutigeren Komplexen, über deren Verständnis kaum noch Einigkeit erzielt werden kann. Trotzdem werden alle diese Formen – von der roten Ampel bis zu Jesus Christus – weiterhin in einem allgemeinen Symbolbegriff zusammengeworfen. Die Symboldiskussion kreist meist um die Grenzen der Anwendbarkeit des Begriffs, um die Möglichkeit der Rückführung von Symbolen auf elementare Realitäten und die bis zur Bedeutungslosigkeit reichende Vieldeutigkeit mancher Symbole (LANGER 1965).

Versteht man Ethnologie als Versuch, die Äußerungen fremder Völker in die Begrifflichkeiten der eigenen Kultur zu übersetzen, steht das Verstehen und Erklären von Symbolen eigentlich im Mittelpunkt des Bemühens. Entsprechend vielfältig sind die meist in der Auseinandersetzung mit philosophischen, linguistischen und soziologischen Ansätzen entwickelten ethnologischen Symboltheorien. Den auf diese Thematik bezogenen Arbeiten der Ethnologie ist dabei gemeinsam, daß Symbolik nicht im engen Sinne nur als ideologische oder religiöse Form verstanden wird, sondern daß Alltagssymbole wie Sprechweisen, Grußverhalten, Ornamentik, Heiratsregeln oder Folklore in die Untersuchung einbezogen sind.

Viele Symboltheorien lassen sich auf die wesentlichen geisteswissenschaftlichen Strömungen des 19. Jahrhunderts zurückführen, wobei wir eine romantisch-idealistische und eine materialistisch-positivistische Auffassung unterscheiden können. Die romantische Geisteswissenschaft neigte dazu, die Kulturen fremder Völker als umfassende, in sich selbst begründete *Stile* zu sehen, welche einige wenige menschliche *Elementargedanken* in je charakteristischer Weise variieren. Man versuchte, die fremden Symbole durch »Anklingenlassen« an eigene Vorstellungen zu verstehen oder sich sogar in der Konfrontation mit dem Fremden verdrängter, unbewußter Aspekte des eigenen Selbst zu vergewissern. Diese Methode verbindet romantische Philosophen wie HERDER, Tiefenpsychologen wie JUNG und FREUD, frühe Ethnologen wie BASTIAN und F. M. MÜLLER und die deutschen Kulturmorphologen wie FROBENIUS und JENSEN: Nur emphatisches Mitfühlen führt zu wirklichem Verstehen des Fremden. Die US-amerikanische *Cultural Anthropology* steht mit ihren Versuchen zur Bestimmung von Kulturstilen (BENEDICT 1934) und individualpsychologisch begründeten Studien zum Volkscharakter teilweise in ähnlichen Traditionen. Gerade bei der verstehenden Ethnologie, aber auch bei den psychologisch argumentierenden Ansätzen ist die Gefahr der Projektion eigener Vorstellungen auf das fremde Material sozusagen schon bewußt in die Methode einkalkuliert. Die Qualität von Symbolinterpretationen aus dieser Richtung steht und fällt mit einer möglichst genauen Schilderung der einzelnen Verstehensschritte, die damit intersubjektiv akzeptierbar oder zumindest in ihrer Begrenztheit durch die Person des Forschers erkennbar werden.

In der Tradition des Materialismus und Evolutionismus des 19. Jahrhunderts stehen Ansätze, welche die Symbolik nicht als eigenständige geistige Gestalt, sondern gerade als abhängige Variable, als Funktion von Anpassungsprozessen und materiellen Faktoren betrachten. Beeinflußt durch DARWIN, MARX, MORGAN und DURKHEIM entstanden empirische Arbeiten, welche Symbole vor allem als Mittel zur sozialen Anpassung und der gesellschaftlichen Kommunikation erklären. MALINOWSKI (1948) wollte ganze religiöse Systeme als Ausdruck einer sehr begrenzten Zahl materieller Bedürfnisse und Notwendigkeiten interpretieren. In der von ihm mitbegründeten britischen Sozialanthropologie entstanden einflußreiche Studien, z. B. von Bestattungs- oder Krankheitsritualen als Mittel zur Reintegration der durch die Krise einzelner Mitglieder verstörten Gruppe. Besonders wichtig ist dieser Forschungstradition die Trennung öffentlicher, sozialer Symbole von privaten, individuellen Aussagen, deren Bedeutung für die Gesellschaft gering veranschlagt wird (FIRTH 1973). Auch hier stellt sich die Frage, wie weit Vorstellungen der Industriegesellschaft über Funktionieren und Effizienz sozialer wie ökonomischer Systeme auf fremde Kulturen übertragen werden.

Aus den Symboltheorien, die an romantische und materialistische Strömungen des 19. Jahrhunderts anknüpfen, entwickelten sich Ansätze der ethnologischen Forschung, die in der modernen Praxis meist in irgendeiner Weise kombiniert werden. LÉVI-STRAUSS (1958) betrachtet Symbolsysteme im Zusammenhang mit der jeweiligen sozialen, natürlichen und wirtschaftlichen Umwelt der sie produzierenden Gruppen. Doch für ihn ist die eigentliche Quelle der Symbolbildung ein binärlogisch klassifizierender universaler Geist. Dem französischen Strukturalismus verdankt die moderne Symboltheorie eine besondere Aufmerksamkeit für die Aussagekraft formaler Anordnungen von Bedeutungsträgern. So würde man demnach z.B. die bei Initiationsritualen benutzte weiße Gesichtsbemalung nicht nur auf ihre Bedeutung »an sich« hin untersuchen – eine gerade bei Ornamenten oft erfolglos gestellte Frage –, sondern auch nach ihrer Position im Zusammenhang mit anderen in diesem Ritual benutzten Farben. Farbgegensätze, passende Farbzusammenstellungen oder Hoch-Tief-Gegensätze, Naß-Trocken-Hierarchien usw. entfalten ihre eigene, neben der inhaltlichen Symbolik der benutzten Objekte selbst angesiedelte Bedeutung. Mit Lévi-Strauss fand die Ethnologie Anschluß an die moderne formalistische Symbolforschung, wenn auch seiner Theorie der binären Opposition letztlich wenig Anerkennung zuteil wurde.

Fließen bei Lévi-Strauss noch unterschiedliche Denktraditionen zu einer sehr geschlossenen Symbollehre zusammen, folgt die neuere Diskussion einem noch weitaus ungeordneten und damit der komplexen Realität der Symbolik angemesseneren Methodenpluralismus. Einfußreich war der Versuch der britischen Ethnologin M. Douglas (1970), das Studium einer direkt auf Umweltfaktoren bezogenen Variante der Symbolbildung, der *natural symbols*, neu zu begründen. Die Gestalten der natürlichen Umwelt und des eigenen Körpers, die dem Menschen universal als Bedeutungsträger zu Verfügung stehen, lassen eine erstaunliche Vielfalt von Sinngebungen zu. Im Gegensatz zu psychologischen und materialistischen Ansätzen betont Douglas die »rahmenlose Karosserie« ihrer Symboltheorie, wonach der Körper alles und alles den Körper darstellen kann – je nach Kulturstil und materiellen Notwendigkeiten der betreffenden Gesellschaft.

Im *Symbolischen Interaktionismus* und in der *Kognitiven Anthropologie* bemüht man sich heute um die Erstellung »kognitiver Landkarten« zur Erfassung kulturgebundener Wahrnehmungs- und Klassifikationssysteme (Colby 1981). Mit immer feinerer Empirie werden sowohl die Kernbereiche der traditionellen Klassifikationssysteme als auch ausfransende Randzonen des eigenständigen, kreativen Umgangs mit der Symbolik nachgezeichnet (Kapferer 1983). Die Diskussion um Eigenständigkeit und funktionale Gebundenheit der Symbole ist damit wieder in einen Fluß geraten, der unser Verständnis des Prozesses der Symbolbildung, der sich in ständiger Spannung zwischen Kreativität und Tradition vollzieht, laufend erweitert (Sperber 1975).

→ Diffusion, → Evolution, → Fremdwahrnehmung, → Geschlecht, → Initiation, → Kleidung, → Körperveränderung, → Kommunikation, → Kulturanthropologie, → Kunst, → Logik, → Magie, → Mythos, → Religion, → Ritual, → Schmuck, → Sozialanthropologie, → Struktur, → Verhalten, → Weltbild

Douglas, M., Natural Symbols. London 1970 (dtsch. Frankfurt 1974) – Firth, R., Symbols, Public and Private. London 1973 – Kapferer, B., A Celebration of Demons, Exorcism and the Aestetics of Healing in Sri Lanka. Bloomington 1983 – Langer, S. K., Philosophy in a New Key. Cambridge, Mass. 1942 (dtsch. Philosophie auf neuem Wege. Das Symbol im Denken, im Ritus und in der Kunst. Frankfurt 1965) – Lévi-Strauss, C., Strukturale Anthropologie. Frankfurt 1967 (orig. franz. Paris 1958) – Malinowski, B., Magic, Science and Religion. Glencoe 1948 (Erstausg. 1925) – Sperber, D., Rethinking Symbolism. Cambridge 1975 (orig. franz. Paris 1974)

Thomas Hauschild

Tabu Den Südsee-Expeditionen James Cooks (1768–80) verdankt die Ethnologie einen ihrer schillerndsten Begriffe: *Tabu*, das den europäischen Wissenschaftlern mehr Kopfzerbrechen bereitete als den Polynesiern, denen es zu beachten auferlegt war. In seinen Forschungsberichten beschrieb Cook nicht nur die kastenartige Gliederung der polynesischen Gesellschaften, die durch komplizierte Rangordnungen, Kulte und Zeremonialverhalten geprägt schienen, sondern auch Handlungsweisen der Bewohner, die ihm oft unverständlich blieben. Auf seine Fragen nach dem Sinn erhielt Cook oft die Antwort *ta pu* (etwa: »außerordentlich«); so maß er dem geheimnisvollen Wort verschiedene Bedeutungen bei, die im Kern als *Verbote* zu werten seien. Da einige der beobachteten Tabuisierungs-Zeremonien in feierlicher Form abgehalten wurden, vermutete er einen religiösen Hintergrund des Sachverhaltes.

Der polynesische Tabu-Komplex umfaßte soziale Verbote und individuelle Meidungsgebote. Tabu verlangte nicht nur, den Kontakt zu bestimmten Personen oder Objekten zu vermeiden, sondern bezog sich auch auf körperliche Zustände oder forderte die Enthaltung von speziellen Tätigkeiten. Als Konzeption war Tabu in ganz Polynesien anzutreffen, es unterlag aber einer Kasuistik, die jede Insel auf besondere Weise prägte.

An der Spitze der stratifizierten polynesischen Gesellschaften stand ein Herrscher oder Häuptling, in dessen Person häufig weltliches und religiöses Amt verschmolzen. Eine Ratsversammlung aus Adligen begrenzte diese Monarchie. Der Herrschertitel war zwar erblich; da ein Häuptling Aufgaben und Befugnisse an Verwandte und Freunde delegieren konnte, setzte er sich auch Anfeindungen aus und mußte »Palastrevolten« vorbeugen.

Stets war daher die Person des Häuptlings mit verschiedenen Formen des Tabu umgeben, die sowohl er als auch seine Gefolgsleute zu beachten hatten. Sie markierten die hohe soziale Stellung des Herrschers und den sakralen Zustand, in dem er sich wegen seiner als göttlich gedachten Abstammung und seiner oberpriesterlichen Funktionen befand. Die Tabu-Bestimmungen um einen Häuptling galten permanent und sollten sowohl ihm Immunität bieten und die Institution des Herrschertums schützen als auch die gesamte soziale Hierarchie aufrechterhalten. Auch die Verwandten des Herrschers und alle Adligen besaßen Tabu-Gewalt und genossen einen derartigen Schutz. Doch hing die Durchsetzungskraft eines Tabu vom Rang des Trägers ab. Einem Häuptling durfte man sich nur in besonderen Situationen und dann in unterwürfiger Form nähern. Sein Name durfte nicht ausgesprochen werden und ebenso war der Gebrauch sämtlicher ihm ähnlich klingender Worte untersagt. Diese Bestimmung förderte die Entwicklung von Geheimsprachen

(z. B. auf Tahiti) oder Hofsprachen, derer man sich in der Umgebung des Königs zu bedienen hatte (auf Samoa und Tonga).

Da das Eigentum eines Herrschers von anderen Personen gemieden werden mußte und all das, was jener berührte, in seinen Besitz überging, ergaben sich auch für einen Häuptling einschränkende Konsequenzen: Wollte er außerhalb seiner Besitzungen reisen, mußte er sich von Sklaven tragen lassen, um nicht den Boden für die Allgemeinheit zur Tabu-Zone zu machen. Wegen der unheimlichen Kraft, die er ausstrahlte, durfte er nur bestimmte Wege und Plätze benutzen.

Ein Häuptling konnte aber auch seinerseits Verbote aussprechen, die für die übrige Gesellschaft bindend waren. Diese Befugnis stellte die Veto-Gewalt des Herrschers dar, der mittels Tabu in das Leben der Untertanen eingriff. Solche Tabus waren zeitlich begrenzt und wurden zu besonderen Anlässen verhängt. Um sich regelmäßige Tribute und Abgaben zu sichern, delegierte ein Häuptling seine Veto- und Tabu-Gewalt an einen eigens zu diesem Zwecke ernannten »Nahrungsmittelkontrolleur« (auf Tonga). Dieser sorgte im Namen des Häuptlings dafür, daß jeder Bauer die notwendige Menge von Nutzpflanzen anbaute. Außerdem bestimmte er, was gegessen werden durfte und wessen man sich zu enthalten hatte. Befand er, daß die Ernte einer bestimmten Sorte von Nahrungsmitteln zu gering ausgefallen war, untersagte er den Konsum dieser Produkte bis zur nächsten Ernte.

Eine weitere Gruppe von Meidungsgeboten, die aber in den wenigsten Fällen mit dem Wort Tabu umschrieben wurden, regelte das Verhältnis der Geschlechter zueinander. Während Verstöße gegen allgemeine Verbote durch Züchtigung oder Todesstrafe geahndet werden konnten, brachte nach polynesischer Auffassung die Mißachtung von Tabus persönliches Unglück oder Krankheit mit sich.

Obwohl schon Cook bemerkt hatte, daß das Tabu nicht überall mit der gleichen Strenge beachtet wurde und man auf Verstöße unterschiedlich reagierte, stilisierte die spätere Literatur den Südsee-Bewohner zu einem Menschen, der einem Tabu blinden Gehorsam leiste und vor einem Tabu-Bruch panischen Schrecken empfinde. Diese Vorstellung gipfelte in der mißverständlichen Definition M. Meads (1937), nach der die besondere Qualität des Tabu darin liege, daß seine Verletzung »automatisch« die Bestrafung nach sich ziehe, ohne jedes menschliche Zutun.

Gemäß der polynesischen Vorstellung wohnten den tabuierten Personen oder Objekten unheimliche, gefährliche und ansteckende Kräfte inne. Übertrat jemand ein Tabu, infizierte er sich und wurde damit selbst zur tabuierten Person. Wenn ein Tabu-Brecher nicht ausgestoßen werden wollte, mußte er sich bestimmten Sühneritualen unterwerfen, die die drohende Gefahr abwendeten und ihn aus dem Ausnahmezustand in die Normalität zurückholten.

Während Cook Tabu noch vorsichtig mit »Verbot« übersetzt hatte, erweiterten spätere Forschungsreisende den Wortsinn: Tabu war auch »heilig«, »geschützt« oder »unrein«. Gerade diese widersprüchliche Qualität regte die Religions- und Kulturwissenschaftler im ausgehenden 19. Jahrhundert an. Im Rahmen des Evolutionismus wurde das Tabu als universelles Urelement der frühen Religion interpretiert, das eine deutliche »Gefühlsambivalenz« (FREUD 1912) offenbare. Die Ursprünglichkeit des Tabu-Konzeptes zeige sich darin, daß seine Verfechter das »Heilige« noch nicht vom »Unreinen« trennten (WUNDT 1912). W. R. SMITH (1889) entdeckte beim Studium der altarabischen Gesellschaft und in den Reinigungs- und Speisevorschriften des Judentums Erscheinungen, die dem polynesischen Tabu vergleichbar waren. Er folgerte daraus, daß Tabu-Vorstellungen monotheistischen Religionen vorangegangen sein müßten. FRAZER (1910) ordnete Tabu als eine Form des »Aberglaubens« in seine »magische Geschichtsepoche« ein und erklärte, der ursprüngliche Charakter des Tabu sei in seinem religiösen, nicht in seinem politischen Gehalt zu suchen. MARETT (1921) schlug vor, den Tabu-Begriff von menschlichen Beteiligungen an der Sanktion freizuhalten und ihn allein auf den übernatürlichen Aspekt der Strafe zu beziehen. In der Tat liefen die späteren sozial- und kulturpsychologischen Behandlungen auf eine Sinnentleerung des Tabu hinaus, wenn man unter dem Begriff sämtliche Meidungsgebote, vom Inzestverbot über »Peinlichkeitsgrenzen« bis zur modernen Unverletzlichkeit der Person, versammelte (HOFSTÄTTER 1963).

Das Besondere des polynesischen Tabu-Komplexes bestand darin, daß er in seiner Konzeption soziale und individuelle Aspekte vereinigte und aufs engste mit einer bestimmten Gesellschaftsordnung verbunden war. Funktionalistische Erklärungsversuche stellten daher ernüchtert fest, daß Tabu das polynesische Mittel der sozialen Kontrolle sei. FIRTH (1929) hob vor allem die wirtschaftliche Bedeutung von Tabu hervor, das die Nahrungsmittelversorgung garantieren und dem Schutze des öffentlichen wie privaten Eigentums dienen mußte. Zur längst überfälligen Begriffsklärung schlug schließlich STEINER (1956) vor, das Tabu in einer »allgemeinen Soziologie der Gefahr« aufzulösen. Meidungsgeboten und Tabu-Bestimmungen fielen demnach die Aufgabe zu, all diejenigen Phänomene in einer Gesellschaft zu markieren, die sich für sie als gefährlich erweisen könnten. Durch Ausgrenzung würden sie betont, aber gleichzeitig auch in eine sozial brauchbare Form gebracht. Auch bei GEHLEN (1956) wird im Tabu eine kritische Situation »institutionalisiert« und zur Orientierungshilfe des Sozialbewußtseins verkehrt.

→ Ahnen, → Charisma, → Hexerei, → Institution, → Magie, → Opfer, → Prestige, → Recht, → Religion, → Ritual, → Schichtung, → Staat, → Symbol, → Tod, → Völkerpsychologie

DOUGLAS, M., Purity and Danger. London 1966 (dtsch. Berlin 1985) – FIRTH, R., Primitive Economics of the New Zealand Maori. London 1929 – FREUD, S., Totem und Tabu. Wien 1912/13 – GENNEP, A. van, Tabou et totémisme à Madagascar. Paris 1904 – LEHMANN, F. R., Die polynesischen Tabusitten. Leipzig 1930 – SMITH, W. R., Lectures on the Religion of the Semites. Cambridge 1889 (dtsch. Freiburg 1899) – STEINER, F., Taboo. London 1956 – WEBSTER, H., Taboo. London 1942

Axel Schmidt

Tanz Obwohl der Tanz zu den universellen Ausdrucksformen des Menschen gehört und die Ethnologie seit langem unter dem Eindruck steht, daß das Tanzen in anderen Kulturen in soziologischer, psychologischer und ästhetischer Hinsicht weit höhere Bedeutung besitzt als in der modernen Zivilisation, hat sich eine Ethnographie des Tanzes nur zögernd entwickelt; selbst heute verfügt die Tanzethnologie nur über wenige systematische Ansätze. Während Sprache oder Musik relativ leicht schriftlich zu notieren, plastische Kunst und kulturelle Artefakte in Museumssammlungen zu ordnen sind, stellen sich der Notation und damit der Beschreibung und Analyse von Tanzformen erhebliche Schwierigkeiten entgegen.

Die Ethnologie des 19. Jahrhunderts hob am »primitiven« Tanz vor allem drei Aspekte hervor: das Amusement, die magisch-religiöse Einbindung und die Unmittelbarkeit des emotionalen Ausdrucks. Für MORGAN dienten Tanz und Musik einer Art des Vergnügens, der er zwar nicht jede Relevanz absprechen wollte, von der er jedoch glaubte, daß sie sich »für den rationalen Menschen nicht schicke«; nackte Tänze galten als obszön und wurden häufig einfach als Vorspiel zum Geschlechtsakt interpretiert. FRAZER behandelte Tänze aus aller Welt als »homöopathische Magie«, in der gerade für das Amusement kein Platz blieb: Frauen springen über junge Pflanzen, um deren Wachstum zu fördern, oder sie führen pantomimische Kriegstänze auf, um ihren Männern zum Sieg in der Schlacht zu verhelfen. Anderen Autoren galt der »unzivilisierte« Tanz als »der gewöhnliche Modus, heftige Leidenschaften oder Gefühle in bezug auf irgendeinen Gegenstand auszudrücken« (SCHOOLCRAFT 1851).

Ein positives Interesse an außereuropäischen Tänzen um ihrer selbst willen entstand erst zu Beginn des 20. Jahrhunderts im Zusammenhang mit der Jugendbewegung, der Freikörperkultur, dem Expressionismus und anderen Bestrebungen, die den Klassizismus der europäischen Tradition ablehnten und auf der Suche nach neuen und eigenen Formen das »Natürliche«, »Ursprüngliche« und »Primitive« aufwerteten, wobei die Emphase von Körperlichkeit, Emotionalität und spontanem Ausdruck zum Bruch mit dem restriktiven Kanon des Balletts und zur Entwickung des »Freien Tanzes« führte. Nach einer anfänglich unspezifischen Forderung nach Bewegungsenthemmung formulierte R. v. LABAN eine pädagogisch und künstlerich ausgerichtete Systematik der überhaupt möglichen tänzerischen Bewegung und entwickelte daraus ein Notationssystem, das sich im Gegensatz zur klassischen Ballettnotation zur Beschreibung auch außereuropäischer Tänze eignete und später zur Grundlage der meisten formalen Tanzaufzeichnungen in der Ethnologie wurde (ROYCE 1977). SACHS (1933) verband v. LABANS Bewegungsterminologie mit einer Untersuchung von Tanzinhalten zu einer ersten umfassenden Klassifikation, die historische und ethnologische Materialien miteinbezog; so unterschied er im Ansatz *Bewegungsstile* (etwa weitbewegte Tänze: Springtanz, Hubtanz, Schlagtanz etc. oder engbewegte Tänze: Bauchtanz, Sitztanz, Handtanz etc.) und drei *Tanztypen*, die über die ganze Welt verbreitet sind: bildfreie (abstrakte) Tänze, bildhafte (mimetisch-pantomimische) Tänze und sinnbildliche (metaphorisch-symbolische) Tänze. Tanz –

Tanzendes Shan-Mädchen; Detail vom Deckel einer Beteldose (Shan, Burma)

von der Auerhahnbalz bis zum Ballett – war damit als universales und eigenständiges Phänomen wissenschaftlich thematisiert.

Die Transformation moderner Konzeptionen des Tanzes in eine Tanzethnologie war möglich, weil inzwischen einige Feldforscher mehr als nur beiläufige Beobachtungen zu einzelnen Tänzen angestellt hatten. In Nordamerika hatte BOAS die ekstatischen Tänze in den Winterzeremonien der Kwakiutl dokumentiert, SPIER, WALKER u. a. den kosmologisch und rituell gebundenen *Sonnentanz* der Plains-Indiander. SPENCER und GILLEN beschrieben die Totemtänze der Australier, die DURKHEIM zusammenfassend als »prägende Kollektiverfahrung« deutete. Auf der Basis dieser soziologischen Analyse des Phänomens untersuchte RADCLIFFE-BROWN den Tanz der Andamaner, bei denen, wie bei anderen Jägern und Sammlern, das allnächtliche gemeinsame Tanzen eine wichtige Funktion bei der Erzeugung sozialer Harmonie besitzt. Später betonten Kulturanthropologen wie M. MEAD stärker die individualistischen Ausdruckswerte etwa samoanischer Tänze im Hinblick auf eine Psychologie der Beziehungen von Persönlichkeit, Kultur und Tanzform. In bestimmten Regionen (z. B. auf Bali, in Afrika) widmete man den psychologischen und soziologischen Aspekten der *Dissoziation* und den physiologischen der *Hyperkinese* im Tanz (Ekstase, Trance, Besessenheit) besondere Aufmerksamkeit. In der »klassischen« Phase der Feldforschung blieb der Tanz allerdings ein kulturelles Phänomen unter anderen, und wenn er im Mittelpunkt des Interesses stand, wie etwa bei den beiden BOAS-Seminaren über Tanz, ging es stets um seine Funktion für Individuum oder Gesellschaft (BOAS 1944, 1946).

Als fruchtbar erwiesen sich historische Tanzstudien, die dem Aufkommen, der Verbreitung und Modifikation von Tänzen in komplexen Gesellschaften nachgingen, da dem Tanz eine wesentliche Rolle bei der Darstellung und Verarbeitung von Konflikten zukommen kann; in interethnischen Kontaktzonen verbreiten sich bestimmte Tänze weit schneller als in relativ homogenen Gesellschaften. Tanz trägt dabei nicht nur zur Verarbeitung der kolonialen Erfahrung bei, er vermag auch bei der Organisation des Widerstands eine Rolle zu spielen, wie der indianische *Geistertanz* (MOONEY 1965), oder zumindest das Selbstbewußtsein der Kolonisierten zu artikulieren, sogar noch im Idiom einer scheinbaren Nachahmung der Kolonialherren, wie im *beni ngoma,* in dem Ostafrikaner das deutsche oder englische Militärritual in einen genuin afrikanischen Tanz »übersetzten« (RANGER 1975).

Die moderne Tanzethnologie kristallisierte sich als eigenständige Disziplin erst in den 60er Jahren in den USA heraus, zunächst unter Anleitung von G. KURATH (1960), die wichtige Impulse der LABAN-Schule in die Kulturanthropologie einbrachte und wie die meisten ihrer Kolleginnen sowohl über eine tänzerische wie ethnologische Ausbildung verfügt. Hier konnte die Strukturanalyse von Tänzen mit Hilfe besserer Dokumentationsformen auf eine neue Ebene gestellt werden: neben Varianten der LABAN-Notation spielte dabei der Film eine entscheidende Rolle, aber auch eine spezielle Art der teilnehmenden Beobachtung: das Erlernen fremder Tänze. In monographischen Studien zu einzelnen Tänzen oder der Tanzkultur einzelner Gesellschaften gelang es, den objektiven Aspekt von Bewegungsstrukturen mit den Tanzkonzepten der betreffenden Kultur zu vermitteln (z.B. KAEPPLER 1967; KEALIINOHOMOKU 1979) und zugleich den kosmologischen Hintergrund und die soziale Organisation der Tänze einzubeziehen. Vergleichende Studien stießen häufig auf die Schwierigkeit, die kulturspezifischen Auffassungen von Tanz auf eine universal gültige Definition zu beziehen. Tanz, Musik, Spiel, rhythmische Arbeitsbewegung lassen sich in vielen Gesellschaften nicht ohne weiteres abgrenzen (HANNA 1979). Neben der systematischen Erarbeitung der vielfältigen Funktionen des Tanzes (HANNA 1974) versuchen Tanzethnologen heute anhand der *Choreometrik* die weltweite Verbreitung von Bewegungsstilen zu ermitteln (LOMAX 1968).

Ein Glanzstück der Strukturanalyse von tänzerischer Bewegung ist die Entdeckung der *Polyzentrik* im afrikanischen Tanz, der zunächst auf den uneingeweihten europäischen Beobachter merkwürdig simpel und regellos wirkt. Analog zur Polyrhythmik und Polymetrik, also der Gleichzeitigkeit mehrerer Rhythmen und Metren in der afrikanischen Musik, »zerlegt« der afrikanische Tänzer »den Körper in verschiedene Bewegungspartien oder Bewegungszentren und bringt diese in gegenseitige Bewegungsbeziehungen« (DAUER). Während der europäische Tänzer den Körper als eine Einheit betrachtet und ihn aus einem einzigen Bewegungszentrum heraus, das praktisch mit dem Schwerpunkt des Körpers im Bereich der unteren Wirbelsäule identisch ist, im Raum bewegt, sucht der afrikanische Tänzer »das Erlebnis der Bewegung des Körpers in sich selbst« (DAUER 1983; GÜNTHER 1969). Nur mit Hilfe dieser grundlegenden Entdeckung ließen sich afrikanische Tanzstile klassifizieren und in ihren Verbreitungsgebieten ermitteln. Da es sich um Bewegungsstile handelt, die eine Kultur im ganzen durchdringen, eröffnete sich von hier aus auch ein Zugang zur afrikanischen Plastik und zu den afrikanischen Diskursen über den Tanz (THOMPSON 1974).

→ Ekstase, → Fest, → Geschlecht, → Initation, → Krieg, → Kunst, → Magie, → Musik, → Ritual, → Spiel, → Symbol

BLACKING, J./KEALIINOHOMOKU, J. W. (Hrsg.), The Performing Arts. Den Haag 1979 – BOAS, Franziska, The Function of Dance in Human Society. New York 1944 – COMSTOCK, T. (Hrsg.), New Dimensions in Dance Research: Anthropology and Dance (The American Indian). New York 1974 – GÜNTHER, H., Grundphänomene und Grundbegriffe des afrikanischen und afroamerikanischen Tanzes. Graz

1969 – LOMAX, A., Folk Song Style and Culture. Washington D. C. 1968 – MOONEY, J., The Ghost-Dance Religion and the Sioux Outbreak of 1890. Chicago 1965 – RANGER, T. O., Dance and Society in Eastern Africa 1890–1970. London 1975 – ROYCE, A. P., The Anthropology of Dance. Bloomington/London 1977 – SACHS, C., Eine Weltgeschichte des Tanzes. Berlin 1933 – THOMPSON, R. F., African Art in Motion. Los Angeles etc. 1974

Gertraud Marx-Kramer

Tausch Verteilung (Distribution) und Tausch werden in der Ethnologie oft im Zusammenhang behandelt, auch als logisches und historisches Kontinuum. Der Verteilung unterliegen Produktionsmittel, Lebensmittel und Güter, aber auch Arbeit u. a. In »primitiven« Gesellschaften hat die Distribution zumeist die Form des miteinander Teilens in der Konsumtion und Produktion auf der Grundlage *gleicher Reziprozität.* In anderen Gesellschaftsformationen kann diese Reziprozität in der Distribution aufgehoben sein.

Auch Tausch beinhaltet ein reziprokes Verhältnis von Geben und Nehmen zwischen den Partnern und damit zugleich eine soziale Beziehung. Der Tauschakt konstituiert eine formale Beziehung, die auf der annähernden Gleichheit der ausgetauschten Gegenstände oder Dienstleistungen beruht. Er setzt in jedem Fall voraus, daß ein Produkt oder Gegenstand auf ein Bedürfnis trifft, das sozialer, ritueller oder materieller Natur sein kann.

Allgemein ist zu unterscheiden zwischen dem ökonomischen Tausch und dem rituellen oder zeremoniellen Tausch (KRADER 1979). Die Formen dieser Austauschbeziehungen können identisch sein, beide Male findet eine Gleichsetzung der Tauschgüter statt. Der zeremonielle Tausch hat jedoch symbolischen Charakter; es fehlt der ökonomische Tauschwert und der materielle Gebrauchswert der ausgetauschten Gegenstände. Beide Arten von Tausch implizieren Reziprozität, aber die Reziprozität im zeremoniellen Tausch (wie in der Gastlichkeit) betrifft andere als ökonomische Werte. Beim ökonomischen Tausch wechseln gleichwertige (oder annähernd als gleichwertig eingeschätzte) Dinge den Besitzer. Die jeweiligen Partner treten sich als formal Gleichgestellte gegenüber. Dieses Moment kann auch im zeremoniellen Tausch gegben sein, wenn auch der objektive Wert, der *Tauschwertausdruck,* fehlt. Dieser beruht auf der zur Herstellung des Produktes aufgewendeten Zeit und der erforderlichen Arbeitsqualifikation. Der im Hinblick auf den Tausch festgesetzte Preis eines Gutes oder einer Dienstleistung ist nicht unmittelbar mit dem Tauschwert und dem Tauschwertausdruck gleichzusetzen; die Preisgestaltung im ökonomischen Tausch unterliegt objektiven wie subjektiven Faktoren. Preis und zeremonieller Tausch sind unverträglich. Der Warentausch hingegen ist im Prinzip frei von zeremoniellen, sozialen und subjektiven Beziehungen, d. h. das Warenverhältnis ist auf ein *dingliches* Verhältnis reduziert.

Nicht jeder ökonomische Tausch kann per se als Warentausch gelten. In »primitiven« und kommunal organisierten Gesellschaften ist der ökonomische Tausch nicht notwendig von sozialen und zeremoniellen Implikationen befreit, wie in diesen Gesellschaften auch die Trennung von subjektivem und objektivem Wert nicht oder nur ansatzweise vollzogen sein kann. Doch findet der ökonomische Tausch oft ohne besonderes Zeremoniell statt und die Gleichsetzung (Reziprokation) der rituell wertlosen Güter ist ökonomisch im allgemeinen Wortsinne.

Tausch beinhaltet meist gleiche Reziprozität, er kann aber auch zwischen sozial Ungleichen in *ungleicher Reziprozität* stattfinden. Diese primär soziopolitisch bedingte Asymmetrie tritt im zeremoniellen wie im ökonomischen Tausch zutage.

Die Ethnologie untersuchte den Tausch in seinen verschiedenen Erscheinungsformen, besonders aber als soziale und moralische Verpflichtung. Neben MALINOWSKIS Arbeit über den zeremoniellen Tausch mit nicht ökonomisch gewerteten Gegenständen (z. B. Armreifen und Ketten aus Muscheln im melanesischen *Kula-Ringtausch*) und den parallel dazu stattfindenden ökonomischen Tausch darf MAUSS' 1923 erstmals erschienener »Essai sur le don« als einflußreichste Schrift gelten. MAUSS griff das DURKHEIMsche Problem des »nichtkontraktuellen Moments im Kontrakt« (1893) auf und fragte: »Welches ist der Grundsatz des Rechts und Interesses, der bewirkt, daß in rückständigen oder archaischen Gesellschaften das empfangene Geschenk obligatorisch erwidert wird? Was liegt in der gegebenen Sache für eine Kraft, die bewirkt, daß der Empfänger sie erwidert?« Im Zentrum der vergleichenden Untersuchung stehen Formen des Vertrags und des Austauschs in Polynesien, Melanesien und im nordwestlichen Nordamerika, zu denen Materialien aus der alten römischen, indischen und germanischen Literatur herangezogen werden. MAUSS' Kernthese besagt, daß die archaische Form des Austauschs mit den drei Verpflichtungen des Gebens, Nehmens und Zurückgebens in fast allen Gesellschaften vorkommt und die sozialen Beziehungen unterstützt und bekräftigt. Der Gabentausch sei gleichzeitig von religiöser, legaler, moralischer, ökonomischer, ästhetischer, mythologischer und anderer Bedeutung. Die damit verbundenen Verpflichtungen werden symbolisch ausgedrückt und die ausgetauschten Güter – denen eine besondere Kraft innewohnt – betrachtet und behandelt man als nie vollständig von den Gebern und Nehmern losgelöst.

Als sehr einflußreich für das Studium der Distribution und des zeremoniellen und ökonomischen Tauschs auch als soziale Transaktion haben sich ferner die Arbeiten von THURNWALD, FIRTH u. a., seit den 50er Jahren auch die der *substantivistischen Schule* von POLANYI erwiesen (1944, 1957). Sie zieht einen Unterschied zwischen »Güterhandhabung« *(goods handling)* und »Güter-Erhalten« *(goods receiving)* und isoliert drei *Basistypen der Transaktion:* reziproke Beziehungen zwischen festen Partnern, redistributive Beziehungen zwischen einem Zentrum und peripheren Teilnehmern und Marktbeziehungen. Die drei Austauschbeziehungen werden gleichzeitig als »sozio-kulturelle Integrationsformen« aufgefaßt; die Typen schließen sich gegenseitig nicht aus, POLANYI postuliert aber eine Entwicklung vom reziproken Gabentausch bis zur Marktökonomie. Wie die Reziprozität sind auch die Redistribution und die einfachen Marktbeziehungen noch unmittelbar in die Sozialbeziehungen »eingebettet«, im Gegensatz zum Warentausch der entwickelten Ökonomien, in denen sich die Tauschbeziehungen über den Preis und das Preissystem regeln.

Sahlins (1972) baut auf den Fragestellungen von Malinowski, Mauss und Polanyi auf und interpretiert den Tausch in »primitiven« Gesellschaften als soziale Transaktion und als Kontinuum von *Reziprozität* (oder *vice-versa*-Beziehung) und *Redistribution* (oder *pooling*). Redistribution faßt er als System der Reziprozitäten innerhalb einer sozialen Einheit, während sich Reziprozität aus individuellen Handlungen zwischen Personen konstituiert. Nach Sahlins gibt es drei Arten von Reziprozität: balancierte, generalisierte und negative. Sie unterschieden sich in Motivation und Übereinkunft; erstere umfaßt ökonomisch nicht gewertete Beziehungen des miteinander Teilens, der Großzügigkeit, Freigebigkeit etc. ohne ausdrückliche Erwartung einer Kompensation. Die »generalisierte Reziprozität« beinhaltet eine direkte und zeitgleiche »Reziprokation« von Äquivalenten, während die »negative Reziprozität« als unpersönliche Form des Austausches so unterschiedliche Verhältnisse wie Arglist, Diebstahl, Feilschen und Gewalt miteinschließt. In Sahlins' System der Motivation und Moral des Austauschs wird Reziprozität mit »Soziabilität« gleichgesetzt und nach Nähe und Distanz, engerer und weiterer Verwandtschaft, Freundschaft, Nachbarschaft, Fremdheit und Feindschaft differenziert.

Ökonomischer Tausch kommt in allen menschlichen Gesellschaften vor, aber die Proportionen und die Bedeutung des Austauschs im ökonomischen System sind höchst unterschiedlich. Es gibt oder gab Gesellschaften, in denen der ökonomische Tausch eine sehr geringe Rolle spielt, wie traditionell bei den Ona, Yagan und Alacaluf Feuerlands sowie bei den südafrikanischen !Kung und anderen Wildbeutern. In der modernen Warenökonomie ist der ökonomische Tausch die absolut vorherrschende Form der Transaktion. Dazwischen liegt ein breites Spektrum verschiedenster Austauschformen. Eine sehr einfache Form ist der *stumme Tausch,* bei dem die eine Seite an einem bestimmten Ort ein Quantum von Gütern hinterlegt; die Tauschpartner kommen später herbei, schätzen die Güter ab und legen Äquivalente nieder, die nach einer gewissen Zeit von der ersten Gruppe abgeholt werden. Zeigen sich die Parteien insgesamt mit den Äquivalenten zufrieden, wiederholt sich dieser Austausch, wenn nicht, ändert man beim nächsten Mal die Quantitäten oder bricht die Tauschbeziehung ab (Veerkamp 1956).

Andere Formen des Tauschs sind mit Feilschen *(barter)* verbunden; das geschieht bereits beim einfachen Gütertausch zwischen den Produzenten und ist noch auf entwickelten und hochkomplexen Märkten anzutreffen. Die sozialen Formen des Austauschs auf Märkten und Jahrmärkten wurden in den letzten Jahrzehnten ebenso zum Gegenstand ethnologischer Untersuchungen wie die soziale Organisation von Märkten und Händlern, die Art der Geschäftsführung, die Bedeutung von statusgebundenen Gütern und des sozialen Ranges der Tauschpartner, die Frage des Preises und der Preisgestaltung, die Problematik des freien Markthandels und des staatlich kontrollierten Handels, von Monopolen etc.

→ Bund, → Evolution, → Fest, → Heirat, → Körperschaft, → Kommunikation, → Komplexe Gesellschaft, → Krieg, → Nachbarschaft, → Netzwerk, → Opfer, → Recht, → Ritual, → Segmentäre Gesellschaft, → Sozialanthropologie, → Struktur, → Verwandtschaft, → Wir-Gruppe, → Wirtschaft

Bohannan, P./Dalton G. (Hrsg.), Markets in Africa. Evanston 1962 - Belshaw, C. S., Traditional Exchange and Modern Markets. Englewood Cliffs 1965 - Einzig, P., Primitive Money. Oxford 1949 - Krader, L., A Treatise of Social Labour. Assen 1979 - Malinowski, B., The Argonauts of the Western Pacific. London 1922 (dtsch. Frankfurt 1979) - Mauss, M., Essai sur le don. 1923/24 (dtsch. Frankfurt 1969) - Polanyi, K., The Great Transformation. New York 1944 (dtsch. Wien 1977) - Polanyi, K./Arensberg, C./Pearson, H. (Hrsg.), Trade and Markets in the Early Empire. Glencoe 1957 - Sahlins, M., Stone Age Economics. Chicago 1972

Klaus Hesse

Technologie Die Untersuchung der Hilfsmittel und Methoden bei der materiellen Auseinandersetzung mit der Natur hat in der Ethnologie - besonders in der deutschsprachigen - einen breiten Raum eingenommen. Nach dem vergleichsweise geringen Grad der technischen Naturbeherrschung wurde auch der Gegenstand der Ethnologie bestimmt: die »Naturvölker«. Die Produkte ihrer handwerklichen Fertigkeiten (ihre *materielle Kultur*) füllen seit Anfang des 19. Jahrhunderts die Völkerkundemuseen, regten zu den grandiosen Entwicklungsreihen des Evolutionismus an, zeugen von den vielfältigen Kontakten und Übernahmen, mit denen sich die kulturhistorische Ethnologie beschäftigte, und wurden schließlich Objekt der modernen Systematiken. An ihnen entzünden sich keine Kontroversen mehr, vielmehr sind sie - vor allem was Materialkunde und physikalisch-chemische Begriffe und Abläufe betrifft - bereits Gegenstand der Naturwissenschaften geworden.

Unter *Technologie* im strengen Sinne versteht man Werkzeuge und Herstellungsverfahren, von der die *Ergologie* als die Lehre von den materiellen Erzeugnissen (Tracht, Wirtschaftsgerät, Obdach, Waffen, Transportmittel u. a.) zu trennen ist. Im Zentrum der technologischen Ethnologie stehen die Elementarmittel zur Bearbeitung von Stoffen (direkte Einwirkung, Feuer, Wasser, Luft, Maschine) und die Materialien als Roh- und Werkstoff selbst (Stein, Keramik, Glas, Farben, Binde- und Klebstoffe, Metalle, Holz und anderes pflanzliches Material, Tierschalen, Häute, Knochen, Elfenbein und Zähne, Horn). Damit ist ein so weites Gebiet abgesteckt, daß im folgenden nur einige Beispiele »primitiver Technologie« gegeben werden können - wie sie vor allem Leroi-Gourhan klassifizierte.

Die *mechanischen Beeinflußungsmöglichkeiten* eines Roh- oder Werkstoffes lassen sich in Druck, Schwung und eine Kombination aus beiden unterteilen. Letzteres gilt als Errungenschaft »halbindustrieller Kulturen« (archaische Hochkulturen), von wo sich die entsprechenden Verfahren auch zu »Naturvölkern« ausgebreitet haben können. Berücksichtigt man weiter die Bearbeitungsfläche (linear, punktförmig, diffus) und die Einwirkungsrichtungen (von oben, schräg und kreisförmig), erhält man ein Schema, in das jedes einfache Werkzeug eingeordnet werden kann:

Einwirkungsrichtung	**Beeinflussung**	**Bearbeitungsfläche**			
		linear *längs*	*linear* *quer*	*punktförmig*	*diffus*
senkrecht	Druck	Messer	Faustkeil	Ahle	Presse
	Schwung	Beil	Spalthammer	Dolch	Hammer
	Druck und Schwung	Hammer und Messer	Hammer und Meißel	Hammer und Stichel	Hammer und Nietenbolzen
schräg	Druck	Messer	Hobel	Raspel	Schleifstein
	Schwung	Beil	Dechsel	Spitzhacke	–
	Druck und Schwung	Hammer und Hufmesser	Hammer und Meißel	Hammer und Spitzmeißel	–
kreisförmig	Druck	–	–	Bohrer	–

Über die Art der Bearbeitung entscheidet die Beschaffenheit der Rohstoffe. Man unterscheidet *feste* Stoffe, deren physikalische Eigenschaften sich durch die Bearbeitung nicht verändern, *halbplastische* Stoffe, die (wie Metall) erst durch Bearbeitung formbar werden, *biegsame* (Ton, Lehm, Leder, Rinden etc.) und *flüssige* Stoffe. Die festen Stoffe (Stein, Elfenbein, Muschelschalen, Holz) lassen sich durch die drei erwähnten »Perkussions«-Arten bearbeiten, aber auch durch Schleifen und Sägen. Die jeweils härtesten Materialien verwendet man für die Herstellung von Waffen und Werkzeug; auch Metalle wurden vor der Erfindung der *Metallurgie* (Guß, Verhüttung) kalt gehämmert (BAER 1966).

Die künstliche *Erzeugung von Feuer* kann nach vier Methoden erfolgen: 1) Aneinanderschlagen von hartem Material (Pyrit, Silex, in Hochkulturen Stahl); 2) Reiben (Bohren, Sägen, »Pflügen« in einer Kerbe); 3) Kompression von Luft (Beispiel: indonesische Feuerpumpe); 4) Verwendung eines Brennglases (nur in Hochkulturen). Bei allen vier Verfahren bringt man zunächst Zunder zum Glimmen, der dann das eigentliche Brennmaterial entzündet. Das Feuer selbst findet außer für Beleuchtung, Kochen und Heizung zwei technologische Verwendungen: beim Nahrungserwerb (Roden, Treibjagd, Ausräuchern, Dörren, Räuchern etc.) und zur Materialbearbeitung (Steinsprengen, Holzbearbeitung, Härten, Erweichen etc.).

Das Elementarmittel *Wasser* wird in allen Aggregatzuständen genutzt, am häufigsten natürlich in flüssigem. Es lassen sich dynamische Nutzformen (Transportwesen, Wasserkraft,

Waschen) von physikalischen (Erwärmen, Abkühlen, Lösungen) und chemischen (Färben, Konservieren, Gerben) unterscheiden. Für den Färbungsprozeß an Textilien hat Bühler (1948) drei Farbstoffkategorien unterschieden: 1) Direktfarbstoffe, die sofort haften, aber bald verblassen; 2) Oxydationsfarbstoffe wie Purpur und Indigo; 3) Beizenfarbstoffe, die nur auf getränktem Material haften.

Unter den *einfachen Maschinen*, die man mit der Entwicklung zur Hochkultur in Verbindung gebracht hat, ist vor allem das *Rad* zu nennen. Es wurde wahrscheinlich in Asien zuerst für Transportzwecke und dann für einfache Maschinen verwendet. Dazu zählen Schwungräder (Rotationsmaschinen) wie Spindel oder Töpferscheibe und Vorrichtungen zur Kraftübertragung. Die altchinesischen Wassermühlen repräsentieren wohl die frühesten Zahnradtransmissionen; davor aber gab es sicher schon Übersetzungen durch Reibung oder Schnur (japanische Garnhaspelmaschine, südasiatisches Spinnrad).

Früher als das Rad wurde die *schiefe Ebene* genutzt, ohne die die Steinversetzungen der Megalith-Kulturen nicht denkbar sind. Eine Kombination von schiefer Ebene und Rad stellt die Schraube dar, die sehr spät erst in Europa erfunden wurde.

Sehr viele »Naturvölker« kannten die *Konservierung von Kraft*, wie sie bei Pressen (Zuckerrohr, Öl etc.), häufiger aber bei verschiedenen Fallen zu finden ist, die Elastizität oder Schwerkraft nutzen. Diese »Maschinen der passiven Jagd« offenbaren ohnehin einen überraschenden Erfindungsgeist in einfachen Gesellschaften, die viele Prinzipien späterer Technik vorweggenommen haben (Weule 1921; Lips 1927; Lagercrantz 1937).

Neben den noch ungelösten Fragen der Technologiegeschichte (Innovationen und Übernahmen) beschäftigt neuerdings auch die *Altstoffverwertung* (Recycling) die Ethnologie, da viele einfache Gesellschaften nach ihrer Vereinnahmung in komplexe Zusammenhänge und weltwirtschaftlich periphere Nationalökonomien auf technologischem Gebiet eine sprunghafte Entwicklung durchmachten - doch nicht, wie lange prophezeit, in die Industrieproduktion, sondern in die Abfallnutzung. Die materielle Kultur, aus der die völkerkundlichen Sammlungen bestückt worden sind, ist heute vielerorts verschwunden. Die traditionellen Methoden der Rohstoffgewinnung und Güterherstellung treten weltweit zurück hinter dem reichhaltigen Angebot an Industrieabfällen. Ein Beispiel ist die mannigfache Verwendung alter Benzintonnen, studiert bei Zigeunerschmieden im Nil-Sudan (Streck 1983):

Mit Schneideisen und Hammer werden die »Blechemballagen«, die oft schon mehrere industrielle Nutzungen hinter sich haben, aufgeschnitten und durch Abbrennen von den Rückständen der vormaligen Inhalte gesäubert. Anschließend schneidet man aus den Teilen runde oder quadratische Stücke verschiedener Größe, die teils mit dem Treibhammer zu Pfannen und Schüsseln weiterverarbeitet werden, teils durch Aufbiegen und Falzen der Ränder in Backbleche oder Betonverschalungen verwandelt werden. Daneben dient das Blech aufgeschnittener Benzintonnen auch als Armierung beim Hausbau oder als Baustoff für Boote, Eselskarren, Bewässerungskanäle und landwirtschaftliche Geräte.

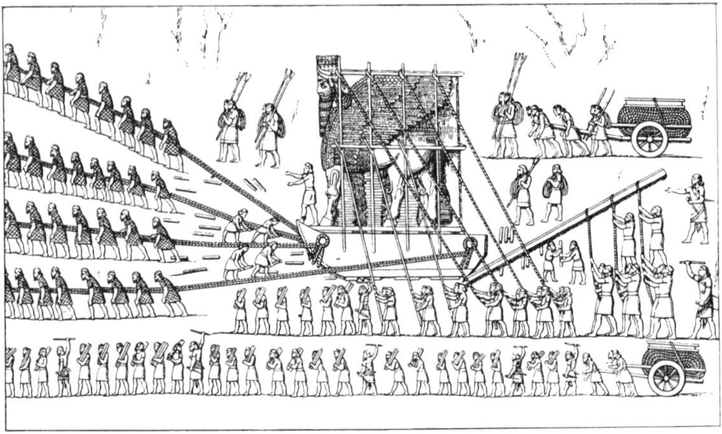

Transport eines monumentalen Bildwerkes mit Hilfe von Kufen bei den Assyrern (erste Hälfte des 1. Jahrtausends v. Chr.)

Der Erfindungsreichtum in diesem Anpassungsprozeß an peri-industrielle Chancen bestätigt die Grundannahmen der ethnologischen Entwicklungslehre, die sich ja nur in der Technologie im Sinne eines irreversiblen Fortschritts halten konnte. Offen hingegen bleiben die Fragen der geistigen Bewältigung technologischer Effizienz, die ja auch in Industriegesellschaften zu höchst interessanten Verquickungen von technischer Rationalität und irrationalem Volksglauben geführt hat (Bausinger 1961). Doch scheint man in Gegenden, in denen handwerkliche Fähigkeiten ebensoviel gelten wie magische, dem »Zauber der Technik« noch unbefangener zu erliegen.

→ Angewandte Ethnologie, → Arbeit, → Diffusion, → Evolution, → Handwerk, → Haus, → Haustier, → Kleidung, → Komplexe Gesellschaft, → Kulturökologie, → Kunst, → Krieg, → Magie, → Musik, → Nahrung, → Nutzpflanzen, → Pflanzer, → Schmuck, → Wirtschaft

Bausinger, H., Volkskultur in der technischen Welt. Stuttgart 1961 – Bühler, A., Primitives Handwerk bei Naturvölkern. Basel 1937 – Childe, G., Geschichte der Werkzeuge. Wien 1948 – Derry, T.K./Williams, T.J., A Short History of Technology. Oxford 1960 – Herig, F., Hand und Maschine. Halle 1934 – Hirschberg, W./Janata, A., Technologie und Ergologie in der Völkerkunde. Mannheim 1966/Berlin 1984 – Leroi-Gourhan, A., L'homme et la matière. Paris 1943; ders. Milieu et techniques. Paris 1945 – Singer, Ch./Holmyard, E.J./Hall, A.R., A History of Technology. 5 Bde., Oxford 1954

Bernhard Streck

Tod Die Behandlung der Sterbenden und Leichen sowie ritualisierte Formen der Trauer, des Totengedenkens und des Kontaktes mit Toten sind in einer Vielzahl kultureller Variationen beschrieben worden (PREUSS 1930; WISSE 1933; KOTY 1934; K. E. MÜLLER 1968; STUBBE 1984). In der ethnologischen Frühphase kreisten die Theorieversuche besonders um das Problem des Todes. Die Vielfalt der Bräuche ließ eigentlich keine evolutionistische Einordnung in »primitive« und »zivilisiertere« Formen zu, deshalb wurden die jeweils zur Theorie passenden ethnographischen Daten ausgewählt und eher spekulativ interpretiert. Die dabei entwickelten Grundkonzeptionen bestimmen bis heute die ethnologische Diskussion des Todes.

FRAZER (1890) stellte die psychische Reaktion, das angsterregte Grübeln über Jenseits, Kosmos und Lebenssinn in den Mittelpunkt seiner Darstellung »primitiver« Mythen und Rituale. Die schon vorhandene Angst vor der magischen Macht der Alten werde durch das Erlebnis ihres Sterbens noch gesteigert. Danach fürchtet man sie als Ahnengeister, erst recht, wenn Alten- oder Königstötung dem physischen Verfall zuvorkommen mußte.

DURKHEIM (1912) und VAN GENNEP (1909) betrachteten vor allem die sozialen Folgen des Todes und knüpften dabei an der Beobachtung an, daß weltweit die Teilnehmer an Trauerzeremonien nicht im naiven Wortsinne traurig sind, sondern nur durch gesellschaftliche Konventionen zur Einnahme bestimmter Haltungen verpflichtet werden. Der *Übergangsritus* der Bestattung stärkt demnach – wie alle anderen Formen des kollektiven Rituals – den Zusammenhalt der Hinterbliebenen. Erst nachträglich würden die Rituale mit Geistervorstellungen begründet: »Die Menschen weinen nicht um die Toten, weil sie diese fürchten, sondern sie fürchten die Toten, weil sie um sie weinen« (DURKHEIM 1912). Betonte FRAZER die soziale Gestaltung schon vorhandener Trauer und Angst, so spricht DURKHEIM von »gesellschaftlich verordneten« Gefühlsäußerungen, deren innerpsychische Entsprechungen nicht leicht zu ermessen seien. RADCLIFFE-BROWN (1964) steigerte DURKHEIMS Konzeption zu der Aussage, daß Gefühle überhaupt nur durch Konvention ausgelöst würden.

FREUDS Theorie der Trauer (1913) vermittelt zwischen beiden Sichtweisen. In »Totem und Tabu« wird vor allem die »Gefühlsambivalenz« der Hinterbliebenen betont: Der Verlust der »Identifikationsfiguren« führe zur Krise der Trauer, welche auch die Etikette fordere. Zugleich gebe der Tod des »Vaters« auch Anlaß zu der freudigen Hoffnung, endlich an seine Stelle zu treten. Wie in FRAZERS »Goldenem Zweig« ersetzen bei FREUD letztlich eindrucksvolle Spekulationen die realistische Darstellung und Analyse fremder Bräuche: Die Brüderhorde der Söhne soll sich nach der Ermordung des Urvaters immer wieder zu »Totem-Mahlzeiten« vereint haben, bei denen sie des kannibalistischen Urverbrechens gedachte und ihre Schuldgefühle durch Verehrung des zum »Totem« gewandelten Vaters beruhigte. In sämtlichen dieser frühen, spekulativen Darstellungen ist der Tod Ausgangspunkt für Reflexionen über den Konflikt zwischen Gefühl und Etikette, natürlicher und sozialer Person, Individuum und Gesellschaft.

Alle diese Perspektiven haben Raum in dem 1907 von HERTZ entwickelten

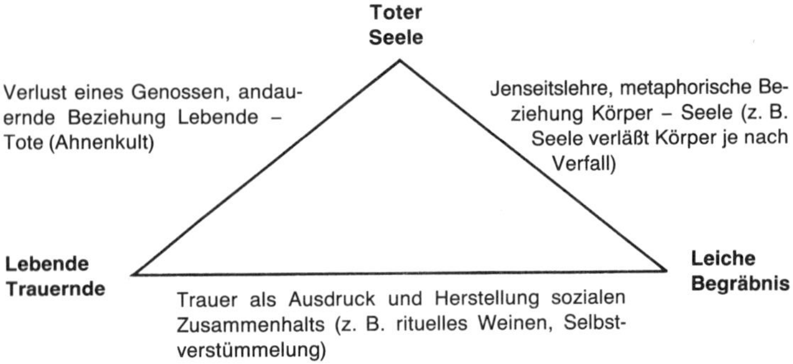

Schema sozialer, psychischer und ideologischer Aspekte des Todes (s. Abb.).

Die Beobachtung des körperlichen Zerfalls und die Idee einer seelischen Existenzform des Toten erzeugen kosmologische und eschatologische Spekulationen. Die direkte Konfrontation der Hinterbliebenen mit der Leiche aber fördert den Zusammenhalt der Gruppe durch gemeinschaftsstärkende Trauerriten. Der Verlust des Toten als Mitmensch wird mit Ahnenkulten und anderen Formen des Verkehrs mit dem Jenseits beantwortet.

Die seit den 20er Jahren verstärkt betriebene ethnographische Detailforschung konnte die frühen Ansätze weiterentwickeln und konkretisieren. MALINOWSKI (1916) analysierte die an die Tatsachen von Tod und Geburt gebundenen Vorstellungen der Trobriand-Insulaner von der Wanderung des Menschen zwischen dem Diesseits und dem Jenseits. Der diesseitigen Welt wird eine Toteninsel entgegengestellt, die sich aber nicht als Paradies von der realen Welt unterscheidet. MALINOWSKI interpretiert dies als *social idea* einer ohnehin auf »Gleichheit und Gegenseitigkeit« angelegten Kultur. Die *baloma* (Totenseelen) sind im Grunde weiter ein Teil des Diesseitigen. Im Gegensatz dazu empfänden die Europäer Schrecken, wenn sie mit den Toten konfrontiert werden, weil deren Ort in der christlich-abendländischen Vorstellung gerade nicht mehr »von dieser Welt« ist.

Unter dem Eindruck langer Feldforschungen kam die britische Ethnologie von FRAZERS Leitvorstellung des »Königsmordes« ab. So schilderte beispielsweise EVANS-PRITCHARD (1948) die Totenbräuche der nilotischen Schilluk als Ausdruck sozialer Spannungen und damit gerade nicht als eine Art Drama um die Vergänglichkeit der irdischen Existenz und die Ewigkeit der sozialen Ordnung. Die deutsche kulturmorphologische Völkerkunde jedoch beschäftigte sich weiter mit mythologischen und existentiellen Aspekten des Todes und des Tötens. Nach JENSEN (1951) trifft man in Pflanzergesellschaften häufig auf die Vorstellung, das Leben und die Kulturgüter seien durch den Opfertod von Urzeitwesen *(Dema)* entstanden und die spielerische oder auch wirklich tötende Wiederholung dieses Dramas sichere den Kreislauf von Werden und Vergehen. Andere deutsche Ethnologen erarbeiteten kulturvergleichende (KOTY 1934) oder kulturhistorische (K. E. MÜLLER 1968) Korrekturen der herkömmlichen evolutionistischen Spekulationen zu den Themen Altentötung und Königsmord. Nach diesen Arbeiten setzen Tötungsbräuche eine relativ entwickelte Agrargesellschaft voraus, seien also nicht »primitiv«; andererseits wurde das Mythologem von der getöteten Gottheit auch bei Wildbeutern, vor allem bei Jägern gefunden (STRAUBE 1955; ZERRIES 1958).

Die Ethnologie der 70er und 80er Jahre wendet sich wieder stärker dem Einzelnen, dem Körper, elementaren Symbolen und Kategorien und damit auch wieder dem Problem des Todes zu. HUNTINGTON/METCALF (1979) knüpften an die klassischen Studien von DURKHEIM, HERTZ und der britischen Sozialanthropologie an, um die Wechselbeziehungen zwischen politischer Macht, Identifikation mit Königen und Stammesführern, die die Gesamtgesellschaft verkörpern, und dem Totenkult in verschiedenen historischen und tribalen Kulturen zu erhellen. Neuere Übersichten (STUBBE 1984; Curare 1985) versammeln viel Material zum Thema Tod und Trauer, ohne jedoch unbedingt über die spekulativ entwickelten Themen von FRAZER, DURKHEIM oder HERTZ hinauszukommen.

→ Ahnen, → Alter, → Charisma, → Fest, → Geburt, → Identität, → Initiation, → Körperveränderung, → Krankheit, → Krieg, → Mythos, → Opfer, → Pflanzer, → Prestige, → Religion, → Ritual, → Zeit

ARIES, P., Geschichte des Todes. München 1980 (orig. franz. Paris 1978) – DURKHEIM, E., Die elementaren Formen des religiösen Lebens. Frankfurt 1981 (orig. franz. Paris 1912) – FRAZER, J. G., The Golden Bough. London 1890 (dtsch. Frankfurt 1968) – FREUD, S., Totem und Tabu. Wien 1912/13 – HERTZ, R., Contribution à une étude sur la représentation collective de la mort. Année Sociologique X, 1907 – HUNTINGTON, R./METCALF, P., Celebrations of Death. Cambridge 1979 – JENSEN, A. E., Über das Töten als kulturgeschichtliche Erscheinung. Paideuma IV, 1950 – MARTINO, E. de, Morte e pianto rituale nel mondo antico. Turin 1958 – SCHERKE, F., Über das Verhalten der Primitiven zum Tode. Langensalza 1923 – STUBBE, H., Formen der Trauer. Berlin 1984

Thomas Hauschild

Verhalten Der Mensch ist, wie GEHLEN 1961 formulierte, »von Natur aus ein Kulturwesen«. Darin liegen seine Freiheit und die Vielfalt seiner kulturellen Äußerungen begründet, aber auch eine konfliktträchtige Verhaltensunsicherheit in vielen Situationen, in denen Tiere aufgrund angeborener Verhaltensprogramme instinktiv richtig – im Sinne der Arterhaltung – handeln. Die kulturelle Tradition muß beim Menschen das ersetzen, was dem Tier als angeborenes Wissen zur Verfügung steht. Kultur ist – in der Perspektive der Theorie vom »Mängelwesen« (GEHLEN) – ritualisiertes, genormtes und von einer sozialen Gruppe kontrolliertes Verhalten, das jedes Gruppenmitglied im Laufe seines Sozialisationsprozesses lernt und verinnerlicht. Aus der Tatsache, daß es so viele verschiedene Kulturen gibt, wurde in der diffusionistischen Ethnologie geschlossen, das menschliche Verhalten sei unendlich variabel und lasse sich nicht mit den stabilen und voraussagbaren Verhaltensmustern niederer Arten vergleichen. Das scheint aber nicht ganz zu stimmen.

Im Laufe dieses Jahrhunderts haben »Vitalisten« und »Mechanisten«, wie man die Anhänger einer reinen Instinkttheorie und die milieutheoretischen Behavioristen auch genannt hat, zum Teil erbittert darüber gestritten, ob Verhalten generell angeboren oder erlernt (»konditioniert«) sei. Die Untersuchungen, mit denen das eine oder das andere nachgewiesen werden sollte, wurden allerdings überwiegend an Tieren vorgenommen – die PAWLOWschen Hunde sind ebenso berühmt geworden wie die Ratte in der SKINNER-Box. Seine Brisanz erhielt der Streit aber dadurch, daß man die an Tieren gewonnenen Erkenntnisse ziemlich rasch auf den Menschen bezog – zur Lösung der entscheidenden anthropologischen Frage des *nature-nurture*-Problems.

Die empirischen Verfechter der schon im 18. Jahrhundert formulierten *Milieutheorie* waren vor allem PAWLOW mit seinem Nachweis der Wirksamkeit bedingter Reflexe sowie die amerikanischen Behavioristen WATSON, THORNDIKE und SKINNER. Sie wiesen experimentell nach, daß Verhaltensmuster erlernt werden, und zwar am Erfolg oder Mißerfolg eines zunächst nur zufällig ausgeführten Verhaltens. Erfolg wirkt als Verstärker, während Mißerfolg Verhaltenshemmungen aufbaut.

Demgegenüber betonen die Evolutionisten in der Nachfolge von DARWIN die Wichtigkeit biologischer Verhaltensmuster (»Ethogramme« bei KEITER 1966) als Ergebnis stammesgeschichtlicher Anpassung. Der evolutionäre Prozeß sei zwar auch ein am Erfolg orientiertes Lernen, er laufe aber im Generationentempo der Artengeschichte ab. Das Individuum erbt den Erfahrungsschatz aller seiner Vorfahren, kommt also genetisch »vorprogrammiert« auf die Welt, perfekt an seinen artgemäßen Lebensraum angepaßt. Als Begründer der vergleichenden Verhaltensforschung (Ethologie), die sich mit den biologischen Wurzeln des Verhaltens befaßt, gelten HEINROTH, LORENZ und TINBERGEN. Sie entwickelten in den 30er Jahren die Methoden dieser Wissenschaft und definierten die grundlegenden Begriffe wie *Erbkoordination, Instinkt, Schlüsselreiz, Auslöser, Appetenzverhalten* oder *Übersprungbewegung*.

Für die Ethnologie sind vor allem zwei jüngere Teilgebiete der Ethologie von großem Interesse, nämlich die *Soziobiologie* (Sozio-Ökologie, Öko-Ethologie) und die Humanethologie. Wegweisend für die Soziobiologie ist der Insektenforscher E. O. WILSON, der diesen Forschungsansatz als »die neue Synthese« von Evolutionstheorie und Genetik bezeichnet. Die Soziobiologie untersucht die Selektionsvorteile, die bestimmte Sozialstrukturen unter bestimmten Umweltbedingungen bieten, und zwar nicht im Sinne der *Arterhaltung*, sondern der individuellen *Gen-Erhaltung*. Aspekte sozialen Verhaltens, z. B. Brutpflege, Fürsorge, Verteidigungsbereitschaft, werden daraufhin geprüft, ob sie den Fortpflanzungserfolg des individuellen Erbguts insgesamt fördern (»Eigennutz der Gene«). Wer sein eigenes Leben hingibt, um das seiner Kinder zu retten, handelt – soziobiologisch gesehen – nicht altruistisch, sondern egoistisch, da jedes Kind 50% der Gene seines Erzeugers bewahrt und eines Tages weitergeben kann.

Die von EIBL-EIBESFELDT begründete *Humanethologie* beschäftigt sich mit den stammesgeschichtlichen Anpassungen im Verhalten des Menschen, die nicht nur als rudimentäre Erblasten (z. B. als Reflexbewegungen) eine Rolle spielen, sondern sein Sozialverhalten weitgehend beeinflussen. Zusammen mit HASS hat EIBL-EIBESFELD eine Dokumentation menschlichen Sozialverhaltens in ungestellten Film- oder Tonbandaufnahmen begonnen, die zu einer Fundgrube bisher nicht oder nur unzureichend beachteter Verhaltensmuster wurde. Große Ähnlichkeit weisen bei allen untersuchten Völkern die mimischen Ausdrucksbewegungen bei Freude, Trauer, Überraschung, Schmerz oder Ekel auf. Gesten der Bejahung oder der Verneinung, der Begrüßung oder des Abschieds können zwar von Kultur zu Kultur variieren, lassen aber deutlich eine gemeinsame Basis erkennen. Das gleiche gilt für Interaktionen zwischen Mutter und Kind, für Gesten der Freundschaft und der Liebe und für die verschiedenen Stufen aggressiver Auseinandersetzung – von der verbalen Drohung bis zum handgreiflichen Kräftemessen.

Auf die erstaunlichen Ähnlichkeiten zwischen stammesgeschichtlichen und kulturellen Ritualisierungen haben vor allem WICKLER und O. KOENIG hingewiesen; letzterer möchte mit Arbeiten über das »Ethogramm der Unifom« oder die »Ritualisierung des Auges in der Ornamentik« eine »Kulturethologie« als Sonderform der Humanethologie begründen.

Als *ritualisiert* bezeichnen alle Sozialwissenschaften eine durch Gewohnheit eingeschliffene Handlung, die dem, der sie ausführt, so »in Fleisch und Blut übergegangen ist«, daß er ihren Sinn nicht mehr in Frage stellt und ihre einzelnen Komponenten kaum noch wahrnimmt. Ethologen unterscheiden zwischen phylogenetischer und ontogenetischer Ritualisierung, je nachdem, ob ein beobachtetes Verhaltensmerkmal als Ergebnis stammesgeschichtlicher Anpassung vererbt oder vom Individuum aufgrund persönlicher Erfahrung erworben wird.

Das drohende Anstarren eines Gegners, das diesen erschreckt und womöglich zur Flucht veranlaßt, kann in phylogenetischer Ritualisierung als Augenfleck auf einem Schmetterlingsflügel erscheinen, aber auch als magisches Auge, das den »bösen Blick« abwehrt, in menschlichen Kulturen wiederkehren. So trug LORENZ (1964) Indizien dafür zusammen, daß unser Begrüßungslächeln *(keep smiling)* eigentlich eine ritualisierte Drohgebärde ist, mit dem wir unserem Gegenüber »die Zähne zeigen«.

Das auffällige rote Hinterteil der Mantelpaviane ist nach WICKLER die phylogenetische Ritualisierung der einst nur für Pavianweibchen typischen Brunstschwellung als soziales Signal der Beschwichtigung; und so ist auch aus dem »Aufreiten« des Ranghöheren auf ein rangniederes Tier ein soziales Signal geworden, das wie ein Geschlechtsakt aussieht, aber keiner ist. Das Aufreiten als Rangdemonstration bildet wiederum die Grundlage für eine weitere

Ritualisierung: das phallische Imponieren. Wickler zieht in einer Abhandlung über »Ursprung und biologische Deutung des Genitalpräsentierens männlicher Primaten« eine Verbindungslinie vom artspezifischen »Wachesitzen« verschiedener Meerkatzen und Paviane zu den bisher als Fruchtbarkeitsstatuen interpretierten »ithyphallischen« (von griech. *ithy* = aufgerichtet) Hermen der Antike oder zu den Wächterfiguren der Südsee.

Während sich bei diesem Beispiel die ursprüngliche Signalfunktion erhalten hat, weisen andere Ritualisierungen, vor allem solche im Dienst sozialer Bindung, häufig archaische Verhaltenselemente in einem neuen Sinnzusammenhang auf (z. B. der Kuß als Ritualisierung einer Mund-zu-Mund-Fütterung aus dem Brutpflegekomplex). Als Beispiel für die kulturelle Umformung einer stammesgeschichtlichen Anpassung kann die »soziale Ausstoßreaktion« dienen, mit der Tiere und Menschen kranke, mißgebildete oder im Verhalten abweichende Individuen aus der Gruppe eliminieren. Sie führt in zahlreichen Kulturen zur Sonderbehandlung der mit angeborenen Mängeln behafteten Personen, sei es, daß man sie von Fremden aufziehen läßt, sei es, daß man sie von klein auf zu einem außergewöhnlichen Beruf bestimmt: Künstler, Schamanen, Schmiede oder Töpfer dürfen häufig nur diejenigen werden, die mit irgendwelchen Anomalien zur Welt gekommen sind.

Zu den biologischen Grundkomponenten menschlichen Verhaltens gehören Aggressions- und Bindungsbereitschaft in gleichem Maße, und es hängt von der jeweiligen Kultur ab, wie stark sie die eine oder andere Verhaltensmöglichkeit erzieherisch fördert oder unterdrückt. Universell verbreitete Verhaltensmuster wie die menschliche »Territorialität« (die angeborene Neigung, ein eigenes Wohngebiet abzugrenzen und gegen Fremde zu verteidigen), die Inzestscheu, die Liebe zum eigenen Kind oder die Abneigung gegen Fremde, die sich nicht nur in Kriegen ausdrückt, sondern auch in der Ritualisierung von Außenkontakten, stellen, auch wo sie zunächst trennend oder diskriminierend wirken, doch eine Grundlage dar, auf der eine Verständigung über alle kulturellen Schranken hinweg möglich erscheint.

→ Alter, → Erziehung, → Evolution, → Geburt, → Geschlecht, → Institution, → Krieg, → Magie, → Nachbarschaft, → Rasse, → Recht, → Ritual, → Spiel, → Verwandtschaft, → Wir-Gruppe

Ardrey, R., The Territorial Imperative. London 1966 (dtsch. Wien etc. 1968) – Eibl-Eibesfeldt, I., Der vorprogrammierte Mensch. Wien etc. 1973 – Koenig, O., Kultur und Verhaltensforschung. München 1970 – Lorenz, K., Über tierisches und menschliches Verhalten. 2 Bde., München 1965 – Lorenz, K./Leyhausen, P., Antriebe tierischen und menschlichen Verhaltens. München 1968 – Skinner, B. F., Science and Human Behavior. New York 1965 (dtsch. München 1973) – Weidkuhn, P., Aggressivität, Ritus, Säkularisierung. Basel 1965 – Wickler, W., Stammesgeschichte und Ritualisierung. München 1970 – Wilson, E. O., Sociobiology – The New Synthesis. Cambridge, Mass. 1975

Gisela Maler

Verwandtschaft Daß jeder Erwachsene in der Regel mit drei verschiedenen Verwandtschaften verbunden ist – der seines Vaters, der seiner Mutter und der seines Ehepartners –, ist allen menschlichen Gesellschaften gemeinsam und wurde zum ersten Mal von MORGAN in »Systems of Consanguinity and Affinity of the Human Family« (1871) ausgeführt. Heute, nach über hundert Jahren verwandtschaftsethnologischer Forschung, versteht man unter dem Begriff *Verwandtschaft* das Folgende:

1. die *genealogischen Verbindungen* eines Individuums zu seinen beiden Eltern und, durch diese vermittelt, zu einer theoretisch (nicht faktisch) unbegrenzten Zahl weiterer Personen. Die These, daß es Gesellschaften gebe, in denen die genealogische Beziehung zu jeweils einem Elternteil geleugnet wird, ist umstritten (SCHEFFLER 1973).

2. die *spezifische Moralität*, die diesen Beziehungen innewohnt, und in der Grundnorm einer voraussetzungslosen Hilfsbereitschaft erscheint (*axiom of amity* oder *prescriptive altruism* bei FORTES 1969).

3. die Wörter mit denen Verwandte bezeichnet werden *(Verwandtschaftsterminologie)*.

Auch die durch Heirat begründeten Beziehungen gelten häufig als verwandtschaftlich, mit der Einschränkung, daß die erste der genannten Kennzeichnungen auf sie nicht zutrifft. Diese *Affinalrelationen* werden darum in der anglophonen Literatur meistens mit den Verwandtschaftsbeziehungen im engeren Sinne, den *konsanguinalen*, unter dem Titel *kinship and marriage* thematisch zusammengefaßt. Aber auch für diese letzteren gelten in vielen Stammesgesellschaften genealogische Verbindungen nicht als zwingend notwendig, so daß auch solche Personen als Verwandte bezeichnet und behandelt werden, zu denen eine nachweisbare genealogische Beziehung nicht besteht. Dies erlaubt, das verwandtschaftliche Verhältnis über den Bereich der Familie und der unmittelbaren Verwandtschaft *(kindred)* hinaus auszudehnen und unterstreicht den sozialen Charakter verwandtschaftlicher Bindungen. Der früheren ethnologischen Theorie erschien hingegen das Kriterium der Blutsverwandtschaft als entscheidend; sie stellte der »zivilisierten Gesellschaft«, in der die Menschen als Angehörige eines Staates auf dessen Territorium leben, die durch »Blutsbande« zusammengehaltene »Horden-« und »Gentilgesellschaft« gegenüber. Die spätere Forschung hat jedoch gezeigt, daß Verwandtschaftssysteme nicht einfach Ausdruck biologischer Beziehungen sind und daß es bei den meisten »primitiven« Gesellschaften auch andersartige Sozialbeziehungen und -gebilde gibt, daß das Verwandtschaftssystem also nicht einfach identisch mit dem Sozialsystem ist. Dennoch bleibt der Verwandtschaft die Bedeutung eines fundamentalen Ordnungsprinzips dank der Tatsache, daß der Zugang zu anderen Statusrollen ebenfalls durch die Geburt geregelt ist und von der Zugehörigkeit zu Verwandtschaftskategorien abhängt. Solche Positionen können die des Besitzers eines materiellen oder immateriellen Gutes, des Inhabers eines Amtes oder des Angehörigen einer bestimmten Gruppe sein. Anders ausgedrückt: bei Vererbung, Amtsnachfolge und Einverleibung in Gruppen spielt in einfachen Gesellschaften das Kriterium der Verwandtschaft und nicht das von persönlicher Eignung, Leistung oder Motivation die entscheidende Rolle.

Hierbei sind jedoch nicht alle Arten von Verwandtschaftsbeziehungen gleichberechtigt. Meistens wird eine Einschränkung in der Weise gemacht, daß nur die Abkömmlinge eines bestimmten Ahnen (oder einer Ahnin) für die betreffende Statusübernahme in Betracht kommen. Ein derartiges Abstammungsmodell kann noch weiter eingeschränkt werden durch die Bestimmung, daß nur die Angehörigen jeweils eines Geschlechts die Zugehörigkeit weitervererben. Sind dies die Männer, so entsteht ein *patrilineares* Deszendenzmodell, im anderen Fall ein *matrilineares*. In letzterem stehen die Männer einer Abstammungsgruppe nicht in der Beziehung von Vater und Sohn zueinander, sondern in der von Onkel mütterlicherseits (Oheim) und Neffe.

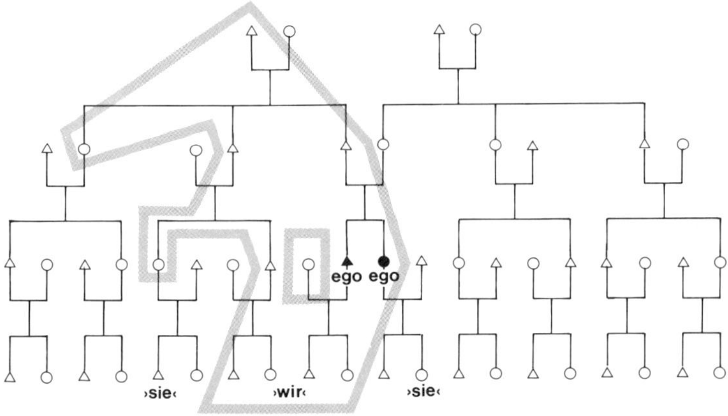

Schema einer patrilinearen Abstammungsgruppe

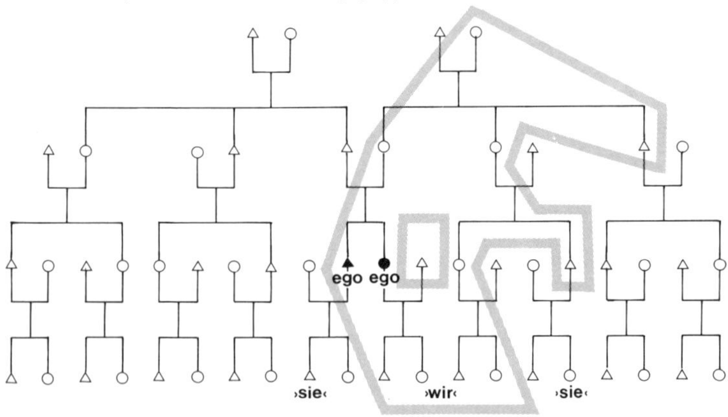

Schema einer matrilinearen Abstammungsgruppe

Werden nun Vererbung, Amtsnachfolge und Zugang zu Gruppen gemäß diesen Modellen geregelt, so entstehen patri- bzw. matrilineare Erb- und Sukzessionsfolgen und – vielleicht am wichtigsten – Abstammungsgruppen. Für diese letzteren hat sich der englische Terminus *lineage* durchgesetzt; auch das bekanntere Wort *Klan*, das sonst für die nicht-unilineare Abstammungsgruppe *(Sippe)* steht, wird in der neueren Literatur meist in dieser Bedeutung verwendet.

Unilineare Abstammungsgruppen können *Körperschaften* sein, d. h. als Ganze über Rechtstitel – vor allem Besitz an Land und anderen Produktionsmitteln – verfügen. Zu ihrem verwandtschaftlichen Charakter, den sie aus der Sicht der Angehörigen besitzen, tritt damit der von juristischen Personen; die Sphäre juridisch-politischer Beziehungen überlagert hier den Bereich der Verwandtschaftsverhältnisse (FORTES 1969).

Die in einer Kultur standardisierte Benennung von Verwandten erfolgt entweder in *deskriptiver* Weise, d. h. durch Bildungen wie »Vater-Bruders-Sohns-Tochter«, oder *klassifizierend*, nämlich durch die Zusammenfassung mehrerer Typen von Verwandten unter einen Terminus. Solche Aufteilungen mißachten oft in auffallender Weise natürlich erscheinende Unterschiede wie die der Generationen oder solche zwischen direkter und seitlicher Abstammungslinie.

In der frühen Ethnologie (z. B. bei MORGAN) wurden darin Zeugnisse längst vergangener Formen von Heirat und Familie, auch von sexuellen Gruppenverbindungen oder von regelloser Promiskuität gesehen. Später versuchte man die Verwandtschaftstermini vor allem aus der Struktur unilinearer Verwandtschaftsgruppen zu erklären (MURDOCK 1949). Die heutige Forschung verwirft die Vorstellung derartiger unmittelbarer Übereinstimmungen zwischen Terminologie und Sozialstruktur und nimmt nur indirekte Beeinflussungen an (LOUNSBURY 1964; SCHEFFLER 1973).

In vielen Gesellschaften sind mit bestimmten Verwandtschaftsbeziehungen Verhaltensvorschriften oder -erwartungen verknüpft, die sich von der relativ unspezifischen Norm allgemeinen Beistands innerhalb der Verwandtschaft (SCHNEIDER 1968) markant abheben. Es handelt sich hierbei entweder um das Gebot, den direkten Umgang mit bestimmten Verwandten – im häufigsten Fall mit der Schwiegermutter – zu vermeiden, oder – eher umgekehrt – um die gesellschaftliche Ermunterung zu einem extrem respektlosen, typischerweise sexuell anzüglichen Verhalten *(joking relationship, Scherzverwandtschaft)*, z. B. zur Schwägerin oder zum Schwager, zum Mutterbruder oder zwischen Großeltern und Enkeln. Trotz ihres gegensätzlichen Charakters wurden Meidungsgebote wie Scherzverwandtschaften meist als Vorkehrungen interpretiert, Spannungen und Konflikte, die sich aus der Beschaffenheit des Sozialsystems unvermeidlich ergeben, durch eine Ritualisierung des Verhaltens unter Kontrolle zu halten (RADCLIFFE-BROWN 1924; EGGAN 1937).

Die Grenze des als verwandt klassifizierten Pesonenkreises ist selten klar. Auch berührt Verwandtschaft sich oft mit anderen Arten von Sozialbeziehung – Freundschaft, Nachbarschaft, Alterskameradschaft –, die der verwandtschaftlichen in ihrer Moralität ähnlich sein können. Das ermöglicht es Individuen, die Zuschreibung der Eigenschaft »Verwandter« und die damit verbundenen Ansprüche und Pflichten aktiv zur Gestaltung ihrer persönlichen Beziehungen einzusetzen. Verwandtschaft stellt also nicht ausschließlich einen vorgegebenen und feststehenden Komplex von Ordnungskategorien dar, sondern ist auch eine Ressource symbolischer Werte für jene auf den eigenen Vorteil bedachten Handlungen *(Transaktionen)*, aus denen das soziale Leben zu einem nicht geringen Teil besteht.

→ Ahnen, → Alter, → Bund, → Geburt, → Geschlecht, → Heirat, → Identität, → Institution, → Körperschaft, → Nachbarschaft, → Netzwerk, → Recht, → Segmentäre Gesellschaft, → Sozialanthropologie, → Struktur, → Tod, → Wir-Gruppe

Fox, R., Kinship and Marriage. London 1967 – Fortes, M., Kinship and the Social Order. London 1969 – Goody, J. (Hrsg.), The Character of Kinship. Cambridge 1973 – Keesing, R., Kin Groups and Social Structure. New York 1975 – Lévi-Strauss, C., Les structures élémentaires de la parenté. Paris 1949 – Müller, E. W., Der Begriff »Verwandtschaft« in der modernen Ethnosoziologie. Berlin 1981 – Murdock, G. P., Social Structure. New York 1949 – Radcliffe-Brown, A. R., Structure and Function in Primitive Society. London 1952 – Schmitz, C. A., Grundformen der Verwandtschaft. Basel 1964

Burkhard Ganzer

Völkerpsychologie Die im heutigen Universitätskanon nicht mehr vertretene Disziplin gleicht einem verstorbenen Zwillingsbruder der Ethnologie. Mühlmann nannte die Völkerpsychologie eine »Spätfrucht der Romantik« (1968), was auch die Ethnologie in vielen Teilen ist. Gutmann sah in ihr die »Höchstform der Ethnologie« (1962), weil sie ins Seelenleben der Völker eintauche. Als »Psychologie der Nichtokzidentalen« (Mühlmann), vereinzelt auch als Volkscharakterologie haben ihre Hauptfragen die Disziplin überlebt.

Völkerpsychologie war zu Beginn des 19. Jahrhunderts die Lehre vom schöpferischen Volksgeist, den Herder, Hegel und v. Humboldt entdeckt hatten und der sich am greifbarsten in der Sprache offenbaren sollte. Infolgedessen hieß die 1859 von den Schülern des Psychologen Herbart (1816), Lazarus und Steinthal, gegründete Zeitschrift »für Völkerpsychologie und Sprachwissenschaft«. Sprache galt als beispielshaftes Kollektiverzeugnis einer Volksgemeinschaft, die im »gleichen Bewußtsein Vieler mit der Bewußtheit von dieser Gleichheit« (Steinthal) ihren Grund habe. Dieser gruppentypologische Zugang zur Völkerkunde war schon von Hume (1770) beschritten worden; Chenevix (1832) hatte den Unterschied zwischen Individual- und Gruppencharakter als Verhältnis des Besonderen zum Allgemeinen definiert. Ähnlich gingen später Steinmetz (1902), Fouillée (1903), Vossler (1926) oder Barker (1927) vor, bis das Konzept der »Volksseele« in die Kritik der Sozialpsychologie geriet (Fyfe 1946 u. a.).

Gegen den metaphysischen Volksgeistbegriff und die romantische Völkercharakterologie hatte sich schon der Experimentalpsychologe Wundt ausgesprochen. Für ihn war Völkerpsychologie Entwicklungspsychologie; sie periodisiere, während die Völkerkunde von Bastian und Ratzel historische Vorgänge rekonstruiere. Wundts Stufenfolge »Animismus – Totemismus – Heldenzeit – Götterzeit – Humanität der Weltreligionen« konnte sich mit den evolutionistischen Konstruktionen Spencers oder Galtons messen und entsprach einer fortschreitenden Abstraktion und Verdichtung der ursprünglichen »Bilderserien« des primitiven Menschen. Dessen Psyche stand im Zentrum der nachevolutionistischen Völkerpsychologie, die vor allem mit dem Namen Lévy-Bruhl verbunden ist. Seine Idee vom »prälogischen« Denken (1910, 1912, 1927, 1931) stieß in der zeitgenössischen Völkerkunde auf heftigste Kritik (Thurnwald 1928; Evans-Pritchard 1934 u. a.), weil damit eine Abwertung der »Naturvölker« und ihrer geistigen Fähigkeiten verbunden schien. Doch meinte Lévy-Bruhl, der u. a. die Feldberichte Gutmanns auswertete, weniger ein un- oder antilogisches Denken, als vielmehr »das Fehlen der Verpflichtung, sich des Widerspruchs zu enthalten« (1921). Diese größere Freiheit des primitiven Denkens, das neben den Regeln der Vernunft auch andere Erkenntnisquellen zuläßt, wurde in den posthum veröffentlichten »Carnets« (1949) am klarsten formuliert und dürfte der Bedeutung gerecht werden, die Traum, Trance und Rausch in Stammesgesellschaften genießen. Lévy-Bruhl war vom französischen Surrealismus beeinflußt, und seine Arbeiten richteten sich entschieden gegen die rationalistische Gesellschaftsinterpretation der Durkheim-Schule.

Daß die prälogischen Denkoptionen auch dem »zivilisierten« Menschen zur Verfügung stehen, wurde in der Leipziger »Strukturpsychologie« herausgearbeitet. Ausgehend von der »passiven Synthesis« und den »vorprädikativen Urteilen« Husserls beschrieb Krueger (1928, 1935) ein diffus-gefühlsartiges Erleben, die »Komplexqualitäten« der archaischen Mentalität, die älter als der Logos seien und phylogenetisch, ontogenetisch wie aktualgenetisch dem Denken in figuralen, abgehobenen und gegliederten Gestalten vorgeordnet seien. Das weite Feld außerhalb des »apperzeptiven« (d. h. bewußten, die Verstandeskategorien einsetzenden) Denkens wurde in den einzelnen tiefenpsychologischen Schulen mit unterschiedlichem Bezug auf nichtindustrialisierte Völker beschrieben. Am bekanntesten wurde der »archaische Mensch« von Jung (1931), dem kausales Denken bekannt, jedoch kein geheiligtes Dogma sei, der aber andrerseits in der Ablehnung des Zufalls Kausalität ernster nehme. Die archaische Psyche überschreite auch die Subjekt-Objekt-Grenze: Ängste würden nach außen lokalisiert und Strebungen personalisiert. Bei der Untersuchung des »Denkens in Bildkomplexen« (Preuss 1914) und seiner kulturellen Äußerungen entdeckte man Gefühlsmischungen, auf die am ehesten der von Bleuler (1931) geprägte Begriff der Ambivalenz als einer Lust und Unlust einschließenden Disposition paßte (z. B. für Tabu, Heiligkeit, Magie etc.). Die vom Gefühl gesteuerte, oft doppelwertige Gedankenverbindung, das »Gesetz der Teilhabe« (Lévy-Bruhl) oder »Prinzip der Affektgemeinschaft« (Kretschmer) ist – und das dürfte der wesentlichste Beitrag der Völkerpsychologie zu einer allgemeinen Anthropologie sein – typisch für »das durch rationale Denkerziehung nicht gesteuerte, bequeme Alltagsdenken, dem auch der wissenschaftliche Mensch außerhalb seiner Berufsarbeit noch nachgibt« (MÜHLMANN).

Der Aspekt der Kreativität des Volksgeistes wurde in HELLPACHS Völkerpsychologie (1937) thematisiert. Im Gegensatz zur romantischen und noch von seinem Lehrer WUNDT vertretenen »Kollektivvorstellung« beschränkte HELLPACH die schöpferischen Momente auf »Entwicklungswenden« – historische Eingriffe seitens Einzelpersönlichkeiten. In enger Korrespondenz mit der damaligen Elitepsychologie (LANGE-EICHAUM 1928; KRETSCHMER 1929) beschrieb er das Spannungsverhältnis zur »konventionellen Mittelmäßigkeit«, das auch bei »Naturvölkern« zu finden sei. Entsprechende Studien über »Siebungsprozesse« als soziale Auslese lieferte THURNWALD, der als Gründer der »Zeitschrift für Völkerpsychologie und Soziologie« (1925–33) sich auch als Völkerpsychologe verstand.

HELLPACHS zweites Thema war die Weiterentwicklung der von LAVATER (1775) begründeten, von CARUS (1853), DUCHENNE (1861) oder auch DARWIN (1872) fortgeführten, von LERSCH (1943) schichtpsychologisch und von F. LANGE (1940) physiologisch vertieften Antlitzkunde (Physiognomie). In der »Deutschen Physiognomie« (1942), die 1947 durch eine »Amerikanische Physiognomie« ergänzt wurde, zog HELLPACH völkerpsychologische Schlüsse aus Gesichtstypen *(prosopon)*, die neben Rasse und Konstitution *(genopon)* auch individuelles Erleben *(idiopon)* und tradierte Haltungen, Gebarensweisen und Moden *(ethopon)* widerspiegelten.

Das Verhältnis THURNWALDS und MÜHLMANNS zur Völkerpsychologie, ja zur Psychologie allgemein, war in der deutschen Ethnologie einmalig. Die Kulturhistoriker, die die Vielfalt individueller Veranlagungen bei den Völkern für konstant hielten (BOAS 1924, 1932), bewahrten Distanz – ebenso die britischen Sozialanthropologen. Am Ursprung beider Richtungen standen aber viele Psychologen, z.B. die Teilnehmer der Torres-Expedition (1898/99) HADDON und RIVERS. BASTIAN schrieb »Beiträge zur vergleichenden Psychologie« (1868) und noch MALINOWSKI hörte 1910 in Leipzig WUNDT, wie vor ihm BOAS und DURKHEIM. Die enge Verbindung zwischen der Leitwissenschaft des ausgehenden 19. Jahrhunderts und der aufstrebenden Ethnologie erhielt sich nur in Amerika (RADIN 1927; GOLDENWEISER 1933), wo in der »Kultur- und Persönlichkeitsforschung« von KARDINER und LINTON (1936–50) eine einmalige Synthese gelang. Das Bindemittel waren psychoanalytische Gedanken (SCHOENE 1966), die in späteren Integrationsversuchen wie der *Ecological Psychology* (EDGERTON/GOLDSCHMIDT 1971) oder der *Psychobiological Anthropology* (BOLTON 1973) fehlten.

Zwar hatte die Ethnologenzunft auf die Gleichsetzung des Seelenlebens von Wilden, Kindern und Neurotikern bei FREUD (1912) und REIK (1919) ähnlich allergisch reagiert wie auf LÉVY-BRUHL, doch an der »Ödipus-Diskussion« der Neofreudianer (FROMM 1934; ERIKSON 1957; MUENSTERBERGER 1967 u.a.) beteiligten sich viele Ethnographen (MALINOWSKI 1924; MEAD 1935; FORTES 1959). Seit RÓHEIM (1925, 1941, 1943) gab es auch psychoanalytische Feldforschungen, in denen z. B. der Volksgeist als »kollektives Über-Ich« wiederentdeckt wurde (PARIN/MORGENTHALER 1963, 1971).

Ein weiterer Einspruch gegen die psychologische Abstinenz in der Ethnologie kam von seiten der Paläopsychologie (SCHELTEMA 1954; WELTER 1962), für die der Übergang vom Jungpaläolithikum zum Neolithikum nur als entwicklungspsychologischer Sprung denkbar ist. Sie hält daher für bedeutsam, was Ethnologen wie FRIEDRICH (1941) oder SCHUSTER (1960) über die »Grundveranlagung des jägerischen Menschen« aussagten, seine Vorliebe für Verwandlungen, Übergänge zwischen Traum und Wirklichkeit, Doppelexistenzen *(Werwolf, Alter ego)* und Gleichsetzungen von Mensch und Tier. Die Paläopsychologie ist ansonsten ganz auf die Interpretation der frühen Kunst angewiesen, in der Dreidimensionalität und Abstraktion, das Denken in Begriffspyramiden und eine »Distanz zum Ich« erst mit dem Neolithikum aufzutauchen scheinen (ZIEGERT 1964).

Wesentlich reichhaltiger sind die Methoden der Völkerpsychologen geworden, die noch das alte Ziel der Volkscharakterologie verfolgen. Der Belgier HEUSE hat 1953 anthropologische, ökologische, literarische, anekdotische, linguistische, historische, biographische, ästhetische, statistische und experimentelle Wege aufgezählt, auf denen man dem ethnopsychischen Durchschnittstyp *(collectiv mésologique)* beikommen könne. Er entspricht etwa der »modalen Persönlichkeit«, die DUIJKER und FRIJDA (1960) ebenfalls mit verschiedenen Methoden einfangen wollten. LERSCH experimentierte 1964 mit »völkercharakterologischen Schlüsselwörtern«, die unübersetzbar seien wie das englische *gentleman*, das französische *esprit* oder das deutsche »Gemüt«; und DUNDES stellte 1982 einen Zug des deutschen Nationalcharakters vor, der aus der Häufung von Fäkalausdrücken hervorgehe.

MIROGLIO hatte 1969 zugegeben, daß die Völkerpsychologie in charakterologischer Hinsicht »immer noch in den Kinderschuhen« stecke. In der Tat ist sie hinter die Erforschung von Vorurteilen (interethnische Stereotypen) zurückgetreten, die in der modernen Sozialpsychologie thematisiert werden (LINDZEY 1954; HOFSTÄTTER 1960; BROWN 1965 u. a.); und die andere Aufgabe der Völkerpsychologie, der außereuropäische Beitrag zur allgemeinen Psychologie, wird heute von einer Vielzahl »transkulturell« arbeitender Empiriker wahrgenommen. Ihre Methoden und Ansätze sind so heterogen wie die moderne Psychologie (ABEL/HSU 1949; AL-ISSA/DENNIS 1970), ihre Themen sind Gruppeneigentümlichkeiten der Wahrnehmung (REUNING 1959; SUCHNAN 1966; EVANS/SEGALL 1972; STRECK 1975), Geschlechtsrollen (FIELD 1960; WHITING 1963; LEVINE 1966), Lernprozesse (GEBER/DEAN 1957; AINSWORTH 1962/67; DOOB 1965; MUNROE 1971) oder Aggressivität (FRIED 1954; BOLTON 1973). Gestritten wird vor allem um die Frage der »Kulturfreiheit« moderner Testverfahren (ANASTASI 1954; BRISLIN/LONNER/THORNDIKE 1973), so daß der Ethnologie nahestehende »psychologische Anthropologen« lieber auf standardisierte Verfahren verzichten und die Feldforschung als »Quasiexperiment« betrachten, in dem die reale Lebenssituation die Laborbedingungen ersetzt (BEUCHELT 1983).

→ Ekstase, → Erziehung, → Evolution, → Feldforschung, → Geschlecht, → Hexerei, → Identität, → Kulturanthropologie, → Kunst, → Krankheit, → Logik, → Magie, → Rasse, → Symbol, → Tabu, → Tod, → Verhalten, → Weltbild, → Zeit

Beuchelt, E., Ideengeschichte der Völkerpsychologie. Meisenheim 1974 – Duijker, H. C. J./Frijda, N. H., National Character and National Stereotypes. Amsterdam 1960 – Hellpach, W., Einführung in die Völkerpsychologie. Stuttgart 1937 – Heuse, G. A., La psychologie ethnique. Paris/Brüssel 1953 – Hsu, F. L. K. (Hrsg.), Psychological Anthropology. Cambridge, Mass. 1972 – Thurnwald, R., Ethnopsychologische Studien an Südseevölkern. Zeitschrift für Angewandte Psychologie 1913 – Triandis, H. C. et al., Handbook of Cross-Cultural Psychology. 6 Bde., Boston 1980/81 – Wundt, W., Elemente der Völkerpsychologie. Leipzig 1912

Bernhard Streck

Wanderung Seßhaftigkeit ist nach den Erkenntnissen von Ethnologie und Frühgeschichte eine späte Zivilisationsstufe, die erst im Neolithikum (vor etwa 10 000 Jahren) mit der Erfindung des Anbaus ermöglicht wurde. In den langen Zeiträumen davor pflegte der Mensch sich nur vorübergehend niederzulassen oder – je nach den Wanderungen des Jagdwildes oder der Reifezeit der Wildpflanzen – zwischen saisonalen Wohnsitzen zu pendeln. Jahreszeitlicher Wohnsitzwechsel konnte mit allen kulturellen Konsequenzen bei zeitgenössischen Wildbeutern noch beobachtet werden (vgl. Mauss 1904/05); auch die Formen des Wanderns nach der neolithischen Revolution sind am Beispiel heute lebender Stammesgesellschaften studiert worden: vor allem der *Wanderfeldbau* (Schwendwirtschaft, Brandrodungsfeldbau) in tropischen Zonen (Schlippe 1956; Conklin 1957) und das *Wanderhirtentum* (Pastoralismus) im Steppen- und Trockengürtel. Neben diesen eher zyklischen Ortsveränderungen, die in den Routen der Wanderhandwerker, Handlungsreisenden und Arbeitsmigranten auch in komplexen und industrialisierten Gesellschaften wiederkehren, hat die Ethnologie auch einmalige, einbahnige Ausbreitungswege, die sogenannten *Völkerwanderungen,* studiert.

Die Wanderung von Menschengruppen, aber auch die Verbreitung von Kulturkomplexen oder einzelnen Kulturelementen rückte ins Zentrum des ethnologischen Interesses, als das diffusionistische Denken das evolutionistische verdrängt hatte. Anstatt die vorgefundene Kulturvielfalt als Versteinerungen früherer Entwicklungsstufen zu deuten, begann man, historische Ausbreitungswege zu rekonstruieren. Wie die Sprachwissenschaft im 19. Jahrhundert so fragte die Ethnologie im 20. Jahrhundert nach Ursprung, Urheimat und Herkunft der Völker und ihrer Kulturen. Denn wenn die Annahme der einmaligen Entstehung des Menschengeschlechts (monophyletische Abstammung) zutreffe, müsse die Geschichte eine Geschichte von Wanderungen sein (Lips 1929). Das Vorbild für die Rekonstruktion gab die im Historismus dramatisch aufgearbeitete germanische Völkerwanderung der ersten nachchristlichen Jahrhunderte (Arndt 1844; Gobineau 1853/55; L. Schmidt

1918; KOSSINNA 1927). Entsprechend folgerte RATZEL auch für die übrige Welt: Völker »ergießen sich wie eine Flüssigkeit über freie Räume«, nur von geographischen Barrieren gelenkt oder aufgehalten. Man fand »Unruhezentren«, speziell die Trockengebiete von der Gobi bis zur Sahara (ALTHEIM 1959), aus denen immer neue »Wellen« strömten, »Durchzugsgebiete« wie die kaspische Pforte oder Brücken wie die Beringstraße benutzten, andere Völker »vor sich her schoben« oder »mitrissen«. Für die Beschreibung interethnischer Kettenreaktionen gab es antike Vorbilder: nach HERODOT vertrieben die Massageten die Skythen, die Skythen vertrieben die Kimmerier und die Kimmerier griffen schließlich Sinope an (VAJDA 1973).

Einen gewaltigen Mobilitätsschub bekam die Völkergeschichte durch die Erfindung der Viehzucht, die einen »mobilen Reiseproviant« gewährleistete und Reit- oder Zugtiere als Transportmittel lieferte; die dadurch ermöglichten großräumigen Wanderungen haben nach P. W. SCHMIDT (1929) den betreffenden Völkern auch den »Sinn für das Großzügige« vermittelt. So bestanden die Völkerströme, die in Eurasien vorwiegend von Osten nach Westen, in Afrika aber von Norden nach Süden verliefen, hauptsächlich aus Hirtenkriegern wie Skythen, Sarmaten, Hunnen, Avaren, Ungarn, Mongolen, Tataren, Hyksos, Dorern, Germanen, Arabern, Türken oder Hamiten (SELIGMAN 1930, 1932). In den historischen Kolossalgemälden von OPPENHEIMER (1908), A. WEBER (1943) oder RÜSTOW (1950) waren es diese »bodengelösten Völker«, die die großen Geschichtsepochen einleiteten; bei anderen Universalhistorikern aber brachten die Wanderhirten Unglück und Niedergang (HAHN 1905; SPENGLER 1920), wie schon jene mit den biblischen Namen Gog und Magog verbundenen Katastrophenbilder überlieferten (MÜHLMANN 1964).

Die genauere Betrachtung der Wanderbewegungen durch die Ethnohistoriker wirkte ernüchternd. Hatte schon SCHURTZ (1900) daraufhingewiesen, daß Wanderungen ganzer Völker die Ausnahme seien, so suchte man bald nach Möglichkeiten, sich eine Ausbreitung von Kulturgütern ohne Massenwanderungen vorzustellen. VAN BULCK (1931) nannte Handelsinfiltrationen, BAUMANN weiträumige Freundschaften und Heiratsbeziehungen, aber auch Missionsexpeditionen als Formen der »Individualakkulturation« (1954). VAJDA sah schließlich im gesamten Konzept der Völkerwanderung eine »Verlegenheitslösung mangels gesicherter Daten« (1973). Häufig seien es nur Dynastien gewesen, die wanderten, aber ihren Herkunftsmythos zum Allgemeingut erhoben. Auch die Idee von »einander schiebenden Völkern« entstamme – wie auch die moderne »Dominotheorie« oder die im Zusammenhang mit der chinesischen Mauer schon von A. v. HUMBOLDT 1849 geäußerte »Rückprall-These« – der Mechanik, bei HERODOT aber der ionischen Naturphilosophie.

Die Ausbreitung von Kulturgütern wie Pfeilen, Keulen, Hausbauformen zeugen also eher von Kulturkontakt als von Völkerwanderung. Er verläuft wie der moderne Technologietransfer über Entlehnung, Nachahmung, Propagierung, Kauf etc. – als ganz besonders beweglich erwiesen sich Mythenmotive (»Wandermotive« – ECKHARDT 1940; GRAY 1950; BAUMANN 1956). Dennoch gab es richtige Völkerwanderungen; die genauer bekannte Besiedelungsgeschichte etwa der Südsee (FRIEDERICI 1914; BEST 1924; STOKES 1930; v. HEINE-GELDERN 1952; GRIMBLE 1972), der amerikanischen Arktis (BOAS 1888; WACHTER 1898; FAUSTINI 1903; JENNESS 1928; BIRKET-SMITH 1948; WEYER 1962; NELSON 1969) oder Südafrikas (STOW 1905; SCHAPERA 1930; LEBZELTER 1934; GUTHRIE 1962; OLIVER 1966; THOMPSON/WILSON 1969) zeugen von Einwanderungen ganzer Völker oder Sprachgruppen in zuvor wenig oder nicht besiedelte Räume. Andrerseits wurden auch Eroberungszüge kleiner Gruppen rekonstruiert, z. B. der Jaga im südlichen Zentralafrika (PLANCQUAERT 1932; DECKER 1939; VANSINA 1966), oder Abspaltungen abwandernder Bevölkerungsteile, vornehmlich der jungen, unverheirateten Männer (HONIGSHEIM 1929; JENSEN 1959) – eine mögliche Genese des Wanderhirtentums (DITTMER 1954).

HOCHHOLZER stellte 1959 Entwicklungsstufen der Wanderung auf: an die jägerischen und viehnomadischen Bewegungen schlößen sich »Treckwanderungen« an, »potamische« (über Binnengewässer) und »transmarine« Wanderungen, schließlich die agrotechnischen Landerschließungen, die ganze Kontinente veränderten. Auf das Problem des Führertums bei Wanderungen hatte schon der Nationalökonom MICHELS auf dem u. a. dem Thema Wanderung gewidmeten Soziologentag 1928 hingewiesen: das Führungsbedürfnis wandernder Massen sei so groß, daß es sich leicht auf Irrwege leiten lasse. Dazu sammelte die Ethnologie eine Fülle von Belegen, die von Wanderpredigern und Wanderschamanen (ELIADE 1954; SCHRÖDER 1955) bis zu religiös motivierten Fernwanderungen – etwa der Tupí-Völker in Südamerika (NIMUENDAJÚ-UNKEL 1914; MÉTRAUX 1927; LINDIG 1961) – reichen. Die Anstöße zu solchen irrational anmutenden Massenaufbrüchen, die MÜHLMANN in »Chiliasmus und Nativismus« (1961) vorstellte, waren sehr oft brutale kolonisatorische Eingriffe, aber auch materielle Stimuli wie Gewehr oder Pferd – letztlich immer »Hochkulturanstöße«, auf die die in Bedrängnis geratenen Randvölker auf eigene *(nativistische)* Weise reagierten. Davon sind die vergleichsweise geordnet verlaufenden Pilgerströme zu trennen, die in allen Hochreligionen von massenhafter Heilssuche durch Wanderung zeugen und die nach STAGL (1982) im aufgeklärten Abendland unmittelbar in die Bildungsreise *(Apodemik)* übergingen.

Die ganz anders dimensionierten Massenwanderungen des 19. und 20. Jahrhunderts sind nur in Teilaspekten Gegenstand der Ethnologie: z. B. der Kulturaustausch im Massentourismus (BEUTEL et al. 1978; BEUCHELT 1982; FISCHER 1984; WAHRLICH 1985) oder die »Grenzermentalität« (MÜHLMANN 1962) europäischer Siedler in fremden Kontinenten. Dann macht sich heute bei fast allen Stammesgesellschaften jenes Phänomen bemerkbar, das OPPENHEIMER 1929 wie einst RATZEL formulierte: »Die Menschenmassen fließen wie Wasser, entsprechend dem wirtschaftlichen Gefälle.« Die alten geographischen Barrieren wurden technisch nivelliert, die Arbeitsmigration ist transkontinental geworden (PHILPOTT 1973; LAWRENCE 1974) und von weltwirtschaftlichen Konjunkturen – z. B. Gummi- (WHITTEN/SZWEED 1970) oder Öl-Boom (COLE 1973) – abhängig. Die Aufteilung der Weltbevölkerung in Mobile und Zurückbleibende läßt Siebungseffekte erwarten, die für die Stadtwanderung in Europa schon beschrieben wurden

(KOCH 1936; SCHWIDETZKY/WALTER 1967); denn außerhalb des Dorfes sind Eigenschaften wie »sensuelle Vigilanz und emotionale Indifferenz« (HELLPACH 1939) gefordert, die innerhalb von Verwandtschaft und Nachbarschaft eher stören.

Eine dritte Kategorie der modernen Massenwanderung, die Zwangswanderung, ist – was die Sklaverei betrifft – auch ethnologisch thematisiert worden (NIEBOER 1900; PFAFF-GIESBERG 1935; MEILLASSOUX 1975); dies gilt nicht oder zu wenig für die zeitgenössischen Flüchtlingsströme und Asylwanderungen. Letzteres war für MÜHLMANN (1962) ein Moment der Ethnogenese; das Prinzip der *colluvies gentium* (Schmelztiegel der Völker) setzt sich in den Integrationsbemühungen des an Homogenität interessierten Nationalstaates fort. Von einem gewissen Scheitern des *nation building* in der Dritten Welt zeugt die »Ethnizitätsdebatte« (Th. SCHEFFLER 1985). Analog der freiwilligen Ghettobildung im Urbanisierungsprozeß lassen sich Tendenzen zur Exilkultur ablesen, wie sie von »Gaststämmen« (M. WEBER) oder den klassischen Diasporavölkern der Juden und Zigeuner schon seit langem vorgeführt werden. Auch wenn Mennoniten oder andere »Religionsvölker« (M. WEBER) ihre Siedlungen erneut verlassen, zeigt sich meistens eines der ältesten Wandermotive in ungebrochener Wirksamkeit: die Flucht vor Schwierigkeiten mit der sozialen Umwelt.

→ Arbeit, → Charisma, → Diffusion, → Ethnohistorie, → Evolution, → Handwerk, → Haustier, → Hirten, → Komplexe Gesellschaft, → Krieg, → Nutzpflanzen, → Pflanzer → Priester und Prophet, → Siedlung, → Stadt, → Wildbeuter

HADDON, A. C., The Wanderings of Peoples. Cambridge 1911 – HOCHHOLZER, H., Typologie und Dynamik der Völkerwanderungen. Die Welt als Geschichte 19: 129–145, 1959 – HONIGSHEIM, P./OPPENHEIMER, F., Die Wanderung. Verhandlungen des 6. Deutschen Soziologentags in Zürich. Tübingen 1929 – KULISCHER, A. E., Kriegs- und Wanderzüge. Weltgeschichte als Völkerbewegung. Berlin 1932 – VAJDA, L., Zur Frage der Völkerwanderungen. Paideuma XIX: 5–53, 1973

Bernhard Streck

Weltbild Der Mensch erfährt seine Umwelt zergliedert in Raum und Zeit, Ursache und Wirkung. Die Anordnung und Zuordnung der Dinge, ihre raumzeitliche Verortung und die für ihre Bewegung verantwortlichen Kräfte machen ein Weltbild aus. Damit es aufscheint und beschreibbar wird, bedarf es der Selbstreflexion, die durch den Zusammenstoß mit einem anderen Weltbild oder durch Fragen des Ethnographen ausgelöst werden kann (KOEPPING 1983).

Als gemeinsames Charakteristikum aller Weltbilder erwies sich die ego- bzw. ethnozentrische Gestalt; das ihr zugrunde liegende »Selbstwertverabsolutierungsprinzip« (K. E. MÜLLER 1983) war von SUMNER (1906) als notwendig für den Daseinskampf herausgestellt worden. Mit dem Weltbild bestätigt sich eine Gesellschaft den eigenen rechten Weg und richtigen Standort. An der Peripherie wohnen die Mängelwesen oder Unterentwickelte, dahinter tobt das Chaos. Dieses Inselbewußtsein charakterisierte Lévi-Strauss (1958) als konzentrischen Dualismus, der das Innen vom Außen scheide, im Unterschied zu einem diametralen Dualismus, der rechts und links, oben und unten trenne. Doch auch letzteres konfrontiert selten gleiche Werte. Die Polaritäten, die Baumann (1955) im agrarischen Weltbild fand, sind ungleich wie das ostasiatische Oben *(yang)* und Unten *(yin)* oder die in fast allen Kulturen mit gut und schlecht verbundenen Seiten rechts und links.

So diametral entgegengesetzt waren auch die Ordnungsprinzipien jener Ethnologie, die die verschiedenen Kulturen entweder einer männlichen, tierbezogenen, rationalen »Gesellschaft« oder einer weiblichen, pflanzenbezogenen, mystischen »Gemeinschaft« (Honigsheim 1929) zuordnete. Die ungleichen Partner »Knochen« und »Blut« (Hauser-Schäublin 1983) finden sich in jedem Weltbild wieder; sie werden gespeist vom Geschlechtsantagonismus und anderen Polaritätserfahrungen, unter denen Durkheim (1912) den Gegensatz von heilig und profan besonders hervorgehoben hat. Dagegen war in der älteren Animismustheorie (Tylor 1871) eine Allbeseeltheit der primitiven Welt konstatiert worden, ein pansakrales Weltgefühl (Hahn 1896), das – getragen von *mystischer Mentalität* (Lévy-Bruhl 1912) – überall unsichtbare Kräfte am Werke sah (Codrington 1891; Peschuel-Loesche 1907).

Zur Vorsicht bei der Auslegung fremder Weltbilder hatte damals schon der Südseeforscher Elsdon Best (1904) gemahnt. In der Tat gründen viele ethnologische Theorien auf »fortwährender Fehlinterpretation« (K.E. Müller 1983) der vieldeutigen Angaben über nichtwissenschaftliche Weltanschauungen. Relativ gesichert scheinen Deutungen zu sein, die pragmatisch die Daseinsnot der naturabhängigen Völker zum Ausgangspunkt machten (Thurnwald 1922; Malinowski 1949; Fortes 1966). Permanentes Denken ans Essen führt zu einer Art »gastromorphen« Weltdeutung; alles was jenseits des Nahrungserwerbs liegt, bleibt irrelevant, ungedeutet, wird nicht wahrgenommen, wie z. B. die Mondphasen oder die Verpuppung der Raupe (Thurnwald 1912). In dem Durkheim folgenden britischen Strukturfunktionalismus wurde die Sozialstruktur auch zum Muster der Weltordnung. Diesen »soziomorphen« Weltbildern stehen die »technomorphen« etwa der neoevolutionistischen Kulturmaterialisten in den USA gegenüber, ganz besonders aber die expressionistischen Bilder, die die Kulturmorphologie aus den Überlieferungen zusammenbaute: Anstelle der Arbeit, des Essens oder der sozialen Beziehung war es hier der existentielle Schock, der in ein Weltbild umgesetzt wurde.

Die verschiedenen Mythen von der Erschaffung der Welt *(Kosmogonie)*, der Menschen *(Anthropogonie)* und der Kultur *(Ethnogonie)* künden jedenfalls eher von einem kollektiven Schaudern als von kulturellem Pragmatismus. Da beginnt die Welt mit einer Katastrophe: Himmel und Erde werden auseinandergerissen (Staudacher 1942) oder das auf dem Urmeer schwimmende Weltei zerbricht (Baumann 1955). Der dafür verantwortliche Weltriese – Ymir bei den Germanen – stirbt an der Anstrengung, oder das göttliche Kind, das nach der Trennung der Welteltern – bei den Griechen Uranos und Gaia – übrig bleibt, wird getötet. Aus Hainuweles abgehackten Gliedern – bei den Wemale

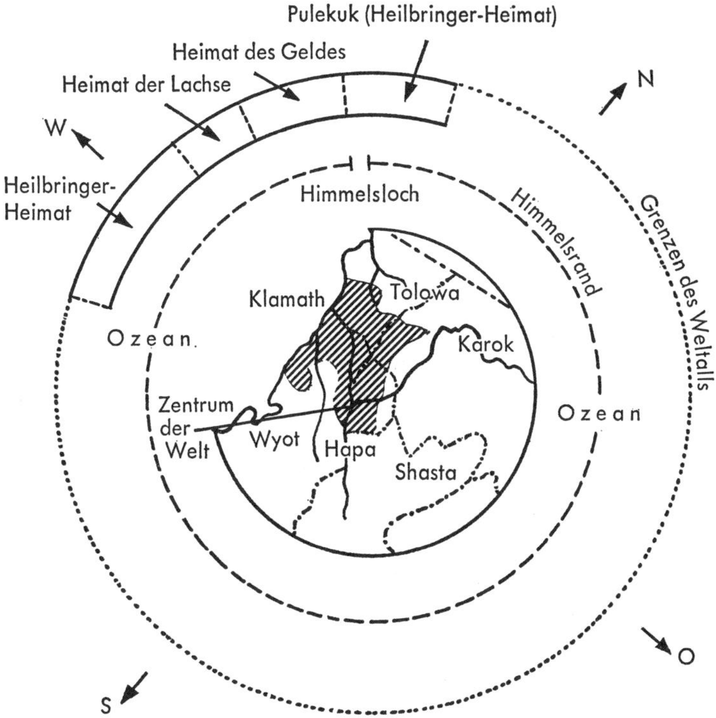

Weltbild der Yurok in Nordwest-Kalifornien; im Zentrum das eigene Territorium, umgeben von den Nachbarstämmen

auf der indonesischen Insel Ceram (Jensen 1948) – entstehen die Nutzpflanzen, aus den zermahlenen Knochen des Osiris die Getreidekörner und noch aus dem Blut Jesu die Erlösung der Christenheit (Casel 1968).

Die Urzeit war bevölkert von Unholden, deren gigantische Geschlechtsteile auf der Erde nachschleiften und so ihr Relief schufen (Koepping 1983). Sie betrieben Blutschande, fraßen sich gegenseitig auf und zeigten »tiermenschliche Zwiefältigkeit« (Friedrich 1955). Doch sie gaben den Dingen ihren Namen. Schließlich war es einer von ihnen, der als Kulturheros die jetzige Welt begründete und die ursprünglich vollkommene Schöpfung verpfuschte – als demiurgischer Trickster (Bianchi 1958), zweiter Schöpfer und göttlicher Betrüger (Josselin de Jong 1929) wie der Coyote bei den Kaliforniern, der Rabe in Sibirien, Maui in Polynesien, der Hase mancherorts in Afrika, Prometheus in der Antike und der Teufel der Monotheisten. Die saubere Scheidung in Gut und Böse ist freilich eine späte Erfindung, sie kommt mit dem *Zoroastrismus* auf (H. LOMMEL 1929) und leitet jenes paradoxe Geschichtsverständnis ein, das den zivilisatorischen Fortschritt mit dem moralischen Niedergang zusammensieht. Seither ist Geschichte Gericht, eine Kette von Züchtigungen der ungehorsamen Menschen. Dagegen haben sich viele polytheistische Völker bis in unsere Zeit periodisch selbst gereinigt, indem sie das Urzeitgeschehen theatralisch aufführten. Im Ritus, der den Mythos darstellt (JENSEN), wird die Erregung durch das Ur-Grauen erneut herbeigeführt und Einverständnis mit den Ungeheuerlichkeiten der Weltentstehung bekundet.

Geradezu idyllisch nehmen sich dagegen die geographischen Kosmologien aus: die Welten sind rund, wie Inseln. Mit seinem Wipfel reicht der Weltenbaum in den Himmel, seine Wurzeln gründen in der Unterwelt. Anstellte des Weltenbaums stellte man sich auch einen zentralen Weltenberg oder eine Weltensäule vor. Der Raum der Lebenden ist umgeben von Zonen nachlassender Verläßlichkeit. Im Innern waltet die »Regelmäßigkeit der gewöhnlichen Geschehnisse«, nach JUNG (1931) verantwortlich für die »Weltsicherheit des Primitiven« – doch wohl nicht nur für diesen. Die Heimat ist bekannt; Eskimo zeichneten Karten in den Schnee, Beduinen in den Sand, die die Ethnographen verblüfften (MÜHLMANN 1966). Doch setzt die systematische Beobachtung der Welt erst in geschichteten Gesellschaften ein; eine Spezialistenkaste und die Schrift scheinen dafür Voraussetzung zu sein. Babylon, Assur und Ägypten haben mit der Entwicklung der Wissenschaft begonnen, die von Anfang an Geheimwissen war.

Seit dem Beginn der Hochkulturen gibt es aus heterogenen Elementen zusammengesetzte Weltbilder und die Ethnographie hat solche auch bei zeitgenössischen Stammesvölkern gefunden. Ob die Bestandteile sich in unbekannter Vorgeschichte zusammenfügten wie bei den Niloten (P. W. SCHMIDT 1949) oder in der Kolonialzeit zusammengeworfen wurden wie in den karibischen Mischkulturen, die HERSKOVITS studierte, Heterogenität scheint ein Charakteristikum lebendiger Weltbilder zu sein. Deswegen verwenden die Koma an der Grenze zwischen Sudan und Äthiopien viel Zeit darauf, die leicht durcheinandergeratenen Geister wieder zu entmischen (THEIS 1985). Die moderne Ethnographie stößt auf erstaunliche Beispiele von Flexibilität, Verträglichkeit und Absorptionsfähigkeit bei Weltbildern, ja von Aufgeschlossenheit gegenüber neuen Lehren, die insbesondere den überzeugend auftretenden Monotheismen zustatten kommen. FABIAN (1985) hat davor gewarnt, die moderne Vielfalt der Weltbilder pluralistisch zu nennen. Diese Konzeption sei nur möglich vom abgehobenen Standpunkt des Beobachters, der das Unterschiedliche ein und demselben System unterordnet. Aus »emischer Sicht« d. h. aus der Innensicht der jeweiligen Kulturen, sind die konkurrierenden Weltbilder allesamt eifersüchtig wie ihre Götter, ganz besonders das wissenschaftliche.

Bei Reservationsbewohnern fand man auch eine Art »pessimistische Kleinmütigkeit« (GUENTHER 1983) und bei Paria-Völkern Fluchmythen, die die gegenwärtige Misere rechtfertigen (MÜHL-

MANN 1961; NABIL 1983). Sie zeigen, wie die Weltbilddifferenzierung mit der Klassen- und Statusdifferenzierung einhergeht (FABIAN) und daß die »friedliche Koexistenz« der Kulturen und Religionen in komplexen Gesellschaften eine ungleiche Vielheit ist.

In den Vorstellungen von der Endzeit *(Eschatologie)* treffen sich aber viele Weltbilder wieder. Als Anzeichen des nahen Weltbrandes gilt manchen australischen Stämmen das Verblassen der Felsbilder, die die Urzeitheroen einst gemalt haben. Dann, in der Endzeit, glaube die Jugend nicht mehr die Lehren der Alten, und alle Macht gerate in die Hände der Frauen. Die Hautfarbe der Kinder würde bleich sein, und die Flut, die einst die Geschichte der Menschheit einleitete, kehre an ihrem Ende wieder (PETRI 1950).

→ Arbeit, → Erziehung, → Fremdwahrnehmung, → Geschlecht, → Identität, → Initiation, → Kommunikation, → Komplexe Gesellschaft, → Logik, → Mythos, → Opfer, → Religion, → Ritual, → Symbol, → Wir-Gruppe, → Zeit

BAUMANN, H., Das doppelte Geschlecht. Berlin 1955 – BIANCHI, U., Il dualismo religioso. Rom 1958 – GRAEBNER, F., Das Weltbild der Primitiven. München 1924 – MÜLLER, K. E. (Hrsg.), Menschenbilder früher Gesellschaften. Frankfurt 1983 – STAUDACHER, W., Die Trennung von Himmel und Erde. Tübingen 1942 – THURNWALD, R., Der Mensch geringer Naturbeherrschung. Sein Aufstieg zwischen Vernunft und Wahn. Berlin 1950

Bernhard Streck

Wildbeuter Wie »schriftlose Völker« ist »Wildbeuter« zunächst ein Mangelbegriff: Landwirtschaft und Viehzucht fehlen; evolutionistisch gesehen repräsentierten sie die unterste Stufe – »Wilde« par excellence.

Gegen die Gleichsetzung von »früh« und »niedrig« argumentierte die Wiener Schule der Völkerkunde (P. W. SCHMIDT). Sie schloß aus noch überlebenden »Urkulturen«, die frühen Wildbeuter seien Monotheisten gewesen, mit hoher Moral und starkem Individualismus (eine Spitze gegen die These einer Evolution vom Gemeinschaftsgefühl zur Ich-Persönlichkeit). Damit war das Fortschritts-Schema auf den Kopf gestellt. Die Geschichte hatte mit der (aus christlicher Sicht) höchsten Form begonnen. Ihre weitere Entwicklung, zu Vielgötterei und -weiberei, war nicht Aufstieg, sondern Abstieg.

Ganz vom Schema einer Entwicklung, ob nach oben oder unten, befreite sich die Frankfurter Schule der Völkerkunde. »Der schöpferische Geist des Menschen spottet jeder Fixierung« (SCHUSTER 1960), seine Geschichte darf nicht mit der Geschichte der bei den Wildbeutern freilich ärmlichen Werkzeuge verwechselt werden. Kulturen mit ganz niedrigem technischen Stand, wie die der australischen Wildbeuter, haben komplizierteste Theorien entwickelt. Ja, sollte es überhaupt ein Gesetz geben, dann höchstens dies: Niedriges technisches Niveau wird durch geistige Hochentwicklung ausgeglichen. Im Umkehrschluß dient die Beschreibung von Wildbeuterkulturen der Kritik an der geistlosen Industriezivilisation (Findeisen, Lissner).

Aber ist die Technologie der Wildbeuter wirklich »niedrig« oder nicht vielmehr angepaßt? Und lassen sich heutige »Restvölker« mit den Menschen des Altpaläolithikums gleichsetzen? Sie bewohnen nun zu einem Großteil Extremregionen: die polare Eiswelt, die Wüste Kalahari, die Dürregebiete Inneraustraliens, typische *Rückzugsgebiete*. Deren Bewohner lebten wohl nicht immer dort, sondern wurden dorthin abgedrängt, mußten sich also erst an die neue, unwirtliche Umgebung anpassen. Selbst in milderen Gefilden haben die Wildbeuterkulturen nicht seit der Altsteinzeit »stagniert«. Die Naturnähe gerade des Jägers und Sammlers, der nicht durch bäuerlichen Eingriff die Natur verändert, sondern sich ihr weitestmöglich anpaßt, zwingt ihn zur Umstellung bei räumlichen und ökologischen Veränderungen. Jede Völkerwanderung, jeder Klimawandel (und wir wissen, daß es deren viele gab) zwang zu erneuter Korrektur der Wirtschafts- und Lebensweise. So mußten sich z.B. in Nordamerika beim Aussterben des Mammuts und anderen Großwilds die Jäger auf Kleinwild umstellen, was Veränderungen der Jagdtechnik erzwang. Wildbeuter sind Spezialisten, die sich auf eine je spezifische Ökologie eingestellt haben.

Die Eiszeitmenschen lebten in einer Welt ohne Bodenbau. Die heutigen Wildbeuter hingegen leben seit Jahrtausenden in einer Welt, in der auch Bodenbau existiert. Die Inuit (Eskimo) etwa kamen in Grönland schon vor ca. 800 Jahren in Kontakt mit der bäuerlichen Kultur der Wikinger. Daß Wildbeuter dennoch auf ihrem »urtümlichen« Nahrungserwerb beharrten, wurde früher gern als Unfähigkeit zum Fortschritt interpretiert, heute sieht man eher eine *Nischen-Nutzung:* Dort, wo die Umwelt den Bodenbau nicht begünstigte, vervollkommnete der Mensch ältere Techniken, indem er sie noch spezialisierter der jeweiligen ökologischen Nische anpaßte. Das gilt sowohl für Gebiete, in denen Bodenbau gar nicht möglich gewesen wäre (wie die Dauerfrostzonen des Polarkreises), als auch z. B. für die Eichenwälder Kaliforniens, wo der Tisch so reich mit Eicheln und Wildbret gedeckt ist, daß die Mühe des Bodenbaus nicht lohnte.

Spezialisierungsprozesse liegen z. T. noch relativ kurz zurück. Die Wildbeuter im tropischen Waldland Südamerikas betrieben wohl bis vor wenigen Jahrhunderten auch etwas Bodenbau. Den gaben einige vielleicht erst in der Kolonialzeit auf. In Rückzugsgebiete mit schlechteren Böden abgedrängt, zur Mobilität gezwungen, konzentrierten sie sich auf Aktivitäten, die unter diesen Bedingungen ertragreicher waren. Viel häufiger, als die strenge kulturhistorische Phasentrennung in Wildbeuter und Pflanzer vermuten läßt, wechseln Gesellschaften hinüber und herüber über die Grenze, viel häufiger auch kennen Wildbeuter den Bodenbau (z.B. die Sirionó in Bolivien: sie überlassen die Pflanzung einen Großteil des Jahres sich selbst, bis sie nach Monaten wieder vorbeiziehen und nachsehen, was aus ihr geworden ist), so wie umgekehrt manche bäuerliche Gesellschaft der Jagd einen hohen wirtschaftlichen und emotionalen Stellenwert einräumt (z.B. Amazonas-Indianer).

Die isolierende Betrachtungsweise älterer Völkerkunde hat die Perspektive verzerrt, indem sie wildbeuterische Ethnien ganz getrennt von bäuerlichen

Jagdszene. Zeichnung australischer Eingeborener

Nachbarn untersuchte und Wechselbeziehungen als störende Akkulturation abtat. Tatsächlich aber können diese auch als konstituierender Faktor für das lange Überleben mancher Wildbeuterkultur in einem umfassenderen Austauschfeld verstanden werden. Die Pygmäen lieferten den umwohnenden Bauern Wildbret, Elefantenzähne, Dienstkräfte und erhielten dafür Produkte der bäuerlichen Wirtschaft. So erstaunen auch die vielfachen kulturellen Ähnlichkeiten zwischen Nachbarn unterschiedlicher »Kulturstufe« nicht (z. B. Sprachverwandtschaft zwischen einigen Pygmäen-Gruppen und Bantu-Bauern). Bisweilen spricht man geradezu von einer *Symbiose* zwischen Wildbeutern und Pflanzern. Das labile Gleichgewicht zwischen zwei austauschverbundenen Gesellschaften unterschiedlicher Wirtschaftsform mag in manchen Fällen erst in neuerster Zeit gekippt worden sein, als die Allianz zwischen Europäern und kolonialisierten Bauern diesen ein Übergewicht verlieh. Verfolgung, Verdrängung, Ausrottung durch Europäer, deren Nachkommen oder Verbündete haben mittlerweile die meisten Wildbeuter zum Aufgeben gebracht.

Die historische entstandene Spezialisierung auf jeweils unterschiedliche Naturprodukte erschwert eine zusammenfassende Betrachtung der Wildbeuter mehr, als die gemeinsame Einstufung früher glauben machte. Elefantenjagd ist etwas anderes als das Einsammeln von Eicheln. Auch die Grobeinteilung in *Jäger* und *Sammler* erweist sich vielfach als zufällig, je nachdem, ob eine Gruppe gerade zur Jagd- oder zur Sammelsaison erforscht wurde (und noch wenig bekannte Mehrjahreszyklen bei Wild oder Pflanze führen zu Schwankungen in der Akzentuierung von einem aufs andere Jahr), oder ob der Forscher mehr Kontakt mit jagenden Männern oder mit sammelnden Frauen hatte.

Sinnvoller erscheint die Grobunterscheidung von Wildbeutern in Mangelgebieten (z. B. Kalahari), in Überflußgebieten (z. B. die fischreiche Nordwestküste Nordamerikas) und in Gebieten mittleren Reichtums (z. B. der zentralafrikanische Regenwald). In den Mangelgebieten liegt die Bevölkerungsdichte meist niedriger, der soziale Verbund umfaßt weniger Personen, die Mobilität ist größer. In Überflußgebieten lebt man eher seßhaft. Allerdings sind »Mangel« und »Überfluß« relative Kategorien, die von den Wildbeutern selbst anders definiert werden als von uns.

Eine andere mögliche Einteilung unterscheidet Wildbeuter in relativ isolierten, geschlossenen Formationen (Australier, Inuit) von solchen, die mitten zwischen Bauern leben (hinterindische Restgruppen).

In den meisten Wildbeuterregionen ist die Bevölkerungsdichte niedrig. Der sozioökonomische und politische Verbund überschreitet selten die Jagd- und Sammelschar von vielleicht fünfzig Personen. Doch wird die Tendenz zur Aufsplitterung bisweilen etwas kompensiert durch saisonale Zusammenschlüsse wechselnder Dauer und Zusammensetzung. Getrennt wandernde Verbände treffen sich etwa zur Reifezeit einer bestimmten Frucht unter den Fruchtbäumen. Auch die Familien- und Wanderverbände selbst sind locker strukturiert. Nach einer historischen Gewöhnung an großräumige und staatliche Organisation fällt es schwer, die Stärke jener Gesellschaften zu verstehen, die sich rasch auflösen, aber auch wieder zusammenfinden können.

Relativ gut belegt sind die weitreichenden Gemeinsamkeiten mit der Jagd verbundener religiöser Vorstellungen. Doch bildet die Jagdmagie wohl nicht den Kern der Religion. Zentraler könnte die Vorstellung von einer Ordnung in der Natur sein: Bestimmte Tierarten werden bestimmten höheren Wesen als Eigentum zugeordnet. Wo MARX ein diesseitiges Kollektiveigentum an den Schätzen der Natur vermutete, sehen viele Wildbeuter also strenge jenseitige Privatgrenzen. Deren Verletzung ruft Schuldgefühle hervor oder Angst, von einer »Rachemacht« (BAUMANN 1950) verfolgt zu werden. Die Bitte um Verzeihung ist besonders plastisch aus Sibirien belegt. Sie kann sich an die Seele des getöteten Tieres richten (»Nicht wir haben dich getötet, Bär, sondern die Russen!«) oder an den überirdischen Eigentümer (FRIEDRICH 1941). Auch die weitverbreitete Meidung des Fleisches getöteter Tiere durch deren Töter könnte hierhergehören. Gerade auch der Wildbeuter, längst kein Teil der Umwelt mehr, sondern ihr Feind wie jeder Mensch, kennt das Gefühl, an der Natur gesündigt zu haben und von ihr verstoßen zu sein.

→ Arbeit, → Evolution, → Hirten, → Kulturökologie, → Magie, → Mythos, → Nahrung, → Pflanzer, → Religion, → Segmentäre Gesellschaft, → Technologie, → Tausch, → Wanderung, → Wir-Gruppe, → Wirtschaft

BICCHIERI, M. G. (Hrsg.), Hunters and Gatherers Today. New York 1972 – DAHLBERG, F. (Hrsg.), Woman the Gatherer. New Haven 1981 – DAMAS, D. (Hrsg.), Contributions to Anthropology: Band Societies. Ottawa 1976 – FINDEISEN, H., Das Tier als Gott, Dämon und Ahne. Stuttgart 1956 – LEACOCK, E. B./LEE, R. B. (Hrsg.), Politics and History in Band Societies. Cambridge 1982 – LEE, R. B./DEVORE, I. (Hrsg.), Man the Hunter. Chicago 1968 – LISSNER, I., So lebten die

Völker der Urzeit. Olten 1958 – SERVICE, E., The Hunters. Englewood Cliffs 1966 – WINTERHALDER, B./SMITH, E. (Hrsg.), Hunter-Gatherer Foraging Strategies. Chicago 1981

Mark Münzel

Wir-Gruppe Die subjektive Gruppenzugehörigkeit beansprucht in der heutigen Ethnologie Priorität vor objektiven Zuordnungskriterien wie Heiratskreis (oder Rasse), Sprache, Territorium oder Kultur. Das im Sozialdarwinismus entdeckte Wir-Bewußtsein (SUMNER 1907) beinhaltet sowohl Gruppenstolz *(Ethnozentrismus)* wie Verachtung der anderen, der »Sie-Gruppen«, von denen man Abstand hält. Das *Wir-Gefühl*, das sich erfahrungsgemäß am deutlichsten in kleinen Gruppen bildet, zeigt andrerseits aber auch eine extreme Dehnbarkeit: GEIGER (1926) fand es in der zur Aktion schreitenden Massengesellschaft, und im keineswegs erst neuzeitlichen Weltbürgertum ist es universal geworden. Schließlich scheint das subjektive Bewußtsein von Zusammengehörigkeit sehr situationsabhängig zu sein: Der »andere« entscheidet über meine Gruppenidentität. Die britische Sozialanthropologie hatte dieses Prinzip *Segmentation* genannt, welches die Solidarität immer symmetrisch oder korrespondierend zur gegnerischen Gruppe herstellt.

Objektive Gruppen wurden schon zu Beginn des 19. Jahrhunderts als Erscheinungsformen eines universalen, sich im Geschichtsverlauf entfaltenden Integrationsgesetzes beschrieben: HEGEL läßt die menschliche Gesellschaft mit der Blutsverwandtschaft (Familie) beginnen; über den patriarchalen Stamm und das despotisch regierte Volk entwickelt sie sich zur staatstragenden Nation. Daß aber noch in diesem Fortschritt die kleineren und älteren Einheiten weiterleben, gleichsam als Stufen, über die das fluktuierende Wir-Gefühl je nach Situation gleitet, war eher in der romantischen Wurzel der Ethnologie vorgedacht; HERDERS Volksgeist taucht einerseits in der »sozialen Physik« COMTES und in DURKHEIMS Lehre vom Kollektivbewußtsein wieder auf, andrerseits war sein Eigenleben Gegenstand der frühen Volkskunde, der Völkerpsychologie und der organizistischen Sozialanthropologie. Die hier postulierte zeitlose Gefühlsqualität der menschlichen Gruppe kontrastierte den abstrakten Konstruktionen der Staatslehrer und Nationalökonomen, bis jene folgenschwere Trennung von Gesellschaft – Zivilisation – Staat einerseits und Gemeinschaft – Kultur – Volk andrerseits vollzogen wurde (YORK und DILTHEY 1877; TÖNNIES 1887). In Deutschland markierten die beiden polaren Qualitäten oft Positionen im weltanschaulichen Kampf, während in der englischen Rechtsgeschichte die »Statusgesellschaft« von der »Vertragsgesellschaft« abgelöst wird (MAINE 1861) und bei DURKHEIM die »mechanische Solidarität« der »organischen« entwicklungsgeschichtlich weicht (1893). Doch gibt es nicht auch Gemeinschaft in der Gesellschaft? GEIGER (1927) meinte, die beiden Begriffe bezeichneten den Innen- und Außenaspekt ein und derselben Gruppe.

In der evolutionistischen und funktionalistischen Ethnologie wurden die Wir-Gruppen in Übersee ohne weiteres

»Gesellschaften« genannt, in den kulturhistorischen Schulen aber »Naturvölker«. Damit waren alle menschlichen Gruppen außerhalb der von Toynbee auf 22 geschätzten Hochkulturen gemeint. Trotz der großen Zahl der »Naturvölker« gehören ihnen nach Mühlmann (1943) nicht mehr als 6% der Gesamtmenschheit an. Ihnen ist gemeinsam, daß sie keine Schrift besitzen, aus einer relativ geringen Zahl von Menschen bestehen, isoliert und örtlich begrenzt leben, relativ homogen zusammengesetzt sind, »den Individualismus nicht kennen« und ohne systematisiertes Wissen auskommen (Goldenweiser 1922). Der Begriff selbst wurde auf die mangelhafte Naturbeherrschung, d. h. technische Ausstattung, zurückgeführt (Thurnwald 1950). Diesen Mangel zeigen nach Service (1962) Horden, Stämme, Häuptlingstümer und primitive Staaten.

Um eine exakte Definition des ethnologischen Gegenstandes hat sich Shirokogoroff (1935) in seiner »Ethnos-Theorie« bemüht. Neben der Ähnlichkeit der Umweltanpassung, der Sprache, der kulturellen Überlieferung und des biologischen Erbgutes wird auch das Wir-Bewußtsein betont. Während man nun in der russischen Ethnologie Wert auf die Objektivität der gemeinsamen Geschichte als Grundlage des Gruppengefühls legt (Tokarew 1966; Bromlej 1973), gibt Mühlmann (1964) zu bedenken, daß sich das Wir-Gefühl sowohl auf einen tatsächlichen *(Ethnogenese)* als auch auf einen eingebildeten *(Ethnogonie)* gemeinsamen Ursprung gründen kann. Gegen die in der historischen Ethnologie beliebte Vorstellung vom »Urvolk« führte Mühlmann den Schmelztiegel *(colluvies gentium)*, die Assimilation und das Asyl als häufigste Fom der Volksentstehung an. Mit einheitlichem Wir-Gefühl könnten Schutzsuchende und Schutzgewährende zusammen auftreten. Adoption, Heiratsallianzen und Zwangsrekrutierungen hätten zu immer neuen Gruppierungen geführt, die von individuellen und kollektiven Patronagen bis zu gestaffelten Abhängigkeitsverhältnissen mehrerer Völker reichten. Die modernen Ethnizitätsstudien (Bonacich 1972; Hechter 1976; Gordon 1980) wie auch die Geschichtsforschung in außereuropäischen Gegenden haben dazu sehr viele Belege beigebracht. Ethnos und Abstammungsgruppe (Lineage), in der Ethnologie häufig als Grundeinheiten betrachtet, treten erst in geschichteten und interethnischen Verhältnissen deutlich zutage – getragen von der Ideologie der Herkunft zwecks Abgrenzung von Rivalen (Holy 1979; Tardits 1973).

Die kleine Wir-Gruppe auch im komplexen oder modernen Gesellschaftsmilieu ist in Amerika entdeckt worden, vor allem im Anschluß an Sumners »Folkways« (1906), der auch die Arbeiten der Chicagoer Soziologenschule (Park u. a.), ihre Studien von Einwanderer-, Unterschicht- und Jugendgruppen, und die Kleingruppensoziologie (Homans 1951; Klein 1956) beeinflußt hat. Redfields Konzept der *folk society* (1930, 1939, 1941) wurde aber an der ländlichen Bevölkerung *(peasantry)* Mittelamerikas entwickelt. Ihm eignen fast alle Attribute, die schon im Ethnos-Begriff vereint waren; doch anstelle des Territoriums trat die »intime Kommunikation«, die auch wandernde oder zerstreut lebende Gruppen (Zigeuner, Emigranten) unterhalten können. Redfields *folk society* ist autark, besteht eher aus Verwandtschaften als aus Individuen, ihre Konventionen bilden eine moralische Ordnung und ihre Symbole gelten als heilig. Doch »ursprünglich« ist sie nicht. Nach WOLF (1957) entwickelten sich die gemeinschaftsartigen Bauerngesellschaften Mittelamerikas erst unter dem Eindruck der westlichen Expansion.

Die Ethnologie kann heute keine Wir-Gruppe mehr studieren ohne Berücksichtigung des sozialen Umfeldes. BARTH (1969) hat die Schwierigkeiten aufgezeigt, in komplexen Zusammenhängen ethnische Grenzen zu ziehen. Sie konkurrieren mit anderen vertikalen Grenzen (Religion, Rasse, Beruf) und können mit horizonatalen (Kaste, Stand, Klasse) gleichlaufen. Wie rivalisierende Gruppen sich durch »symbolische Interaktion« (BLUMER 1969; STEINERT 1971) gegeneinander abgrenzen, hatte MÜHLMANN schon in den Begriff der »komplementären Schismogenese« (1964) gefaßt. In pluralen Gesellschaften ist die Fremdwahrnehmung kategorial (MITCHELL 1966), d.h. sie besteht aus sogenannten Vorurteilen; die Grenzen – so scharf sie auch aufgebaut sein können – erlauben aber immer auch Identitätswechsel (BARTH), ethnischen Gesinnungswandel (BECK 1936; MÜHLMANN 1944) oder eine »gesinnungsmäßige Schwebelage« hinsichtlich der Gruppenzugehörigkeit (PFÄNDER 1913/16; STEINMETZ 1920; HUIZINGA 1940). Mehrere Optionen halten sich vor allem Mitglieder inkorporierter Minderheiten frei, bei denen eine gewisse »Kulturscham«, eine ethnische »Mimikry« (bei Zigeunern, vgl. OSCHLIES 1985), aber auch freiwillige Hingabe an den »stärkeren Gott« beobachtet wurden. Auf das *Ressentiment* als gemeinschaftsstiftenden Faktor hatte schon Max WEBER am Beispiel der Schweiz hingewiesen. Ebenfalls in der frühen deutschen Soziologie war die Mehrfachmitgliedschaft untersucht worden, die nach SIMMEL (1905) erst das subjektive Bewußtsein der Individualität erlaubt. Erst mit der Distanz zur Gruppenzugehörigkeit und dem »Auseinanderfallen von privater und öffentlicher Gesinnungssphäre« (MÜHLMANN 1964) wird auch die politisch bedeutsame strategische oder lobbyistische Instrumentalisierung der Gruppenzugehörigkeit verständlich (MÜNZEL 1981).

Das moderne Kommunalismuskonzept (Th. SCHEFFLER 1984) betont die soziale und politische Kraft der »inneren Vernetzung« von Nachbarschaft, Stadtteil und Region auch in modernen Industriegesellschaften. Als Gegenentwürfe zur Anonymität der Massengesellschaft wurden Tendenzen des »Primordialismus« (SHILS 1957; GEERTZ 1963) beschrieben, d. h. Reaktivierungen von primären Bindungen wie Verwandtschaft, Sprache, Lokalität, Religion, Brauchtum, wie sie auch als Reaktion gegen Modernisierungprozesse aus der Dritten Welt bekannt geworden sind. Die Tendenz zur kleinen Gruppe spielt selbst in der soziobiologischen Debatte eine Rolle (VAN DEN BERGHE 1975): Daß Verwandte eher zusammenhalten als Nichtverwandte, mag dem Erhalt spezieller Erbmerkmalskombinationen *(Gen-Pool)* förderlich sein, diese Verhaltenskodierung bleibt aber trotz ihres Selektionsvorteils »vorbewußt«. Schon Max WEBER hat betont, daß Rasse nie positiv gemeinschaftsbildend, nur negativ abgrenzend sozial wirksam werden kann.

Ob die Urdemokratievorstellungen der Kommunalisten sich mit dem decken, was etwa GUTMANN als Selbstverwaltung der »grundständigen Gruppen« oder »Wir-Völker« (1966) in Afrika beschrieben hat, muß offen bleiben. Dem »Denken in Bindungen und Gliederungen« wie Vetternschaft, Nachbarschaft und Alterskameradschaft fehlt der westliche Individualismus; auch im Abendland war Alleinsein bis zum Ende des 17. Jahrhunderts nicht möglich (ARIES 1960). Gemeinschaft aber macht, wie NIETZSCHE ROUSSEAU entgegenhielt, gemein. Die ethnologische Wir-Gruppe ist nicht »demokratisch«, da es keinen Minderheitenschutz gibt und keine Gleichberechtigung für Jugendliche, Frauen, Junggesellen, Arme und Kranke (STAGL 1983).

→ Bund, → Evolution, → Fremdwahrnehmung, → Heirat, → Identität, → Initiation, → Körperschaft, → Kommunikation, → Komplexe Gesellschaft, → Mythos, → Nachbarschaft, → Netzwerk, → Rasse, → Schichtung, → Segmentäre Gesellschaft, → Siedlung, → Sozialanthropologie, → Staat, → Symbol, → Verwandtschaft, → Weltbild

BANTON, M., Racial and Ethnic Competition. New Rochelle 1983 – BARTH, F. (Hrsg.), Ethnic Groups and Boundaries. Bergen/Boston 1969 – HOMANS, G. C., The Human Group. London 1951 (dtsch. Köln 1960) – REDFIELD, R., The Folk Culture of Yucatan. Chicago 1941 – SOLMS, M. Graf zu, Bau- und Gliederung der Menschen-Gruppe. Karlsruhe/Leipzig 1929 – SUMNER, W. G., Folkways. Boston 1907 – TÖNNIES, F., Gemeinschaft und Gesellschaft. Leipzig 1887

Bernhard Streck

Wirtschaft In jeder menschlichen Gesellschaft arbeitet man für die Befriedigung der materiellen und sozialen Bedürfnisse. Die Voraussetzungen der materiellen Reproduktion sind in der Gesellschaft verteilt, und die Produkte der menschlichen Arbeit – des Sammelns und Jagens, des Fischfangs, der Feldbestellung und der Tierzucht, des Handwerks und der Industrie – werden verteilt (Distribution), umverteilt (Redistribution), ausgetauscht und zirkulieren. Die Verhältnisse und sozialen Einheiten der Produktion, Distribution, des Tauschs und Verbrauchs (Konsumtion) sowie die Arbeitsorganisation und die Formen der Gebundenheit und Freiheit der Arbeit unterscheiden sich von Gesellschaft zu Gesellschaft.

Wirtschaftliche Tatbestände werden in fast jeder ethnologischen Monographie mehr oder weniger ausführlich behandelt. Es finden sich Angaben über die natürlichen Voraussetzungen der Nahrungsgewinnung, die Arbeitsorganisation, die Arbeitsteilung (auch nach Geschlecht und Alter), die technologische Ausstattung, die Produkte, die Distributionsverhältnisse, Besitz und Eigentum, die Institutionen und Verkehrsformen des Austauschs, die Tauschmittel und Äquivalente. Diese wirtschaftlichen Verhältnisse werden in Beziehung zum sozialen Leben, zur sozialen Organisation, zum Wertsystem und Weltbild gesetzt.

Nachdem die frühe Ethnologie hauptsächlich mit Fragen der Periodisierung der Wirtschaftsentwicklung – z. B. ob der Feldbau oder die Tierhaltung aus dem Wildbeutertum hervorgegangen sei – beschäftigt war, begann die gezielte

Untersuchung der außereuropäischen Wirtschaft in den 20er Jahren. Seither formierte sich eine Richtung in der Ethnologie, die als *ökonomische Anthropologie* bezeichnet werden kann.

Der wesentliche Anstoß kam von Malinowskis Arbeiten über die Trobriand-Insulaner (1922, 1935), in denen er argumentierte gegen eine Verallgemeinerung der Gewinnmaximierung als zentralem Motiv wirtschaftlichen Handelns und gegen ein Verständnis »primitiver« Wirtschaft ausschließlich unter dem ökonomischen Nützlichkeitsgedanken. Malinowski führte aus, daß soziale Konvention, sozialer Zwang, die Prinzipien der Sozialstruktur und die Glaubensvorstellungen in hohem Maße das ökonomische Verhalten der »Wilden« beherrschen. Entgegen der damals verbreiteten Vorstellung vom »primitiven« Wirtschaften wies er nach, daß es hoch organisierte und systematisierte Formen der Arbeitsorganisation und des Tausches gibt. Als Beispiel diente der stark formalisierte und ritualisierte *Kula-Handel*, bei dem ausgewählte Gegenstände der subjektiven Wertschätzung ausgetauscht werden und über weit entfernte Inseln zirkulieren. Nach Malinowski hatte dieses System eine besondere rituelle, symbolische und auch politische Bedeutung, doch keine ökonomische Funktion im Sinne einer Gewinnmaximierung. Neben dem *Kula* stellte er einen mit Feilschen verbundenen Tausch ökonomisch nützlicher Dinge fest. (Diese Seite wurde in der »Restudy« von J. S. Uberoi 1962 als die dominierende hervorgehoben, die durch den Kula-Tausch absichtlich verschleiert werde.)

Als wichtiges Resultat der empirischen Arbeiten Malinowskis stellte sich die Frage nach der Anwendbarkeit ökonomischer Theorien, die für die industriellen Gesellschaften entwickelt worden waren, auf Gesellschaften, die nicht über vergleichbare Institutionen der Warenökonomie verfügen und deren wirtschaftliche Beziehungen nicht auf dem Warentausch, dem Markt- und Preissystem und dem Geld als allgemeinem Äquivalent beruhen. Die Frage der Anwendbarkeit ökonomischer Theorien in »primitiven« Gesellschaften war damit aber nicht geklärt.

Zu einer differenzierteren Antwort gelangte der Malinowski-Schüler Firth nach Feldforschungen auf der melanesischen Insel Tikopia, bei den Maori Neuseelands und einer malayischen Fischergemeinschaft (1929, 1939, 1946, 1959): Bestimmte ökonomische Tatbestände und Handlungsmuster seien allen menschlichen Gesellschaften gemeinsam. In Übereinstimmung mit der ökonomischen Theorie seiner Zeit stellte Firth fest, daß in jeder Gesellschaft menschliche Aktivität mit Ressourcen, ihren Grenzen und ihrem Nutzen befaßt sei und in rationaler Weise auf die Deckung der Bedürfnisse abziele. Die methodische Übernahme von Grundannahmen der ökonomischen Grenznutzentheorie und anderer neoklassischer Wirtschaftstheorien, der auch Herskovits (1952) u. a. folgten, kennzeichnet die *formalistische* Richtung der ökonomischen Anthropologie, die sich vor allem der Untersuchung des »sozialen Wandels« widmete (Forde, Tax, Posipil, Nash, Leclaire, Schneider, Barth u. a.).

Ökonomische Veränderungen und die Probleme der Entwicklungsplanung in den dekolonisierten Ländern entfachten in den 60er Jahren erneut die Diskussion um die außerökonomischen Momente im Wirtschaftsleben nichtindustrieller Gesellschaften. Schon vorher hatte sich in der Ethnologie eine Schule gebildet, in deren Zentrum die Theorie des Wirtschaftshistorikers POLANYI stand. Ihm zufolge taugten die ökonomischen Kategorien, die aus der Analyse der Tausch- und Marktverhältnisse in der Warenökonomie abgeleitet sind, nicht für die Untersuchung der ökonomischen Verhältnisse in »archaischen« (traditionale staatliche) Gesellschaften und in Stammesgesellschaften. Das Thema von POLANYI, DALTON u. a. war die Stellung der Wirtschaft innerhalb der Gesellschaft, d.h. die Beziehungen zwischen Produktion, Konsumtion, Distribution und Tausch auf der einen Seite und Verwandtschaft, Sozialorganisation, Religion etc. auf der anderen Seite. Da das Studium dieser Wechselbeziehungen die Reichweite der ökonomischen Theorie überschreite, nannte POLANYI seine Perspektive *substantivistisch* (im Sinne von materiell) und grenzte sie von der formalistischen Ökonomie der Neoklassiker ab. In »primitiven« und »archaischen« Gesellschaften finde man eine *social economy*, deren Hauptmerkmal ihre »Einbettung« in die sozialen und kulturellen Verhältnisse sei. Diese bestimmten die Wirtschaft, im Gegensatz zur gesellschaftlichen Dominanz der modernen Marktökonomie. Gleichzeitig untersuchten POLANYI, DALTON, PEARSON u. a. auch Tausch und Marktbeziehungen in traditionellen Bauerngesellschaften. Sie seien hier zwar vorhanden, aber nicht dominant und transformierten nicht die vorherrschende Selbstgenügsamkeit (Subsistenzwirtschaft).

Im Zusammenhang der Auseinandersetzung zwischen formalistischen und substantivistischen Richtungen wurden von GODELIER, TERRAY, MEILLASSOUX u. a. die Kategorien der politischen Ökonomie von MARX und anderen Theoretikern des 19. Jahrhunderts wieder aufgegriffen und beim Studium nichtkapitalistischer Ökonomien angewendet. Im französischen Neomarxismus untersuchte man die Strukturen der Produktion, Distribution und des Tausches, der Zirkulation und der Konsumtion als dialektische Relationen und warf die Frage der Produktionsweisen »primitiver« und bäuerlicher Gesellschaften auf. Diese Richtung der Wirtschaftsethnologie fand in den 70er Jahren auch in der englischen, amerikanischen und skandinavischen Ethnologie sowie in der Dritten Welt Anklang.

In Amerika wurden in den 60er Jahren eine Anzahl weiterer konkurrierender Theorien entwickelt. SAHLINS z. B. verneinte wie POLANYI u.a. die Anwendbarkeit der Kategorien der Nationalökonomie beim Studium »primitiver« Gesellschaften und beschäftigte sich primär mit der Beschaffenheit des »primitiven« Tausches. Gleichzeitig entwickelte SAHLINS wie HARRIS u.a.im Anschluß an WHITES Konzeption von der aufgewendeten Energie als Entwicklungsparameter eine Theorie, die Energieverbrauch und Arbeitseinsatz als zentrale Faktoren im Produktions- und Reproduktionsprozeß wertet. Dieser Ansatz wirft die Frage auf, ob sich die Ökonomie wirklich auf den Kalorienverbrauch und die für die Kalorienbeschaffung aufzuwendende Arbeitszeit reduzieren läßt. Zu einseitiger Vereinfachung neigt auch die These, die die Technologie ins Zentrum der wirtschaftlichen Entwicklung stellt. Eine dritte Richtung untersucht die Bedeutung der Umweltanpassung für die Gewinnung des Lebensunterhaltes (BATES, VAYDA u. a.). Produktion beinhaltet per definitionem auch Stoffwechsel mit der Natur, also eine ökologische Komponente. Die kulturökologischen Theorien aber erliegen leicht der Versuchung, die ökologische Anpassung biologistisch zu interpretieren und die aktive Gestaltung der Umwelt durch Arbeit sowie den gesellschaftlichen Charakter der Produktion zu vernachlässigen.

→ Arbeit, → Diffusion, → Evolution, → Handwerk, → Haustier, → Hirten, → Institution, → Komplexe Gesellschaft, → Kulturökologie, → Nahrung, → Nutzpflanzen, → Pflanzer, → Prestige, → Recht, → Religion, → Ritual, → Schichtung, → Segmentäre Gesellschaft, → Staat, → Stadt, → Struktur, → Tausch, → Technologie, → Wanderung, → Wildbeuter

Barth, F., Process and Form in Social Life. London 1981 – Bates, M., Man in Nature. Englewood Cliffs 1964 – Bohannan, P. u. L., Tiv Economy. London 1968 – Bohannan, P./Dalton, G., Markets in Africa. Evanston 1962 – Dalton, G., Tribal and Peasant Economics. New York 1967 – Firth, R., Primitive Polynesian Economy. London 1939 – Forde, D., Food, Habitat, Economy and Society. New York 1934/1963 – Godelier, M., Ökonomische Anthropologie. Untersuchungen zum Begriff der sozialen Struktur primitiver Gesellschaften. Reinbek 1973 (orig. frz. Paris 1973) – Herskovits, M., Economic Anthropology. New York 1952 – Polanyi, K., The Great Transformation. New York 1944 (dtsch. Wien 1977) – Sahlins, M., Stone Age Economics. Chicago 1972 – Schmidt, M., Grundriß der ethnologischen Volkswirtschaftslehre. 2 Bde., Stuttgart 1920/21

Klaus Hesse

Zeit Der tiefe, aber ungreifbare Einfluß der Zeit auf alle Phänomene des sozialen Lebens ist in sämtlichen der Ethnologie bekannten Gesellschaften wahrgenommen und in symbolischen Formen des Mythos und der Riten dargestellt worden. Der Mythos erzählt von Ursprüngen, von der ersten Setzung eines Ereignisses, das seither periodisch wiederkehrt oder im Kult erneuert werden muß; und wo er vom Ursprung des Wandels berichtet, von Tag und Nacht, Leben und Tod, scheint er – zumindest für seinen modernen Interpreten – eine Vorstellung von der beginnenden Zeit zu formulieren. Jede kulturelle Überlieferung vermittelt ein Wissen von der vergangenen Zeit; jede Arbeit setzt Planung voraus, so rudimentär sie sein mag, und damit Verfügung über zukünftige Zeit, und oft erfordert sie eine Koordination räumlich getrennter Personen und Handlungen, wie sie nur unter der Bedingung einer sozial akzeptierten Messung von Zeit möglich ist. Die Unwiederrufbarkeit des Vergangenen, die Ungewißheit der Zukunft, die Erfahrung von Jugend und Alter und das Bewußtsein der Zeitlichkeit – all dies sind universale Kennzeichen der menschlichen Existenz, und jede Kultur hat ihre eigentümlichen Institutionen und Glaubensvorstellungen entwickelt, die diesen grundlegenden Erfahrungen entstammen und dem Einzelnen und der Gruppe ihre spezifische Orientierung in der Zeit aufprägen. Die Erforschung und Interpretation dieser kulturellen Konzeptionen von Zeit ist aber nur eine der Ebenen, auf denen die Problematik des Zeitbegriffs in die Ethnologie hineinspielt; in der Geschichte der Ethnologie waren oft sogar zwei scheinbar ganz anders geartete Fragen nach der Zeit leitend, nämlich das Problem der zeitlichen Bestimmung der »anderen« Kulturen im Verhältnis zur modernen Zivilisation und die Frage nach der Rolle der zeitlichen Dimension bei der Reproduktion der gesellschaftlichen Verhältnisse.

Das Problem der zeitlichen Bestimmung oder Einordnung jener Kulturen, die den ursprünglichen Gegenstand der Ethnologie bilden, entzündet sich nicht an der Datierbarkeit von Überlieferungen, die nicht schriftlich fixiert sind und über kein eigenes Referenzsystem historischer Daten verfügen, sondern an der Ausgrenzung dieser Kulturen aus der Gegenwart der modernen Gesellschaften. Die Ethnologie verdankt entscheidende Fortschritte der Feldforschung, die immer impliziert, daß der Forscher seine Zeit mit den Menschen teilt, deren Kultur und Sozialorganisation er untersucht. Die Monographien, in denen der Ethnologe seine Beobachtungen als Zeitgenosse der anderen Kultur zusammenfaßt, bedienen sich aber mit Vorliebe des sogenannten *ethnographischen Präsens*, d. h. sie stellen Zustände dar, deren zeitliche Zuordnung in der Regel unbestimmt bleibt. Die strukturfunktionale Ethnographie detemporalisierte ihren Gegenstand, die evolutionistische verwies ihn in die Ur- oder Frühgeschichte der Menschheit; beide verweigerten ihm die Gleichzeitigkeit mit der wissenschaftlichen Kultur, in deren Auftrag sie arbeiteten (FABIAN). Solchen Strategien der Entzeitlichung lag zweifellos eine unaufdringliche, aber desto wirksamere Form ethnozentrischer Ausgrenzung des »anderen« zugrunde, sie waren aber auch das Ergebnis der Beschränkung der Feldforschung auf ein oder zwei Jahre, in denen der Ethnologe den augenblicklichen Zustand einer Gesellschaft und jährlich wiederkehrende Ereignisse, Feste, Riten und Arbeitsprozesse beobachtete. Indem man aus diesen Beobachtungen auf dauerhafte Verhältnisse und identisch sich wiederholende Vorgänge schloß, entstand ein generalisiertes Bild, dessen zeitloser Charakter sich in der Art funktionalistischer und strukturalistischer Theoriebildung wiederfindet. Mittlerweile verfügt die Ethnologie allerdings über etwa fünfzig sogenannte Langzeitstudien, bei denen der Forscher »seine« Gesellschaft dreißig und mehr Jahre hindurch immer wieder aufsucht und Nachfolger für die Fortsetzung der Beobachtungen ausbildet (COLSON). Diese Studien haben (mehr noch als die Ethnohistorie) zu einer umfassenden Revision der Theoriebildung zum Problem der zeitlichen Dimension anderer Sozialstrukturen und kultureller Traditionen beigetragen.

Der zeitliche Faktor in der Reproduktion gesellschaftlicher Verhältnisse wurde zuerst – bei der Untersuchung »sozialer Morphologie« – in der DURKHEIM-Schule thematisiert. Am Paradigma der jahreszeitlichen Veränderungen in der Eskimo-Gesellschaft ermittelte MAUSS ein universales Pendeln zwischen Zeiten hoher sozialer Kohäsion und Zeiten der Vereinzelung: Im Winter versammeln sich mehrere Familien an Wohnplätzen, um gemeinsame Zeremonien durchzuführen und gemeinsam zu jagen; die Interaktionen verdichten sich und das soziale Leben erreicht einen Zustand allgemeiner Erregung; im Frühjahr trennen sich die Familien wieder, um einzeln zu jagen und zu sammeln, aber auch um dem jetzt als unerträglich empfundenen Druck des Gemeinschaftslebens auszuweichen. Der Wechsel in der sozialen Morphologie afrikanischer Gesellschaften ist, wie vor allem EVANS-PRITCHARD im Anschluß an die DURKHEIM-Schule gezeigt hat, weniger rigide, aber noch deutlich erkennbar durch den Gegensatz von Regen- und Trockenzeiten bestimmt. Waren diese Einflüsse der ökologischen Zeit auf die Konstitution der Gesellschaft auf der Basis einjähriger Feldbeobachtungen noch empirisch zu ermitteln, so stellten sich der Interpretation des zeitlichen Faktors in der Reproduktion von Verhältnissen der Verwandtschaft und Abstammung, bei der Nachfolge im Status und der Ablösung der Generationen zunächst weit größere Schwierigkeiten entgegen.

RADCLIFFE-BROWN (1952), der historische Konjekturen verwarf und sich noch nicht auf Langzeitstudien stützen konnte, forderte sogar ausdrücklich, die »konkrete Realität« des zeitlichen Wandels in sozialen Organisationen lediglich als »Illustration« für das, wie er glaubte, zeitlose Sein der »strukturellen Form« zuzulassen. Daß sich die Strukturen bei ihrer Reproduktion in der Zeit unmerklich oder spürbar verändern, wobei die ständige Reformulierung schriftlich nicht fixierter Traditionen die Vergangenheit besonders leicht als mit der Gegenwart identisch erscheinen läßt, konnte vor allem FORTES an der Sozialorganisation der westafrikanischen Ashanti zeigen, deren Variationen er zwar als gleichzeitig nebeneinander bestehend beobachtete, aber dennoch als diachrone Momente einer stetigen Entwicklung interpretierte. In der weiteren Ausarbeitung der damit gewonnenen theoretischen Neuorientierung sind allgemein zwei Elemente der zeitlichen Reproduktion der sozialen Ordnung freigelegt worden: der ständig sich erneuernde Entwicklungszyklus von Haushaltsgruppen, die durch Geburt, Heirat und Tod ihrer Angehörigen wachsen, sich teilen und vereinigen; und der Bildungsprozeß von Körperschaften, die sich durch Abstammung konstituieren und in denen sich wechselseitige Abhängigkeiten und Konflikte zwischen Eltern und Kindern entwickeln (GOODY, FORTES). In solchen Prozessen haben die Langzeitstudien sowohl tiefgreifende Veränderungen als auch erstaunlich dauerhaft wiederkehrende Konstellationen entdeckt, wobei aber offenbleibt, welchen Anteil daran die Eigenschaften der sozialen Systeme bzw. der spezifischen Modernisierungsprozesse des 20. Jahrhunderts haben.

Neben diesen Forschungen zum Verhältnis von Zeit und Sozialstruktur, die keine kulturelle Relativierung des Zeitbegriffs erfordern, aber einen Zugang zu kulturspezifischen »anderen« Zeitkonzeptionen eröffnen, entstanden Studien zur Wahrnehmung und Darstellung von Zeit in außereuropäischen Gesellschaften, die zunächst von Formen der Zeitmessung ausgingen (NILSSON). Alle Arten von annähernd regelmäßig wiederkehrenden Ereignissen lassen sich zählen und untereinander vergleichen: die (scheinbare) Bewegung der Himmelskörper, die Länge des Schattens, die Zyklen von Pflanzen, die in mehrjährigen Abständen blühen, das Reiskochen, die Generationenfolge u.a. Riten können solche Zäsuren der Zeitzählung markieren oder zusätzlich schaffen. Im Kulturvergleich erwies sich aber die Art der Zeitmessung als sekundär gegenüber ihrer Häufigkeit und Genauigkeit, die von gesellschaftlichen Bedürfnissen nach der Koordination von Arbeitsprozessen und Festen bestimmt werden. In segmentären Gesellschaften ohne schriftliche Notationssysteme begnügt man sich mit wenigen, regional begrenzten und vagen Zeitangaben, wie EVANS-PRITCHARD am Modell der Nuer hervorhob, so daß die moderne Erfahrung des »Zeitdrucks« weitgehend ausbleibt. In frühen zentralisierten Gesellschaften, in denen der Staat eine überregionale Öffentlichkeit herstellt, entwickeln Priesterschaften komplexe Kalendersysteme, die sich an der Erd- oder Himmelsbewegung orientieren und sowohl Riten als auch wirtschaftliches Handeln regulieren. Bereits hier setzt die »Domestikation der Zeit durch Glockenschläge und Trompetensignale« ein (LEROI-GOURHAN 1964). Doch erst im Kontext der Industrialisierung und der Warenproduktion veralltäglichte sich das Bedürfnis nach immer exakterer und stets verfügbarer Zeitmessung (Uhren), was eine Verdinglichung von Zeit mit sich brachte. Während noch im Mittelalter alle Zeit Gott gehörte, wurde sie in der Neuzeit zum privaten Gut, zu etwas, was man hat oder nicht hat, nutzt oder verschwendet (HEIDEGGER). Diese tiefgreifende Veränderung im Zeitbewußtsein ist auch Gegenstand ethnologischer Forschung, da sie in alle Modernisierungsprozesse hineinspielt.

Die Orientierung des Zeitbewußtseins an wiederkehrenden Ereignissen hat in vielen Kulturen zu einer grundsätzlich zyklischen Konzeption von Zeit geführt, die in zyklischen Generations- oder Altersklassensystemen und in zyklisch vorgestellten Herrschergenealogien auch die sonst linear fortschreitende genealogische Zeit einbezieht. Solche Zyklen können auch als alternierende Prozesse aufgefaßt werden, in denen die Zeit wie ein Weberschiffchen vorwärts und rückwärts verläuft. *Allianzsysteme* und *alternierende Generationen* offenbaren die gleiche Struktur. Wie LEACH zu zeigen versuchte, liegt allen nicht-linearen Zeitkonzeptionen ein religiöser Glaube an den Kreislauf von Leben und Tod zugrunde, der vom Bewußtsein der Zeitlichkeit entlastet.

→ Ahnen, → Alter, → Arbeit, → Ethnohistorie, → Evolution, → Fest, → Initiation, → Logik, → Mythos, → Religion, → Ritual, → Segmentäre Gesellschaft, → Spiel, → Struktur, → Tod, → Weltbild

FABIAN, J., Time and the Other. New York 1983 – FORTES, M., Time and Social Structure. New York 1970 – GOODY, J. (Hrsg.), The Developmental Cycle in Domestic Groups. Cambridge 1958 – HEIDEGGER, M., Sein und Zeit. Tübingen 1927 – LEACH, E., Rethinking Anthropology. London 1961 – MAUSS, M., Soziale Morphologie. In: Ders., Soziologie und Anthropologie. 2 Bde., München 1974 (orig. franz. Année Sociologique 1904/05) – NILSSON, M. P., Primitive Time-Reckoning. Oxford 1920 – RICŒUR, P. (Hrsg.), Les cultures et le temps. Paris 1975

Fritz Kramer

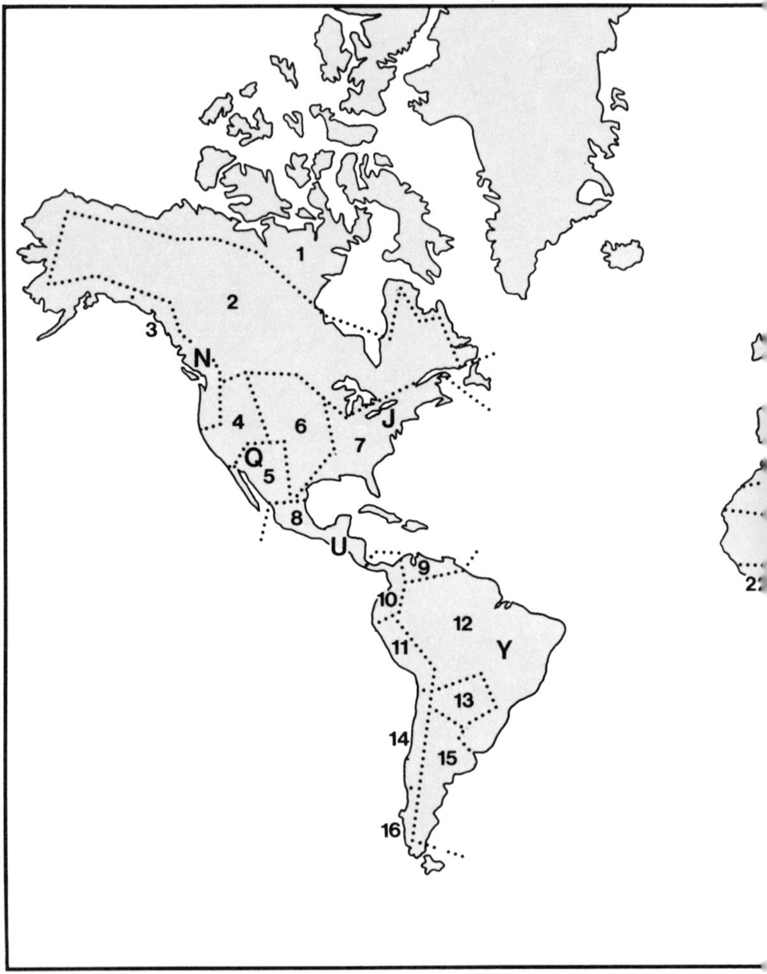

Übersichtskarte: Kulturprovinzen der Erdteile und berühmte ethnographische Beispiele

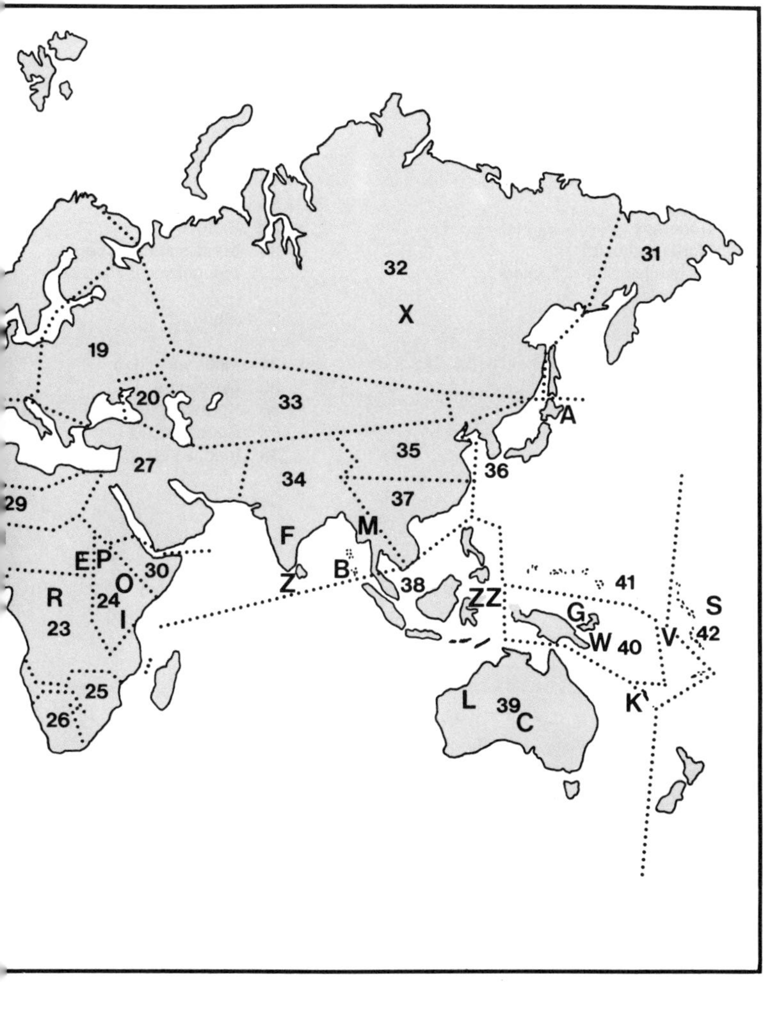

32
X
31
19
20
33
A
27
35
36
34
37
29
M
F
E
P
30
O
Z
B
38
41
ZZ
R
24
I
23
G
S
W
40
V
42
25
L
39
K
C
26

Kulturprovinzen der Erdteile

Nach Hunter, D. E./Whitten, Ph., The Study of Anthropology. New York 1976

Nordamerika

1 Arktis
2 Subarktis
3 Nordwestküste
4 Plateau/Basin/Kalifornien
5 Südwesten
6 Plains
7 Osten
8 Mittelamerika

Südamerika

9 Karibik
10 Chibcha
11 Inka
12 Amazonien/brasilianisches Hochland
13 Chaco
14 Araukanien
15 Patagonien
16 Feuerland

Europa

17 Süden
18 Nordwesten
19 Osten
20 Kaukasien

Afrika

21 Sudan
22 Guinea-Küste
23 Kongo
24 östliches Hochland
25 südliches Plateau
26 Südwesten

Naher Osten

27 Südwestasien
28 Nordafrika
29 nördliche Sahara
30 Osthorn

Nordasien

31 Altsibirien
32 Sibirien
33 eurasische Steppe/ mongolisches Plateau

Südasien

34 mittlerer Süden
35 Nordchina
36 Korea/Japan
37 Südchina
38 Indonesien

Ozeanien

39 Australien
40 Melanesien
41 Mikronesien
42 Polynesien

Berühmte ethnographische Beispiele

A	Ainu	BATCHELOR 1892 (Rassenkunde)
B	Andamaner	RADCLIFFE-BROWN 1922 (Sozialstruktur)
C	Aranda	SPENCER/GILLEN 1899, 1927 STREHLOW 1907–20 (Totemismus)
D	Ashanti	RATTRAY 1923–29 (matrilineares Königtum)
E	Azande	EVANS-PRITCHARD 1937–71 (Hexerei)
F	Bhil	KOPPERS 1940–48 (Hochgott)
G	Dobu	FORTUNE 1932 (Zauberei)
H	Dogon	GRIAULE 1938–48 (Kunst)
I	Dschagga	GUTMANN 1909–38 (Gesellschaftsaufbau)
J	Irokesen	LAFITEAU 1724 (Stammesbund)
K	Kanaken	LEENHARDT 1925–47 (Mythologie)
L	Kariera	RADCLIFFE-BROWN 1913 (Heiratsklassen)
M	Katschin	LEACH 1954 (Heiratsallianz)
N	Kwakiutl	BOAS 1897, 1921 (Potlatch)
O	Maassai	MERKER 1904 (Hirtenkriegertum)
P	Nuer	EVANS-PRITCHARD 1940–56 (segmentäre Gesellschaft)
Q	Pueblo	KROEBER 1917 (Dorfhäuser)
R	Pygmäen	GUSINDE 1942–56 SCHEBESTA 1932–48 (Hochgott)
S	Samoaner	MEAD 1928–30 (Enkulturation)
T	Tallensi	FORTES 1945–49 (Lineage)
U	Tepoztlan	REDFIELD 1930 (Gemeinde)
V	Tikopia	FIRTH 1936–59 (Wirtschaft)
W	Trobriander	MALINOWSKI 1922–35 (Kula-Tausch)
X	Tungusen	SHIROKOGOROFF 1929–35 (Schamanismus)
Y	Tupí	THEVET 1575, DE LERY 1578 (Wanderungen)
Z	Wedda	SELIGMAN 1911 (Wildbeutertum)
ZZ	Wemale	JENSEN 1939–48 (Mythologie)

Vertreter der Ethnologie

Mit Todesdatum vor 1987, Hauptorten ihres Wirkens und bedeutendsten Werken

Adam, Leonhard (1891–1960)
Berlin/Melbourne – Jurist und Rechtsethnologe
Lehrbuch der Völkerkunde, 1936 (von PREUSS hrsg.); Primitive Art, 1940; Modern Anthropology in Theory and Practice, 1946

Ammon, Otto (1842–1916)
Karlsruhe – Arzt und Begründer der deutschen Sozialanthropologie
Die Gesellschaftsordnung und ihre natürlichen Grundlagen, 1895; Anthropologie der Badener, 1899

Ananthakrishna, Aiyar (1862–1937)
Kalkutta – Indologe
The Cochin Tribes and Castes, 2 Bde. 1902/12; The Mysore Tribes and Castes, 4 Bde. 1928–36

Andree, Richard (1835–1912)
München – Geograph und Evolutionist (»generatio aequivoca«)
Wendische Wanderstudien, 1873; Ethnographische Parallelen und Vergleiche, 2 Bde. 1878/89; Die Juden, 1881; Die Metalle bei den Naturvölkern, 1884

Ankermann, Bernhard (1859–1943)
Berlin – Afrikanist und Mitbegründer der Kulturkreislehre
Die afrikanischen Musikinstrumente, 1901; Kulturkreise und Kulturschichten in Afrika, Zeitschrift für Ethnologie 37/1905; Ostafrika. Das Eingeborenenrecht, Bd. I, 1929 (Hrsg. SCHULTZ-EWERTH, E./ADAM, L.)

Bachofen, Johann Jakob (1815–1877)
Basel – Rechtshistoriker und Evolutionist
Das Mutterrecht, 1861; Versuch über die Gräbersymbolik der Alten, 1925

Baelz, Erwin (1849–1913)
Arzt und Japanologe
Über Besessenheit und verwandte Zustände, 1907; Menschenrassen Ostasiens mit spezieller Rücksicht der Japaner, Zeitschrift für Ethnologie 33/1910; Über die Todesverachtung der Japaner, 1936

Baldus, Herbert (1899–1970)
São Paulo – Schriftsteller und Amerikanist
Indianerstudien im nordwestlichen Chaco, 1931; Bibliografia Critica da Etnologia Brasileira, 2 Bde. 1954/68

Barth, Heinrich (1821–1865)
Berlin – Geograph und Forschungsreisender
Reisen und Entdeckungen in Nord- und Central-Afrika, 5 Bde. 1857–58

Bastian, Adolf (1826–1905)
Berlin – Arzt und Evolutionist (Gründer der »Zeitschrift für Ethnologie« und des Museums für Völkerkunde in Berlin, 1868)
Der Mensch in der Geschichte, 3 Bde. 1860; Die Völker des östlichen Asien, 6 Bde. 1866–71; Ethnologische Forschungen, 2 Bde. 1871/73; Der Völkergedanke, 1881; Zur Lehre von den geographischen Provinzen, 1886. Ethnische Elementargedanken in der Lehre vom Menschen, 1895

Bateson, Gregory (1904–1980)
Cambridge – Kulturanthropologe und Sozialpsychologe (»Schismogenese«)
Navem, 1936; Steps to an Ecology of Mind, 1972

Baumann, Hermann (1902–1972)
München – Kulturhistoriker und Afrikanist
Schöpfung und Urzeit des Menschen im Mythus der afrikanischen Völker, 1936; Völkerkunde von Afrika, 1940 (mit THURNWALD und WESTERMANN); Das Doppelte Geschlecht, 1955

Baumann, Oscar (1864–1899)
Wien – Topograph und Afrikareisender
Beiträge zur Ethnographie des Kongo, 1887; Durch Massailand zur Nilquelle, 1894

Benedict, Ruth Fulton (1887–1948)
Columbia/New York – Kulturmorphologin und Amerikanistin
Patterns of Culture, 1934; Zuñi Mythology, 2 Bde. 1935

Bernatzik, Hugo Adolf (1897–1953)
Graz/Wien – Photograph und Völkerkundler
Äthiopen des Westens, 2 Bde. 1933; Akha und Meau, 2 Bde. 1947; (Hrsg.): Die große Völkerkunde, 3 Bde. 1939; Afrika – Handbuch der angewandten Völkerkunde, 2 Bde. 1947/52

Biasutti, Renato (1878–1957)
Florenz – Geograph und Sozialanthropologe
Le razze e i popoli della Terra, 3 Bde. 1941

Bieber, Friedrich Julius (1873–1924)
Wien – Äthiopist
Kaffa, 2 Bde. 1920/23

Birket-Smith, Kaj (1893–1977)
Kopenhagen – Kulturhistoriker
Eskimoerne, 1927; The Caribou Eskimos, 1929; Geschichte der Kultur, 1946

Boas, Franz (1858–1942)
Berlin/New York – Geograph und Anthropologe (Begründer des amerikanischen Diffusionismus und der »American Anthropological Association«)
Anthropology, 1907; Race, Language and Culture, 1948; Kwakiutl Ethnography, 1967

Bogoras, Waldemar (1865–1936)
St. Petersburg – Sibirienforscher
The Chukchee, 7 Bde. 1904–09

Broca, Paul (1824–1880)
Paris – Anthropologe (Gründer der »Société d'Anthropologie«)
L'ethnologie de la France, 1859; Mémoires sur les caractères physiques de l'homme préhistorique, 1869

Budenz, Josef (1836–1892)
Budapest – Sprachforscher (Vertreter der ungarischen Finno-Ugristik)
Ugrische Sprachstudien, 1869

Bühler, Alfred (1900–1981)
Basel – Kulturhistoriker und Ozeanist
Kunststil am Sepik, 1960; Kultkrokodile vom Korewori, Zeitschrift für Ethnologie 1961; Ozeanien und Australien. Die Kunst der Südsee, 1969

Buschan, Georg (1863–1942)
Stettin – Arzt und Völkerkundler
Die Sitten der Völker, 4 Bde. 1914–20; Illustrierte Völkerkunde, 3 Bde. 1922–26

Busia, Kofi A. (1913–1978)
Oxford – Afrikanist (Premierminister Ghanas 1969–72)

The Position of the Chief in the Modern Political System of Ashanti, 1951; The Challenge of Africa, 1962

Caspar, Franz (1916–1977)
Hamburg – Schweizer Amerikanist
Die Tuparí, ein Indianerstamm in Westbrasilien, 1975

Castrén, Matthias Alexander (1813–1853)
Helsinki/St. Petersburg – Sprach- und Sibirienforscher
Versuch einer ostjakischen Sprachlehre, 1849; Nordische Reisen und Forschungen, 12 Bde. 1853–62; Ethnologische Vorlesungen über die altaischen Völker, 1857

Catlin, George (1796–1872)
nordamerikanischer Maler und Ethnograph
Letters and Notes on the Manners, Customs and Conditions of the North American Indians, 2 Bde. 1841

Clastres, Pierre (1934–1977)
Paris – Philosoph und Amerikanist
Chronique des Indiens Guayaki, 1972; La société contre l'état, 1974

Cocchiara, Giuseppe (1904–1965)
Palermo – Volkskundler und Ethnologe
Storia del folklore in Europa, 1954; L'eterno selvaggio, 1961; Il mondo alla rovescia, 1963

Conti Rossini, Carlo (1872–1949)
Rom – italienischer Regierungsbeamter und Ethnograph (Begründer der Zeitschrift »Rassegna di Studi Etiopici«)
Storia d'Etiopia, 1928; Etiopia e genti d'Etiopia, 1937

Crawfurd, John (1783–1868)
London – Arzt und Orientalist
History of the Indian Archipelago, 3 Bde. 1820; Journal of an Embassy to the Courts of Siam and Cochinchina, 2 Bde. 1830

Crazzolara, Giuseppe Pasqual (1884–1976)
St. Kassian – Missionar und Ethnograph
A Study of the Acholi Language, Grammar and Vocabulary, 1938; The Lwoo, 3 Bde. 1950–54

Creuzer, Friedrich (1771–1858)
Heidelberg – Philologe und Mythologe
Symbolik und Mythologie der alten Völker, 4 Bde. 1810–12

Czekanowski, Jan (1882–1965)
Lemberg – Anthropologe und Afrikanist
Forschungen im Nil-Kongo-Zwischengebiet, 2 Bde. 1917/24

Darwin, Charles (1809–1882)
Down (Kent) – britischer Naturforscher und Entdecker der biologischen Auslese (»struggle for existence«, »survival of the fittest«)
Origin of Species, 1865; The Descent of Man, 1871

Dempwolff, Otto Heinrich August Louis (1871–1938)
Hamburg – Arzt und Linguist
Beiträge zur Volksbeschreibung der Hehe, 1913; Die Sandawe, 1916; Vergleichende Lautlehre des austronesischen Wortschatzes, 3 Bde. 1934–38

Deniker, Joseph (1852–1918)
Paris – russisch-französischer Anthropologe
Les races et les peuples de la terre, 1900

Devereux, Georges (1908–1985)
Paris – Psychoanalytiker und Ethnologe
Essais d'ethnopsychiatrie générale, 1970; From Anxiety to Method in the Behavioral Sciences, 1967

Dias, Antonio Jorge (1907–1973)
Lissabon – Volkskundler und Ethnologe
Vilarinho da Furna, 1948; Os Macondes de Moçambique, 1964

Dittmer, Kunz (1907–1969)
Hamburg – Kulturhistoriker und Afrikanist
Vom Grabstock zum Pflug, 1949; Allgemeine Völkerkunde, 1954; Ackerbau und Viehzucht bei Altnigritiern und Fulbe des Obervolta-Gebiets, 1958; Die sakralen Häuptlinge der Gurunsi im Obervolta-Gebiet, 1961

Dozier, Edward (1916–1971)
Tucson – indianischer Ethnologe
The Pueblo Indians of North America, 1970

Durkheim, Emile (1858–1917)
Paris – Pädagoge und Soziologe, Begründer der struktural-funktionalen Sozialwissenschaft (»la collectivité«)
De la division du travail social, 1893; Les règles de la méthode sociologique, 1895; Les formes élémentaires de la vie religieuse, 1912

Ehrenreich, Paul (1855–1914)
Berlin – Arzt und Amerikanist
Botokudos, 1886; Material zur Sprachkunde Brasiliens, 1893–96; Die allgemeine Mythologie und ihre ethnologischen Grundlagen, 1910

Eickstedt, Egon von (1892–1965)
Breslau/Mainz – Anthropologe und Universalhistoriker
Rassenkunde und Rassengeschichte der Menschheit, 1934; Die Forschung am Menschen, 3 Bde. 1940–63

Eliade, Mircea (1907–1986)
Bukarest/Chicago – Religionshistoriker
Traité d'histoire des religions, 1949; Le chamanisme et les techniques archaïques de l'extase, 1951

Evans-Pritchard, Sir Edward Evan (1902–1973)
Oxford – Vertreter des Strukturfunktionalismus und der ethnologischen Empirie
Witchcraft, Oracles and Magic among the Azande, 1937; The Nuer, 1940; Social Anthropology, 1951; Kinship and Marriage among the Nuer, 1951; Nuer Religion, 1956; The Zande Trickster, 1967; The Azande, 1971

Fallmerayer, Jakob Philipp (1791–1861)
München – Historiker und Orientalist
Abhandlung über die Entstehung der Neugriechen, 1835; Fragmente aus dem Orient, 2 Bde. 1845

Findeisen, Hans (1903–1968)
Rengsdorf – Religionsethnologe und Asiatist
Menschen in der Welt, 1934; Schamanentum, 1957; Aus Geschichte und Kultur der Burjaten, 1958; Zur Geschichte sozialer Strukturwandlungen bei den Völkerschaften Sibiriens, 1959

Finsch, Otto (1839–1917)
Leiden/Braunschweig – Zoologe und Völkerkundler
Reise nach Westsibirien, 2 Bde. 1879; Samoafahrten, 1888; Südseearbeiten, 1914

Fischer, Eugen (1874–1967)
Freiburg - Anthropologe
Die Rehobother Bastards, 1913; (Hrsg.) Deutsche Rassenkunde, 17 Bde. 1929–38

Forde, Daryll (1902–1973)
London - Geograph und Afrikanist
Habitat, Economy and Society, 1934; Marriage and the Family among the Yakö in South-Eastern Nigeria, 1941; (Hrsg. mit RADCLIFFE-BROWN) African Systems of Kinship and Marriage, 1950

Fortes, Meyer (1906–1983)
Cambridge - Psychologe und Strukturfunktionalist
The Dynamics of Clanship among the Tallensi, 1945; The Web of Kinship among the Tallensi, 1949; Kinship and the Social Order, 1969; (Hrsg. mit EVANS-PRITCHARD) African Political Systems, 1940

Foy, William (1873–1929)
Köln - Mitbegründer der Kulturkreislehre
Die Mangianenschrift von Mindoro, 1895; Bronzepauken aus Südost-Asien, 1897

Frazer, Sir James George (1854–1941)
Cambridge - Religionshistoriker und Evolutionist
The Golden Bough, 2 Bde. 1890; Totemism and Exogamy, 4 Bde. 1910; The Belief in Immortality and the Worship of the Dead, 2 Bde. 1911/13

Friederici, Carl Georg Eduard (1866–1947)
Ahrensburg - Militär und Völkerkundler
Malaiopolynesische Wanderungen, 1914; Der Charakter der Entdeckung und Eroberung Amerikas durch die Europäer, 3 Bde. 1925–36; Amerikanistisches Wörterbuch, 1947

Friedrich, Adolf (1914–1956)
Mainz - Religionsethnologe und Kulturmorphologe
Afrikanische Priestertümer 1939; Die Verdienstfeste der Naga-Bergbauern in Assam, 1954; (mit G. BUDDRUSS) Schamanengeschichten aus Sibirien, 1955

Frikel, Protasio (1912–1974)
Belém (Brasilien) - Missionar und Amerikanist
Zur linguistisch-ethnologischen Gliederung der Indianerstämme von Nord-Pará, Anthropos 1957; Os Tiriyó, 1973

Fritsch, Gustav (1838–1927)
Berlin - Arzt und Anthropologe
Die Eingeborenen Südafrikas, 1873

Frobenius, Leo Viktor (1873–1938)
München/Frankfurt - Kulturhistoriker und Begründer der deutschen Kulturmorphologie (»Paideuma«)
Der Ursprung der afrikanischen Kulturen, 1898; Und Afrika sprach, 3 Bde. 1912/13; Atlantis 12 Bde. 1921–30; Erlebte Erdteile, 7 Bde. 1925–30; Kulturgeschichte Afrikas, 1933

Froehlich, Willy (1906–1971)
Köln - Museumsethnologe und Afrikanist
Das afrikanische Marktwesen, Zeitschrift für Ethnologie 1941, (Hrsg.) Beiträge zur afrikanischen Kunst, 1966

Galton, Francis (1822–1911)
London - Begründer des Sozialdarwinismus und der Eugenik
The Narrative of an Explorer in Tropical South Africa, 1853; Hereditary Genius, 1869; Natural Inheritance, 1889

Galvão, Eduardo Enéas Gustavo (1921–1976)
Belém (Brasilien) – Diffusionist und Amerikanist
Indians and Whites in the Brasilian Amazon, Zeitschrift für Ethnologie 1970; Indios do Brazil, 1978

Gatschet, Albert Samuel (1832–1907)
schweizerisch-amerikanischer Ethnologe und Philologe
Zwölf Sprachen aus dem Südwesten Nordamerikas, 1876; Migration Legends of the Creek Indians, 2 Bde. 1884

Gerland, Georg (1833–1919)
Straßburg – Geograph und Begründer des Diffusionismus
Hrsg. von Bd. VI von WAITZ' Anthropologie der Naturvölker, 1872; Anthropologische Beiträge, 1875

Gluckman, Max G. (1911–1975)
Manchester – Strukturfunktionalist (Begründer der »Konfliktschule«)
Custom and Conflict in Africa, 1955; Order and Rebellion in Tribal Africa, 1963; Politics, Law and Ritual in Tribal Society, 1965

Gobineau, Arthur de (1816–1882)
Paris – Diplomat und Geschichtsphilosoph (»dégénération«)
Essai sur l'inégalité des races humaines, 4 Bde. 1853–55; Les religions et les philosophies dans l'Asie centrale, 1867

Goldenweiser, Alexander A. (1880–1940)
Oregon – Vertreter des amerikanischen Diffusionismus
Early Civilization, 1923; History, Psychology and Culture, 1933; Anthropology, 1937

Graebner, Fritz (1877–1934)
Bonn/Köln – Historiker und Ozeanist (Begründer der Kulturkreislehre)
Kulturkreise und Kulturschichten in Ozeanien, Zeitschrift für Ethnologie 1905; Methode der Ethnologie, 1911; Das Weltbild der Primitiven, 1924

Griaule, Marcel (1898–1956)
Paris – Afrikanist und Begründer der ethnologischen Empirie in Frankreich
Méthode de l'ethnographie, 1937; Masques Dogon, 1938; Arts de l'Afrique noire, 1947; Dieu d'eau, entretiens avec Ogotemmêli, 1948

Grosse, Ernst (1862–1927)
Freiburg – Wirtschaftsethnologe und Evolutionist
Die Anfänge der Kunst, 1894; Die Formen der Familie und die Formen der Wirtschaft, 1896

Guha, B. S. (1894–1961)
Kalkutta – indischer Anthropologe (Herausgeber des »Journal of the Indian Anthropological Institute«)
An Outline of the Racial Ethnology of India, 1937

Gumplowicz, Ludwig (1838–1909)
Graz – Jurist und Sozialdarwinist
Rasse und Staat, 1875; Der Rassenkampf, 1883; Grundriß der Soziologie, 1885

Gusinde, Martin (1886–1969)
Wien/Washington – Missionar und Ethnograph
Die Feuerlandindianer, 3 Bde. 1931–39; Die Kongo-Pygmäen in Geschichte und Gegenwart, 1942; Von gelben und schwarzen Buschmännern. Eine untergehende Altkultur im Süden Afrikas, 1966

Gutmann, Bruno (1876–1966)
Ehingen – Missionar und Ethnosoziologe
Das Recht der Dschagga, 1926; Die Stammeslehren der Dschagga, 3 Bde. 1932–38

Haberlandt, Michael (1860–1940)
Wien – Kulturhistoriker und Volkskundler
Zur Kritik der Lehre von den Kulturkreisen und Kulturschichten, Petermanns Mitteilungen 1911; Völkerkunde, ³1920; Die Völker Europas und des Orients, 1920

Haddon, Alfred Cort (1855–1940)
Cambridge – Zoologe und Evolutionist, Leiter der Cambridge Expedition zur Torres-Straße 1898/99 (»save vanishing data«)
Evolution in Art, 1895; A History of Anthropology, 1910

Haeckel, Ernst (1834–1919)
Jena – Zoologe und Sozialdarwinist (»Polyphylie«)
Natürliche Schöpfungsgeschichte, 2 Bde. 1868; Anthropogenie oder Entwicklungsgeschichte des Menschen, 1874

Haekel, Josef (1907–1973)
Wien – Kulturhistoriker
Das Männerhaus im nördlichen Kalifornien, 1941; Zum heutigen Forschungsstand der historischen Ethnologie, Festschrift Wiener Schule der Völkerkunde, 1956

Hahn, Eduard (1856–1928)
Berlin – Zoologe und Wirtschaftsethnologe (Gegner der »Dreistufentheorie«)
Die Haustiere und ihre Beziehungen zur Wirtschaft des Menschen, 1896; Von der Hacke zum Pflug, 1914

Hahn-Hissink, Karin (1907–1981)
Frankfurt – Amerikanistin und Kulturmorphologin
Masken als Fassadenschmuck, 1934; (mit HAHN, Albert) Die Tacana, 2 Bde. 1961/84; Gewebe aus Alt-Peru, 1965; Volkskunst aus Guatemala, 1971

Hartmann, Robert (1832–1893)
Berlin – Zoologe und Afrikareisender
Die Nigritier, 1876; Die Völker Afrikas, 1879; Die Nilländer, 1884

Heine-Geldern, Robert von (1885–1965)
Wien – Kulturhistoriker
Herkunft und Ausbreitung der alten Hochkulturen, 1956; Das Megalithproblem, 1959

Hellpach, Willy (1877–1955)
Heidelberg – Psychiater und Sozialpsychologe
Sozialpsychologie, 1933; Mensch und Volk der Großstadt, 1939

Herder, Johann Gottfried (1744–1803)
Weimar – Philosoph und Völkerkundler (»Naturvolk«, »Volksgeist«)
Ideen zur Philosophie der Geschichte der Menschheit, 4 Bde. 1785–91

Herskovits, Melville Jean (1895–1963)
Evanston (Illinois) – Diffusionist und Akkulturationsforscher
The American Negro: A Study in Racial Crossing, 1928; Man and his Works, 1948; Economic Anthropology, 1952; The Human Factor in Changing Africa, 1962

Hertz, Robert (1882–1915)
Paris – Religionssoziologe und Volkskundler
Mélanges de sociologie religieuse et de folklore, 1928

Heydrich, Martin (1889–1958)
Köln – Kunstethnologe und Asiatist
Koreanische Landwirtschaft, 1931; Die Rassen der Erde, 1942

Hocart, A. M. (1883–1939)
Kairo – belgisch-britischer Strukturfunktionalist
Kingship, 1927; The Progress of Man, 1933; Les Castes, 1938, Social Origins, 1954

Hofstra, Sjoerd (1898–1980)
Amsterdam – holländischer Ethnosoziologe und Afrikanist
Differenzierungserscheinungen in einigen afrikanischen Gruppen, 1933; Afrikaanse volkenkunde, 1947

Holub, Emil (1847–1902)
Wien – Arzt und Afrikareisender
Kulturskizze des Marutse-Mambunda-Reiches, 1879; Sieben Jahre in Südafrika, 2 Bde. 1880/81; Von Kapstadt ins Land der Maschukulumbe, 2 Bde. 1888/90

Hornbostel, Erich Moritz von (1877–1935)
Berlin/Cambridge – Musikethnologe
(mit SACHS, Curt) Systematik der Musikinstrumente, Zeitschrift für Ethnologie 1914; Die Maßnorm als kulturgeschichtliches Forschungsmittel, Festschrift P. W. Schmidt, 1928

Huizinga, Johan (1872–1945)
Groningen – Kulturhistoriker und Indologe
Herbst des Mittelalters, 1919; Homo Ludens, 1938

Humboldt, Alexander von (1769–1859)
Berlin – Philosoph und Forschungsreisender
Reisen in Amerika und Asien, 4 Bde. [2]1842

Hunfalvy, Paul (1810–1891)
Budapest – Begründer der Finno-Ugristik in Ungarn
Die Ethnographie von Ungarn, 1877; Der Ursprung der Rumänen, 1888

Huntingford, George Wynn Bereton (1901–1978)
London – Afrikanist
The Nandi of Kenya, 1953; The Northern Nilo-Hamites, 1953; The Southern Nilo-Hamites, 1953

Huxley, Thomas Henry (1825–1895)
London – Anthropologe und Sozialdarwinist
Evidence as to Man's Place in Nature, 1863; Essay on the Methods and Results of Ethnology, Fortnightly Review 1865

Jensen, Adolf Ellegard (1899–1965)
Frankfurt – Kulturhistoriker und Kulturmorphologe
Im Lande des Gada, 1936; Mythos und Kult bei Naturvölkern, 1951; (Hrsg.) Altvölker Süd-Äthiopiens, 1959

Josselin de Jong, J. P. B. de (1886–1964)
Leiden – Linguist und Strukturalist
Da Maleische Archipel als ethnologisch studieveld, 1935; Lévi-Strauss' Theory on Kinship and Marriage, 1952

Junker, Wilhelm (1840–1892)
St. Petersburg – Arzt und Afrikareisender
Reisen in Afrika, 3 Bde. 1889–91

Junod, Henri-Alexandre (1863–1934)
Genf/Lausanne – Missionar und Ethnograph

La tribu et la langue Thonga, 1896; The Life of a South-African Tribe, 2 Bde. 1912/13

Kagwa, Sir Apolo C. (1869–1927)
Kampala – Regierungschef und Europareisender
The Customs of the Baganda, 1934; Ham Mukasa: Sir Apolo Kagwa Discovers Britain, 1975

Klaproth, Heinrich Julius (1783–1875)
St. Petersburg/Paris – Asienforscher und Linguist
Reise in den Kaukasus und in Georgien 1807–1808, 2 Bde. 1812/14; Asia polyglotta, 1823

Klemm, Gustav (1802–1867)
Dresden – Bibliothekar und Museumsgründer (»active und passive Racen«)
Kulturgeschichte der Menschheit, 10 Bde. 1843–52

Klimek, Stanislaw (1903–1939)
Lemberg/Berkeley – Funktionalist und Amerikanist
The Structure of Californian Indian Culture, 1935

Koch, Klaus-Friedrich (1937–1979)
Evanston (Illinois) – Ozeanist und Rechtsethnologe (Konfliktforschung)
War and Peace in Jalémó, 1974

Koch-Grünberg, Theodor (1872–1924)
Stuttgart – Amerikanist
Zwei Jahre unter den Indianern, 2 Bde. 1908/10; Vom Roraima zum Orinoko, 5 Bde. 1916–28

Kohler, Josef (1849–1919)
Heidelberg – Jurist und Evolutionist
Zur Lehre von der Blutrache, 1885; Recht der Azteken, 1892; Zur Urgeschicht der Ehe, 1897

Kohl-Larsen, Ludwig (1884–1969)
Tübingen – Arzt und Forschungsreisender
Auf den Spuren der Vormenschen, 2 Bde. 1943; Die Bilderstraße Ostafrikas, 1956; Wildbeuter in Ostafrika, 1958

Koppers, Wilhelm (1886–1961)
Wien – Missionar und Vertreter der Wiener Kulturkreislehre
Die Feuerlandindianer, 1924; Der Urmensch und sein Weltbild, 1949

Krämer, Augustin (1865–1941)
Tübingen – Arzt und Ozeanist
Die Samoainseln, 2 Bde. 1902/03; Palau. Ergebnisse der Hamburger Südsee-Expedition, 5 Bde. 1917–29

Krapf, Johann Ludwig (1810–1881)
Korntal – Missionar und Afrikanist
Reisen in Ostafrika in den Jahren 1837–55, 2 Bde. 1858; Dictionary of the Suaheli Language, 1882

Krause, Fritz (1881–1963)
Leipzig – Amerikanist und Ethnosoziologe (»Strukturlehre«)
Die Puebloindianer, 1907; Die Kultur der kalifornischen Indianer, 1921; Das Wirtschaftsleben der Völker, 1924; Kulturwandel und Volkstum, Mitteilungen der anthropologischen Gesellschaft Wien 1929

Kremer, Alfred von (1828–1889)
Wien – Diplomat und Orientalist
Ägypten, Forschungen über Land und Volk, 1883

Krickeberg, Walter (1885–1962)
Berlin – Kulturhistoriker und Amerikanist

Indianermärchen aus Nordamerika, 1924; Altmexikanische Kulturen, 1956

Krige, Jacob Daniel (1896–1959)
Durban – Missionar und Strukturfunktionalist (publizierte z. T. mit Eileen Jensen KRIGE)
The Social Systems of the Zulus, 1937; The Realm of the Rain Queen, 1943

Kroeber, Alfred Louis (1876–1960)
Berkeley – Kulturanthropologe und Diffusionist
The Superorganic, 1917; Anthropolgy, 1923; (Hrsg.) Handbook of the Indians of California 1925; Stimulus Diffusion, American Anthropologist 1940

Kropotkin, P. Aleksejevič (1842–1921)
Russischer Naturwissenschaftler und Sozialreformer (»Mutualismus«)
Mutual Aid: A Factor of Evolution, 1902; Moderne Wissenschaft und Anarchismus, 1904

Kruyt, A. C. (1861–1932)
Niederländischer Südostasienforscher
Het Animisme in den Indischen Archipel, 1906; De ToWana op Oost Celebes, 1930

Kubary, Johann Stanislaus (1846–1896)
Ponape (Mikronesien) – Kolonist und Ozeanist
Die socialen Einrichtungen der Pelauer, 1885; Ethnographische Beiträge zur Kenntnis der Carolinen, 1895

Kutscher, Gerdt (1913–1979)
Berlin – Altamerikanist (Gründer der Zeitschrift »Indiana«)
Chimu, eine altindianische Hochkultur, 1950; Nordperuanische Keramik, 1954; Monumenta Americana, 7 Bde. 1954–55

Lafiteau, Joseph (1681–1740)
Missionar und Ethnograph
Les moeurs des sauvages Américains comparées aux moeurs des premiers temps, 2 Bde. 1724

Lamprecht, Karl (1856–1915)
Leipzig – Universal- und Kulturhistoriker
Moderne Geschichtswissenschaft, 1905; Einführung in das historische Denken, 1912

Lane, Edward William (1801–1876)
englischer Grafiker und Orientreisender
Manners and Customs of the Modern Egyptians, 1836; Arabic Lexicon, 1863–90

Lane Fox Pitt Rivers, August Henry (1827–1900)
Oxford – Militär und Evolutionist (Gründer des ethnographischen Museums in Oxford, 1883)
Primitive Warfare, 1868; The Evolution of Culture and other Essays, 1906

Lebzelter, Victor (1889–1936)
Missionar und Ethnograph
Eingeborenenkulturen in Südwest- und Südafrika, 1934

Leenhardt, Maurice (1878–1954)
Paris – Missionar und Ethnologe
Gens de la Grande Terre, 1937; Do Kamo, 1947

Lehmann, Friedrich Rudolf (1887–1969)
Potchefstroom (Namibia)/München – Theologe und Religionsethnologe

Mana, 1915; Die polynesischen Tabusitten, 1930; Ethnographic Survey of South West Africa, 1948/49

Lehmann, Walter (1878–1937)
Berlin – Amerikanist
Zentralamerika, 1920; Quellenwerke zur alten Geschichte Amerikas, aufgezeichnet in den Sprachen der Eingeborenen, 1938

Lehmann-Nitsche, Robert (1872–1939)
deutsch-argentinischer Paläanthropologe und Linguist
Studien zur südamerikanischen Mythologie, 1939

Lenz, Oskar (1848–1925)
Prag – Geologe und Afrikareisender
Timbuktu, 2 Bde. 1892; Wanderungen in Afrika, 1895; Das Geld bei den Naturvölkern, 1895; Skizzen aus Westafrika, 1878

Lévy-Bruhl, Lucien (1857–1939)
Paris – Religionsethnologe und Völkerpsychologe (»participation mystique«)
La mentalité primitive, 1922; La mythologie primitive, 1935

Lewis, Oscar (1914–1970)
Amerikanischer Kulturanthropologe (»culture of poverty«)
Life in a Mexican Village, 1951; La Vida: A Puerto-Rican Family in the Culture of Poverty, 1966; The Children of Sanchez, 1961

Lilienfeld, Paul von (1829–1903)
St. Petersburg – Vertreter des Sozialdarwinismus (»organische Methode«)
Gedanken über die Sozialwissenschaft der Zukunft, 5 Bde. 1873–81

Lindblom, Karl Gerhard (1887–1970)
Stockholm – Kulturhistoriker und Afrikanist
The Akamba, 1920; Nose Ornaments in Africa, 1945; The One-Leg Resting Position in Africa and Elswhere, 1949

Lindner, Gustav Adolf (1828–1887)
Prag – österreichischer Philosoph und Vertreter des Sozialdarwinismus
Ideen zur Psychologie der Gesellschaft, als Grundlage der Sozialwissenschaft, 1871

Linton, Ralph (1883–1953)
Columbia – Kulturanthropologe (Begründer der »Culture and Personality School«)
The Study of Man, 1936; The Cultural Background of Personality, 1945; The Tree of Culture, 1955

Lips, Julius (1895–1950)
Köln/Leipzig – Amerikanist (»Erntevölker«)
Fallensysteme der Naturvölker, 1926; Das Recht an Grund und Boden bei den Naturvölkern und der Begriff der Erntevölker, 1928; Einleitung in die vergleichende Völkerkunde, 1928; Die Plastik der Naturvölker, 1930; The Savage Hits Back, 1937; Forschungsreise in die Dämmerung, 1950; Zelte in der Wildnis, 1974

Livingstone, David (1813–1873)
schottischer Missionar und Afrikareisender
Travels and Researches, 1857

Lommel, Herman (1885–1968)
Frankfurt – Indogermanist und Religionsethnologe
Die Religion Zarathustras, 1930; Die alten Arier, 1935; Der arische Kriegsgott, 1939

Loria, Lamberto (1855–1913)
Rom – Mathematiker und Forschungsreisender (Gründer der »Società Italiana di Etnografia«)
L'etnografia strumento di politica interna e coloniale, Lares 1912

Lowie, Robert Harry (1883–1957)
Berkeley – Kulturanthropologe und Amerikanist
Primitive Society, 1920; The Crow Indians, 1935; The History of Anthropological Theory, 1937; The German People: A Social Portrait to 1945, 1945

Lubbock, John Lord Avebury (1834–1913)
London – Prähistoriker und Evolutionist (»Paläo-/Neolithikum«)
The Origin of Civilization and the Primitive Condition of Man, 1870; Prehistoric Times, 1872

Luschan, Felix von (1854–1924)
Berlin – Anthropologe und Völkerkundler
Die Altertümer von Benin, 3 Bde. 1919; Völker, Rassen, Sprachen, 1922

Maine, Henry James Sumner (1822–1888)
Oxford/Cambridge – Jurist und Evolutionist (»corporations never die«)
Ancient Law, 1861; Village Communities in the East and West, 1971

Mair, Lucy Philip (1901–1986)
London – Strukturfunktionalistin und Afrikanistin
An African People in the Twentieth Century, 1934; Studies in Applied Anthropology, 1957

Majumdar, Dhirendranath (1903–1960)
Indischer Ethnologe
A Tribe in Transition, 1937; Races and Cultures of India, [4]1961

Malinowski, Bronislaw (1884–1942)
London/Chicago – Funktionalist (Begründer der modernen ethnographischen Feldforschung)
The Argonauts of the Western Pacific, 1922; Crime and Custom in Savage Society, 1926; Sex and Repression in Savage Society, 1927; The Sexual Life of the Savages in North-Western Melanesia, 1929; Coral Gardens and their Magic, 1935

Mantegazza, Paolo (1831–1910)
Florenz – Anthropologe und Sozialdarwinist (Gründer der »Società Italiana di Antropologia e di Etnologia«, 1870)
Fisiologia dell'odio (Die Physiologie des Hasses, o. J.)

Marett, Robert Ranulph (1866–1943)
Oxford – Religionsethnologe und Evolutionist (»metataxis«)
The Threshold of Religion, 1909; Anthropology, 1912

Martino, Ernesto de (1908–1965)
Bari/Rom – Philosoph und Ethnologe
Naturalismo e storicismo nell'etnologia, 1941; Katholizismus, Magie, Aufklärung, 1982

Matsumura, Akira (1880–1936)
Tokio – Ethnologe und Archäologe
A Gazetteer of Ethnology, 1908

Mauss, Marcel (1872–1950)
Paris – Mitbegründer der strukturalfunktionalen Ethnologie (»fait social total«)
Essai sur le don, 1925; Sociologie et Anthropologie, 1950

McLennan, John Ferguson (1827–1881)
Edinburgh – Jurist und Evolutionist
Primitive Marriage, 1865; Studies in Ancient History, 1876

Mead, Margaret (1901–1978)
Columbia – Kulturanthropologin
Coming of Age in Samoa, 1928; Sex and Temperament in Three Primitive Societies, 1935; Soviet Attitudes Toward Authority, 1951

Meek, Charles Kingsley (1885–1965)
Oxford – Kolonialbeamter und Strukturfunktionalist
The Northern Tribes of Nigeria, 1925; A Sudanese Kingdom, 1931

Meinhof, Carl (1857–1944)
Berlin – Pfarrer und Afrikanist
Die Dichtung der Afrikaner, 1911; Afrikanische Religionen, 1912; Afrikanische Rechtsgebräuche, 1914; Afrikanische Bibelübersetzungen, 1926

Menghin, Oswald (1888–1973)
Wien – Prähistoriker und Afrikanist
Weltgeschichte der Steinzeit, 1931; Geist und Blut, 1934

Merker, Moritz (1867–1908)
Militär und Ethnograph
Rechtsverhältnisse und Sitten der Wadschagga, 1902; Die Massai, 1904

Métraux, Alfred (1902–1963)
Paris – Religionsethnologe und Amerikanist
Le vaudou haïtien, 1958; Religions et magies indiennes d'Amérique du Sud, 1967

Mischlich, Adam (1864–1948)
Missionar und Afrikanist
Neue Märchen aus Afrika, 1929; Über die Kulturen im Mittel-Sudan, 1942

Montagne, Robert (1893–1954)
Paris – Militär und Ethnograph
Les Berbères et le Makhzen dans le sud du Maroc, 1930; La civilisation du désert, 1947; Naissance du prolétariat marocain, 1951

Morgan, Lewis Henry (1818–1881)
New York – Jurist und Evolutionist (Begründer der Verwandtschaftsethnologie)
The League of the Iroquois, 1851; Systems of Consanguinity and Affinity of the Human Family, 1870; Ancient Society, 1877

Morgenthaler, Fritz (1919–1984)
Zürich – Arzt und Ethnopsychoanalytiker
Die Weißen denken zuviel, 1963; Fürchte deinen Nächsten wie dich selbst, 1971 (beides zusammen mit P. Parin u. G. Parin-Matthey)

Müller, Friedrich (1834–1898)
Wien – Sprachwissenschaftler und Orientalist
Grundriß der Sprachwissenschaft, 4 Bde. 1876–88; Unter Tungusen und Jakuten, 1882

Müller, Max (1823–1900)
Oxford – Orientalist und Mythologe (»Henotheismus«, »Wer eine Religion kennt, kennt keine«)
Introduction to the Science of Religion, 1873; Contributions to the Science of Mythology, 2 Bde. 1897; Comparative Mythology, 1956

Munzinger, Werner (1832–1875)
Massaua – Schweizer Afrikareisender

Über die Sitten und das Recht der Bogos, 1859; Ostafrikanische Studien, 1864; Vocabulaire de la langue Tigré, 1865

Murdock, George Peter (1897–1985)
Yale/Pittsburgh – Kulturanthropologe und Ethnostatistiker (Hrsg. der Human Relation Area Files, 1937)
Social Structure, 1949; Africa – Its People and Their Cultural History, 1959

Nachtigal, Gustav (1834–1885)
Arzt und Afrikaforscher
Sahara und Sudan, 3 Bde. 1879–89

Nadel, Siegfried Ferdinand Stephan (1903–1954)
London/Canberra – Musikwissenschaftler und Strukturfunktionalist
A Black Byzantium, 1942; The Nuba, 1947; The Theory of Social Structure, 1957

Nevermann, Hans (1902–1982)
Berlin – Ozeanist und Museumsethnologe
Südneuguinea und Südmelanesien, 1935; Die indo-ozeanische Weberei, 1938; Ein Besuch bei Steinzeitmenschen, 1941; Götter der Südsee, 1947; Die Reiskugel, 1952

Nimuendajú-Unkel, Curt (1883–1945)
deutscher Ethnograph; verbrachte einen Großteil seines Lebens bei Indianergruppen (Gé-Stämme) in Südamerika (zeitweise Mitarbeiter des brasilianischen Indianerschutzdienstes)
The Apinayé, 1939; The Eastern Timbira, 1946

Nippold, Walter (1892–1970)
Göttingen – Kulturhistoriker
Rassen- und Kulturgeschichte der Negrito-Völker Südost-Asiens, 1936; Die Anfänge des Eigentums bei den Naturvölkern und die Entstehung des Privateigentums, 1954

Nordenskiöld, Erland (1877–1932)
Uppsala – Kulturhistoriker und Amerikanist
Indianlif i El Gran Chaco, 1910; Comparative Ethnographical Studies, 9 Bde. 1920–21

Nowotny, Karl A. (1904–1978)
Wien – Mexikanist und Kulturhistoriker
Farben und Weltrichtungen, 1953; Amerika. in: Bernatzik (Hrsg.): Die Neue Große Völkerkunde, 1954; Tlacuilolli. Die mexikanischen Bilderhandschriften, 1961

Oka, Masao (1898–1982)
Tokio – Schüler von P. W. Schmidt; Forschungen in Alaska und Österreich
Kulturgeschichte in Alt-Japan, 5 Bde., 1933 (unveröffentlichte Diss.)

Oppenheim, Max von (1860–1945)
Berlin – Diplomat und Orientalist
Die Beduinen, 3 Bde. 1939–53

Pallas, Peter Simon (1741–1811)
St. Petersburg – Naturforscher und Ethnograph
Reisen durch verschiedene Provinzen des Russischen Reiches, 3 Bde. 1771–76; Sammlung historischer Nachrichten über die mongolischen Völkerschaften, 2 Bde. 1776/1801; Pallas-Vokabularium, 2 Bde. 1787/89

Passarge, Siegfried (1866–1958)
Hamburg – Arzt und Völkerkundler

Adamaua, 1895; Die Buschmänner der Kalahari, 1907; Geographische Völkerkunde, 3 Bde. 1934

Paulitschke, Philipp (1854–1899)
Wien – Altphilologe und Afrikareisender
Die geographische Erforschung des afrikanischen Kontinents, 1880; Ethnographie Nordost-Afrikas, 2 Bde. 1893–96

Peschel, Oskar (1826–1875)
Leipzig – Geograph und Völkerkundler
Völkerkunde, 1875; Abhandlungen zur Erd- und Völkerkunde, 3 Bde. 1877–79

Peschuel-Lösche, Eduard (1840–1913)
Jena – Geograph und Afrikanist
Volkskunde von Loango, 1907; Die Loango-Expedition, 1907

Petri, Helmut Ehrenfried (1907–1986)
Köln – Kulturmorphologe und Ozeanist
Der australische Medizinmann, 1952; Sterbende Welt in Nordwestaustralien, 1954

Pettazzoni, Raffaele (1883–1960)
Rom – Religionshistoriker
Miti e leggende, 4 Bde. 1948–63; L'omniscienza di Dio, 1955

Peuckert, Will-Erich (1895–1969)
Breslau/Göttingen – Kulturhistoriker und Volkskundler
Geheimkulte, 1951; Die Ehe, 1955; Die große Wende, 1966

Pfaff-Giesberg, Robert (1899–1984)
Mannheim – Kunstethnologe und Historiker
Die Sklaverei, ein wirtschaftliches, soziales und kulturelles Problem, 1935; Die Geschichte der Sklaverei, 1955

Pitrè, Guiseppe (1841–1916)
Palermo – Volkskundler und Völkerpsychologe
Biblioteca delle tradizioni popolari Siciliane, 25 Bde. 1871–1913

Plischke, Hans (1890–1972)
Göttingen – Historiker und Ozeanist
Von den Barbaren zu den Primitiven, 1926; Entdeckungsgeschichte vom Altertum bis zur Neuzeit, 1933

Pöch, Rudolf (1870–1921)
Wien – Arzt und Völkerkundler
Nachlaß (Hrsg. Österreichische Akademie der Wissenschaften Wien) 1950

Pöppig, Eduard (1798–1868)
Leipzig – Naturforscher und Amerikanist
Reise in Chile und Peru und auf dem Amazonenstrom, 2 Bde. 1935/36

Pogge, Paul (1838–1884)
Deutscher Afrikareisender
Im Reiche des Muata Jamwo, 1880

Polanyi, Karl (1886–1964)
New York – österreichisch-britischer Wirtschaftshistoriker
The Great Transformation, 1944; Primitive, Archaic and Modern Economics, 1968

Post, Albert Hermann (1839–1895)
Bremen – Jurist und Evolutionist
Grundriß der ethnologischen Jurisprudenz, 2 Bde. 1894/95

Preuss, Konrad Theodor (1869–1938)
Berlin – Religionsethnologe und Amerikanist
Religion und Mythologie der Uitoto, 2 Bde. 1923; Glauben und Mystik im Schatten des höchsten Wesens,

1926; Forschungsreise zu den Káyaba, 1926/27; Tod und Unsterblichkeit im Glauben der Naturvölker, 1930; (Hrsg.) Lehrbuch der Völkerkunde, 1937

Prietze, Rudolf (1854–1933)
Kairo – Afrikanist
Haussa-Sprichwörter und Haussa-Lieder, 1904

Quetelet, Adolphe (1796–1874)
Brüssel – Mathematiker und Anthropologe (»homme moyen«)
Du système social et les lois qui le régissent, 1848; Anthropométrie, 1870

Radcliffe-Brown, Alfred Reginald (1881–1955)
Oxford – Begründer des britischen Strukturfunktionalismus (»social structure«)
The Andaman Islanders, 1922; Structure and Function in Primitive Society, 1952

Radde, Gustav (1831–1903)
Danzig – Asienforscher
Die Chewsuren und ihr Land, 1870

Radin, Paul (1883–1953)
Columbia – Kulturanthropologe und Amerikanist
Crashing Thunder: The Autobiography of an American Indian, 1926; Primitive Man as Philosopher, 1927; Social Anthropology, 1932; Primitive Religion, 1937

Radloff, Wilhelm (1837–1918)
St. Petersburg – Turkologe
Aus Sibirien, 2 Bde. 1884

Ramos, (de Araujo Pereira) Arthur (1903–1949)
Rio de Janeiro – Arzt und Kulturanthropologe
As Culturas Negras no Novo Mundo, 1937; Introdução à Antropologia Brasileira, 2 Bde. 1943/47

Rapp, Eugen Ludwig (1904–1977)
Mainz – Missionar und Afrikanist
Sprichwörter der Kyerepong von Apirede, 1940; Die Gurume-Sprache in Nordghana, 1966

Rasmussen, Knud (1879–1933)
Kopenhagen – Polar- und Eskimoforscher
In der Heimat der Polarmenschen, 1922; Fra Grønland til Stillehavet, 2 Bde. 1925/26

Ratzel, Friedrich (1844–1904)
Leipzig – Geograph und Kulturhistoriker (»Migrationstheorie«)
Anthropogeographie, 2 Bde. 1882/91; Völkerkunde, 3 Bde. 1885–88; Politische Geographie, 1891

Ratzenhofer, Gustav (1842–1904)
Wien – Militär und Sozialdarwinist
Die sociologische Erkenntnis, 1898; Sociologie, 1907

Reche, Otto (1879–1966)
Leipzig – Anthropologe und Afrikanist
Der Kaiserin-Augusta-Fluß, 1913; Zur Ethnographie des abflußlosen Gebietes Deutsch-Ostafrikas, 1914

Redfield, Robert (1897–1958)
Chicago – Kulturanthropologe und Volkskundler (»folk societies«)
Tepoztlan, 1930; The Primitive World and its Transformations, 1953; Peasant Society and Culture, 1956

Richards, Audrey Isabel (1899–1984)
Cambridge – Strukturfunktionalistin und Afrikanistin
Hunger and Work in a Savage Tribe, 1932; Chisungu, 1956

Ritter, Carl (1779–1859)
Berlin – Geograph
Die Erdkunde in ihrem Verhältnis zur Natur und zur Geschichte des Menschen, 1817/18

Rivers, William Halse (1864–1922)
Cambridge – Arzt und Diffusionist (»kindred«)
The Todas, 1908; Kinship and Social Organization, 1913; The History of Melanesian Society, 2 Bde. 1914; History and Ethnology, 1922

Rivet, Paul (1876–1958)
Paris – Arzt und Amerikanist (Gründer des Musée de l'Homme, 1937)
Les origines de l'homme américain, 1943; La métallurgie en Amérique précolombienne, 1946

Rodenwaldt, Ernst (1878–1965)
Berlin – Tropenmediziner und Anthropologe
Die Mestizen auf Kisar, 2 Bde. 1927

Róheim, Geza (1891–1953)
New York – Psychoanalytiker und Ethnologe
Australian Totemism, 1925; Psychoanalysis and Anthropology, 1950

Rohlfs, Gerhard (1831–1896)
deutscher Afrikareisender
Quer durch Afrika, 2 Bde. 1874/75; Drei Monate in der Lybischen Wüste, 1876; Kufra, 1881

Sachs, Curt (1881–1959)
Berlin/New York – Musikhistoriker und -ethnologe
Die Musikinstrumente des alten Ägypten, 1921; Geist und Werden der Musikinstrumente, 1929

Sapir, Edward (1884–1939)
Yale – Linguist und Kulturanthropologe
Language, 1921; Nootka Texts, 1939; Anthropology, 1967

Sarasin, Fritz (1859–1942)
Basel – Zoologe und Völkerkundler (reiste und publizierte mit seinem Vetter Paul Sarasin [1856–1929])
Reisen in Celebes, 2 Bde. 1905; Versuch einer Anthropologie der Insel Celebes, 2 Bde. 1906; Neu-Caledonien und die Loyalty-Inseln, 1917

Schäffle, Albert E. F. (1831–1903)
Stuttgart – Nationalökonom und Sozialdarwinist
Bau und Leben des sozialen Körpers, 4 Bde. 1875–78; Abriß der Soziologie, 1906

Schebesta, Paul (1878–1967)
Wien – Missionar und Ethnograph
Vollblutneger und Halbzwerge, 1934; Die Pygmäen, 1940; Ursprung der Religion, 1961

Schilde, Willy (1894–1943)
Plauen – Afrikanist und Diffusionist
Die afrikanischen Hoheitszeichen, Zeitschrift für Ethnologie 1929; Die Völkersprachen und Rassen am oberen Nil, Reche-Festschrift, 1939; Orakel und Gottesurteile in Afrika, 1940

Schmidt, Emil (1837–1906)
Paläanthropologe
Anthropologische Methoden, 1888; Vorgeschichte Nordamerikas, 1894; Ceylon, 1897

Schmidt, Max (1874–1950)
Berlin – Jurist und Amerikanist
Indianerstudien in Zentralbrasilien, 1905; Die Aruaken, 1917; Grundriß der

ethnologischen Volkswirtschaftslehre, 2 Bde. 1920/21

Schmidt, Pater Wilhelm (1868–1954)
Wien/Fribourg – Missionar, Sprachwissenschaftler und Kulturhistoriker (Kulturkreislehre, Gründer der Zeitschrift »Anthropos«, 1906)
Der Ursprung der Gottesidee, 12 Bde. 1912–55; Sprachfamilien und Sprachkreise der Erde, 1926

Schmitz, Carl August (1920–1966)
Basel/Frankfurt – Kulturhistoriker und Ozeanist
Der Tanz- und Kultplatz in Neuguinea und Melanesien, 1955; Historische Probleme in Nordost-Neuguinea, Huon-Halbinsel, 1960; Grundformen der Verwandtschaft, 1964

Schön, Jacob Friedrich (1803–1889)
Chatham (England) – Missionar und Afrikanist
Magána Hausa: Native Literature or Proverbs, Tales, Fables and Historical Fragments in the Hausa Language, 1885

Schrenk, Leopold von (1826–1894)
St. Petersburg – Sibirienforscher
Reisen und Forschungen im Amurlande, 4 Bde. 1858–1900

Schütz, Alfred (1899–1959)
Wien/New York – Vertreter einer phänomenologischen Soziologie
Der sinnhafte Aufbau der sozialen Welt, 1932; Strukturen der Lebenswelt, 1983

Schultze-Jena, Leonhard (1872–1955)
Marburg – Mesoamerikanist
Indiana, 3 Bde. 1933–38; Popul Vuh – Das Heilige Buch der Quiché-Indianer von Guatemala, 1944

Schurtz, Heinrich (1863–1903)
Bremen – Evolutionist und Diffusionist
Urgeschichte der Kultur, 1900; Altersklassen und Männerbünde, 1902; Grundriß der Völkerkunde, 1903

Schwalbe, Gustav (1844–1917)
Straßburg – Paläanthropologe
Die Abstammung des Menschen und die ältesten Menschenformen, 1923

Schweinfurth, Georg (1836–1925)
Berlin – Botaniker und Afrikaforscher
Im Herzen von Afrika, 2 Bde. 1974; Afrikanisches Skizzenbuch, 1925

Seler, Eduard (1849–1922)
Berlin – Begründer der modernen Mexikanistik
Gesammelte Abhandlungen zur amerikanischen Sprach- und Altertumskunde, 5 Bde. 1902–23

Seligman, Charles Gabriel (1873–1940)
London – Arzt und Ethnograph (reiste und publizierte z. T. mit Brenda Z. Seligman)
The Veddas, 1911; Races of Africa, 1930; Pagan Tribes of the Nilotic Sudan, 1932

Seligmann, Siegfried (1870–1927)
Hamburg – Augenarzt und Volkskundler
Der böse Blick und Verwandtes, 1910; Die Zauberkraft des Auges und das Berufen, 1922

Sergi, Giuseppe (1841–1936)
Rom – Arzt und Anthropologe
Origine e diffusione della stirpe mediterranea, 1895

Shirokogoroff, Sergej Michailovič (1887–1939)
St. Petersburg/Wladiwostok – Völkerpsychologe und Asiatist (»Ethnos-Theorie«)
Ethnos, 1923; Anthropology of Northern China, 1923; Social Organization of the Northern Tungus, 1929; Psychomental Complex of the Tungus, 1935

Simmel, Georg (1858–1918)
Berlin/Straßburg – funktionalistischer Soziologe
Über soziale Differenzierung, 1890; Philosophie des Geldes, 1900; Die Religion, 1906; Soziologie, 1908

Smith, G. Elliot (1871–1937)
London – Arzt und Diffusionist
The Migrations of Early Culture, 1915; The Search for Man's Ancestors, 1931; The Evolution of Man, 1927; The Diffusion of Culture, 1933

Smith, W. Robertson (1846–1894)
Edinburgh – Theologe und Semitologe
Kinship and Marriage in Early Arabia, 1885; Lectures on the Religion of the Semites, 1889

Sölken, Heinz (1912–1980)
Berlin/Frankfurt – Afrikanist
Innerafrikanische Wege nach Benin, Anthropos 1954; Wangara – Afrikanistische Betrachtungen zur alten Geographie des Sudan, Frankfurter Geographische Hefte 1961

Spannaus, Günther (1901–1984)
Göttingen – Afrikanist und visueller Anthropologe
Züge aus der politischen Organisation afrikanischer Völker und Staaten, 1929; Streiflichter aus dem Leben der Kinder und Jugendlichen bei den Ndau Südostafrikas, Jahrbuch des Linden-Museums 1951

Speiser, Felix (1880–1949)
Basel – Arzt und Ozeanist
Ethnographische Materialien aus den Neuen Hebriden und den Banks-Inseln, 1923

Spencer, Herbert (1820–1903)
London – Philosoph und Evolutionist (»Integration und Differenzierung«)
Descriptive Sociology, 1874–81; The Principles of Sociology, 3 Bde. 1880–96

Spencer, Walter Baldwin (1860–1929)
Melbourne – Missionar und Ozeanist (publizierte zusammen mit F. J. Gillen)
The Native Tribes of Central Australia, 1899; The Arunta, 2 Bde. 1927

Spier, Leslie (1893–1961)
Yale – Kulturanthropologe und Amerikanist
Yuman Tribes of the Gila River, 1933; The Prophet Dance in the Northwest, 1935

Spieth, Jakob (1856–1914)
Bremen – Missionar und Afrikanist
Die Ewestämme, 1906; Die Rechtsanschauung der Togo-Neger, 1908; Die Religion der Eweer, 1911

Staude, Wilhelm (1904–1977)
Paris/Wien – Afrikanist
(mit A. Schweeger-Hefel) Die Kurumba von Lurum, 1972; Schimpf, Spott und Schläge – Brüsaden in Literatur, Spiel und Initiation, 1976

Steinen, Karl von den (1855–1929)
Marburg/Berlin – Arzt und Amerikanist/Ozeanist

Unter den Naturvölkern Zentralbrasiliens, 1893; Die Marquesaner und ihre Kunst, 3 Bde. 1925–28

Steiner, Franz Baermann (1909–1952)
Prag/Oxford – Strukturfunktionalist
Taboo, 1956

Steinmetz, Sebald Rudolf (1862–1940)
Amsterdam – Sozialdarwinist und Ethnostatistiker
Ethnologische Studien zur ersten Entwicklung der Strafe, 2 Bde. 1892/94; Endokannibalismus, 1895; Die Sprache in der Reihe der Geisteswissenschaften, 1913; Soziologie des Krieges, 1929

Sternberg, Leo Jakovlevič (1861–1927)
St. Petersburg – Asiatist und Evolutionist
The Ainu Problem, Anthropos 1929

Steward, Julian Haynes (1902–1972)
Washington – Zoologe und Kulturökologe (»culture core«, »eco-system«)
Handbook of the South American Indians, 6 Bde. 1946–50; Theory of Culture Change, 1955

Straube, Helmut (1923–1984)
München – Kulturmorphologe und Afrikanist
Die Tierverkleidungen der afrikanischen Naturvölker, 1955; Westkuschitische Völker Süd-Äthiopiens, 1963

Struck, Bernhard Friedrich Eduard (1888–1971)
Jena – Anthropologe und Afrikanist
Die Sprachverhältnisse im »Moyen Congo«, Koloniale Rundschau 1912; Geschichtliches über die östlichen Tschi-Länder, Anthropos 1923/24

Stuhlmann, Franz Ludwig (1863–1928)
Hamburg – Naturwissenschaftler und Afrikanist
Beiträge zur Kulturgeschichte von Ostafrika, 1909; Handwerk und Industrie in Ostafrika, 1910; Die Mazigh-Völker, 1912

Sumner, William Graham (1840–1910)
Yale – Theologe und Sozialdarwinist (»ethnocentrism«)
Folkways, 1907; (mit A.G. Keller) The Science of Society, 4 Bde. 1927

Tarde, Gabriel de (1834–1904)
Paris – Jurist und Soziologe
Les lois de l'imitation, 1890; Les lois sociales, 1898; La psychologie économique, 1902

Termer, Franz (1894–1968)
Hamburg – Altamerikanist
Vom Kunsthandwerk altamerikanischer Kulturvölker, 1951; Die Mayaforschung, 1952

Tessmann, Günter (1884–1969)
Lübeck/Curitiba (Brasilien) – Botaniker und Ethnograph (Pionier der stationären Feldforschung)
Die Pangwe, 2 Bde. 1913; Die Bubi auf Fernando Poo, 1923; Die Indianer Nordost-Perus, 1930; Die Bafia, 1934; Die Baja, 2 Bde. 1934/37

Thalbitzer, William (1873–1958)
Kopenhagen – Linguist und Ethnograph
The Ammassalik Eskimos, 2 Bde. 1914/23/41

Thilenius, Georg (1868–1937)
Hamburg – Anthropologe und Völkerkundler (leitete die Hamburger Südsee-expedition 1908–10)

Ethnographische Erlebnisse aus Melanesien, 2 Bde. 1902/03; Völkerkunde und Schule, 1925

Thurnwald, Richard (1869–1954)
Berlin – Jurist und Ethnosoziologe (Gründer des »Sociologus«, ehem. »Zeitschrift für Völkerpsychologie und Soziologie«, 1925)
Die Gemeinde der Bánaro, 1921; Die menschliche Gesellschaft in ihren ethnosoziologischen Grundlagen, 5 Bde. 1931–35; Economics in Primitive Communities, 1932; Koloniale Gestaltung, 1939

Tönnies, Ferdinand (1855–1936)
Kiel – Soziologe
Gemeinschaft und Gesellschaft, 1887; Die Sitte, 1909; Das Eigentum, 1926

Trimborn, Hermann (1901–1986)
Bonn – Amerikanist und Rechtsethnologe
Vergessene Königreiche, 1949; (mit G. Eckert) Kulturgeschichtliche Forschungen, Senorío y Barbarie, 1950; Das alte Amerika, 1959; (mit L. Adam) Lehrbuch der Völkerkunde, 1958

Tschudi, Johann Jakob (1818–1889)
Schweizer Naturforscher und Südamerikareisender
Klassifikation der Batrachier, 1838; Die Kechua-Sprachen, 1853; Reisen durch Südamerika, 5 Bde. 1866–69

Turner, Victor W. (1920–1983)
Manchester/Chicago – Strukturfunktionalist und Symbolist
Chihamba, 1962; The Forest of Symbols, 1967; From Ritual to Theatre, 1982

Turney-High, Harry Holbert (1899–1982)
Missoula (Montana) – Kulturanthropologe und Amerikanist
Ethnography of the Kutenai, 1941; The Flathead Indians of Montana, 1937

Tylor, Sir Edward Burnett (1832–1917)
Oxford – Evolutionist und Religionsethnologe
Primitve Culture, 2 Bde. 1871; Anthropology, 1881

Uhle, Max Friedrich (1856–1944)
Berlin – Altamerikanist
Pachacamac, 1903; Die alten Kulturen Perus, 1935

van Bulck, Gaston (1903–1966)
Rom/Leuven – Missionar und Afrikanist
Beiträge zur Methodik der Völkerkunde, 1931; Le roi devin en Afrique, 1958

van Gennep, Arnold (1873–1957)
Neuchâtel – Kulturhistoriker und Volkskundler (»Übergangsriten«, »Dynamismus«)
Les rites de passage, 1909; Etudes d'ethnographie algérienne, 2 Bde. 1912/14; L'état actuel du problème totémique, 1921; Le folklore du Dauphiné, 2 Bde. 1932/33

Vatter, Ernst (1889–1948)
Frankfurt/Limache (Chile) – Kulturhistoriker und Ozeanist
Der australische Totemismus, 1925; Die religiöse Plastik der Naturvölker, 1926; Rassen und Völker der Erde, 1927; Ata Kiwan – Unbekannte Bergvölker im tropischen Holland, 1932

Vedder, Heinrich (1876–1972)
Okahandja (Namibia) – Missionar und Ethnograph
Die Bergdama, 2 Bde. 1923; Das alte Südwestafrika, 1934; Die Buschmänner Südwestafrikas und ihre Weltanschauung, South African Journal of Science 1937

Velten, Carl (1862–1935)
Berlin – Afrikanist
Desturi za Wasuaheli, 1903; Prosa und Poesie der Suaheli, 1907

Vierkandt, Alfred (1867–1953)
Berlin – Soziologe und Kulturphilosoph (»Sozialverhältnis«)
Naturvölker und Kulturvölker, 1895; Die Stetigkeit im Kulturwandel, 1908

Vogt, Carl (1817–1895)
deutscher Naturforscher
Vorlesungen über den Menschen, seine Stellung in der Schöpfung und in der Geschichte der Erde, 2 Bde. 1863

Volhard, Ewald (1900–1945)
Frankfurt – Philosoph und Kulturmorphologe
Der Einzelne und die Gesellschaft, 1930; Kannibalismus, 1939

Wagner, Günter (1908–1952)
Tübingen/Windhoek – Ethnosoziologe und Afrikanist
Yuchi Tales, 1931; The Bantu of North-Kavirondo, 2 Bde. 1949/56

Wagner, Moritz (1813–1887)
München – Naturforscher und Reisender (»Migrationstheorie«)
Der Kaukasus und das Land der Kosaken, 2 Bde. 1848; Reise nach Persien und dem Land der Kurden, 2 Bde. 1852/53

Waitz, Theodor (1821–1864)
Marburg – Philosoph und Völkerpsychologe (»Monogenese«)
Anthropologie der Naturvölker, 6 Bde. 1859–72

Wallace, Alfred Russel (1823–1913)
Naturforscher und Völkerkundler
Travels on the Amazon and Rio Negro, 1853; The Malay Archipelago, 2 Bde. 1869

Weber, Alfred (1868–1958)
Heidelberg – Nationalökonom und Kulturphilosoph
Kulturgeschichte als Kultursoziologie, 1935; Prinzipien der Geschichts- und Kultursoziologie, 1951

Weber, Max (1864–1920)
Heidelberg/München – Jurist und Soziologe (»Verstehen«, »Idealtyp«, »subjektiver Sinn«)
Wirtschaft und Gesellschaft, 1922; Gesammelte Aufsätze zur Religionssoziologie, 3 Bde. 1920/21

Westermann, Diedrich Hermann (1875–1956)
Berlin – Missionar und Afrikanist (Herausgeber von »Africa«)
The Shilluk People, Their Language and Folklore, 1912; Die Kpelle, 1921; Die westlichen Sudansprachen, 1927; The African To-Day, 1934; Afrikaner erzählen ihr Leben, 1938; Die Zukunft der Naturvölker, 1939; Geschichte Afrikas, 1952

Westermarck, Edward (1862–1939)
London – finnischer Evolutionist und Sozialdarwinist
Origin and Development of Moral Ideas, 2 Bde. 1906–08; The History of Human Marriage, 1921; Ritual and

Belief in Marocco, 2 Bde. 1926; Wit and Wisdom in Marocco, 1930

Westphal-Hellbusch, Sigrid (1915–1984)
Berlin – Asiatistin und Museumsethnologin (publizierte z. T. mit H. WESTPHAL)
Die Ma'adan, 1962; Hinduistische Viehzüchter, 1976

Weule, Karl (1864–1926)
Leipzig – Afrikanist und Museumsethnologe
Negerleben in Ostafrika, 1908; Leitfaden der Völkerkunde, 1912; Vom Kerbstock zum Alphabet, 1915

White, Leslie (1900–1975)
Michigan – Neoevolutionist und Amerikanist
The Pueblo of Santa Ana, 1942; The Science of Culture, 1949; The Evolution of Culture, 1959

Wied-Neuwied, Maximilian Alexander Phillip, Prinz zu (1782–1867)
Naturforscher und Amerikanist
Reise nach Brasilien in den Jahren 1815–17, 2 Bde. 1819/22; Reise in das innere Nord-Americas in den Jahren 1832 bis 1834, 2 Bde. 1839/41

Wilson, Monica (1908–1982)
Südafrika – Strukturfunktionalistin und Afrikanistin
Rituals of Kinship among the Nyakusa, 1957; For Men and Elders, 1977

Winthuis, Josef (1876–1956)
Innsbruck – Missionar und Ozeanist (»Zweigeschlechterwesen«)
Einführung in die Vorstellungswelt primitiver Völker, 1931; Mythos und Kult der Steinzeit, 1935

Wirz, Paul (1892–1955)
Basel – Ozeanist
Die Marind-anim von Holländisch-Südneuguinea, 2 Bde. 1922/25; Totenkult auf Bali, 1928; Beitrag zur Ethnographie des Papuagolfes, 1934; Die Ainu, 1955

Wissler, Clark (1870–1947)
Yale – Kulturanthropologe und Diffusionist (»culture area«, »age area«)
The American Indian, 1917; Man and Culture, 1923; Introduction to Social Anthropology, 1929; The Indians of the United States, 1940

Wölfel, Dominik Josef (1888–1963)
Wien – Sprach- und Kulturhistoriker
Die Kanarischen Inseln und ihre Ureinwohner, 1940; Eurafrikanische Sprachschichten als Kulturschichten, 1955

Wundt, Wilhelm (1832–1920)
Leipzig – Arzt, Experimentalpsychologe und Evolutionist
Völkerpsychologie, 10 Bde. 1900–20

Johann Gottfried Herder (1744–1803)

Johann Jakob Bachofen (1815–1877)

Wilhelm Heinrich von Riehl (1823–1897)

Wilhelm Dilthey (1833–1911)

Lewis Henry Morgan (1818–1881)

Herbert Spencer (1820–1903)

Wilhelm Wundt (1832–1920)

Emile Durkheim (1858–1917)

Adolf Bastian (1826–1905)

Friedrich Ratzel (1844–1904)

Karl von den Steinen (1855–1929)

Eduard Hahn (1856–1928)

Leo Frobenius (1873–1938)

Robert von Heine-Geldern (1885–1965)

Adolf Ellegard Jensen (1899–1965)

Hermann Baumann (1902–1972)

Franz Boas (1858–1942)

Ruth Benedict (1887–1947)

George Peter Murdock (1897–1985)

Julian Haynes Steward (1902–1972)

Karl Weule (1864–1926)

Max Schmidt (1874–1950)

Richard Thurnwald (1869–1954)

Bruno Gutmann (1876–1966)

Alfred Reginald Radcliffe-Brown (1881–1955)

Bronislaw Malinowski (1884–1942)

Sir Edward Evans-Pritchard (1902–1973)

Claude Lévi-Strauss (geb. 1908)

Glossar

ätiologischer Mythos enthält die Erklärung, wie natürliche und soziale Erscheinungen entstanden sind

Affinität Schwiegerschaft, besteht aus Affinal-Verwandten

akephal ohne politische Zentralgewalt (»ohne Kopf«)

Akkulturation kulturelle Angleichung oder Vermischung

Allianz Heiratsverbindung; ihre soziale und politische Bedeutung wird von der Allianztheorie (RIVERS, LÉVI-STRAUSS, LEACH, DUMONT u. a.) betont

alternierende Generation jede zweite Generation (z. B. Großeltern – Enkel)

Animismus Allbeseelung, von TYLOR für das erste Entwicklungsstadium der Religion gehalten

Anthropologie seit der Renaissance für verschiedene Wissenschaften vom Menschen gebraucht; im deutschsprachigen Raum heute ohne Zusatz Humanbiologie, im anglophonen Bereich meist identisch mit Ethnologie

Anthropometrie Körpervermessung, Methode der Humanbiologie

archaische Hochkulturen frühe Reichskulturen (Mesopotamien, Ägypten, China, Indus-Kultur, Altamerikanische Kulturen)

Assimilation ethnische Verschmelzung (z. B. von Minderheiten)

Avunkulat besondere Rolle des Mutterbruders (lat. *avunculus*, dtsch. Oheim) als Erzieher und Erblasser

Batik javanisches Stoffmusterungsverfahren mittels Wachsabdeckung

Behaviorismus von WATSON und THORNDIKE begründete Richtung der Psychologie, die sich auf beobachtbares Verhalten beschränkt

Berdache (von ital. *bardassa*) Homosexueller; freiwillig übernommene weibliche Rolle

Bifurkation Gabelung, terminologische Trennung der Verwandten väterlicher- und mütterlicherseits

big man inoffizielle Führungsperson in Stammesgesellschaften, stützt sich auf Prestige statt Zugehörigkeit (z. B. zu einer Verwandtschaftsgruppe)

bilaterale Verwandte beidseitige (patri- und matrilaterale) Verwandte derselben Generation (d. h. Vettern und Basen)

Bilingualismus Zweisprachigkeit (oft Lokal- und Verkehrssprache)

Blutgeld »Wergeld«, Kompensation, die die Gruppe des Mörders der Gruppe des Ermordeten zahlt; Ersatz für Blutrache

Blutsbrüderschaft Freundschaftsband, durch Vermischung von Blut symbolisiert

Blutsverwandte natürliche Verwandtschaft, Nachkommen derselben Eltern

böser Blick »Augenzauber«, durch versteckten Neid motiviert

Cargo-Kult (engl.) zuerst in Melanesien beschriebene Heilserwartung, daß die Ahnen – im Falle der Rückkehr zum alten Glauben (Revivalismus) – die Schiffsladungen (oder Luftfracht) an die Einheimischen statt an die Weißen senden werden

Chiliasmus (gr. *chilion* = tausend) Glaube an tausendjähriges Reich der Endzeit (Millenarismus)

Compadrazgo (span.) Patenschaft, lateinamerikanische Weise der Gefolgschaftsbildung

Couvade (Männerkindbett) Gebote, die der Vater vor, während und nach der Geburt seines Kindes zu beachten hat

cultural lag nach OGBURN Rückstand bestimmter Kulturerscheinungen *(survivals)* gegenüber der allgemeinen Entwicklung

Demiurg (gr.) Schöpfergestalt in der Mythologie

Demographie statistische Erfassung von Bevölkerungsbewegungen, Fruchtbarkeits- und Sterberaten

Dendrochronologie Baumringchronologie; Datierungsmethode von Holzresten

Dependenztheorie führt den Entwicklungsrückstand der Dritten Welt auf deren Abhängigkeit von den Industrieländern zurück

Deszendenz Abstammung, Nachkommenschaft; → Filiation

Dualismus zweigeteiltes Weltbild; Gegensatz: Monismus

Dynamismus Glaube an göttliche Kraft hinter den Bewegungen

ego (lat.) Bezugspunkt in der Verwandtschaftsterminologie

emisch nach PIKE binnensperspektivisch (*»folk perspective«*, subjektiver Sinn)

Encomienda (span.) Leibeigenschaft in spanischen Kolonien (bis 1720)

Endogamie Binnenheirat; Partner muß innerhalb der Verwandtschafts-, Lokal- oder Statusgruppe gesucht werden; Gegensatz zu → Exogamie

Enkulturation Prozeß des Hineinwachsens in eine Kultur

Erdherr Priester und Verteiler des Landes, oft Nachkomme des Erstbesiedlers und Gegenspieler des Häuptlings

Erdofen Erdgrube, in der die Nahrung mittels glühender Steine gedämpft wird

Eschatologie (gr. *eschaton* = das Letzte) Endzeitlehre

Ethno- kulturspezifische Beziehung zu einem Erfahrungsbereich, z. B. -botanik, -medizin, -science, -methodologie

Ethnozid gewaltsame Akkulturation mit Identitätsverlust

etisch nach PIKE analytische Perspektive (Beobachterstandpunkt)

Exogamie Außenheirat; Gegensatz zu → Endogamie

Exorzismus Geisteraustreibung, Aufhebung einer Besessenheit

Familie durch Ehe und Kindschaft verbundene Personen eines Haushaltes, dem weitere Verwandte oder Abhängige angehören können (erweiterte Familie), u. U. mehr als zwei Generationen (Großfamilie)

Fetisch (lat. *factitius* = hergestellt) verehrter Gegenstand, dem schützende oder abwehrende Kräfte zugeschrieben werden

fiktive Verwandtschaft soziale Beziehung, die blutsverwandtschaftliche Bedeutung bekommen kann, wie Adoption, Patenschaft, Pflegeelternschaft (engl. *fosterage*), Kindertausch

Filiation (lat.) Kindschaft; rechtmäßige Abstammung, die über Vererbung von Status und Eigentum entscheidet; kann über den Vater (Patri-), die Mutter (Matri-) oder beide (ambilineare Filiation) gerechnet werden

Fission (lat.) Zerteilung einer Gruppe; Gegensatz: Fusion; beide Prozesse im Wechsel: Segmentation

Folklore (engl., Volksüberlieferung), meist im Sinne vermarkteter Traditionspflege gebraucht

Funktion Beitrag eines Kulturelements zur Bedürfnisbefriedigung (MALINOWSKI) oder Selbsterhaltung der Gesellschaft (RADCLIFFE-BROWN); Gegenteil: Dysfunktion

Gamelan javanisches Hoforchester

Geistertanzbewegung Revitalisationskult nordamerikanischer Indianer

Geistkind Präexistenz der Kinderseele, die sich dem Vater im Traum offenbart (Australien)

genealogische Methode Analyse der Verwandtschaftsbeziehungen

generative Grammatik nach CHOMSKY Grundmuster der Sprachoperationen

Genossenschaft nichtverwandtschaftlicher Zusammenschluß mit Selbstverwaltung, Gleichberechtigung und Gemeinwirtschaft

Genotypus Erbanlagen, die sich als Phänotypus realisieren

Genozid Völkermord; Ausrottung rassischer, ethnischer oder religiöser Gruppen durch eingeschleppte Krankheiten oder Gewalt

Ghetto ursprünglich abgeschlossenes Judenviertel, heute alle ethnisch homogenen Stadtviertel

Glottochronologie nach SWADESH Datierung durch Sprachvergleich (Lexikostatistik)

Griot (port. *criado* = Diener) westafrikanischer Hof- und Bänkelsänger

Gynäkokratie (gr.) politische Dominanz der Frau; Ansätze dazu in matrilinearen und matrifokalen Gesellschaften, vor allem aber in der Mythologie (Amazonen etc.) und frühen Theorie bedeutsam (»Mutterrecht«, BACHOFEN u. a.)

Hackordnung (engl. *pecking order*) Hierarchie der Hühnervögel

Heiratsklasse die Heiratspartner bestimmende Gruppierung innerhalb einer Stammesgesellschaft (z. B. das Kariera-System in Australien)

Henotheismus nach M. MÜLLER Übergangsform zwischen Polytheismus und Monotheismus

Hermeneutik Verstehenslehre; Gegensatz zur naturwissenschaftlichen Methode der Erklärung

Herr der Tiere göttlicher Beschützer des Jagdwildes und Spender des Jagdglücks bei Jägervölkern

Hierokratie (gr.) Priesterherrschaft

Hierophanie (gr.) nach ELIADE Erscheinung des Heiligen in einem Objekt, Mythos, Ritus oder Gott

Hochkultur setzt gesellschaftliche Schichtung und (meist) Schrift voraus (manchmal werden auch Rad, Pflug oder Geld als Kriterien genannt); Gegensatz: die »Naturvolkkulturen« der »einfachen« Gesellschaften

Hörige zu Abgaben oder Leistungen verpflichtete Personen

Horde (türk. *ordu* = Lager) soziale Einheit der Wildbeuter

Human Relation Area Files (HRAF) von MURDOCK 1937 in Yale angelegte Bank ethnographischer Daten aus über 400 Ethnien

Idealtypus von M. WEBER begründete Methode der Abstrahierung und Stilisierung empirischer Erscheinungen

Indigenismus behördlich kontrollierte Akkulturation der Indianer

Infantizid (lat.) Töten oder Aussetzen kranker oder unerwünschter Kinder, auch als Opfer (Phönizier, Polynesier)

informeller Sektor außerhalb staatlicher Planung und Kontrolle laufende Wirtschaftsaktivitäten in komplexen Gesellschaften

Inkarnation (lat., Fleischwerdung) Verkörperung, oft Wiederverkörperung (Reinkarnation) eines Gottes oder Ahnen

Innovation (lat.) Neuerung; Erfindung oder Einführung neuer Techniken, Verhaltensweisen oder Vorstellungen

Inzest sexuelle Beziehungen zwischen unterschiedlich definierten nahen Verwandten; meist tabuisiert oder als Ausnahme glorifiziert (dynastischer Inzest, mythischer Inzest)

ius primae noctis (lat.) Anrecht des Feudalherren oder Würdenträgers auf die »erste Nacht« mit jeder Neuvermählten seines Einflußgebiets

joking relationship (engl., Scherzverwandtschaft) betont lockerer Umgang zwischen bestimmten Verwandten

Kanake ursprünglich Eigenname der Urbevölkerung von Hawaii; später auf andere Bevölkerungsgruppen übertragen; heute Angehöriger der melanesischen Bevölkerung Neukaledoniens (hier Eigenbezeichnung); auf Neuguinea Inlandbewohner; abwertender Name für Einheimische in der Südsee

Katchina übernatürliches Mittlerwesen in der Pueblo-Religion

Kauri (Hindi) *(Monetaria moneta; Monetaria annulus)* Schneckenhaus, das in Afrika, Asien und Ozeanien als Fruchtbarkeitssymbol, Schmuck und frühes Zahlungsmittel dient

Kiva unterirdischer Kultraum der Pueblo-Indianer

Klan (gäl.) unilineare Abstammungsgruppe; Untereinheit: Lineage

kleine Tradition lokale Überlieferung und Geschichtserfahrung in komplexen und modernen Gesellschaften, im Gegensatz zur offiziellen

Kognaten (lat.) Blutsverwandte *(kindred)*

kognatische Systeme Sippenordnung mit nicht festgelegter Abstammung

kollaterale Verwandte Seitenverwandte, die nicht in der direkten Abstammungslinie stehen; Gegensatz: lineale Verwandte

Kon-Tiki (Viracocha) altperuanischer Gott und Balsafloß Heyerdahls, mit dem 1947 die Möglichkeit einer kulturhistorischen Verbindung zwischen Südamerika und Ozeanien erprobt wurde

Konvergenz ein zwischen Parallelismus und Diffusionismus vermittelnder Begriff für heterogene Übereinstimmung

Kopfindex Längenbreitenindex, drückt die Breite des Kopfes in Prozenten seiner Länge aus (Dolichokephalie <76, Mesokephalie 76–81, Brachykephalie >81)

Korrobori aus Tänzen und Pantomimen bestehendes Zeremoniell der Australier, in dem urzeitliche Szenen aufgeführt werden

Kreolen Nachkommen weißer und schwarzer Lateinamerikaner

kreolische Sprachen Mischsprachen, auch außerhalb der Karibik

Kreuzbasenheirat Heirat zwischen Kindern von Geschwistern verschiedenen Geschlechts

Kuli »farbiger« Diener und Arbeiter in Süd- und Ostasien

Kulturheros mythischer Stifter der menschlichen Kultur

Kulturschock psychischer Ausnahmezustand bei raschem Kulturwechsel

Kurare karibisches Pflanzengift, von Indianern bei der Jagd verwendet

Ladino im nördlichen Lateinamerika Mischling und Städter

Lingua Franca Verkehrssprache

Malanggane Holzschnitzereien aus Neuirland (Melanesien)

Mana übernatürliche Kraft (Ozeanien); bei den Irokesen *orenda*, bei den Dakota *wakonda*, bei den Algonkin *manitu*

Manismus (lat.) Ahnenkult

Marginalität Randständigkeit von Personen oder Gruppen

Matrifokalität Dominanz der Mutterrolle bei nur vorübergehender Anwesenheit des Vaters oder der Väter (z. B. in großstädtischen Slums und Ghettos)

Matrisegment Mutter-Kind(er)-Bestandteil der polygynen Familie

Messianismus auf einen Messias orientierte Heilserwartung

Mestize Nachkomme europäischer und indianischer Vorfahren

Mikrosoziologie Kleingruppenanalyse (Familie, Verein, Gruppe)

Milieutheorie hält die Umwelteinflüsse auf die Persönlichkeit für entscheidend

Millenarismus (lat.) → Chiliasmus

Minorität (lat., Minderheit), Resultat der Eingliederung von Stammesgesellschaften in komplexe oder moderne Gesellschaften

moiety (engl.) Hälfte eines Stammes oder Dorfes mit besonderen Symbolen und Aufgaben im Kult und bei der Heiratsregelung

Mulatte Nachkomme europäischer und afrikanischer Vorfahren

Mutterkult Verehrung von Muttergottheiten (z. B. Demeter, Isis etc.)

Mystik (gr.) unmittelbare Transzendenzerfahrung

Mythologem Mythenmotiv; von LÉVI-STRAUSS weiter in »Mytheme« von der Größe eines Satzes unterteilt

Nativismus nach LINTON eigene Traditionen betonende (Revivalismus) und meist fremdenfeindliche Aufbruchbewegung in Krisenzeiten

Naturvölker nach THURNWALD Gesellschaften mit geringen Mitteln der Naturbeherrschung; im wesentlichen Stammesgesellschaften

Neolithikum Jungsteinzeit; Epoche, die mit der Erfindung der Pflanzen- und Tierdomestikation vor ca. 10 000 Jahren eingeleitet wurde

Nepotismus (lat. *nepos* = Neffe) Bevorzugung von Verwandten bei der Ämterbesetzung (»Vetternwirtschaft«)

Nische aus Biologie und Ökologie übernommener Begriff für Lebensräume, die Minderheiten in komplexen und modernen Gesellschaften finden und halten

Numinosum (lat.) nach R. Otto das Heilige, das sowohl erschreckt als auch anzieht

Ödipuskomplex nach Freud inzestuöse Neigung des Knaben, ihr Verbot und daraus resultierende Konflikte

offene Gesellschaft Klassengesellschaft mit Ideologie und Möglichkeit des Aufstiegs; Gegensatz: Statusgesellschaft

Oratur mündliche Überlieferung (Mythen, Lieder, Sprichwörter)

otioser Himmelsgott im Kult wenig hervortretender, weil mit den Menschen kaum interagierender Schöpfergott (»Höchstes Wesen«)

Paläanthropologie Wissenschaft von den »fossilen« Menschen

Paläolithikum Altsteinzeit; Wildbeuterepoche bis vor 10 000 Jahren

Paradigma beispielhaftes Szenarium, mit dem eine Theorie arbeitet

Parallelbasenheirat Heirat zwischen Kindern von Geschwistern des gleichen Geschlechts

Paria (tamilisch/angloind. *pareiyan*, eine niedere Kaste) meist als unrein erachtete, endogame, oft berufsspezialisierte Randgruppe

Patriarchat gesellschaftliche und politische Bevorrechtung des Mannes, besonders bei Patrilinearität und Patrilokalität

Patriklan patrilineare Abstammungsgruppe (entspricht Patrilineage)

peasant (engl.) nach Foster und Firth Bauer in komplexen Gesellschaften, der für größeren Markt produziert

peer-group (engl.) informelle Jugendgruppe

Peyote-Kult ritueller Verzehr des Meskalin enthaltenden Peyote-Kaktus *(Lophophora williamsii)* in Mexiko und den USA

Phratrie Zusammenschluß mehrerer Klane, oft exogam

Phylogenese Stammesgeschichte der Lebewesen; beim Menschen Hominisation (Menschwerdung) über Urmensch (Archanthropine), Altmensch (Paläanthropine) und Frühmensch (Neanthropine) seit dem Pliozän vor 7 Millionen Jahren

Pidgin in SO-Asien und Ozeanien verbreitete Mischsprache aus Englisch, portugiesischen Bestandteilen und Lokalsprachen

Potlatch nach einer prestigewirtschaftlichen Sitte der NW-Küsten-Indianer benannter Verschwendungswettbewerb

präskriptive Heiratsordnung schreibt Heiratspartner vor, während *präferentielle Heiratsordnung* nur Empfehlungen gibt

Primärgruppe nach Cooley Kleingruppe *(face-to-face-group)*, die die primäre Sozialisation leistet (Familie, Freunde)

Primogenitur Vorrecht des Erstgeborenen

Prognathie Vorragen des Kiefers über die Stirnlinie am menschlichen Schädel; negrides Rassenmerkmal

Projektion nach FERENCI Außenverlagerung einer psychischen Konstellation; in projektiven Testverfahren ausgewertet

Pueblo (span., Dorf) zusammengebaute Terrassenhäuser der Indianer Neumexikos und Arizonas

quantitative Untersuchung konzentriert sich auf mengenmäßige Beziehungen (statistische Methoden); Gegensatz: qualitative Untersuchung

Quellen Texte, Artefakte, mündliche Überlieferungen, die Zeugnis von der Vergangenheit ablegen; ihr Wahrheitsgehalt wird durch die *Quellenkritik* überprüft

Quipu Knotenschnüre der Inka; mnemotechnisches Hilfsmittel

Radio-Carbon-Methode Datierungsverfahren nach der Zerfallszeit von radioaktivem Kohlenstoff (C 14)

ramage nach FIRTH Blutsverwandschaft bei nicht festgelegter Abstammung (z. B. *hapu* der Maori); *ambilineare* oder *optative* Deszendenz

Reservation geschütztes und kontrolliertes Wohngebiet für Stammesgesellschaften

Residenz vorgeschriebener Wohnort des neuvermählten Paares, der bei *seinem* Vater (patri-, virilokal), dessen Schwester (amitalokal) oder Schwager (avunkulokal), *ihren* Eltern (matri-, uxorilokal), weiter an *ihren beiden* Geburtsorten (natolokal), zwischen *seinem* und *ihrem* Ort wechselnd (ambilokal, alternierend), an einem neuen Ort (neolokal) oder beliebig (optative Residenz) sein kann

Revitalisationsbewegung Erneuerungsbewegung (Revivalismus)

Reziprozität Ausgeglichenheit einer Interaktion zwischen Individuen oder Gruppen; der Ausgleich kann verzögert oder übertrieben werden, um die Beziehung gespannt zu halten

rites de passage nach VAN GENNEP feierlicher Übergang von einer Lebensphase in die andere (Übergangsriten)

Rolle erwartetes Verhalten des Inhabers einer Position (Status), das vom tatsächlichen oder durchschnittlichen Verhalten abweichen kann

Rückzugsvölker Angehörige älterer Kulturschichten (»Rest-« oder »Altvölker«), die oft in ungünstigere Lebensräume abgedrängt sind

Sanktion (lat., Verordnung) strafende Reaktion der Allgemeinheit auf Normverletzung

Sati (Sanskr., treue Frau) Witwe, die sich mit dem Leichnam des Gatten verbrennen läßt

Schächten Schlachtmethode, die ein Ausbluten erlaubt

Schamane (tungusisch; Bedeutung umstritten, vielleicht »Verzückter« oder »Wissender«) Besessenheitspriester und Heiler mit ekstatischen Fähigkeiten (Trance, Himmelsreise, »arktische Hysterie«)

Schrumpfkopf aus Haaren, Kopf- und Gesichtshaut hergestellte Kopfjagdtrophäe südamerikanischer Indianer

Schwirrholz weltweit verbreitetes Kultgerät (an einer Schnur befestigstes Brettchen), das in der Luft rotierend ein unheimliches Geräusch verursacht; bei den australischen Aranda *tschuringa*, im antiken Griechenland *rhombus*

Seklusion vorgeschriebene Abgeschlossenheit erstmenstruierender Mädchen

serielle Monogamie Heirat (und Scheidung von) mehrerer(n) Ehepartner(n) hintereinander (auch: *sukzessive Polygamie)*

Siebung soziale Begabungsauslese; zu unterscheiden von biologischer Selektion

Sippe früher Synonym für Klan; heute meist für nicht-unilineare Blutsverwandtschaftsgruppen verwendet

Skalp (engl. Hirnschale) Haare und Kopfhaut als Kopfjagdtrophäe; meist bei nordamerikanischen Indianern

Slum (engl.) städtisches Elendsviertel, z. T. illegal bewohnt von Grund- und Hausbesetzern *(squatters)*

Sonnentanz Kultfest der Prärie-Indianer mit Visionen und Martern

Soziogramm nach Moreno graphische Darstellung der Beliebtheitsbeziehungen in kleinen Gruppen; → Mikrosoziologie

Speerschleuder stab- oder brettförmiges Hilfsgerät, das die Kraft beim Speerschleudern erhöht (z. B. Australien, Eskimo)

Steatopygie Fettsteiß; Rassenmerkmal khoisanider Frauen

Stereotyp (gr.) kollektive Wahrnehmungskategorie bezüglich der eigenen (Autostereotyp) oder einer fremden Gruppe

Stigma (gr.) von der Norm abweichendes Merkmal, das den Merkmalsträger diskriminiert oder auszeichnet

Subkultur besondere Werte und Normen in Unter- und Randgruppen moderner Gesellschaften

Synkretismus (gr.) zusammengesetzte Glaubensvorstellungen (z. B. Cargo-Kulte, Wodu), Produkt der Akkulturation

Tapa polynesischer Rindenbaststoff

Tarantismus kollektive Besessenheit, die auf den Biß einer Spinne (Tarantel) zurückgeführt wird

Theomachie (gr.) Kampf zwischen Göttern in der Ur- oder Endzeit

Teknonymie (gr.) Benennung von Vater und Mutter nach dem Kind

Territorialität universales Geltendmachen von Ansprüchen auf Raum für

Wohnung, wirtschaftliche und kulturelle Aktivitäten

Timokratie (gr.) Herrschaft der Vermögenden

Tipi (Dakota) kegelförmiges Zelt der Prärie-Indianer

Tipití südamerikanische Schlauchpresse für giftigen Maniok

Totemismus (Algonkin: *ototeman*) Glaube an Verwandtschaft zwischen bestimmten Tieren, Pflanzen etc. und Individuen oder Gruppen; oft mit entsprechenden Speisetabus

Totenhochzeit (Geistheirat) Heirat zwischen lebendem und totem Partner, um letzterem - mit Hilfe eines Dritten als Genitor - posthum Nachkommen zu geben

Tränengruß bekannt geworden bei südamerikanischen Indianern; Willkommen und Abschied werden mit einem Tränensturz verbunden

Trance psychischer Ausnahmezustand, u. U. mit neuer Identität und anderer Realitätserfahrung verbunden

Transaktion soziale Handlung nach dem Prinzip der Verlustvermeidung (»negative Reziprozität«)

Transhumanz saisonaler Viehauf-, bzw. -abtrieb

transkulturell kulturübergreifend (Forderung an Testverfahren im interkulturellen Vergleich)

Tribalismus Form der Solidarität in komplexen Gesellschaften, die sich auf Stamm, Herkunft und Sprache beruft (Ethnizität)

Trickster (engl.) göttlicher Schelm in Mythen und Märchen

Ultimogenitur erbrechtliche Bevorzugung des Letztgeborenen

unilineare Filiation Abstammung, die entweder in der Linie Großvater – Vater – Enkel (patrilinear) oder Mutterbruder - ego - Schwestersohn (matrilinear) gerechnet wird

Urbanisierung weltweiter Prozeß der Landflucht und Verstädterung

Urucú aus den Beeren von *Bixa orellana* gewonnener roter Farbstoff im tropischen Amerika

varna (Sanskr.) die vier Grundkategorien der indischen Gesellschaft: Priester, Krieger, Händler, Diener, die ihrerseits in viele Kasten *(jati)* unterteilt sind

Verkehrssprache überregionales Verständigungsmittel zwischen Sprechern unterschiedlicher Lokalsprachen (Lingua franca)

Vision Gesicht; in seelischen Ausnahmezuständen wahrgenommene Bilder, Szenarien; sie werden oft mittels besonderer Techniken (Einsiedelei, Marterung, Fasten) herbeigeführt

Volksgeist romantische Vorstellung von einer Wesenheit, die durch ein

Volk wirkt und sich in dessen Sprache und Kultur offenbart (entsprechend der »Zeitgeist«)

Weltbrand in der → Eschatologie vieler Völker prophezeites Weltende durch eine Feuerkatastrophe

Wigwam (Algonkin) Kuppelhütte bei nordamerikanischen Indianern

Wodu (Benin: Schutzgeist) synkretistischer Glaube auf Haiti mit afrikanischen Elementen

Zambo (span.) Nachkomme indianischer und negrider (oder mestizischer und mulattischer) Vorfahren in Lateinamerika

Zinke Zeichen, vor allem bei Landfahrern und Zigeunern zur Mitteilung an Nachkommende

zugeschriebener Status nicht beeinflußbare Rolle, die einer aufgrund Geschlecht, Alter oder Gruppenzugehörigkeit zu spielen hat; Gegensatz: erworbener Status

Mitarbeiter am Wörterbuch der Ethnologie

Burkhard Ganzer, Dr. phil., Wissenschaftlicher Mitarbeiter am Institut für Ethnologie der Freien Universität Berlin; Autor von »Kategorie und Verwandtschaftsterminologie in der Theorie der präskriptiven Allianz«, Frankfurt/Bern 1979

Gennaro Ghirardelli, Mitarbeiter der Ausstellungen »Andernorts« (Hochschule der Künste Berlin) und »Living in Cities« (Habitat-Forum Berlin); Autor mehrerer Aufsätze zu Aspekten der arabischen Gesellschaft

Andreas Grüb, Diplom-Volkswirt, M. A., arbeitet am Institut für Historische Ethnologie der Johann-Wolfgang-Goethe-Universität Frankfurt an einem Projekt über die Lotuho (Südsudan)

Thomas Hauschild, Dr. phil., Wissenschaftlicher Mitarbeiter am Institut für Völkerkunde der Universität Köln; Autor von »Der böse Blick«, Berlin 1982; Mitherausgeber von »Europäische Ethnologie«, Berlin 1982; Feldforschung in Süditalien

Klaus Hesse, Dr. phil., Wissenschaftlicher Mitarbeiter am Institut für Ethnologie der Freien Universität Berlin; Autor von »Abstammung, Weiderecht und Abgabe«, Berlin 1982

Fritz Kramer, Prof. Dr., Privat-Dozent an der Freien Universität Berlin; Autor von »Verkehrte Welten«, Frankfurt 1977; Ko-Autor und Mitherausgeber von »Gesellschaften ohne Staat«, 2 Bde., Frankfurt 1978, »Bikini«, Frankfurt 1982 und der vierbändigen Malinowski-Übersetzung, Frankfurt 1979–86

Irene Leverenz, M. A., Mitarbeiterin des Sudan-Projektes »Welt und Außenwelt« am Institut für Ethnologie der Freien Universität Berlin; Autorin zweier Aufsätze über Integrationsrituale der Dinka (Südsudan)

Gisela Maler, M. A., Autorin von »Das Verhalten des Menschen«, Gütersloh/Berlin 1976; »Völkerkunde, die uns angeht«, Gütersloh 1978; »Verhaltensforschung: Eine Einführung«, Gütersloh 1982

Gertraud Marx-Kramer, M. A., Mitarbeiterin des Sudan-Projektes »Welt und Außenwelt« am Institut für Ethnologie der Freien Universität Berlin; Übersetzerin der Malinowski-Ausgabe des Syndikat-Verlags, Frankfurt 1979–1986

Mark Münzel, Prof. Dr., Kustos am Völkerkundemuseum Frankfurt; Autor von »Erzählungen der Kamayurá«, Wiesbaden 1973; »Schrumpfkopfmacher? Jibaro-Indianer in Südamerika«, Frankfurt 1977; »Gejagte Jäger: Die Aché in Ostparaguay«, Frankfurt 1983; »Die Indianer: Mittel- und Südamerika«, München 1985

Annegret Nippa, Dr. phil., Wissenschaftliche Mitarbeiterin der Hochschule der Künste Berlin; Autorin von »Soziale Beziehungen und ihr wirtschaftlicher Ausdruck«, Berlin 1982; Autorin mehrerer Aufsätze über die orientalische Stadt

Heide Nixdorff, Prof. Dr., Universität Dortmund; Autorin von »Festliche Volkstrachten aus Mitteleuropa«, Berlin 1977; »Festliche Volkstrachten aus der CSSR«, Bonn 1978; Ko-Autorin von »Weiße Westen – Rote Roben«, Berlin 1984

Ingrid Pfluger, M. A., arbeitet am Institut für Ethnologie der Freien Universität Berlin; Mitarbeiterin eines Forschungsprojektes über Erziehung türkischer Kinder in Anatolien und Berlin

Peter W. Schienerl, Dr. phil., Ethnologe und Ägyptologe am Museum für Völkerkunde in Wien; Autor von »Tierdarstellungen im Islam«, Göttingen 1984; Verfasser mehrerer Artikel über orientalischen Schmuck

Axel Schmidt, M. A., Institut für Ethnologie der Freien Universität Berlin; arbeitet an der Ethnographie eines sardischen Schäferdorfes

Artur Simon, Prof. Dr., Leiter der Abteilung Musikethnologie am Museum für Völkerkunde, Staatliche Museen Preußischer Kulturbesitz, Berlin; Autor von über dreißig Publikationen zur Musikethnologie

Bernhard Streck, Dr. phil., Leiter des Sudan-Projektes »Welt und Außenwelt« am Institut für Ethnologie der Freien Universität Berlin; Autor des DuMont Kultur- und Landschaftsführers »Sudan«, Köln 1982; Verfasser zahlreicher Aufsätze zu Themen der Wissenschaftsgeschichte, der Entwicklungshilfe, des Islam und über Zigeuner

Abbildungsnachweis

Athenäum Verlag, Königsstein/Ts. 249
Auckland City Art Gallery, Auckland (Neuseeland) Titelbild
Käthe Baumann, München 297 unten rechts
Basil Blackwell, Oxford 300 unten links
Campus Verlag, Frankfurt 69
Europäische Verlagsanstalt, Frankfurt 197
Evangelisches Verlagswerk, Frankfurt 299 unten rechts
Fourier Verlag, Wiesbaden 131
Verlag Friedrich Vieweg & Sohn, Wiesbaden 77, 89, 166
Frobenius-Institut, Frankfurt 25, 297 oben links
Frobenius-Gesellschaft e.V., Frankfurt 297 unten links
Hamburgisches Museum für Völkerkunde 61, 222
Harper & Row Publ., New York etc. 298 unten links
Holt, Rinehart and Winston Publ., New York 295 oben links, 298 oben links, unten rechts, 300 oben links, unten rechts
Prof. Dr. Eva Lips, Leipzig 51
Bildarchiv Preußischer Kulturbesitz, Berlin Frontispiz, 137, 155, 189, 207
Museum für Völkerkunde und Schweizerisches Museum für Volkskunde, Basel 119
Verlag Walter de Gruyter & Co., Berlin 186

Alle sonstigen Abbildungen entstammen dem Archiv des Herausgebers.

Karten und Schemata: DuMont Buchverlag, Köln
Karte S. 35 nach: C. Hartwich, Die menschlichen Genußmittel, Leipzig 1911
Karte S. 266/67 nach: D. E. Hunter/Ph. Witten, The Study of Antropology. New York etc. 1976
Schema S. 193 nach: C. A. Schmitz, Grundformen der Verwandtschaft. Basel 1964
Schemata S. 238 nach: W. A. Haviland, Cultural Antropology. New York etc. 1983

Autoren-Index

Ethnien-Index

Sach-Index

Seitenzahlen, die über das Inhaltsverzeichnis zu ermitteln sind, erscheinen hier nicht. Das Glossar (S. 301–311) wurde im Sach-Index nicht berücksichtigt.

Von Bernhard Streck erschien in unserem Verlag:

Sudan

Steinerne Gräber und lebendige Kulturen am Nil

405 Seiten mit 41 farbigen und 95 einfarbigen Abbildungen, 157 Karten und Zeichnungen, 61 Seiten praktischen Reisehinweisen (DuMont Kunst-Reiseführer)

»In einer einzigartigen Palette, in der der Autor Berichte über Vergangenheit und Gegenwart verbindet, öffnet er den Weg zum Verständnis vieler Probleme des Schwarzen Erdteils.« *Wiener Zeitung*

Bitte beachten Sie auch folgende Veröffentlichungen aus unserem Verlag:

Die Berber

Vielfalt und Einheit einer alten nordafrikanischen Kultur

Von Wolfgang Neumann. 223 Seiten mit 30 farbigen und 82 einfarbigen Abbildungen, Register (DuMont Dokumente)

»Das Buch ist eine Muß-Lektüre für jeden Touristen, der in das westliche Nordafrika reist. Denn er erhält hier ein jederzeit wissenschaftlich fundiertes Bild von einem Volk, das sich, von Ausnahmefällen abgesehen, bislang nicht assimilieren ließ.« *Die Presse, Wien*

Indianische Kunst Nordamerikas

Von Peter Bolz und Bernd Peyer. 238 Seiten mit 19 farbigen und 99 einfarbigen Abbildungen, Glossar und Literaturverzeichnis, Register (DuMont Taschenbücher, Band 190)

Afrikanische Frisuren

Symbolik und Formenvielfalt traditioneller und moderner Haartrachten im westafrikanischen Sahel und Sudan

Von Beatrice Frehn und Thomas Krings. 147 Seiten mit 21 farbigen und 64 einfarbigen Abbildungen, 2 Karten, Bibliographie, Glossar (DuMont Taschenbücher, Band 175)

Höhlenkunst der Eiszeit

Wege zur Sinndeutung der ältesten Kunst Europas

Von Hans Biedermann. 173 Seiten mit 21 farbigen und 52 einfarbigen Abbildungen, Zeichnungen, Übersichtskarte, Glossar, Bibliographie, Register (DuMont Taschenbücher, Band 154)

»Hans Biedermann hat sich das Ziel gesteckt, Information und Faszination zu vermitteln. Das ist ihm in seinem knapp gehaltenen, stets jedoch faßlich formulierten Forschungsbericht auch gelungen.« *Frankfurter Allgemeine Zeitung*

DuMont's Lexikon archäologischer Fachbegriffe und Techniken

Von Sara Champion. 224 Seiten mit 500 Stichworten, 56 Schwarzweiß-Fotos und 63 meist zweifarbigen Zeichnungen, Diagrammen und Karten, Literaturhinweisen (DuMont Taschenbücher, Band 116)

»Wer in diesem Handbuch nachschlägt, wird sachlich informiert von einer Archäologin, die die naturwissenschaftlichen Hilfen genau kennt, ihren Nutzen einzuschätzen weiß, aber ihren Erkenntniswert nicht überschätzt.« *Archäologie in Deutschland*

DuMont Taschenbücher

Stand Frühjahr '87

Band 2
Horst W. und Dora Jane Janson
Malerei unserer Welt

Band 3
August Macke – Die Tunisreise

Band 4 Uwe M. Schneede
René Magritte

Band 6 Karin Thomas
DuMont's kleines Sachwörterbuch zur Kunst des 20. Jahrhunderts

Band 8 Christian Geelhaar
Paul Klee

Band 12 José Pierre
DuMont's kleines Lexikon des Surrealismus

Band 13 Joseph-Émile Muller
DuMont's kleines Lexikon des Expressionismus

Band 14 Jens Christian Jensen
Caspar David Friedrich

Band 15 Heijo Klein
DuMont's kleines Sachwörterbuch der Drucktechnik und grafischen Kunst

Band 18 Horst Richter
Geschichte der Malerei im 20. Jahrhundert

Band 23 Horst Keller
Marc Chagall

Band 25 Gabriele Sterner
Jugendstil

Band 26 Jens Christian Jensen
Carl Spitzweg

Band 27 Oto Bihalji-Merin
Die Malerei der Naiven

Band 29
Herbert Alexander Stützer
Die Etrusker und ihre Welt

Band 30
Johannes Pawlik (Hrsg.)
Malen lernen

Band 31 Jean Selz
DuMont's kleines Lexikon des Impressionismus

Band 32 Uwe M. Schneede
George Grosz

Band 33 Erwin Panofsky
Sinn und Deutung in der bildenden Kunst

Band 35 Evert van Uitert
Vincent van Gogh

Band 38 Ingeborg Tetzlaff
Romanische Kapitelle in Frankreich

Band 39 Joost Elffers (Hrsg.)
DuMont's Kopfzerbrecher
TANGRAM

Band 44 Fritz Baumgart
DuMont's kleines Sachlexikon der Architektur

Band 45 Jens Christian Jensen
Philipp Otto Runge

Band 47 Paul Vogt
Der Blaue Reiter

Band 55 Kurt Schreiner
Kreatives Arbeiten mit Textilien

Band 56 Ingeborg Tetzlaff
Romanische Portale in Frankreich

Band 57 Götz Adriani
Toulouse-Lautrec und das Paris um 1900

Band 58 Hugo Schöttle
DuMont's Lexikon der Fotografie

Band 59 Hugo Munsterberg
Zen-Kunst

Band 60 Hans H. Hofstätter
Gustave Moreau

Band 63 Hans Neuhaus
Werken mit Ton

Band 65 Harald Küppers
Das Grundgesetz der Farbenlehre

Band 66
Sam Loyd/Martin Gardner (Hrsg.)
Mathematische Rätsel und Spiele

Band 67 Fritz Baumgart
»Blumen-Brueghel«

Band 69 Erich Burger
Norwegische Stabkirchen

Band 70 Ernst H. Gombrich
Kunst und Fortschritt

Band 71 José Pierre
DuMont's kleines Lexikon der Pop Art

Band 72 Michael Schuyt/
Joost Elffers/Peter Ferger
Rudolf Steiner und seine Architektur

Band 73 Gabriele Sterner
Barcelona: Antoni Gaudi

Band 74 Eckart Kleßmann
Die deutsche Romantik

Band 77 Wolfgang Hainke
Siebdruck

Band 78 Wilhelm Rüdiger
Die gotische Kathedrale

Band 80 Rainer Wick/
Astrid Wick-Kmoch (Hrsg.)
Kunst-Soziologie

Band 81 Klaus Fischer
Erotik und Askese in Kult und Kunst der Inder

Band 83
Ekkehard Kaemmerling (Hrsg.)
Bildende Kunst als Zeichensystem 1

Band 84 Hermann Leber
Plastisches Gestalten

Band 85
Sam Loyd/Martin Gardner (Hrsg.)
Noch mehr Mathematische Rätsel und Spiele

Band 87 Hans Giffhorn
Kritik der Kunstpädagogik

Band 88 Thomas Walters (Hrsg.)/
Gabriele Sterner
Jugendstil-Graphik

Band 89 Ingeborg Tetzlaff
Griechische Vasenbilder

Band 90 Ernesto Grassi
Die Theorie des Schönen in der Antike

Band 91 Hermann Leber
Aquarellieren lernen

Band 93
Joost Elffers/Michael Schuyt
Das Hexenspiel

Band 94 Kurt Schreiner
Puppen & Theater

Band 95 Karl Hennig
Japanische Gartenkunst

Band 98 Karl Clausberg
Kosmische Visionen

Band 99 Bernd Fischer
Wasserburgen im Münsterland

Band 100 Peter-T. Schulz
Der olle Hansen und seine Stimmungen

Band 101 Felix Freier
Fotografieren lernen – Sehen lernen

Band 103 Kurt Badt
Die Farbenlehre van Goghs

Band 104 Wilfried Hansmann
Die Apokalypse von Angers

Band 105 Rolf Hellmut Foerster
Das Barock-Schloß

Band 107 Joost Elffers/
Michael Schuyt/Fred Leeman
Anamorphosen

Band 108 Götz Adriani/
Winfried Konnertz/Karin Thomas
Joseph Beuys

Band 109 Bernd Fischer
Hanse-Städte

Band 110 Günter Spitzing
Das indonesische Schattenspiel

Band 111 Gerd Presler
L'Art Brut

Band 113 Jan Bialostocki
Stil und Ikonographie

Band 114 Peter-T. Schulz
Der Kuckuck und der Esel

Band 115 Angelika Hofmann
Ton

Band 116 Sara Champion
DuMont's Lexikon archäologischer Fachbegriffe und Techniken

Band 117 Rosario Assunto
Die Theorie des Schönen im Mittelalter

Band 119 Joachim Petsch
Geschichte des Auto-Design

Band 120 Gabriele Grünebaum
Buntpapier

Band 121 Renate Berger
Malerinnen auf dem Weg ins 20. Jahrhundert

Band 122 Horst Schmidt-Brümmer
Wandmalerei zwischen Reklamekunst, Phantasie und Protest

Band 123 Fritz Winzer
DuMont's Lexikon der Möbelkunde

Band 124 Walter Dohmen
Die Lithographie

Band 125 Ulrich Vielmuth/
Pierre Kandorfer (Hrsg.)
Fachwort-Lexikon
Film · Fernsehen · Video

Band 126 Christian Kellerer
Der Sprung ins Leere
Surrealismus, Objet trouvé, Zen

Band 127 Peter-T. Schulz
Rapunzel

Band 128 Lu Bro
Wie lerne ich Zeichnen

Band 130
Bettina Gruber/Maria Vedder
DuMont's Handbuch der Video-Praxis

Band 131
Anneliese und Peter Keilhauer
Die Bildsprache des Hinduismus

Band 132 Reinhard Merker
Die bildenden Künste im Nationalsozialismus

Band 133
Barbara Salberg-Steinhardt
Die Schrift:
Geschichte – Gestaltung – Anwendung

Band 134 Götz Pochat
Der Symbolbegriff in der Ästhetik und Kunstwissenschaft

Band 135 Karlheinz Schüssler
Die ägyptischen Pyramiden

Band 136 Rainer Harjes
Handbuch zur Praxis des Freien Theaters

Band 137 Nikolaus Pevsner
Wegbereiter moderner Formgebung

Band 139 Peter-T. Schulz
Guten Tag! Eine Gulliver-Geschichte

Band 140 Horst Schmidt-Brümmer
Alternative Architektur

Band 141 Herbert Alexander Stützer
Die Kunst der römischen Katakomben

Band 142 Rudolf Wittkower
Allegorie und der Wandel der Symbole in Antike und Renaissance

Band 143 Martin Warnke (Hrsg.)
Politische Architektur

Band 144 Miriam Magall
Kleine Geschichte der jüdischen Kunst

Band 145 James F. Fixx
Rätsel und Denkspiele mit Seitensprung

Band 146
Rose-Marie und Rainer Hagen
Meisterwerke europäischer Kunst

Band 147
Astrid und Joachim Knuf
Amulette und Talismane

Band 148 Renée Violet
Kleine Geschichte der japanischen Kunst

Band 149 Lawrence Treat
Detektive auf dem Glatteis

Band 150
Alexandra Lavizzari-Raeuber
Thangkas Rollbilder aus dem Himalaya

Band 151 Hartmut Kraft
Psychoanalyse, Kunst und Kreativität heute

Band 152 Peter F. Dunkel
Schattenfiguren – Schattenspiel

Band 153 Ingeborg Ebeling
Masken und Maskierung

Band 154 Hans Biedermann
Höhlenkunst der Eiszeit

Band 155 Ulrich Namislow
Oktagram

Band 156 Herbert Alexander Stützer
Kleine Geschichte der römischen Kunst

Band 157 Paul Maenz
Die 50er Jahre

Band 158 Jack B. Rochester/ John Gantz
Der nackte Computer

Band 159 Anita Rolf
Kleine Geschichte der chinesischen Kunst

Band 160
Felix Freier/Norbert Sarrazin
Fotos: Selbst entwickeln – Selbst vergrößern

Band 161 Wilhelm Fraenger
Von Bosch bis Beckmann

Band 163 Harald Küppers
Die Farbenlehre der Fernseh-, Foto- und Drucktechnik

Band 164 Nora Gallagher
Wohnzimmerspiele – alt und neu

Band 165 Renate Berger
Der Garten der Lüste

Band 166 Karl Graak
Künstler-Spielkarten des 20. Jahrhunderts

Band 167
Eckhard Neumann (Hrsg.)
Bauhaus und Bauhäusler

Band 168 Alan Robbins
Das Geheimnis des Goldenen Jaguar

Band 169
Wolfgang Kemp (Hrsg.)
Der Betrachter ist im Bild

Band 170 Hans Sedlmayr
Die Revolution der modernen Kunst

Band 171 Ernst H. Gombrich
Eine kurze Weltgeschichte für junge Leser

Band 172 Peter Schickele
Die endgültige Biographie des P. D. Q. Bach

Band 173 Eve-Marie Helm
555 Teekessel

Band 174
Abbie Salny/Marvin Grosswirth
mit den Mitgliedern von Mensa
Phantastische Mensa-Rätsel

Band 175
Beatrice Frehn/Thomas Krings
Afrikanische Frisuren

Band 177 Vittorio Lampugnani
Architektur als Kultur

Band 178 Michael Koulen
Go

Band 179 Ingeborg Kappler
Gestalten mit Sand

Band 180 Walter Dohmen
Der Tiefdruck

Band 181 Stephan Schmidt-Wulffen
Spielregeln

Band 182
Martin Schuster-Oeltzschner
Kunsttherapie

Band 183
Brock/Reck/Internationales Design Zentrum Berlin e. V. (Hrsg.)
Stilwandel

Band 184 Wilfried Hansmann
Balthasar Neumann

Band 185 Manfred Görgens
Kleine Geschichte der indischen Kunst

Band 186
Veruschka und Gábor Bódy (Hrsg.)
Video in Kunst und Alltag

Band 187 Michael Laver
Jeder gegen jeden

Band 188 Ralph Tegtmeier
Tarot

Band 189 Marie Luise Syring
Kunst in Frankreich (Juli 1987)

Band 190
Peter Bolz/Bernd Peyer
Indianische Kunst Nordamerikas

Band 191
Abbie Salny/Marvin Grosswirth
mit den Mitgliedern von Mensa
Das endgültige Mensa-Quiz-Buch

Band 192 Karl-Heinz Koch
. . . lege Spiele!

Band 193 Gerald Kahan
$E = mc^2$

Band 194 Bernhard Streck (Hrsg.)
Wörterbuch der Ethnologie

Band 195 Wolfgang Hautumm
Die griechische Skulptur

Band 196 Wolfgang Max Faust
Bilder werden Worte

Band 197 Andreas Mäckler (Hrsg.)
Was ist Kunst (Juli 1987)